Informationsmanagement

Dr. **Rüdiger Zarnekow** ist Projektleiter des Competence Center Integrated Information Management am Institut für Wirtschaftinformatik der Universität St. Gallen. Er beschäftigt sich vor allem mit Trends und Entwicklungen im Bereich des Informationsmanagements und des Electronic Procurement. Daneben ist er geschäftsführender Gesellschafter der ITMC Informatik Technologie Management Consulting GmbH.
Dr. Zarnekow promovierte an der TU Freiberg über die Einsatzmöglichkeiten von Softwareagenten innerhalb des Electronic Commerce.
Von 1995 bis 1998 war er bei der T-Systems Multimedia Solutions GmbH beschäftigt, zuletzt als Leiter des Projektfelds Electronic Commerce.
Er studierte Wirtschaftsinformatik an der European Business School, Oestrich-Winkel und absolvierte ein Aufbaustudium zum Master of Science in Advanced Software Technologies an der University of Wolverhampton, England.

Prof. Dr. **Walter Brenner** ist Professor für Wirtschaftsinformatik an der Universität St. Gallen und geschäftsführender Direktor des Instituts für Wirtschaftsinformatik. Von 1999 bis 2001 war er Professor für Wirtschaftsinformatik und Betriebswirtschaftslehre an der Universität Essen und davor von 1993 bis 1999 Professor für Allgemeine Betriebswirtschaftslehre und Informationsmanagement an der TU Bergakademie Freiberg. Von 1989 bis 1993 leitete er das Forschungsprogramm Informationsmanagement 2000 am Institut für Wirtschaftsinformatik der Hochschule St. Gallen.
Prof. Brenner war von 1985 bis 1989 Mitarbeiter der Alusuisse-Lonza AG in Basel, zuletzt als Leiter der Anwendungsentwicklung. Er studierte und promovierte von 1978 bis 1985 an der Hochschule St. Gallen. Seine Forschungsschwerpunkte liegen in den Bereichen Informationsmanagement, Customer Relationship Management und neue Technologien. Daneben ist er freiberuflich als Berater in Fragen des Informationsmanagements und der Vorbereitung von Unternehmen auf die digitale vernetzte Welt tätig. Prof. Brenner hat 13 Bücher und mehr als 120 Artikel veröffentlicht. Er ist Mitglied in einer Reihe von Beiräten, Aufsichtsräten und Verwaltungsräten.

Helmut H. Grohmann ist der Konzern-CIO der Deutschen Bahn AG. Das Studium der Elektrotechnik und Betriebs- und Volkswirtschaft schloss er 1968 mit Diplom bzw. Betriebswirt-VWA ab. Von 1968 bis 1989 war Herr Grohmann bei der IBM Deutschland GmbH in Stuttgart und einige Jahre im Ausland tätig. 1989 wechselte er zur Thyssen Edelstahlwerke AG nach Krefeld und leitete bis 1993 als Direktor den Bereich Informatik und Kommunikation. 1993 übernahm Herr Grohmann die Leitung der Datenverarbeitung der Deutschen Bundesbahn/Deutschen Reichsbahn.
Seit Gründung der Deutschen Bahn AG am 1. Januar 1994 leitet er dort den Informatik-Bereich.

Rüdiger Zarnekow, Walter Brenner,
Helmut H. Grohmann (Hrsg.)

Informationsmanagement
Konzepte und Strategien für die Praxis

Dr. rer. pol. Rüdiger Zarnekow
ruediger.zarnekow@unisg.ch

Prof. Dr. oec. Walter Brenner
walter.brenner@unisg.ch

Helmut H. Grohmann
helmut.h.grohmann@bku.db.de

Lektorat: Christa Preisendanz
Copy-Editing: Ursula Zimpfer, Herrenberg
Satz und Herstellung: Verlagsservice Hegele, Dossenheim
Umschlaggestaltung: Helmut Kraus, Düsseldorf
Druck und Bindung: Koninklijke Wöhrmann B.V., Zutphen, Niederlande

Fachliche Beratung und Herausgabe von dpunkt.büchern im Bereich Wirtschaftsinformatik:
Prof. Dr. Heidi Heilmann
Heidi.Heilmann@t-online.de

Bibliografische Information Der Deutschen Bibliothek

Die Deutsche Bibliothek verzeichnet diese Publikation
in der Deutschen Nationalbibliografie; detaillierte bibliografische Daten
sind im Internet über <http://dnb.ddb.de> abrufbar.

ISBN 3-89864-278-X

1. Auflage 2004
Copyright © 2004 dpunkt.verlag GmbH
Ringstraße 19 b
69115 Heidelberg

Die vorliegende Publikation ist urheberrechtlich geschützt. Alle Rechte vorbehalten.
Die Verwendung der Texte und Abbildungen, auch auszugsweise, ist ohne die schriftliche
Zustimmung des Verlags urheberrechtswidrig und daher strafbar. Dies gilt insbesondere
für die Vervielfältigung, Übersetzung oder die Verwendung in elektronischen Systemen.
Es wird darauf hingewiesen, dass die im Buch verwendeten Soft- und Hardwarebezeichnungen
sowie Markennamen und Produktbezeichnungen der jeweiligen Firmen im Allgemeinen waren-
zeichen-, marken- oder patentrechtlichem Schutz unterliegen.
Alle Informationen in diesem Buch wurden mit größter Sorgfalt kontrolliert. Weder Autor
noch Verlag können für mögliche Fehler oder Schäden, die in Zusammenhang mit der Verwendung
des Buches stehen, eine juristische Verantwortung oder Haftung jeglicher Art übernehmen.

5 4 3 2 1 0

Vorwort

Die ersten Jahre des neuen Jahrtausends sind geprägt von wirtschaftlicher Stagnation, wachsendem Wettbewerbsdruck und verstärkten Bemühungen zur Kosteneinsparung. Auch an der IT ist diese Entwicklung nicht spurlos vorübergegangen. Im Gegenteil, nach Jahren der Euphorie rund um Entwicklungen, wie das Internet, der elektronische Handel oder die unternehmensübergreifende Vernetzung, richtet sich das Augenmerk heute wieder verstärkt auf grundlegende Fragen nach der Effizienz und Effektivität des IT-Einsatzes im Unternehmen. Traditionelle Spannungsfelder zwischen IT-Organisationen und Geschäftsbereichen, etwa die geringe Transparenz, fehlende Kundenorientierung und mangelhafte Qualität der IT-Leistungen, rücken in den Vordergrund und setzen insbesondere die IT-Organisationen unter Druck. Auch über den messbaren Nutzen der IT für ein Unternehmen wird weiterhin kontrovers diskutiert.

Es verwundert nicht, dass vor diesem Hintergrund das Informationsmanagement an Bedeutung gewinnt. Dabei stellen viele Unternehmen fest, dass die etablierten Konzepte und Methoden des Informationsmanagements nur noch bedingt zur Lösung der aktuellen Herausforderungen geeignet sind. Denn während die Lösungsansätze im Bereich des Informationsmanagements in Wissenschaft und Praxis im Verlauf der letzten 10 Jahre relativ stabil geblieben sind, hat sich das unternehmerische Umfeld deutlich gewandelt. Trends wie die zunehmende Service-, Markt- und Kundenorientierung der IT und deren Managementimplikationen, etwa im Bereich des Service-, Sourcing- oder Kostenmanagements, zwingen Unternehmen dazu, ihre Informationsmanagementkonzepte zu überdenken oder gar neu zu gestalten.

Das vorliegende Buch widmet sich dieser Herausforderung und bietet dem Leser in insgesamt 18 Kapiteln einen breiten Überblick über aktuelle Strategien und Konzepte des Informationsmanagements. Es richtet sich an Leser aus der Praxis ebenso wie an Studierende und in Forschung und Lehre der Wirtschaftsinformatik tätige Wissenschaftler. Aus diesem Grund finden sowohl Praxisbeiträge, die in Form von Fallbeispielen und Erfahrungsberichten aktuelle Lösungsansätze im Bereich des Informationsmanagements vorstellen, als auch wissenschaftliche Beiträge, die sich mit grundlegenden Konzepten und Methoden auseinander setzen, Berücksichtigung.

Die Mehrzahl der Kapitel stellt Ergebnisse des Kompetenzzentrums Integriertes Informationsmanagement (CC IIM) des Instituts für Wirtschaftsinformatik der Universität St. Gallen aus den Jahren 2002 und 2003 vor. Dies ermöglicht eine in einem Herausgeberband sonst nur schwer erreichbare Konsistenz und übergreifende Verbindung der Einzelbeiträge.

Die Herausgeber danken in erster Linie den Partnerunternehmen des CC IIM, namentlich der Deutschen Bahn, Deutschen Telekom und dem Eidgenössischen Justiz- und Polizeidepartement, ohne deren Engagement und Förderung die zentralen Inhalte dieses Buches nicht entstanden wären. Darüber hinaus gilt der Dank allen beteiligten Autoren, die mit ihren Beiträgen zum Entstehen dieses Buches beigetragen haben. Ein Buchprojekt stellt immer auch einen hohen organisatorischen Aufwand dar. Nicht zuletzt gilt aus diesem Grund der Dank allen beteiligten Mitarbeitern des Lehrstuhls IWI4, vor allem Tobias Weichsler, die mit großem Einsatz die Fertigstellung des Buches ermöglicht haben.

Wir hoffen, mit diesem Buch die Diskussion und Auseinandersetzung mit Themen des Informationsmanagements in Wissenschaft und Praxis ein Stück weit vorantreiben zu können, und freuen uns auf vielfältiges Feedback.

St. Gallen, im Februar 2004

Rüdiger Zarnekow
Walter Brenner
Helmut H. Grohmann

Inhaltsübersicht

Teil 1: Grundlagen

1 **Integriertes Informationsmanagement:**
   Vom Plan, Build, Run zum Source, Make, Deliver
   Rüdiger Zarnekow, Walter Brenner, Universität St. Gallen 3

2 **Management der IT-Planung, Entwicklung und Produktion:**
   Status quo und Herausforderungen
   Jochen Scheeg, Deutsche Telekom 25

3 **Produktorientiertes Informationsmanagement**
   Rüdiger Zarnekow, Universität St. Gallen 41

Teil 2: Plan – Strategisches Informationsmanagement

4 **Strategische Informatikplanung: Ein Erfahrungsbericht**
   Hans Brunner, Karl Gasser, Eidgenössisches Justiz- und Polizeidepartement
   Fritz Pörtig, ITMC 59

5 **Methodik, Aufbau und Umsetzung einer modernen IT-Strategie**
   Lars Erdmann, ESPRiT Unternehmensberatung 73

6 **Prinzipien der IT-Governance**
   Helmut H. Grohmann, Deutsche Bahn 93

7 **IT-Balanced Scorecard:**
   Ein Ansatz zur strategischen Ausrichtung der IT
   Andreas Böh, Matthias Meyer, LMU München 103

Teil 3: Source und Deliver –
Management der Kunden-Lieferanten-Beziehung

8 **15 Jahre Outsourcing-Forschung:**
   Systematisierung und Lessons Learned
   Holger von Jouanne-Diedrich, Deutsche Bahn 125

9 **Serviceorientierte Referenzmodelle des Informationsmanagements**
   Axel Hochstein, Universität St.Gallen
   Andreas Hunziker, IMG 135

10 **Umsetzung eines ITIL-konformen IT-Service-Supports bei der KfW-Bankengruppe**
Axel Hochstein, Universität St. Gallen
Martin Waters, KfW Bankengruppe 153

11 **Innovative Preis- und Verrechnungsmodelle für IT-Leistungen**
Wilhelm Külzer, Deutsche Telekom
Thorsten Krause, Dieter Buller, T-Systems CDS 169

Teil 4: Make – Management der IT-Leistungserstellung

12 **Analogien und Unterschiede zwischen der industriellen Fertigung und der IT-Produktion**
Jaroslav Hulvej, Thomas Friedli, Elgar Fleisch, Universität St. Gallen 179

13 **Software Performance Engineering: Möglichkeiten im Umfeld des Informationsmanagements**
Andreas Schmietendorf, T-Systems Nova
Reiner Dumke, Otto-von-Guericke-Universität Magdeburg 191

14 **Portfoliomanagement in der Softwareproduktentwicklung**
Christof Ebert, Alcatel 203

15 **IT-Dienstleister im Wandel vom expansiven zum schrumpfenden Markt**
Beat Bütikofer, Swisscom IT Services 219

Teil 5: Enable – Management der Querschnittsfunktionen

16 **Integriertes Kostenmanagement für IT-Produkte**
Jochen Scheeg, Deutsche Telekom
Uwe Pilgram, T-Systems 225

17 **Management der Informationssicherheit: Erfahrungen eines Finanzdienstleisters**
Hans-Peter Nägeli, UBS 239

18 **Prozessorientiertes IT-Qualitätsmanagement**
Björn Wolle, Case Consult
Volker Müller, DaimlerChrysler 251

Glossar 265
Literatur 271
Autoren 283
Index 285

Inhaltsverzeichnis

Teil 1: Grundlagen

**1 Integriertes Informationsmanagement:
Vom Plan, Build, Run zum Source, Make, Deliver** 3
1.1 Einleitung und Motivation 3
1.2 Grundlagen des Informationsmanagements 4
    1.2.1 Definition 4
    1.2.2 Gegenstandsbereich des Informationsmanagements 5
    1.2.3 Managementmodelle 7
1.3 Entwicklungstrends und Herausforderungen 8
    1.3.1 Marktorientierung 8
    1.3.2 Produktorientierung 9
    1.3.3 Lebenszyklusmanagement 10
    1.3.4 Standardprozesse für das Informationsmanagement 13
    1.3.5 Integriertes Management der IT-Leistungserstellung 13
1.4 Modell des integrierten Informationsmanagements 16
    1.4.1 Modellüberblick 16
    1.4.2 Aufgaben 19
1.5 Übersicht und Positionierung der Buchkapitel 21

**2 Management der IT-Planung, Entwicklung und Produktion:
Status quo und Herausforderungen** 25
2.1 Einleitung 25
2.2 Planung, Entwicklung und Produktion im Rahmen des Informationsmanagements .. 25
2.3 Status quo 26
    2.3.1 Planung 26
    2.3.2 Entwicklung 29
    2.3.3 Produktion 30
2.4 Phasenspezifische Sicht und ihre Probleme in der Praxis 32
    2.4.1 Planung 32
    2.4.2 Entwicklung 33
    2.4.3 Produktion 34
    2.4.4 Zentrale Probleme 34
2.5 Forderung nach einer Gesamtsicht 39

3 Produktorientiertes Informationsmanagement 41
3.1 Von der IT-Abteilung zum IT-Dienstleister 41
3.2 Grundlagen eines produktorientierten Informationsmanagements 41
3.3 Kategorien von IT-Produkten 43
    3.3.1 Kategorie 1: Ressourcenorientierte IT-Produkte 45
    3.3.2 Kategorie 2: Lösungsorientierte IT-Produkte 45
    3.3.3 Kategorie 3: Prozessorientierte IT-Produkte 46
    3.3.4 Kategorie 4: Geschäftsproduktorientierte IT-Produkte ... 48
3.4 Praktische Umsetzung eines produktorientierten Informationsmanagements .. 49
    3.4.1 Verteilung von IT- und Geschäfts-Know-how 49

		3.4.2	Formale Gestaltung der Kundenschnittstelle	51
		3.4.3	IT-Portfoliomanagement	53
		3.4.4	Gestaltung der Marktregeln	54
3.5		Zusammenfassung		56

Teil 2: Plan – Strategisches Informationsmanagement

4 Strategische Informatikplanung: Ein Erfahrungsbericht   59
4.1 Vorgehensmethodik der strategischen Informatikplanung 59
     4.1.1 Überblick 59
     4.1.2 Situationsanalyse 60
     4.1.3 Umfeldanalyse 61
     4.1.4 Informatikstrategie (Grundsätze der Informatik) 61
     4.1.5 Architekturen 62
     4.1.6 Vorhabenplanung 62
4.2 Praktische Durchführung einer strategischen Informatikplanung am Beispiel EJPD .. 63
     4.2.1 Das organisatorische Umfeld des Projektes 63
     4.2.2 Projektablauf des SIP-Projektes im EJPD 64
     4.2.3 Auswahl praktischer Ergebnisse 66
4.3 Erkenntnisse aus Projektsicht 72
     4.3.1 Nutzung der SIP-Methodik für die Bundesverwaltung 72
     4.3.2 Zusammensetzung der Projektorganisation 72
     4.3.3 Teamansatz und professionelles Coaching 72

5 Methodik, Aufbau und Umsetzung einer modernen IT-Strategie   73
5.1 Vom Heilsbringer zum Kostentreiber 73
5.2 Strategische Planung 73
5.3 Die vier Phasen einer modernen IT-Strategie 75
5.4 Define IT 76
     5.4.1 Abgleich mit der Geschäftsstrategie 76
     5.4.2 Ist-Analyse IT-Architektur 77
     5.4.3 Application Scorecard (ASC) 79
     5.4.4 Ist-Analyse IT-Portfolio 80
     5.4.5 Ist-Analyse der IT-Prozesse 81
5.5 Optimize IT 82
     5.5.1 IT-Konsolidierung 82
     5.5.2 Outsourcing 85
5.6 Invent IT 86
     5.6.1 IT-Architektur 86
     5.6.2 IT-Produktportfolio 87
     5.6.3 IT-Organisation 88
5.7 Do IT 89
     5.7.1 IT-Governance 90
     5.7.2 Integrierter Planungsprozess 91

6 Prinzipien der IT-Governance   93
6.1 Ausgangssituation 93
6.2 Elemente der IT-Governance 93
     6.2.1 Aufgaben des Informationsmanagements 93
     6.2.2 Was ist IT-Governance? 94
     6.2.3 Rollenverteilung 96
     6.2.4 IT als Kern-Know-how oder Kerngeschäft 97

6.3	Das IT-Governance-Modell bei der Deutschen Bahn	99
	6.3.1 Die Arbeitsteilung der IT-Funktionen	99
	6.3.2 IT-Portfoliomanagement	100
	6.3.3 IT-Risikomanagment	100
	6.3.4 IT-Projekte	100
7	**IT-Balanced Scorecard: Ein Ansatz zur strategischen Ausrichtung der IT**	**103**
7.1	Unternehmensstrategie und IT	103
7.2	Grundlagen der Balanced Scorecard	104
	7.2.1 Ursprung und Idee	104
	7.2.2 Perspektiven der Balanced Scorecard	105
	7.2.3 Anwendung der Balanced Scorecard in Shared-Service-Einheiten	108
7.3	IT-Balanced Scorecard	110
	7.3.1 Unterstützung bei der Entwicklung von IT-Strategien	110
	7.3.2 Komponenten der IT-Balanced Scorecard	111
7.4	Fazit und Ausblick	120

Teil 3: Source und Deliver – Management der Kunden-Lieferanten-Beziehung

8	**15 Jahre Outsourcing-Forschung: Systematisierung und Lessons Learned**	**125**
8.1	Einführung	125
8.2	Outsourcing-Forschung	126
8.3	Nomenklatur	126
	8.3.1 Sourcing	127
	8.3.2 Outsourcing	127
	8.3.3 Externes versus internes Outsourcing	128
	8.3.4 Insourcing	128
	8.3.5 Selektives Sourcing versus totales Out- bzw. Insourcing	128
	8.3.6 Multi- versus Single-Sourcing	128
	8.3.7 Backsourcing	128
	8.3.8 Offshore versus Nearshore Sourcing	129
	8.3.9 Value-added Outsourcing	129
	8.3.10 Co-Sourcing	129
	8.3.11 Transitional Outsourcing	129
	8.3.12 Utility-Outsourcing	129
	8.3.13 Application Outsourcing	130
	8.3.14 Business Process Outsourcing	130
8.4	Ausgewählte Outsourcing-Varianten für IT-Produkte	130
8.5	Aus der Forschung für die Praxis: Lessons Learned	131
8.6	Ausblick	133
9	**Serviceorientierte Referenzmodelle des Informationsmanagements**	**135**
9.1	Anforderungen an serviceorientierte Referenzmodelle des Informationsmanagements	135
	9.1.1 Formale Anforderungen	135
	9.1.2 Pragmatische Anforderungen	136
9.2	Vorstellung und Bewertung gängiger Modelle	137
	9.2.1 IT Infrastructure Library (ITIL)	138
	9.2.2 CobiT	141
	9.2.3 IBM IT Process Model (ITPM)	142
	9.2.4 HP IT Service Management Reference Model (HP ITSM)	144
	9.2.5 Vergleich und zusammenfassende Bewertung	145
9.3	Positionierung von serviceorientierten Informationsmanagementinitiativen	146

| 9.4 | Beispiele für die Anwendung von serviceorientierten Referenzmodellen | 150 |
| 9.5 | Fazit und Ausblick | 151 |

10 Umsetzung eines ITIL-konformen IT-Service-Supports bei der KfW-Bankengruppe — 153

10.1	Einleitung	153
10.2	Unternehmen	153
	10.2.1 Überblick	153
	10.2.2 Herausforderung im Wettbewerb	154
10.3	Ausgangssituation	155
	10.3.1 Strategie	156
	10.3.2 Prozesse	156
	10.3.3 Systeme	156
	10.3.4 Leidensdruck	156
10.4	Projekt	157
	10.4.1 Ziele	157
	10.4.2 Durchführung	158
10.5	Neue Lösung	158
	10.5.1 Strategie	159
	10.5.2 Prozesse	159
	10.5.3 Systeme	162
	10.5.4 Geplante Weiterentwicklungen	162
10.6	Erkenntnisse	162
	10.6.1 Kritische Erfolgsfaktoren	162
	10.6.2 Kosten und Nutzen	165

11 Innovative Preis- und Verrechnungsmodelle für IT-Leistungen — 169

11.1	Die wachsende Bedeutung der IT für die Telekommunikationsunternehmen	169
11.2	Bisherige Strukturen der IT-Kosten	170
11.3	Neue IT-Produkte – neue Geschäftsmodelle	171
11.4	Innovative Preismodelle am Beispiel der Deutschen Telekom AG	171
	11.4.1 Beispiel: Dokumentenmanagementsystem	172
	11.4.2 Beispiel: Web-Portal	173
11.5	Herausforderungen aus Sicht des IT-Dienstleisters	174
11.6	Technische Systemgestaltung bei innovativen Preismodellen	174
11.7	Synergie und Mehrwert für den IT-Dienstleister	175
11.8	Vorteile und weitere Möglichkeiten innovativer Preismodelle	176

Teil 4: Make – Management der IT-Leistungserstellung

12 Analogien und Unterschiede zwischen der industriellen Fertigung und der IT-Produktion — 179

12.1	IT-Produktion und Anwendung branchenfremder Managementansätze	179
12.2	Analogien zwischen der IT-Produktion und der industriellen Fertigung	180
	12.2.1 Output der IT-Produktion	180
	12.2.2 Input der IT-Produktion	181
	12.2.3 IT-Transformation	181
12.3	Besonderheiten der IT-Produktion und ihre Managementimplikationen	183
	12.3.1 Immaterialität von IT-Produkten und Verarbeitungsobjekten	183
	12.3.2 Bereitstellung der Verarbeitungsobjekte durch den Leistungsabnehmer	184
	12.3.3 Start und Steuerung der Dialogverarbeitung durch den Leistungsabnehmer	185

12.4	Eignung von Managementansätzen der industriellen Fertigung für die IT-Produktion	186
	12.4.1 Typologie der IT-Produktion	186
	12.4.2 Beurteilung der Übertragbarkeit von Managementansätzen der industriellen Fertigung auf die IT-Produktion	188
12.5	Zusammenfassung	190
13	**Software Performance Engineering: Möglichkeiten im Umfeld des Informationsmanagements**	**191**
13.1	Einführung und Motivation	191
13.2	Methoden der Aufwandsschätzung und mögliche Aussagen	192
	13.2.1 Function-Point-Verfahren	192
	13.2.2 COCOMO-Verfahren	193
	13.2.3 Bewertung der aktuellen Situation	194
13.3	Software Performance Engineering und Aufwandsschätzung	195
	13.3.1 Zielstellung	195
	13.3.2 Methoden des Software Performance Engineering	195
	13.3.3 Ableitung von Betriebkosten	197
	13.3.4 Beispiel einer Systemkonzeptschätzung	198
13.4	Kombination von Aufwandsschätzung und SPE	200
13.5	Zusammenfassung	201
13.6	Anlage: Kostenfaktoren und -arten für die Produktion	202
14	**Portfoliomanagement in der Softwareproduktentwicklung**	**203**
14.1	Portfoliomanagement in der Entwicklung	203
14.2	Schritt 1: Extrahieren	206
14.3	Schritt 2: Evaluieren	209
14.4	Schritt 3: Entscheiden	212
14.5	Konkrete Tipps	213
	14.5.1 Technologiemanagement	213
	14.5.2 Produktplanung	214
	14.5.3 Einführungsaspekte	215
14.6	Zusammenfassung	217
15	**IT-Dienstleister im Wandel vom expansiven zum schrumpfenden Markt**	**219**
15.1	Die neue Bedeutung der IT: Vom strategischen Wettbewerbsfaktor zur Handelsware	219
15.2	Herausforderungen für IT-Dienstleister	220
	15.2.1 Die IT als Integrator	220
	15.2.2 Die IT als Konsolidierer	221
	15.2.3 Die IT als Leistungserbringer	221
	15.2.4 Die IT als Berater	222
15.3	Ausblick	222

Teil 5: Enable – Management der Querschnittsfunktionen

16	**Integriertes Kostenmanagement für IT-Produkte**	**225**
16.1	Ausgangssituation	225
16.2	Kostenplanung und -abrechnung in der IT-Entwicklung und IT-Produktion	226
	16.2.1 Verrechnungsmodi	226
	16.2.2 Status quo in der IT-Entwicklung	226
	16.2.3 Status quo in der IT-Produktion	228

16.3	Integrierte Entscheidungsmatrix zur Entscheidungsunterstützung	230
	16.3.1 Grundlagen	230
	16.3.2 Integrierte Entscheidungsmatrix	233
16.4	Ermittlung des Inputs für eine integrierte Entscheidungsmatrix	236
	16.4.1 Input durch IT-Entwicklung	237
	16.4.2 Input durch IT-Produktion	238

17 Management der Informationssicherheit: Erfahrungen eines Finanzdienstleisters — 239

17.1	Übersicht	239
	17.1.1 Management der Informationssicherheit	239
	17.1.2 Stellenwert der Informationssicherheit	240
	17.1.3 Die kritischen Erfolgsfaktoren des Informationssicherheitsmanagements	240
	17.1.4 Herausforderungen im Zusammenhang mit dem Thema Informationssicherheit	241
17.2	Spannungsfelder für das Informationssicherheitsmanagement	242
	17.2.1 New Technologies – New Threats	242
	17.2.2 SI ist jedermanns Sache – aber ein Thema für Spezialisten	243
	17.2.3 Die Qual der Wahl: Risiken aufgrund komplexer Heterogenität oder »Klumpenrisiken von Monokulturen«	246
	17.2.4 Hohe Kosten – mit und ohne Sicherheit	249

18 Prozessorientiertes IT-Qualitätsmanagement — 251

18.1	Ausgangslage und Problemstellung	251
18.2	Der Qualitätsbegriff aus Unternehmenssicht	253
18.3	IT-Qualitätsmanagement – Erfolgsfaktoren und Strategien	255
	18.3.1 Anforderungen in der IT	255
	18.3.2 Aktuelle Ansätze und Konzepte	256
18.4	Praxisbeispiele	258
	18.4.1 IT-Mittelstandserfahrung mit einer Software-Factory	258
	18.4.2 Rahmenwerk für Qualitätssicherung im Großkonzern	260
18.5	Fazit	262

Glossar	**265**
Literatur	**271**
Autoren	**283**
Index	**285**

Teil 1:
Grundlagen

1 Integriertes Informationsmanagement: Vom Plan, Build, Run zum Source, Make, Deliver

Rüdiger Zarnekow, Walter Brenner, Universität St. Gallen

1.1 Einleitung und Motivation

Die Bedeutung der Informationstechnologie (IT) für den Unternehmenserfolg nimmt kontinuierlich zu. Viele Geschäftsprozesse sind heute nicht mehr ohne IT-Unterstützung durchführbar oder werden bereits komplett durch IT abgewickelt. Die Ausgaben für IT haben sich dabei in den Jahren von 1994 bis 1998 verdoppelt [Guptill et al. 1998]. Heute geben Unternehmen bis zu 33 % ihres Umsatzes für die Erstellung dieser Leistungen aus [Meta Group 2002b]. Nach Angaben von Pierre Audoin Conseil (PAC) hält dieser Trend weiter an. Nach Schätzungen der PAC werden die Ausgaben für IT-Beratungsleistungen und IT-Dienstleistungen in den nächsten Jahren branchenübergreifend durchschnittlich um 13,7 % ansteigen [PAC 2002].

Mit der wachsenden Bedeutung der IT steigt auch der Wunsch nach einer höheren Effektivität und Effizienz des IT-Einsatzes im Unternehmen. Immer wieder werden in diesem Zusammenhang die zu geringe Effektivität bei der Abstimmung von IT- und Geschäftsstrategie, die mangelhafte Effizienz bei der Erbringung von IT-Leistungen und die intransparenten Kostenstrukturen kritisiert. Nachdem in der zweiten Hälfte der 90er Jahre Entwicklungen wie das Internet oder der elektronische Handel die Diskussionen dominierten, rückt das Informationsmanagement (IM) wieder verstärkt in den Fokus von Unternehmen und Organisationen. Die wellenförmige Zu- und Abnahme der Bedeutung des Informationsmanagements ist dabei kein neues Phänomen. Historisch betrachtet lassen sich drei Wellen erkennen (siehe Abb. 1-1). In den 80er Jahren kam vor allem der Gestaltung von Datenmodellen und der Etablierung des Informationsmanagements als unternehmerische Funktion Bedeutung zu. In einer zweiten Welle zu Beginn der 90er Jahre konzentrierten sich die Arbeiten auf das Informationssystemmanagement, das heißt die Entwicklung und den Betrieb des Informationssystems von Unternehmen.

1 Integriertes Informationsmanagement

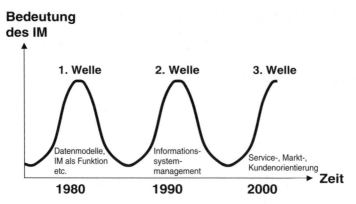

Abb. 1-1: Drei Wellen des Informationsmanagements

Während Inhalte und Aufgaben des Informationsmanagements seit Beginn der 90er Jahre relativ konstant geblieben sind, haben sich die Rahmenbedingungen in den Unternehmen weiterentwickelt und verändert. Trends hin zu einer zunehmenden Service-, Markt- und Kundenorientierung der IT zwingen Unternehmen dazu, ihre Informationsmanagementkonzepte und -prozesse zu überdenken und neu zu gestalten.

Vor diesem Hintergrund verfolgt Kapitel 1 vier Zielsetzungen:

1. Es gibt eine kurze Einführung in die Grundlagen des Informationsmanagements.
2. Es diskutiert ausgewählte Trends und Herausforderungen im Bereich des Informationsmanagements.
3. Es stellt das Modell eines integrierten Informationsmanagements vor.
4. Es schafft einen konzeptionellen Rahmen für den Leser, indem es die einzelnen Buchkapitel übersichtsartig vorstellt und sie den Kernprozessen des Modells des integrierten Informationsmanagements zuordnet.

1.2 Grundlagen des Informationsmanagements

1.2.1 Definition

Der Begriff des Informationsmanagements wird in Wissenschaft und Praxis unterschiedlich verwendet. So werden beispielsweise in den Bibliotheks- und Informationswissenschaften unter Informationsmanagement Methoden und Techniken zur Verwaltung großer Informationsbestände verstanden, während in anderen Beiträgen der Entwurf, die Entwicklung und der Einsatz computergestützter Informations- und Kommunikationssysteme im Mittelpunkt des Informationsmanagements stehen [Teubner/Klein 2002]. Diesem Buch liegt das Verständnis des Informationsmanagements als Führungsaufgabe zugrunde. Das Informationsmanagement beschäftigt sich als Teil der Unternehmensführung mit der Erkennung und Umsetzung der Potenziale der Informations- und Kommunikationstechnologien in Lösungen [Brenner 1994]. Andere Autoren folgen diesem Verständnis. So versteht [Heinrich 2002] unter Informationsmanagement »das Leitungshandeln (Management) in einem Unternehmen in Bezug auf Information und Kommunikation ..., folglich alle Führungsaufgaben, die sich mit Information und Kommunikation im Unternehmen befassen«. Für [Krcmar 2002] ist das Informationsmanagement »sowohl Management- als auch Technologiedisziplin und gehört zu den elementaren Bestandteilen heutiger Unternehmensführung«.

1.2.2 Gegenstandsbereich des Informationsmanagements

Die Aufgaben des Informationsmanagements lassen sich in drei Bereiche unterteilen (siehe Abb. 1-2):

- Die **Informationsbewusste Unternehmensführung** ist die unternehmerische Sicht auf die Informationstechnik, in deren Mittelpunkt der bedarfsgerechte (effektive) Einsatz von IT-Ressourcen steht.
- Das **Management des Informationssystems** betrachtet die Informationsverarbeitung aus einer logisch-konzeptionellen Sicht. Es beschäftigt sich mit der Entwicklung und dem Betrieb des Informationssystems, d. h. der Summe aller einzelnen Informationssysteme im Unternehmen.
- Das **Management der Informatik** konzentriert sich auf die Infrastruktur zur Entwicklung und zum Betrieb des Informationssystems und ist für die Hardware-, Systemsoftware- und Netzwerk-Infrastruktur verantwortlich.

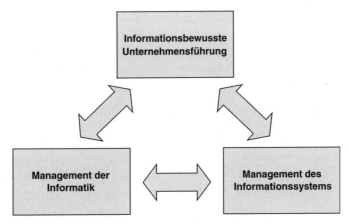

Abb. 1-2: *Teilbereiche des Informationsmanagements [Österle 1987]*

Diese Dreiteilung findet sich auch in den Beiträgen anderer Autoren. [Wollnik 1988] unterscheidet in einem Drei-Ebenen-Modell des Informationsmanagements die Ebenen des Informationseinsatzes, der Informations- und Kommunikationssysteme und der IK-technischen Infrastrukturen. [Krcmar 2002] gliedert das Informationsmanagement nach Objekten und unterscheidet die drei Bereiche »Management der Informationswirtschaft (Angebot, Nachfrage, Verwendung)«, »Management der Informationssysteme (Daten, Prozesse, Anwendungslebenszyklus)« und »Management der IK-Technologie (Speicherung, Verarbeitung, Kommunikation, Technologiebündel)«. Aufgaben, die in allen drei Bereichen anfallen, werden bei Krcmar im Sinne einer Querschnittsfunktion als »Führungsaufgaben des Informationsmanagements (Strategie, Organisation, Personal, Controlling)« bezeichnet.

Andere Autoren gliedern die Aufgaben des Informationsmanagements in Anlehnung an die betriebswirtschaftliche Managementlehre in strategische, taktische/administrative und operative Aufgaben. [Heinrich 2002] fasst auf der strategischen Ebene alle Aufgaben und Methoden zusammen, die der Planung, Überwachung und Steuerung der Informationsinfrastruktur als Ganzes dienen. Auf administrativer Ebene findet die Planung, Überwachung und Steuerung aller Komponenten der Informationsinfrastruktur statt. Die Bereitstellung und der Betrieb der Informationsinfrastruktur zur laufenden Informationsversorgung stehen im Mittelpunkt der operativen Ebene. Auch [Biethahn et al. 2000] verwenden eine Unterteilung in strategische, administrative und operative Aufgaben des Informationsmanagements.

In der betrieblichen Praxis untergliedert sich das Informationsmanagement traditionell in die in Abb. 1-3 dargestellten Kernphasen der Planung (Plan), Entwicklung (Build) und Produktion (Run) von Informationssystemen und IT-Infrastrukturen [Moll 1994]. Die drei Phasen korrespondieren weitgehend mit der weiter oben getroffenen Dreiteilung der Aufgaben des Informationsmanagements. Die **Planung** umfasst den gesamthaften, unternehmerischen Blick auf den IT-Einsatz (informationsbewusste Unternehmensführung), die **Entwicklung** konzentriert sich auf den Entwurf und die Entwicklung des Informationssystems (Management des Informationssystems) und die **Produktion** ist für den Betrieb, die Wartung und den Support der Infrastruktur verantwortlich (Management der Informatik). Jeder Phase sind konkrete Aufgaben zugeordnet, zu deren Verrichtung Managementmethoden herangezogen werden können. Kapitel 2 geht im Detail auf den Status quo im Bereich der Planung, Entwicklung und Produktion ein. Neben den Kernaufgaben umfasst das Informationsmanagement in der Praxis auch eine Reihe von Querschnittsaufgaben, z. B. Controlling, Qualitätsmanagement, Personalmanagement oder Sicherheitsmanagement.

1.2 Grundlagen des Informationsmanagements

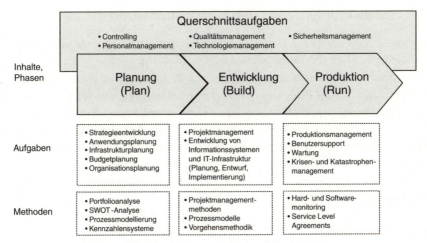

Abb. 1-3: Phasen, Aufgaben und Methoden des Informationsmanagements

1.2.3 Managementmodelle

Für die praktische Umsetzung des Informationsmanagements im Unternehmen existieren eine Vielzahl von Vorgehens- und Prozessmodellen. Bereits in den 80er Jahren wurde mit dem Information-Systems-Management-(ISM-)Modell der IBM erstmals der Versuch unternommen, ein umfassendes Prozessmodell des Informationsmanagements zu entwickeln [IBM 1988]. Das ISM-Modell beschreibt ein Managementsystem mit 42 Prozessen, unterteilt in 11 Prozessgruppen.

Andere Modelle konzentrierten sich auf Teilbereiche des Informationsmanagements. So deckt das St. Galler Informationssystemmanagement (SG ISM) beispielsweise den Aufgabenbereich »Management des Informationssystems« ab, indem es eine 5-stufige Managementmethodik für diesen Bereich vorstellt [Österle et al. 1991].

In jüngerer Vergangenheit haben insbesondere serviceorientierte Managementmodelle an Bedeutung gewonnen, innerhalb derer die Bereitstellung von IT-Leistungen im Mittelpunkt steht. Vor allem die IT Infrastructure Library (ITIL) hat sich als De-facto-Standard für das serviceorientierte Informationsmanagement etabliert und im Sinne einer Best Practice zentrale Managementaufgaben in den Bereichen Service-Support und Service-Delivery definiert. Kapitel 9 und 10 beschäftigen sich eingehend mit dieser Thematik.

1.3 Entwicklungstrends und Herausforderungen

Während die im vorigen Abschnitt beschriebenen Grundlagen des Informationsmanagements über die Jahre hinweg relativ stabil geblieben sind, hat sich das unternehmerische Umfeld deutlich gewandelt. Dieser Wandel führt zu neuen Anforderungen an das Informationsmanagement und zu einer Weiterentwicklung von dessen Aufgaben und Methoden. Ohne Anspruch auf Vollständigkeit zu erheben, werden im Folgenden fünf grundlegende Treiber des Wandels beschrieben, die unmittelbare Auswirkungen auf das Informationsmanagement haben und sich auch durch die Kapitel dieses Buches hindurchziehen.

1.3.1 Marktorientierung

Die traditionelle Aufgaben- und Rollenverteilung zwischen IT-Abteilung und Geschäftsbereichen gehört in vielen Unternehmen längst der Vergangenheit an. Lag die ursprüngliche Kernaufgabe der IT-Abteilung in der Abwicklung von IT-Projekten und dem Betrieb von IT-Infrastrukturen, ist ihre Rolle heute vermehrt die eines internen Dienstleisters, der für die Erbringung der im Unternehmen benötigten IT-Leistungen verantwortlich ist. Dieser grundlegende Rollenwechsel stellt die Zusammenarbeit zwischen IT-Abteilung und Geschäftsbereichen auf eine neue Ebene. Aus den ehemaligen Projektpartnern werden Kunden und Lieferanten. Die Zusammenarbeit basiert auf marktorientierten Vertragsbeziehungen, denen Wettbewerbsmechanismen zugrunde liegen und die nicht zwangsläufig auf das eigene Unternehmen beschränkt sind.

Abb. 1-4 zeigt Teilnehmer und Beziehungen im Rahmen eines marktorientierten Informationsmanagements. Die Geschäftsbereiche nehmen die Rolle des Kunden wahr und kaufen IT-Leistungen ein. Als Lieferanten stehen ihnen sowohl interne als auch externe IT-Dienstleister zur Verfügung. Daneben verfügen sie häufig auch über eigene IT-Ressourcen, die vor allem zur Planung, aber auch zur Entwicklung und zum Betrieb der benötigten IT-Leistungen eingesetzt werden. Zwischen Kunden und Lieferanten existiert ein Markt, dessen Aufgabe die möglichst effiziente Zusammenführung von Angebot und Nachfrage ist. Je nachdem, ob der Kunde mit internen oder externen Lieferanten zusammenarbeitet, handelt es sich um einen unternehmensinternen oder externen Markt. Beide Marktformen können unterschiedlichen Marktmechanismen und Regularien unterliegen. Innerhalb eines unternehmensinternen Marktes ist die Gestaltung der Rahmenbedingungen eine Teilaufgabe der IT-Governance (siehe Kapitel 6). Zu definieren sind beispielsweise die formalen Beziehungen zwischen Kunden und internen Lieferanten, Aufgaben und Verantwortlichkeiten, rechtliche und wettbewerbsbezogene Fragestellungen sowie die Art und Weise der Leistungsverrechnung. Im Falle eines externen Marktes finden die für alle geschäftlichen Handlungen gültigen gesetzlichen und rechtlichen Rahmenbedingungen Anwendung.

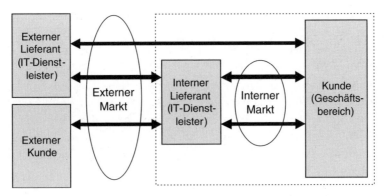

Abb. 1-4: *Teilnehmer und Beziehungen innerhalb eines marktorientierten Informationsmanagements*

Aus Sicht eines internen Lieferanten ergeben sich ebenfalls unterschiedliche Beziehungen. Neben internen Kunden kann der Lieferant seine IT-Leistungen externen Kunden anbieten. Er muss des Weiteren nicht zwangsläufig alle Leistungen selber erbringen, sondern kann sich externer Lieferanten, im Sinne von Unterlieferanten, bedienen.

In der Praxis lassen sich unterschiedliche Ausprägungen der in Abb. 1-4 dargestellten Struktur beobachten. So sind insbesondere die zulässigen Beziehungen zwischen den Teilnehmern und deren konkrete Gestaltung Gegenstand intensiver Diskussionen in vielen Unternehmen. Ist es beispielsweise internen Kunden erlaubt, ihre IT-Leistungen bei externen Lieferanten einzukaufen, oder müssen sie ihren Bedarf vollständig beim internen Lieferanten decken? Dürfen Angebote von externen Lieferanten im Sinne eines Benchmarkings eingeholt werden und falls ja, wie wirken sich diese auf Verhandlungen mit dem internen Lieferanten aus? Dürfen interne Lieferanten ihre Dienstleistungen auf dem freien Markt anbieten? Wie werden potenzielle Ressourcenkonflikte zwischen internen und externen Kunden eines Lieferanten gelöst? Und welche Marktregeln liegen dem internen Markt innerhalb eines Unternehmens zugrunde? Dies sind nur einige der Fragen, die es im Rahmen des Informationsmanagements zu klären gilt.

1.3.2 Produktorientierung

Grundlage einer marktorientierten Betrachtung ist eine produktorientierte Sichtweise des Informationsmanagements, innerhalb derer Kunden IT-Produkte von Lieferanten einkaufen. Im Folgenden werden die Kunden als Leistungsabnehmer und die Lieferanten als Leistungserbringer bezeichnet. Es ergibt sich das in Abb. 1-5 dargestellte Grundmodell eines produktorientierten Informationsmanagements. Leistungserbringer und -abnehmer definieren jeweils ein Portfolio von IT-Produkten. Der Leistungserbringer fasst in seinem Angebots-Produktportfolio die durch ihn angebotenen IT-Leistungen in Form von IT-Produkten zusammen. Auf Seiten des Leistungsabnehmers entsteht aus dessen Bedarf an IT-Produkten ein Nachfrage-Produktportfolio. Bietet der Leistungserbringer die vom Leistungsabnehmer nachgefragten Produkte an, so verhandeln beide über die Konditionen eines Produktkaufs. Die Verhandlung konzentriert sich vor allem auf die Spezifikation der genauen Produkteigenschaften (Funktionalität), Abnahmemengen, Lieferzeiten, Qualitätsgrade und Konsequenzen bei Nichteinhaltung vereinbarter Konditionen. Im Falle einer Einigung kauft der Leistungsabnehmer die IT-Produkte ein und der Leistungserbringer stellt diese zur Nutzung bereit. Der Leistungsabnehmer überwacht kontinuierlich, ob die vereinbarten Konditionen vom Leistungserbringer eingehalten werden.

Abb. 1-5: *Grundmodell eines produktorientierten Informationsmanagements [Zarnekow/Brenner 2003]*

Das vorgestellte Grundmodell führt zu der Frage, was sich konkret hinter den zwischen Leistungserbringer und -abnehmer ausgetauschten IT-Produkten verbirgt und welche unterschiedlichen Kategorien von IT-Produkten existieren. Kapitel 3 geht hierauf im Detail ein.

1.3.3 Lebenszyklusmanagement

Die Analyse der IT-Kostenstrukturen in Unternehmen zeigt, dass Investitionen in neue IT-Vorhaben einen immer kleineren Teil der Gesamtkosten der IT ausmachen. So betrug ihr Anteil beispielsweise bei der Deutschen Bank im Jahr 2002 lediglich rund 27 % [Lamberti 2002]. 73 % des IT-Budgets wurde für den laufenden Betrieb, den Support und die Weiterentwicklung existierender IT-Lösungen aufgewendet. Weitere Studien und Untersuchungen untermauern diese Erkenntnis. Eine Befragung von Versicherungsunternehmen im deutschsprachigen Raum kam zu dem Ergebnis, dass im Zeitraum 2000/2001 durchschnittlich 55 % der IT-Ausgaben für nicht wahlfreie Aufgaben (Betrieb und Wartung bestehender Infrastrukturen), 35 % für wahlfreie Aufgaben (neue IT-Vorhaben) und 10 % für Planung, Steuerung und Verwaltung ausgegeben wurden [Jahn et al. 2002]. Die Boston Consulting Group gibt die typische IT-Kostenverteilung mit 50–60 % Betriebskosten, 30–40 % Anwendungsentwicklungskosten (Erst- und Weiterentwicklung) und 10 % Kosten für Hoheitsfunktionen (z. B. Controlling, Architektur) an [Thiel 2002]. Eine Studie des Beratungsunternehmens Cap Gemini Ernst

& Young zu den IT-Trends 2003 stellte fest, dass große Teile der IT-Ausgaben bereits durch Entscheidungen in der Vergangenheit vorbestimmt sind und für neue Themen nur circa 30 % des Budgets zur Verfügung stehen [CGEY 2003]. Rund 20 % der Befragten haben sogar weniger als 10 % Spielraum für diesen Bereich.

Der hohe Kostenanteil für die Aufrechterhaltung existierender IT-Lösungen ist nicht zuletzt darin begründet, dass jedes neue IT-Vorhaben neben einmaligen Anschaffungs- und Entwicklungsaufwänden über Jahre hinweg laufende Betriebs-, Support-, Wartungs- und Weiterentwicklungsaufwände verursacht. Obwohl dieser grundlegende Zusammenhang zwischen einmaligen und wiederkehrenden Kosten bekannt ist und von Konzepten wie Total Cost of Ownership oder dem Lebenszyklusmanagement aufgegriffen wird, konzentriert sich die Betrachtung innerhalb des Informationsmanagements vor allem auf das Management des Softwareentwicklungs-Lebenszyklus. Ein ganzheitliches Management des IT-Produktlebenszyklus existiert nur selten. Dieses wäre vor allem in zwei Bereichen erforderlich:

1. **Management der Produkt-Lebenszykluskosten (Product Life Cycle Costing)**
   Die Lebenszykluskosten stellen die Summe aller Kosten dar, die ein Produkt während seines gesamten Lebenszyklus verursacht. Über den reinen Kaufpreis hinaus sollen auf diese Weise die Folgekosten berücksichtigt werden, die durch die Nutzung, Wartung und Entsorgung eines Produktes entstehen. Während der Umgang mit Lebenszykluskosten in der Sachgüter- und Dienstleistungsindustrie weit verbreitet ist, spielt er im Rahmen des Informationsmanagements nur eine untergeordnete Rolle. Der praktische Einsatz beschränkt sich auf die Erstellung von Total-Cost-of-Ownership-(TCO-)Analysen im Bereich der Arbeitsplatzsysteme (Personal Computer und Workstations), Hardwareplattformen und Systemsoftware. So existieren beispielsweise eine Reihe von Methoden und Schemata, mit deren Hilfe TCO-Analysen von Arbeitsplatzsystemen erstellt werden können und die neben den eigentlichen Hard- und Softwarekosten auch Kosten für Support, Schulung, Upgrades etc. berücksichtigen [David et al. 2002]. Obwohl Arbeitsplatzsysteme zu einem wichtigen Kostenblock innerhalb der IT geworden sind, stellen sie nur einen Baustein der innerhalb eines Unternehmens eingesetzten IT-Produkte dar.

   Eine zentrale Herausforderung für das Informationsmanagement besteht aus diesem Grund in der Entwicklung von Konzepten und Methoden für das Management der Lebenszykluskosten aller wichtigen IT-Produkte. Hierzu zählen insbesondere auch IT-Lösungen und die den Lösungen zugrunde liegenden IT-Anwendungssysteme. Nur in Ausnahmefällen werden heute die Kosten von Anwendungssystemen systematisch über ihren gesamten Lebenszyklus hinweg kalkuliert, erfasst und im Sinne eines Lebenszykluskosten-Controllings ausgewertet.

2. Produktdatenmanagement (Product Data Management)

Präzise und zuverlässige Informationen über ein Produkt in jeder Phase seines Lebenszyklus sind Voraussetzung für ein Lebenszyklusmanagement. Aufgabe des Produktdatenmanagements (PDM) ist es, diese Informationen zu erfassen, zu verwalten und bereitzustellen. Ursprünglich fasste man in der Industrie in den 80er Jahren unter dem Begriff PDM Werkzeuge zusammen, mit Hilfe derer CAD-Dateien und Zeichnungen verwaltet werden konnten. Seitdem wurde das PDM sukzessive ausgebaut und bildet heute die Grundlage für ein unternehmensweites Management des Produktlebenszyklus. Die Einführung fortschrittlicher PDM-Werkzeuge führte in der Industrie zu einer deutlichen Verkürzung der Zugriffszeiten auf Informationen und einer verringerten Redundanz. Um diese Nutzeneffekte auch innerhalb der IT zu erzielen, ist die Einführung und Nutzung des PDM als ein Instrument des Informationsmanagements erforderlich. Dabei kann zum Teil auf bestehende Informationsquellen zurückgegriffen werden, die etwa im Rahmen des Asset-Managements oder des Configuration-Managements existieren. Allerdings reichen die darin erfassten Informationen für das PDM meist nicht aus, wie die Abb. 1-6 zeigt.

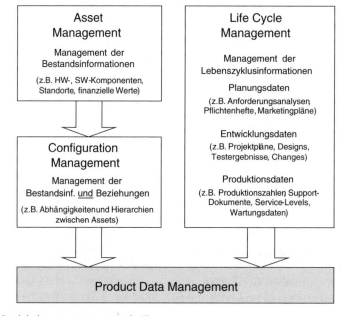

Abb. 1-6: *Produktdatenmanagement in der IT*

1.3.4 Standardprozesse für das Informationsmanagement

In vielen Unternehmensbereichen haben sich, nicht zuletzt durch den Einsatz von Standardsoftwarelösungen wie SAP R/3, weitgehend standardisierte Geschäftsprozesse etabliert. So sind beispielsweise Finanz-, Controlling-, Personal- und Einkaufsprozesse heute in den meisten Unternehmen nahezu identisch gestaltet. Für den Bereich des Informationsmanagements gilt dies nur eingeschränkt. Es existiert die nach wie vor verbreitete Auffassung, dass Prozesse des Informationsmanagements nicht standardisiert werden sollten, da eine Vielzahl unternehmensindividueller Besonderheiten berücksichtigt werden müssten und durch eine Standardisierung strategische Wettbewerbsvorteile aufgegeben würden. Aus diesem Grund sind trotz verfügbarer Referenzmodelle die Prozesse zur Planung, Entwicklung und Produktion von Informationssystemen und Infrastrukturen heute meist individuell gestaltet und nur zu einem geringen Grad standardisiert. Die Vorteile einer Prozessstandardisierung werden innerhalb der IT kaum genutzt. Eine transparente und dokumentierte Übersicht der Prozesse des Informationsmanagements und ihrer Beziehungen zueinander ist in vielen Unternehmen nur ansatzweise vorhanden und erschwert eine gezielte, strukturierte Anpassung an geänderte Bedingungen. Auch ein unternehmensübergreifendes Benchmarking ist ohne Standardprozesse nur mit großem Aufwand möglich.

Aufbauend auf den Erkenntnissen aus anderen Unternehmensbereichen, beginnt sich auch innerhalb des Informationsmanagements schrittweise die Erkenntnis durchzusetzen, dass der Einsatz von Standardprozessen ein geeignetes Mittel zur Prozessoptimierung und Kostensenkung darstellt. Ausgehend von operativen Prozessen, beispielsweise im Rechenzentrumsbetrieb oder in der Softwareentwicklung, die bereits heute vielfach werkzeuggestützt und standardisiert ablaufen, werden die Managementprozesse sukzessive einer Analyse hinsichtlich ihrer Standardisierbarkeit unterzogen. Dabei ist zu untersuchen, in welchen Bereichen Standardprozesse hilfreich sind und wo eine Differenzierung im Unternehmensinteresse erwogen werden muss. Kapitel 9 stellt eine Reihe von Standardprozessmodellen für das Informationsmanagement vor; Kapitel 10 beschreibt anhand eines Fallbeispiels die Standardisierung von IT-Support-Prozessen.

1.3.5 Integriertes Management der IT-Leistungserstellung

Einen Kernbereich des Informationsmanagements bildet das Management der IT-Leistungserstellung. Die Leistungserstellung, auch als Fertigung, Produktion oder Herstellung bezeichnet, umfasst alle wirtschaftlichen, technischen und organisatorischen Maßnahmen, die zum Zweck der Erstellung der Erzeugnisse eines Unternehmens erforderlich sind [Eversheim 1990; Schweitzer 1994]. Der Prozess der Leistungserstellung bewegt sich dabei in einem Spannungsfeld zwischen externen Marktzielen und internen Betriebszielen (siehe Abb. 1-7). Einerseits erwarten die Kunden eines Unternehmens eine schnelle Lieferung und eine hohe

Qualität der Produkte, andererseits unterliegt die eigentliche Leistungserstellung internen Betriebszielen, vor allem einer hohen Flexibilität, die eine Reaktion auf Nachfrageschwankungen erlaubt, und möglichst geringen Betriebskosten. Nur durch die Kombination beider Zielsysteme lässt sich letztendlich eine hohe Wirtschaftlichkeit erzielen.

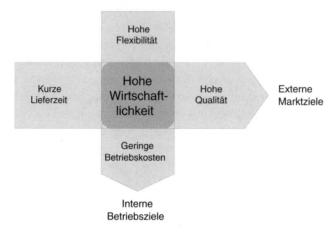

Abb. 1-7: *Zieldivergenzen in der Leistungserstellung*

Im Bereich des Informationsmanagements umfasst die Leistungserstellung alle Maßnahmen, die zur Erstellung der IT-Produkte erforderlich sind, das heißt vor allem die Planung, Entwicklung und Produktion (siehe Abschnitt 1.2.2). Eine kritische Betrachtung des Prozesses der IT-Leistungserstellung macht deutlich, dass die heute eingesetzten Managementkonzepte und -werkzeuge meist eine starke Phasenorientierung aufweisen. Sie sind darauf ausgerichtet, innerhalb einer der drei Phasen der Planung, Entwicklung und Produktion die Effizienz und Effektivität zu erhöhen. Phasenübergreifende, integrierte Managementansätze, wie sie beispielsweise im Bereich der industriellen Leistungserstellung entwickelt wurden, existieren in der IT kaum. Kapitel 2 geht im Detail auf die diesbezüglichen Defizite ein.

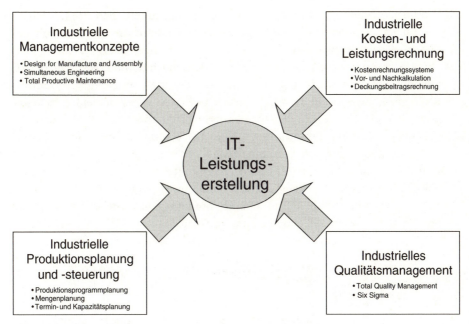

Abb. 1-8: *Analogiebereiche zwischen industrieller und IT-Leistungserstellung*

Als eine Konsequenz aus dieser Erkenntnis bietet es sich an, erfolgreiche Managementkonzepte der industriellen Fertigung innerhalb des Informationsmanagements zu nutzen. Als viel versprechend hat sich insbesondere eine Übertragung in den folgenden vier Bereichen erwiesen (siehe Abb. 1-8):

- Die Übertragung industrieller **Managementkonzepte**: Bei diesen steht eine phasenübergreifende Betrachtung der Leistungserstellung im Mittelpunkt. Beispielhafte Managementkonzepte aus diesem Bereich sind Design for Manufacture and Assembly (DFMA), Simultaneous Engineering oder Total Productive Maintenance.
- Die Übertragung grundlegender Konzepte der **Produktionsplanung und -steuerung**: Die Industrie verfügt im Bereich der Produktionsprogrammplanung, Mengenplanung, Terminplanung, Kapazitätsplanung, Materialdisposition und Kapazitäts-/Auftragsüberwachung über eine Vielzahl detaillierter und ausgereifter Konzepte, die den heute in der Praxis der IT-Leistungserstellung verwendeten Ansätzen deutlich voraus sind.
- Die Übertragung von Konzepten der industriellen **Kosten- und Leistungsrechnung (KLR)**: Sowohl bei grundlegenden Fragestellungen der KLR, z. B. der Prozesskostenrechnung, der Verrechnung von Einzel- und Gemeinkosten oder der Unterscheidung von Nutz- und Leerkosten, als auch in der konkreten Gestaltung einer Kostenarten-, Kostenstellen-, Kostenträgerrechnung, dem Einsatz von Kalkulationsverfahren, der Deckungsbeitragsrechnung oder der

Plankostenrechnung bietet die Betriebswirtschaftslehre einen breiten Erfahrungsschatz, auf den zum Ausbau der oft rudimentären Ansätze innerhalb der IT zurückgegriffen werden kann.

- Die Übertragung von Konzepten des industriellen **Qualitätsmanagements**: Obwohl Qualität auch innerhalb der IT-Leistungserstellung eine zentrale Rolle spielt, weisen die in der Praxis eingesetzten Qualitätsmanagementansätze ebenfalls eine starke Phasenorientierung, vor allem auf die Softwareentwicklung, auf. Eine gesamthafte Qualitätsbetrachtung scheitert meist bereits an grundlegenden Fragen, wie zum Beispiel der Frage nach der systematischen Definition und Erfassung der durch IT-Produkte verursachten Qualitätskosten. Die in der industriellen Leistungserstellung entwickelten, ganzheitlichen Ansätze, wie zum Beispiel Total Quality Management oder Six Sigma, bieten hier deutlich weiter reichende Lösungskonzepte.

1.4 Modell des integrierten Informationsmanagements

1.4.1 Modellüberblick

Das im Folgenden vorgestellte Modell des integrierten Informationsmanagements greift die im vorigen Abschnitt beschriebenen Herausforderungen auf und beschreibt die zentralen Prozesse und Aufgaben des Informationsmanagements aus Sicht eines IT-Leistungserbringers und IT-Leistungsabnehmers. Es konzentriert sich vor allem auf die zur Herstellung und Nutzung von IT-Leistungen erforderlichen Aufgaben und basiert auf folgenden Grundannahmen:

- Aufgaben und Rollen der IT-Leistungserbringung und IT-Leistungsabnahme sind klar getrennt.
- Zwischen IT-Leistungserbringer und IT-Leistungsabnehmer existiert eine Kunden-Lieferanten-Beziehung, die über einen unternehmensinternen oder externen Markt abgewickelt wird.
- Die Grundlage des Leistungsaustausches bilden IT-Produkte.
- Das Management der IT-Produkte erfolgt auf der Grundlage lebenszyklusorientierter Managementkonzepte.
- Soweit möglich und sinnvoll wird auf etablierte Standardprozesse für das Informationsmanagement zurückgegriffen.

IT-Leistungserbringer und -abnehmer bilden zwei Elemente einer Wertschöpfungs- und Lieferkette (Supply Chain) zur Erstellung und Nutzung von IT-Leistungen. Es bietet sich daher an, die Prozesse innerhalb des Informationsmanagements auf der Basis etablierter Prozessmodelle für das Supply Chain Management zu gestalten. Dem Modell des integrierten Informationsmanagements liegt das vom Supply Chain Council entwickelte SCOR-Modell zugrunde. SCOR (Supply Chain Operations Reference) unterteilt die Managementprozesse

1.4 Modell des integrierten Informationsmanagements

eines Unternehmens in die fünf zentralen Prozessbereiche Plan, Source, Make, Deliver und Return [SCC 2003].

Die Übertragung des SCOR-Modells auf das Informationsmanagement führt zu dem in Abb. 1-9 gezeigten Gesamtmodell des integrierten Informationsmanagements.

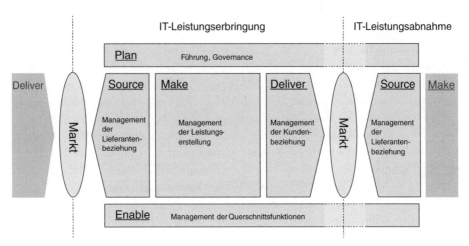

Abb. 1-9: *Gesamtmodell des integrierten Informationsmanagements*

In Anlehnung an das bereits in Abschnitt 1.3.1 beschriebene Modell wird zwischen IT-Leistungserbringung und IT-Leistungsabnahme unterschieden. Beide Seiten können sich dabei sowohl innerhalb eines Unternehmens als auch in unterschiedlichen Unternehmen befinden.

Der **Source-Prozess** des IT-Leistungsabnehmers umfasst alle zum Einkauf der IT-Produkte erforderlichen Aufgaben. Er ist für das Management der Lieferantenbeziehung verantwortlich und bildet die Schnittstelle zum IT-Leistungserbringer. Die eingekauften IT-Produkte fließen in den Make-Prozess des Leistungsabnehmers ein, entweder indirekt in Form einer Unterstützung seiner Geschäftsprozesse oder eines direkten Einsatzes in seinen Geschäftsprodukten.

Der **Deliver-Prozess** des IT-Leistungserbringers umfasst die für das Management der Kundenbeziehung notwendigen Aufgaben. Er bildet somit die Schnittstelle zwischen der eigentlichen IT-Leistungserstellung, die im Rahmen des Make-Prozesses erfolgt, und dem IT-Leistungsabnehmer. Kernaufgaben des Deliver-Prozesses sind das Produktmanagement und die im Rahmen der eigentlichen Service-Delivery erforderlichen Prozesse (siehe hierzu auch Kapitel 9).

Im **Make-Prozess** sind alle Aufgaben zum Management der IT-Leistungserstellung zusammengefasst. Im Kern handelt es sich dabei um das Management des Produktprogramms, das Management der Produktgestaltung (Entwicklung) und das Management der Produktherstellung (Produktion). Die einzelnen Aufgaben innerhalb des Make-Prozesses werden weiter unten konkretisiert.

Auch die IT-Leistungserbringer verfügen über Lieferanten, von denen sie Produkte und Dienstleistungen einkaufen. Hierbei kann es sich beispielsweise um Hardware- oder Softwarelieferanten handeln, aber auch um Dienstleistungslieferanten, die Entwicklungsressourcen anbieten. Der **Source-Prozess** des IT-Leistungserbringers übernimmt das Management der Lieferantenbeziehung und umfasst alle hierzu erforderlichen Aufgaben.

Die Lieferkette lässt sich nach beiden Seiten fortsetzen. So ist es denkbar, dass der Leistungsabnehmer seine Produkte wiederum an Kunden verkauft, und auch die Lieferantenkette lässt sich über mehrere Stufen fortsetzen.

Neben den Kernprozessen Source, Make und Deliver existieren Plan- und Enable-Prozesse. Der **Plan-Prozess** umfasst Führungs- und Governance-Aufgaben. Befinden sich Leistungserbringer und -abnehmer innerhalb eines Unternehmens, so kann ein übergreifender Plan-Prozess existieren, der für beide Seiten gültig ist. Beispielsweise können die Governance-Regelungen innerhalb eines Konzerns die Regeln der Zusammenarbeit von Leistungserbringer und -abnehmer definieren und für beide Seiten verbindlich sein. Agieren Leistungserbringer und -abnehmer unabhängig voneinander, so besitzen sie in der Regel auch eigenständige Plan-Prozesse.

Der **Enable-Prozess** umfasst diejenigen Querschnittsaufgaben, die zur Unterstützung der Leistungserbringung und -abnahme erforderlich sind. Hierzu zählen insbesondere das Finanzmanagement, das Personal- und Skillmanagement, das Qualitätsmanagement und das Sicherheitsmanagement. Für den Enable-Prozess gelten dieselben Aussagen wie für den Plan-Prozess, das heißt, er kann entweder durchgängig für Leistungserbringer und -abnehmer definiert oder für beide Seiten individuell gestaltet werden.

Auf der Basis des grundlegenden Source-, Make- und Deliver-Mechanismus lassen sich komplexe Liefer- und Leistungsketten zusammensetzen. In der Praxis existiert beispielsweise nicht immer eine 1:1 Beziehung zwischen Leistungserbringer und -abnehmer. Vielmehr kaufen Leistungsabnehmer ihre IT-Produkte von unterschiedlichen Leistungserbringern ein, die sowohl innerhalb als auch außerhalb des Unternehmens positioniert sein können (siehe Abb. 1-4). Darüber hinaus erbringen Leistungsabnehmer einen Teil der IT-Leistungen häufig auch mit eigenen IT-Ressourcen. Somit können komplexe Beziehungsnetze entstehen.

1.4.2 Aufgaben

Die konkreten Aufgaben in den drei Kernprozessen Source, Make und Deliver lassen sich in drei Ebenen strukturieren:

- **Rahmenbedingungen:** Aufgaben zur Definition der grundlegenden, strategischen Rahmenbedingungen in den Bereichen Source, Make und Deliver.
- **Zielsetzungen:** Aufgaben zur Definition konkreter Zielsetzungen unter Berücksichtigung der gegebenen Rahmenbedingungen.
- **Umsetzung:** Aufgaben zur Steuerung und operativen Umsetzung.

Abb. 1-10 zeigt gemäß dieser Dreiteilung die konkreten Aufgaben im Überblick.

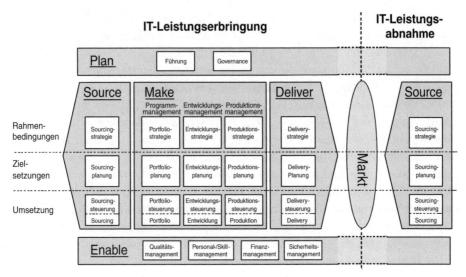

Abb. 1-10: Aufgaben innerhalb des integrierten Informationsmanagements

Im Folgenden werden die 9 Kernaufgaben des Make-Prozesses als ein zentraler Modellbaustein übersichtsartig vorgestellt. Im Rahmen des **Programmmanagement** wird das durch den Leistungserbringer angebotene Produktprogramm (die Summe aller IT-Produkte) gestaltet. Das **Entwicklungsmanagement** ist verantwortlich für die IT-Produktgestaltung, d. h. für die Spezifikation, die Entwicklung und den Test einzelner IT-Produkte. Das **Produktionsmanagement** beinhaltet die Aufgaben der IT-Produktherstellung, d. h. den Betrieb, den Support und die Wartung. In allen drei Bereichen müssen Rahmenbedingungen definiert, Zielsetzungen gestaltet und operative Umsetzungsaufgaben wahrgenommen werden. Insgesamt ergeben sich somit neun Kernaufgaben.

Die **Portfoliostrategie** legt die strategische Ausrichtung des IT-Produktportfolios fest. Sie definiert zukünftige Geschäftsfelder, identifiziert Kunden- oder

Marktpotenziale und sucht kontinuierlich nach zukunftsträchtigen Produktideen. Als Ergebnis der Portfoliostrategie entstehen Produktideen und strategische Vorgaben für die Portfolioplanung sowie Rahmenbedingungen für die Entwicklungs- und Produktionsstrategie. Die **Entwicklungsstrategie** definiert die strategischen Rahmenbedingungen für die Produktgestaltung. Hierzu zählen beispielsweise die Definition des Vorgehensmodells, der grundlegenden Entwicklungsprinzipien, der eingesetzten Methoden und Werkzeuge und nicht zuletzt der Anwendungsarchitektur. Analog hierzu legt die **Produktionsstrategie** etwa die Plattformstrategie, die Standortstrategie und die Systemarchitektur fest. Von entscheidender Bedeutung ist in diesem Zusammenhang die enge Abstimmung von Portfolio-, Entwicklungs- und Produktionsstrategie, da sich alle drei wechselseitig beeinflussen. Beispielsweise macht eine Entwicklungsstrategie zur Nutzung der Microsoft .NET-Architektur nur dann Sinn, wenn auch in der Produktionsstrategie der Einsatz von Microsoft-basierten Plattformen verfolgt wird. Und wurde im Rahmen der Portfoliostrategie beispielsweise entschieden, zukünftig das Marktsegment Web-Services auszubauen, so muss auch diese Entscheidung mit entsprechenden Entwicklungs- und Produktionsstrategien hinterlegt werden.

Auf der Basis der strategischen Vorgaben werden im Rahmen der Portfolio-, Entwicklungs- und Produktionsplanung Zielsetzungen definiert. Die **Portfolioplanung** umfasst vor allem den Prozess der Portfolioanalyse, d. h. die Bewertung und Priorisierung der IT-Produkte und damit die Definition des konkreten Produktportfolios. Darüber hinaus müssen aber auch Produktabsatzmengen unter Berücksichtigung bestehender Entwicklungs- und Produktionskapazitäten geplant und Vor- und Nachkalkulationen einzelner Produkte durchgeführt werden. Basis der Portfolioplanung bilden die in der Portfoliostrategie festgelegten Rahmenbedingungen sowie die Entwicklungs- und Produktionskapazitäten. Im Rahmen der **Entwicklungsplanung** findet vor allem die detaillierte Ressourcenplanung und Priorisierung der verschiedenen Entwicklungsvorhaben statt. Sie umfasst die Anwendungs-, System-, Projekt- und Integrationsplanung. Aufgabe der **Produktionsplanung** ist die Festlegung eines konkreten Produktionsprogramms für eine bestimmte Periode und die damit verbundene Planung von Mengen, Terminen sowie Kapazitäten. Konkret beinhaltet sie die Kapazitäts-, die Verfügbarkeits-, die Wiederanlauf- und die Sicherheitsplanung. Wie bei der Definition der Rahmenbedingungen müssen auch die Zielsetzungen übergreifend abgestimmt werden. Die Portfolioplanung spezifiziert, kalkuliert und bewertet neue Produkte. Entwicklungs- und Produktionsplanung liefern die hierzu notwendigen Informationen, z. B. Ressourcen- oder Kosteninformationen.

Die **Portfoliosteuerung** umfasst vor allem die Portfolioüberwachung (z. B. Soll-Ist-Vergleich von Absatzmengen, Umsatzerlösen oder Marktanteilen) und die Überwachung der Neuproduktentwicklung. Des Weiteren werden kontinuierliche Portfoliooptimierungen vorgenommen und Verbesserungsmaßnahmen initiiert. Hauptaufgabe der **Entwicklungs- und Produktionssteuerung** ist es, eine zufrieden stellende Entwicklung und Produktion sicherzustellen. Zielvorgaben, zum Beispiel durch Service Level Agreements, müssen in konkrete Entwicklungs- und Produktionsvorgaben umgesetzt, kontrolliert und bei Problemen bzw. Abweichungen korrigiert werden.

1.5 Übersicht und Positionierung der Buchkapitel

Das Buch gliedert sich in fünf Teile. Diese orientieren sich an den Kernprozessen des integrierten Informationsmanagements. Teil 1 enthält drei grundlegende Kapitel, in denen zentrale Inhalte hergeleitet und eine Basis für das restliche Buch gelegt wird. Teil 2 beschäftigt sich mit dem Plan-Prozess und untersucht verschiedene Aspekte des strategischen Informationsmanagements. Teil 3 konzentriert sich im Rahmen der Source- und Deliver-Prozesse auf die Schnittstelle zwischen IT und Geschäft, vor allem auf das Management der Kunden-Lieferanten-Beziehung. Teil 4 behandelt mit dem Make-Prozess das Management der eigentlichen IT-Leistungserstellung. Teil 5 schließlich enthält drei Kapitel, die sich mit dem Enable-Prozess, das heißt dem Management der Querschnittsfunktionen, beschäftigen. Im Folgenden werden die einzelnen Kapitel übersichtsartig vorgestellt.

Teil 1: Grundlagen

Kapitel 2 (»Management der IT-Planung, Entwicklung und Produktion: Status quo und Herausforderungen«) führt in die Grundlagen der IT-Leistungserstellung ein. Es beschreibt den Status quo der IT-Planung, Entwicklung und Produktion in der Praxis anhand der Funktionen, Aufgaben, Vorgehensweisen und technischen Unterstützung in jeder der drei Phasen. Im Anschluss werden die Nachteile einer phasenorientierten Betrachtung des Informationsmanagements beispielhaft dargestellt und die daraus resultierenden zentralen Probleme für die Effizienz, Effektivität und Kostentransparenz der IT-Leistungserbringung diskutiert.

Kapitel 3 (»Produktorientiertes Informationsmanagement«) beschäftigt sich mit den Auswirkungen einer produktorientierten Sichtweise des Informationsmanagements. Im Mittelpunkt steht die Definition von vier Kategorien von IT-Produkten und deren beispielhafte Erläuterung. Des Weiteren werden die praktischen Auswirkungen eines produktorientierten Informationsmanagements auf die Know-how-Verteilung, die formale Gestaltung der Kundenschnittstelle, das IT-Portfoliomanagement und die Gestaltung der Marktregeln dargestellt.

Teil 2: Plan – Strategisches Informationsmanagement

Kapitel 4 (»Strategische Informatikplanung: Ein Erfahrungsbericht«) beschreibt eine Vorgehensmethodik zur strategischen Informatikplanung. Der praktische

Einsatz wird am Beispiel des Eidgenössischen Justiz- und Polizeidepartment erläutert. Die Autoren stellen sowohl den Projektablauf als auch ausgewählte Projektergebnisse vor. Abgerundet wird das Kapitel durch die Diskussion zentraler Erkenntnisse aus der Sicht des Projektes.

Kapitel 5 (»Methodik, Aufbau und Umsetzung einer modernen IT-Strategie«) stellt die vier Phasen einer modernen IT-Strategie, bestehend aus Define IT, Optimize IT, Invent IT und Do IT, vor. Die Inhalte jeder Phase werden detailliert beschrieben und anhand von Beispielen erläutert.

Kapitel 6 (»Prinzipien der IT-Governance«) beschäftigt sich mit IT-Governance. Es behandelt zum einen Grundlagen der IT-Governance, wie Definitionen, Inhalte und Rollen, und stellt zum anderen am Beispiel der Deutschen Bahn ein konkretes IT-Governance-Modell vor. Dabei wird insbesondere auf die Arbeitsteilung der IT-Funktionen, das IT-Portfoliomanagement, das IT-Risikomanagement und die Durchführung von IT-Projekten eingegangen.

Kapitel 7 (»IT-Balanced Scorecard: Ein Ansatz zur strategischen Ausrichtung der IT«) untersucht den Einsatz von Balanced Scorecards in der IT. Neben allgemeinen Grundlagen, Perspektiven und Anwendungsbereichen der Balanced Scorecard, beschäftigen sich die Autoren vor allem mit der Gestaltung einer IT-Balanced Scorecard. Die Komponenten einer IT-Balanced Scorecard werden aus unterschiedlichen Perspektiven konkretisiert und hinsichtlich ihrer Auswirkungen analysiert.

Teil 3: Source und Deliver – Management der Kunden-Lieferanten-Beziehung

Kapitel 8 (»15 Jahre Outsourcing-Forschung: Systematisierung und Lessons Learned«) leitet mit einer grundlegenden Systematisierung der heute gebräuchlichen Formen des IT-Sourcings in Teil 3 des Sammelbands ein. Des Weiteren werden ausgewählte Outsourcing-Konzepte für IT-Produkte vorgestellt und Empfehlungen für die Praxis aus 15 Jahren Outsourcing-Forschung gegeben.

Kapitel 9 (»Serviceorientierte Referenzmodelle des Informationsmanagements«) stellt im ersten Teil mit ITIL, COBIT, IBM ITPM und HP ITSM vier aktuelle serviceorientierte Referenzmodelle vor. Diese werden im Anschluss in die Gesamtmenge von Initiativen zur Unterstützung, Standardisierung und Umsetzung eines serviceorientierten Informationsmanagements eingeordnet, positioniert und bewertet.

Kapitel 10 (»Umsetzung eines ITIL-konformen IT-Service-Supports bei der KfW-Bankengruppe«) stellt in einer Fallstudie die Durchführung und Ergebnisse des ITIL-Projektes im Bereich Service-Support bei der KfW-Bankengruppe vor. Die Fallstudie gliedert sich in die Vorstellung des Unternehmens und seiner Herausforderungen im Wettbewerb, der Ausgangssituation, der Projektdurchführung, der neuen Lösung und der Erkenntnisse aus dem Projekt, vor allem in Bezug auf die kritischen Erfolgsfaktoren und die Kosten-Nutzen-Betrachtung.

Kapitel 11 (»Innovative Preis- und Verrechnungsmodelle für IT-Leistungen«) geht am Beispiel der Deutschen Telekom auf innovative Preismodelle für IT-Leistungen ein. Es untersucht die Auswirkungen neuer IT-Produkte auf die Vertragsstrukturen und Geschäftsmodelle zwischen IT-Leistungserbringer und Leistungsabnehmer. Zwei beispielhafte Projekte aus den Bereichen Dokumentenmanagement und Web-Portal werden vorgestellt. Zum Abschluss diskutieren die Autoren die Herausforderungen innovativer Preismodelle aus Sicht eines IT-Dienstleisters.

Teil 4: Make – Management der IT-Leistungserstellung

Kapitel 12 (»Analogien und Unterschiede zwischen der industriellen Fertigung und der IT-Produktion«) greift die Forderung nach dem Einsatz von Managementansätzen der industriellen Fertigung innerhalb des Informationsmanagements auf und beschreibt grundlegende Analogien und Unterschiede zwischen der industriellen Fertigung und der IT-Produktion. Die Autoren untersuchen das klassische Input-Transformation-Output-System der Produktion innerhalb der IT, indem sie beispielhaft den Input, Output und Transformationsprozess der IT-Produktion darstellen. Im Anschluss daran werden Besonderheiten der IT-Produktion und deren Managementimplikationen beschrieben. Abschließend wird anhand von vier grundlegenden Leistungstypen der IT-Produktion die Eignung von Managementansätzen der industriellen Fertigung für die IT-Produktion untersucht.

Kapitel 13 (»Software Performance Engineering: Möglichkeiten im Umfeld des Informationsmanagements«) beschäftigt sich mit den Einsatzmöglichkeiten des Software Performance Engineering innerhalb des Informationsmanagements. Software Performance Engineering ermöglicht die Berücksichtigung von zeit- und ressourcenbezogenen Qualitätszielen während der Softwareentwicklung und schafft damit die Voraussetzungen für eine stärkere Integration von IT-Planung, Entwicklung und Produktion. Auf der Grundlage aktueller Methoden der Aufwandsschätzung in der IT beschreiben die Autoren Zielsetzungen und Methoden des Software Performance Engineering. Sie stellen ein Vorgehen zur Ableitung von Betriebskosten im Rahmen der Softwareentwicklung vor und illustrieren dieses am Beispiel einer konkreten Systemkostenschätzung. Zum Abschluss wird ein integriertes Modell zur Kombination von Aufwandsschätzung und Software Performance Engineering vorgestellt.

Kapitel 14 (»Portfoliomanagement in der Softwareproduktentwicklung«) widmet sich dem Einsatz des Portfoliomanagements in der Softwareproduktentwicklung. Auf der Basis der drei Schritte Extrahieren, Evaluieren und Entscheiden werden aktuelle Herausforderungen im Bereich des Portfoliomanagements diskutiert und anhand praktischer Beispiele verdeutlicht. Konkrete Tipps zum Technologiemanagement, zur Produktplanung und zur Einführung runden das Kapitel ab.

Kapitel 15 (»IT-Dienstleister im Wandel vom expansiven zum schrumpfenden Markt«) schliesst Teil 4 des Buches ab und betrachtet die Konsequenzen der schwierigen Marktsituation im Bereich der IT für die IT-Produktion. Vor dem Hintergrund eines IT-Dienstleisters geht der Autor auf den Wandel der IT vom strategischen Wettbewerbsfaktor zur Handelsware ein. Er betrachtet die neuen Anforderungen an die IT als Integrator, Konsolidierer, Betreiber und Berater und deren Auswirkungen auf die IT-Produktion.

Teil 5: Enable – Management der Querschnittsfunktionen

Kapitel 16 (»Integriertes Kostenmanagement für IT-Produkte«) greift die Forderung nach integrierten Informationsmanagementkonzepten auf und präsentiert einen integrierten Ansatz zur Kostenbetrachtung und Kalkulation von IT-Produkten. Zuerst wird der Status quo der Kostenplanung und -abrechnung in IT-Entwicklung und Produktion dargestellt. Im Anschluss führen die Autoren eine integrierte Entscheidungsmatrix ein, die einem IT-Dienstleister eine integrierte Kalkulation von IT-Produkten, unter Berücksichtigung verschiedener Entwicklungs- und Produktionsalternativen, ermöglicht. An einem Beispiel werden Vorgehen und Kalkulationsschemata erläutert. Die Vorstellung der notwendigen Voraussetzungen in IT-Entwicklung und Produktion runden das Kapitel ab.

Kapitel 17 (»Management der Informationssicherheit: Erfahrungen eines Finanzdienstleisters«) behandelt einen zunehmend wichtigeren Aspekt des Informationsmanagements, das Management der Informationssicherheit. Neben grundlegenden Ausführungen zur Definition und zum Stellenwert der Informationssicherheit geht das Kapitel auch auf kritische Erfolgsfaktoren und Herausforderungen ein. Am Beispiel der UBS stellt der Autor aktuelle Spannungsfelder für das Informationssicherheitsmanagement vor.

Kapitel 18 (»Prozessorientiertes IT-Qualitätsmanagement«) beschreibt aktuelle Modelle und Managementansätze zur Verbesserung und Optimierung von Prozessen und Prozessqualität. Daneben diskutieren die Autoren Erfolgsfaktoren und Strategien des IT-Qualitätsmanagements und stellen zwei konkrete Praxisbeispiele vor, die sich auf die Erfahrung mit einer Software-Factory und die Qualitätssicherung in einem Großkonzern beziehen.

2 Management der IT-Planung, Entwicklung und Produktion: Status quo und Herausforderungen

Jochen Scheeg, Deutsche Telekom

2.1 Einleitung

Die Verantwortung des Informationsmanagements besteht darin, mit einer umfassenden und ganzheitlichen Sicht die Potenziale der IT im Unternehmen nutzbar zu machen. Betrachtet man die Entwicklung und den Status quo des Informationsmanagements, so ist festzustellen, dass es diesem Anspruch nicht immer gerecht wird. Die historisch gewachsenen Managementkonzepte führen zu Effizienz- und Effektivitätsproblemen bei der Erstellung und Nutzung von IT-Leistungen. Kostentransparenz entsteht häufig erst, nachdem Kosten angefallen sind oder bei der Verrechnung.

Der Beitrag skizziert die Entwicklungen des Informationsmanagements in den Phasen Planung, Entwicklung und Produktion bis hin zum State of the Art. An praktischen Problemen der Effizienz, Effektivität und kostenmäßigen Intransparenz wird die aktuelle Situation des Informationsmanagements kritisch diskutiert.

2.2 Planung, Entwicklung und Produktion im Rahmen des Informationsmanagements

Das Informationsmanagement nimmt für die Erstellung von IT-Leistungen Managementaufgaben im Bereich der strategischen Planung, der Softwareentwicklung und der Produktion wahr [Heinrich 2002]. Diese Aufgaben können entsprechend dem Lebenszyklus einer Anwendung auch als Phasen des Informationsmanagements bezeichnet werden. In der strategischen **Planung** (**Plan**) wird über Art und Ausmaß der IT-Leistungen in Form bestimmter Softwarelösungen entschieden. In der **Entwicklung** (**Build**) werden die Ergebnisse der strategischen Planung in Form von Anwendungen oder Änderungen an bestehenden Anwendungen realisiert. Nach erfolgreichem Test werden diese in **Produktion** (**Run**) übernommen und stehen als nutzbare IT-Leistungen zur Verfügung.

Das Informationsmanagement in Unternehmen wird daran gemessen, wie effizient und effektiv IT-Leistungen hergestellt und genutzt werden können. Das bedeutet, dass die eingesetzten IT-Leistungen für die Unterstützung von Geschäftsprozessen oder in Form eines Produkts eine wirksame und kostenminimale

Lösung sind. Sowohl die Wirksamkeit (Effektivität) als auch die kostenseitige Effizienz der Leistung sind transparent darzustellen [Brogli 1996].

Die Messung von Effizienz und Effektivität basiert auf finanziellen Größen. Hierzu zählen Unternehmenserfolg, Umsätze etc. ebenso wie die Kosten. Während die Größen von Unternehmenserfolg und Umsätzen aus einer Vielzahl von Einflüssen und Aktivitäten im Unternehmen resultieren, liegen die Kosten für die Herstellung und Nutzung von IT-Leistungen überwiegend im Verantwortungsbereich des Informationsmanagements.

2.3 Status quo

2.3.1 Planung

Funktion und Aufgabe

Die Herstellung von IT-Leistungen beginnt mit der Phase der Planung. Diese erste Phase des Informationsmanagements umfasst unter anderem die Festlegung der Ziele des Informationsmanagements, die Gestaltung der Architektur sowie die Informationssystemplanung.

Bei der Festlegung der Ziele des Informationsmanagements bestimmt das Informationsmanagement gemeinsam mit der Unternehmensführung Art und Umfang der Erstellung von IT-Leistungen. Die Ziele müssen sowohl der Branche als auch dem unternehmensspezifischen Produkt- und Produktionsprogramm Rechnung tragen. Art und Ausmaß der zu erstellenden IT-Leistungen werden mit der Entwicklung und Gestaltung der IT-Architektur im Kontext der vorliegenden und angestrebten IT-Landschaft eines Unternehmens geplant. Auf Basis der IT-Architektur erfolgt die anwendungsspezifische Planung für die Herstellung von IT-Leistungen [Krcmar 2002].

IT-Vorhaben sind Vorschläge für die Erstellung oder Änderung von Anwendungen. Sie werden in der Regel in Form von Projekten umgesetzt. Da bei begrenzten finanziellen Ressourcen nicht alle Vorhaben realisiert werden können, muss eine Auswahl getroffen werden. Mit der Auswahl der Projekte für die Realisierung erfolgt auch die Definition des Wirkungskreises der IT im Unternehmen. Die Wirksamkeit des Auswahlprozesses ist Voraussetzung für die Effektivität der Unterstützung von Geschäftsprozessen und steht deshalb bei den folgenden Ausführungen im Mittelpunkt der Betrachtung.

Vorgehensweise

Die Auswahl der zur Realisierung freizugebenden IT-Vorhaben aus den zur Diskussion stehenden (möglichen) IT-Vorhaben erfolgt üblicherweise in einem dreiphasigen Selektionsprozess.

Im ersten Schritt werden konkrete Vorhaben oder Ideen gesammelt, beschrieben und begründet (Generierungsphase). Im zweiten Schritt werden zunächst

Bewertungskriterien ausgewählt und gewichtet, mit deren Hilfe die Vorhaben bewertet werden (Bewertungsphase). In einem dritten Schritt erfolgen die Festlegung der zu realisierenden Projekte und die Zuteilung von Budgets (Entscheidungsphase) [Fischer 1999]. Bei der Bewertung und der Auswahl von IT-Vorhaben sind in den vergangenen Jahren zahlreiche Methoden entwickelt worden, die sich in Priorisierungsmodelle und in Portfoliomodelle unterteilen lassen. In beiden Fällen werden Handlungsleitlinien abgeleitet, in welchem Maße und in welcher Form Ressourcen unter Berücksichtigung gegebener Restriktionen eingesetzt werden sollen. Beiden Modellkategorien liegt außerdem der dreiphasige Selektionsprozess zugrunde. Die Modelle unterscheiden sich jedoch im Vorgehen innerhalb der Bewertungsphase:

Priorisierungsmodelle erstellen mit Hilfe von Techniken wie Nutzwertbetrachtungen, Wirtschaftlichkeitsanalysen oder Risikoabschätzungen eine Gesamtreihenfolge der möglichen IT-Vorhaben, auf deren Basis die zu realisierenden IT-Vorhaben auszuwählen sind. Dabei können in absteigender Reihenfolge alle IT-Vorhaben zur Realisation freigegeben werden, für die ein gegebenes Budget ausreicht. Eine andere Möglichkeit ist die Auswahl aller IT-Vorhaben, die einen vorher bestimmten kritischen Punktwert überschreiten. Grundlegende Ansätze sind dabei z. B. die Priorisierung von IT-Investitionen [Schumann 1992], die Realisierung von strategischen Wettbewerbsvorteilen durch Informationssysteme nach [Nagel 1990] sowie die strategische Informationssystemplanung nach [Puchan 1991].

Portfoliomodelle haben gegenüber einfachen Priorisierungsmodellen den Vorteil, dass sowohl das Gesamtportfolio als Zusammenspiel aller in Frage kommenden IT-Vorhaben sowie die Interdependenzen zwischen einzelnen IT-Vorhaben betrachtet werden können [Dunst 1979]. Dieser Überlegung liegt die Erkenntnis zugrunde, dass ein aus mehreren Teilen bestehendes System mehr als die reine Summe der einzelnen Teile ist. Daher werden nicht einzelne IT-Vorhaben, sondern das optimale IT-Vorhabenbündel zusammengestellt.

Die Anwendung der Portfolioanalyse hat sich im Informationsmanagement etabliert. Eine Vielzahl von Kriterien schafft größere Transparenz über den Bewertungsvorgang. Die Bewertung von Projektideen kann auf diese Weise genauer und einheitlicher erfolgen. Allerdings besteht mit der zunehmenden Zahl an Bewertungskriterien auch die Gefahr, eine Scheingenauigkeit zu erzeugen. Viele Kriterien lassen sich nur auf Basis der subjektiven Einschätzung des Beurteilenden bewerten. Auch wenn eine große Zahl von Kriterien zusammengefasst wird, ist das Ergebnis eine subjektive Betrachtung. Die methodische Basis war dabei in der Vergangenheit stabil. Wie die folgenden Beispiele zeigen, haben sich jedoch die Bewertungskriterien in Inhalt und Anzahl verändert.

[Buss 1983] benutzt in seinem Modell vier Evaluationskriterien für Projektideen. Die Priorisierung erfolgt anhand der Merkmale »finanzielle Vorteile«, »Unternehmensziele«, »qualitative Vorteile (nicht quantifizierbare Vorteile)«

sowie »technologische Abhängigkeit«. Die Ergebnisse der Analyse für eine Projektidee können entweder summarisch zusammengefasst werden oder die Auswahl erfolgt durch Bewertung eines einzigen Kriteriums. Mit der Beschränkung auf wenige Kriterien wurde die Komplexität gering gehalten.

Im Gegensatz hierzu nehmen [Parker et al. 1989] die steigende Komplexität der Kriterien zugunsten einer detaillierteren Bewertung in Kauf. Sie gehen bei der Bewertung neuer Projekte von der Kosten-Nutzen-Relation als Maß für die Wirtschaftlichkeit aus. Diese ergänzen sie um neun Kriterien zur Abschätzung der Effektivität und des Projektrisikos, die thematisch nach »Business Domain« (»Geschäftsbezug«) und »Technology Domain« (»Infrastrukturbezug«) unterteilt werden.

Weitere Portfoliomodelle existieren zur Priorisierung von IT-Anträgen sowie zur Erstellung eines Zielportfolios aus IT-Projekten und laufenden Informationssystemen [Schönwälder 1997] (siehe auch Kapitel 14).

Im Ansatz des St. Galler Informationssystemmanagements (SG ISM) erfolgt die Auswahl nach dem Kriterium »Unterstützung der Unternehmensstrategie« unter Berücksichtigung betrieblicher Abhängigkeiten [Österle et al. 1992] in der Diskussion in einem Ausschuss von Führungskräften. Das SG ISM verzichtet auf die Einführung eines starren und umfangreichen Kriterienkataloges.

Die Ausführungen haben gezeigt, dass hinsichtlich der Art und Anzahl der Bewertungskriterien große Unterschiede existieren. Trotz dieser unterschiedlichen Auffassungen über die geeigneten Dimensionen für die Auswahl von Vorhaben ist die Zielsetzung des IT-Portfoliomanagements bei allen Ansätzen die gleiche. Im Zentrum steht der effektive Einsatz der Entwicklungsressourcen. Der Fokus auf die Betrachtung von Kosten und Nutzen für die Projektauswahl sowie die Kontrolle der Wirtschaftlichkeit bei der Realisierung von Projekten unterstreichen dies [Österle et al. 1992].

Technische Unterstützung

Seit Ende der 90er Jahre werden für die durchgängige Unterstützung der Planungsfunktion zunehmend spezielle Softwarewerkzeuge eingesetzt. Diese unterstützen die strategische Planung in Form einer durchgängigen, zentralen Dokumentation und zwingen alle am Planungsprozess beteiligten Personen zur Einhaltung einer definierten Methode. Im Sinne von Entscheidungsunterstützungssystemen dienen sie der Entscheidungsvorbereitung bei der Auswahl der IT-Vorhaben. Unter Berücksichtigung der durch die Planer definierten Kriterien und deren Gewichtungen erzeugen diese Programme Rangfolgen für die Priorisierung, anhand derer die Projekte ausgewählt werden können.

Von der softwaretechnischen Unterstützung in der Planung gingen keine Impulse für die Veränderung des Planungsprozesses aus. Sowohl der Betrachtungsgegenstand als auch die Zielsetzung blieben unverändert.

2.3.2 Entwicklung

Funktion und Aufgabe

Die Entwicklung bildet die zweite Phase des Informationsmanagements. Hier werden auf Basis der Ergebnisse aus der Planungsphase Anwendungen neu entwickelt oder bestehende verändert. Sie umfasst sämtliche Aufgaben von der Erhebung der Anforderungen über die Kodierung bis zum Test und der Übergabe in den Betrieb [Broy et al. 2000].

Vorgehensweise

Bis Ende der 60er Jahre wurde die Funktion der Softwareentwicklung von Programmierern wahrgenommen, die Anwendungen aus der Sichtweise und Tradition des Bedienens von Maschinen entwickelten. Die beschränkten Ressourcen für Verarbeitung und Speicherung verlangten eine ressourcenschonende Programmierung. Die Erstellung von Anwendungen erfolgte ohne geordnete Planung und Systematik. Die Arbeitsergebnisse waren in Abhängigkeit von den jeweiligen Entwicklern von höchst unterschiedlicher Qualität.

Durch die Beschreibung der Vorgehensweisen und Schritte in Modellen sollte dieser Missstand behoben werden. Das Wasserfallmodell war dabei das erste (und lange Zeit das nahezu einzige) Modell, das den Prozess der Softwareerstellung im Sinne eines Referenzmodells mit den zu vollziehenden Teilschritten in eine geordnete Reihenfolge brachte. Seine Anwendung in der Praxis und neue Erkenntnisse aus der Wissenschaft führten zu verbesserten Methoden in Form von neuen Vorgehensmodellen.

Ein Beispiel hierfür ist das V-Modell, das in den 80er Jahren eine weite Verbreitung erfuhr. Bei diesem Modell wird der besonderen Bedeutung von Projektmanagement, Konfigurationsmanagement und Qualitätsmanagement und der Dokumentation sämtlicher Aktivitäten Rechnung getragen. Um den hohen Korrekturaufwand zu einem späten Zeitpunkt durch frühe, kostengünstigere Änderungen bzw. Korrekturen zu ermöglichen, wird im Spiralmodell die lineare Abfolge der Schritte verlassen. Die Annäherung an das gewünschte Ergebnis im Sinne der Anforderungen der Auftraggeber erfolgt iterativ, wobei sich einzelne Schritte überlappen können.

Bei Analyse und Design stellt die Beschreibung des zu erzielenden Ergebnisses eine große Herausforderung für die Kommunikation zwischen den Auftraggebern und den Entwicklern dar. Für die Überwindung dieses Problems wurde eine Vielzahl von Methoden zur Beschreibung und modellhaften Abbildung (Modellierung) geschaffen. Die Systematisierung der Beschreibungsmodelle kann zum einen hinsichtlich der Funktionen (funktionsorientiert) und zum anderen hinsichtlich der Datenhaltung und des Datenflusses (datenorientiert) erfolgen. In der Praxis werden heute die funktionsorientierte und die datenorientierte Modellierung zumeist kombiniert angewandt.

Ausgehend von der Betrachtung der Daten als stabile Basis in Informationssystemen wurden Daten nicht länger lediglich als Input für oder Output von Funktionen gesehen. Mit der Zeit setzte sich die Erkenntnis durch, dass Daten und Funktionen eine Einheit, so genannte »Objekte«, bilden [Schönsleben 2001]. Diese sind der Ausgangspunkt der objektorientierten Beschreibung. Die Methode der objektorientierten Analyse bediente sich der Erfahrungen der objektorientierten Programmierung. In den 80er Jahren wurden mehr als 50 Methoden für die Analyse entwickelt. Mit der sich in der Praxis immer stärker durchsetzenden Unified Modeling Language (UML) hat sich heute durch die OMG (Object Management Group) ein neuer Standard etabliert [Broy et al. 2000].

Das Ende der 80er Jahre entstandene praxisorientierte Konzept des Information Engineering verlässt den bis zu diesem Zeitpunkt in der Anwendungsentwicklung vorherrschenden anwendungs- bzw. projektspezifischen Fokus. Insbesondere durch die Verfolgung des Top-down-Ansatzes mit den Phasen der unternehmensweiten strategischen Informationsplanung, der unternehmensweiten Informationssystemplanung, der Analyse von Geschäftsbereichen, dem Informationssystementwurf und der Informationssystemrealisierung und -einführung wird die Erweiterung des Blickwinkels deutlich [Martin 1990].

Technische Unterstützung

Schon früh wurden bei der Softwareentwicklung Werkzeuge zur Unterstützung des Entwicklungsprozesses eingesetzt. Der Einsatz neuer Technologien in Werkzeugen zur Softwareerstellung hatte positive Auswirkungen auf deren Produktivität [Gartner Group 1990]. Die Zielsetzung des Entwicklungsmanagements liegt in der Erhöhung der Produktivität bei der Softwareerstellung. Die Steigerung der Produktivität kann hierbei dreierlei bedeuten: Effizienzsteigerung, d. h. die gleiche Software unter geringerem (Zeit-)Aufwand entwickeln, Steigerung der Wirtschaftlichkeit, d. h. die Verzinsung des eingesetzten Kapitals (Return on Investment), und/oder Qualitätssteigerung, d. h. beispielsweise Benutzerfreundlichkeit erhöhen oder Fehleranfälligkeit senken [Wallmüller 1996]. Der Einsatz von CASE-Tools (Computer Aided Software Engineering) soll das Erreichen dieser Zielsetzung unterstützen [Moll 1994].

Die idealtypische Umsetzung des CASE-Gedankens besteht in einer durchgängigen Werkzeugunterstützung für alle Schritte der Softwareerstellung von der Aufnahme der Anforderungen bis hin zur Generierung von Code und Test.

2.3.3 Produktion

Funktion und Aufgabe

Die dritte Phase des Informationsmanagements ist die Produktion, deren zentrale Aufgabe darin besteht, durch Planung, Steuerung und Kontrolle der Produktionsinfrastruktur den reibungslosen Ablauf der Anwendungen zu gewährleisten (siehe

Kapitel 1). Dies umfasst Anlagen in Rechenzentren ebenso wie die dezentrale Infrastruktur. Die zu erledigenden Aufgaben sind identisch, unabhängig von der räumlichen Anordnung der Geräte. In Rechenzentren werden diese Leistungen vom Rechenzentrumspersonal für einen großen Nutzerkreis erbracht, während sie beim Einsatz von PCs von jedem einzelnen Benutzer oder vom Benutzersupport ausgeführt werden müssen [Dirlewanger 1992].

Obwohl der überwiegende Teil der IT-Kosten von Unternehmen in den Betrieb der Anwendungen fließt, haben sich Wissenschaft und Praxis in der jüngsten Vergangenheit nicht oder kaum mit Methoden und Tools für das Produktionsmanagement auseinander gesetzt.

Vorgehensweise

Noch in den 70er Jahren wurden sämtliche Bearbeitungsschritte in Rechenzentren vom Rechenzentrumspersonal manuell durchgeführt. Mit der stark wachsenden Nachfrage nach IT-Leistungen wurden diese Arbeiten sukzessive durch den Einsatz aufgabenspezifischer Softwaretools automatisiert. Zunächst konnte so der wachsenden Nachfrage mengenmäßig Rechnung getragen werden, doch der hohe Koordinationsaufwand bei gleichzeitig wachsender Komplexität der Aufgabenstellungen führte immer häufiger zu Störungen im Ablauf. Die Integration von Mess- und Regeltechnik für die Steuerung der Recheneinheiten und Speicherkapazitäten war der entscheidende Schritt zur Lösung dieses Problems. In den Werkzeugen für die automatisierte Steuerung konnten Zielfunktionen bezüglich Kapazitätsplanung und -steuerung hinterlegt werden. Die Steuerung der Recheneinheiten erfolgte automatisch im Hinblick auf definierte Parameter und Zielgrößen [Dirlewanger 1992].

Die Ablösung der manuellen Arbeiten durch Automatisierung, die Probleme der wachsenden Komplexität und die Einführung von Mess- und Regeltechnik zeigen deutlich die Parallelen zum Produktionsmanagement anderer Branchen. Mit dem Blick auf branchenfremde Managementmethoden und -konzepte, die diese Probleme bereits gelöst hatten, sollten neue Ansätze zur Lösung für die Produktion in der IT gefunden werden. Ein Beispiel hierfür ist die Untersuchung des CIM-Konzeptes (Computer Integrated Manufactering) im Hinblick auf die Übertragbarkeit auf die IT-Produktion. Die Prozessintegration und die Durchgängigkeit der Daten sind die zentralen Aspekte der integrierten Fertigung in Industriebetrieben. [Lebrecht 1991] zeigt, dass das von [Scheer 1989] entwickelte Y-Modell für Industriebetriebe auch Anwendung in der IT-Produktion finden kann. Am Beispiel eines Produktionsplanungs- und Steuerungssystems für die IT-Produktion beweist Lebrecht die Übertragbarkeit exemplarisch.

Technische Unterstützung

Der technologische Fortschritt in der Produktion zeigt sich sowohl an der gestiegenen Leistungsfähigkeit der Werkzeuge für die Automatisierung der Abläufe als auch an der Leistungsfähigkeit der Hardware. Die Werkzeuge konzentrierten sich zunächst auf die Automatisierung von Operating, Jobsteuerung und Speichermanagement. Daneben existierten Werkzeuge für die Performance-Analyse, das Tuning und die Kapazitätsplanung. Mit dem Angebot von integrierten Lösungen, die sämtliche Aspekte der Produktionssteuerung umfassend und dynamisch berücksichtigten, ist der Umfang der Automatisierung bis heute kontinuierlich gestiegen. Der Automatisierungsgrad in modernen Rechenzentren liegt heute bei fast 95 % [Röder 2001].

Die steigende Leistungsfähigkeit der Hardware ist die Quelle für Effizienzsteigerungen in der IT-Produktion. Werkzeuge zur Automatisierung der Abläufe haben die nachhaltige Nutzung dieses Fortschritts ermöglicht. Obwohl der Versuch der Übertragung des CIM-Konzeptes auf die IT-Produktion einen viel versprechenden Ansatz darstellt, ist die Entwicklung eines phasenübergreifenden Konzeptes für die Herstellung und Nutzung von IT-Leistungen nicht erfolgt.

2.4 Phasenspezifische Sicht und ihre Probleme in der Praxis

In allen Phasen des Informationsmanagements wurden Methoden und Werkzeuge für die Erhöhung der Effizienz und Effektivität eingesetzt. Bei der kritischen Betrachtung dieser Entwicklung zeigt sich jedoch, dass es sich bei den Veränderungen und Fortschritten im Wesentlichen um phasenspezifische Phänomene handelt.

2.4.1 Planung

Für den Auswahlprozess von Projekten war die Übernahme und Anpassung des Portfolio-Gedankens aus der Finanzwirtschaft die entscheidende Neuerung. Seither wurden immer wieder Ansätze entwickelt, die diesen modifiziert haben. Die Portfolioanalyse als Instrument der Planung im Informationsmanagement ist charakterisiert durch den starken Fokus auf die Phase der Entwicklung. Gemeinhin erfolgt hier die Feststellung von Prioritäten für die Freigabe von Ressourcen in der Entwicklung. Der Gedanke einer zielgerichteten Steuerung eines unternehmensweiten Portfolios von IT-Leistungen kommt nur vereinzelt zum Tragen.

Werden die Produktionskosten in der Planungsphase berücksichtigt, so basieren diese üblicherweise auf sehr groben Schätzungen. Noch seltener werden in der Planungsphase die Möglichkeiten einer zielgerichteten Produktionskostenbeeinflussung in Form funktionaler oder finanzieller Vorgaben für diesen erheblichen Kostenblock in der Lebenszyklusbetrachtung wahrgenommen. Die Planung übernimmt üblicherweise keine Koordinationsfunktion zwischen der Informationssystemplanung und Planung der technischen Infrastruktur im Rahmen der Produktionsplanung. Hierdurch bleiben auch die Zusammenhänge und wechselseitigen Abhängigkeiten zwischen Entwicklung und Produktion unberücksichtigt.

2.4.2 Entwicklung

Mit der Unterteilung des gesamten Softwareerstellungsprozesses in einzelne Aufgaben und Schritte und der gleichzeitigen Anwendung der bereits aufgeführten Beschreibungssprachen wurde die Kommunikation zwischen den Seiten der Softwareentwicklung und der Nutzung verbessert bzw. ermöglicht. Mit den in Werkzeugen hinterlegten Methoden können die gewünschten Ergebnisse eindeutig beschrieben werden. Mit der so geschaffenen Transparenz über den Fortschritt und das angestrebte Ergebnis der Softwareentwicklung waren die Voraussetzungen für die Anwendung von bewährten Managementmethoden geschaffen.

Durch die Entwicklung und Anwendung von Vorgehensmodellen wurden Unternehmen in die Lage versetzt, bewährte Konzepte der Planung, Steuerung und Kontrolle auch bei der Softwareerstellung anzuwenden. Die Entwicklung zeigt deutlich die Systematisierung und Verbesserung, die in der Softwareentwicklung stattgefunden hat. Der Fortschritt zielte jedoch ausschließlich auf eine Vereinfachung bzw. Produktivitätssteigerung bei der Softwareerstellung. CASE-Tools sind Ausdruck einer phasenspezifischen Betrachtung und Unterstützung. Die Verbindungsstellen zur Planung oder zum Betrieb finden in den Tools keine Berücksichtigung.

Die Einführung des Begriffes »Software-Fabrik« zu Beginn der 90er Jahre bekräftigt diese Sichtweise. Mit der Übertragung von Konzepten der kontinuierlichen Verbesserung, des Prozessmanagements, des Qualitätsmanagements, der Standardisierung etc. wurde gezielt auf Probleme und Herausforderungen in der Softwareentwicklung eingegangen. Eine Einordnung oder Übertragung der Konzepte auf die »Informationsmanagement-Fabrik« im Sinne der Gesamtsicht auf die Erstellung von IT-Leistungen ist nicht erfolgt.

Softwareentwicklungsprojekte gelten als erfolgreich, wenn sie mit den geplanten Ressourcen in der geplanten Zeit die definierte Qualität bereitstellen. Von den verschiedenen Qualitätsmerkmalen steht die Korrektheit als Übereinstimmung der funktionellen Spezifikation und Anwendungsfunktionalität im Mittelpunkt. Das Merkmal der Anwendungseffizienz, also inwieweit nicht unnötig Verarbeitungs-, Speicherungs- oder Übertragungsressourcen »verbraucht« werden, steht oftmals im Hintergrund. Die Aussage eines Projektmanagers eines großen amerikanischen Hard- und Softwareherstellers bei der Einführung einer neuen Anwendung in dreistelliger Millionenhöhe verdeutlicht diese Haltung: »(…) falls die Anwendung nicht performant genug läuft, investieren wir eben noch zusätzlich 20 Mio. US$ in die Infrastruktur.«

Die Phase der Produktion spielt bei der Entwicklung von Anwendungen eine untergeordnete Rolle, und dies obwohl mit dem Abschluss der Softwareentwicklung die Parameter des Ressourcenverbrauchs für den Betrieb ganz wesentlich gesetzt sind. Nur in engen Grenzen lassen sich durch Tuning-Maßnahmen die Kosten des Betriebes nachträglich reduzieren.

2.4.3 Produktion

Oftmals hat sich in der Vergangenheit die IT-Produktion auf die Maximierung der Verfügbarkeit von Anwendungen konzentriert. Der Bezug zu den Geschäftsprozessen und die Abhängigkeiten der Geschäftsprozesse untereinander wurden vernachlässigt. Die geschäftsnotwendige Verfügbarkeit wird aber durch die Geschäftsprozesse definiert. Liegt die Verfügbarkeit und damit der Output der IT-Produktion über oder unter der geschäftlichen Notwendigkeit, werden unternehmerische Ressourcen verschwendet. Bei einer Überdeckung der Anforderungen werden vorhandene Kapazitäten suboptimal genutzt, bei Unterdeckung der geschäftlichen Anforderungen entstehen Prozessverzögerungen und/oder Umsatzpotenziale werden nicht ausgeschöpft.

Anerkanntes Ziel der IT-Produktion ist die Optimierung der Kosten ihrer eingesetzten Ressourcen, gemessen an Stückkosten in Bezug auf die vorgehaltenen Kapazitäten der Verarbeitung, Speicherung und Übertragung. Typische Kenngrößen in IT-Produktionsbenchmarks [Compass 2002] sind Kennzahlen zu Kapazitäten, wie z. B. MIPS (Million instructions per second), Platten in GB (Gigabyte) sowie Kennzahlen zu Kosten, wie z. B. Kosten/MIPS oder Kosten pro GB. Diese Kenngrößen beziehen sich nicht auf den Output der IT (als Ganzes), sondern geben Auskunft über die Kosten für die Bearbeitung des Outputs.

Die Wirksamkeit bei der Erstellung von IT-Leistungen als Ganzes wird nicht betrachtet. Aus Sicht der IT-Produktion lässt sich hierfür ein einfacher Grund anführen: Der Einfluss auf die Anwendungsentwicklung bei der Festlegung der Plattform, Architektur und letztlich auch der konkreten Umsetzung in Code ist sehr begrenzt.

2.4.4 Zentrale Probleme

Das Produkt des Informationsmanagements sind weder Portfolios noch Software noch einzelne Rechenzentrumsdienstleistungen, sondern die geschäftsprozessorientierte Kombination von Planungs-, Entwicklungs- und Produktionsleistungen zu IT-Leistungen (siehe Kapitel 3). Aus dieser Sicht resultieren drei zentrale Probleme im Management der IT, die im Folgenden erläutert werden.

Effizienz

Eine Effizienzsteigerung stellt sich immer dann ein, wenn ein definierter Output mit geringerem Input oder ein höherer Output mit konstantem Input erreicht werden kann. Bis in die 80er Jahre war Effizienz das wichtigste Qualitätskriterium von Software. Die vormals starke Ausrichtung auf die effiziente Nutzung der Hardware trat durch den technologischen Fortschritt und die fallenden Preise der Hardware zunächst in den Hintergrund. Erst mit der zunehmenden Verbreitung von Onlineanwendungen rückte die Effizienz unter dem Schlagwort »Performance« und der Zielsetzung angemessener Antwortzeiten der Systeme« wieder in den Vordergrund.

Diese neue Ausrichtung auf Effizienz verlief innerhalb der IT-Entwicklung und IT-Produktion nicht ganzheitlich über alle Phasen hinweg. Wie die vorigen Ausführungen gezeigt haben, ist die Wirtschaftlichkeit innerhalb der Phasen kontinuierlich gestiegen. Der Blick auf die Erzeugung von IT-Leistungen als Ganzes zeigt, dass heute Ineffizienzen vor allem durch die mangelnde Berücksichtigung der wechselseitigen Abhängigkeiten zwischen Entwicklung und Produktion entstehen.

Eine im Portfoliomanagement in der Planungsphase getroffene wirtschaftliche Entscheidung für die Herstellung einer IT-Leistung kann durch eine ineffiziente Anwendung und den damit verbundenen hohen, ungeplanten IT-Produktionskosten unwirtschaftlich werden. Die Ressourceneffizienz der Anwendung im Betrieb leistet einen entscheidenden Beitrag, inwieweit das tatsächliche Transaktionsvolumen und Speichervolumen von den kostenoptimalen Volumina abweicht. Die Höhe des Ressourcenverbrauchs und damit auch die Produktionskosten werden also in der Entwicklung definiert. Dennoch scheiden die Entwicklungsabteilungen mit der Übergabe von Anwendungen in die Produktion aus dem Kostenmanagementprozess aus.

Die gezielte Entwicklung von Anwendungssystemen für die Nutzung bestehender IT-Produktionsumgebungen findet kaum Berücksichtigung. Die systematische Nutzung vorhandener Infrastruktur ist kein integraler Bestandteil der Softwareentwicklung. In Zeiten der Client/Server-Architekturen wurde noch dazu oftmals übergegangen, für jede Anwendung neue Serverhardware bereitzustellen. Ineffizienzen entstehen hier sowohl durch die schlechte kapazitative Auslastung existierender IT-Produktionsumgebungen als auch durch den steigenden Personalaufwand für die Betreuung unterschiedlicher Systeme.

Die Optimierung der Leistungsfähigkeit von Software (oder besser: die Verringerung des Ressourcenverbrauchs) ist Aufgabe der Softwareentwicklung und liegt gemeinhin nicht bei der IT-Produktion. In einer optimierten Vorgehensweise zwischen Softwareentwicklung und IT-Produktion werden die Potenziale zur Leistungserhöhung gemeinsam ausgeschöpft. Im Zusammenspiel zwischen Entwicklung und Produktion kann beispielsweise die Leistungsfähigkeit bei Plattenzugriffen durch Vermeidung von Plattenzugriffen, Reduktion von Zugriffshäufigkeiten und Beschleunigung einzelner Zugriffe erhöht werden [Frank 1996].

Einige wenige Praxisbeispiele zeigen, dass unter bestimmten Voraussetzungen, beispielsweise wenn IT-Entwicklung und IT-Produktion unter einer Führung gemeinsam für die Bereitstellung der IT-Leistung als Ganzes verantwortlich sind, Produktionsexperten den Entwicklungsprozess punktuell unterstützen oder komplett begleiten. Auf diese Weise können produktionsrelevante Aspekte frühzeitig berücksichtigt werden. In der Mehrzahl der Fälle wird die zentrale Verbindungsstelle zwischen IT-Entwicklung und IT-Produktion in Form von Übernahmevereinbarungen oder Dienstleistungsvereinbarungen formalisiert. Die wechselseitigen Abhängigkeiten stehen nicht im Mittelpunkt.

Effektivität

Der Maßstab für die Messung der Effektivität des Informationsmanagements ist der Wert, der durch die Nutzung von IT-Leistungen entsteht. Dieser Wert kann in der Qualitätsverbesserung von Prozessen und Produkten, der Erschließung von Umsatzpotenzialen sowie der Senkung von Prozesskosten auf Basis effektiver IT-Leistungen liegen. Für die Messung dieses Wertes stehen neben Kundenzufriedenheitsumfragen vor allem finanzielle Größen wie Umsatz, Kostenreduktion und Ergebnis im Vordergrund.

Die Herstellung kundenbezogener Qualitätsverbesserungen stand im Informationsmanagement vielfach im Hintergrund. Die durch den Einsatz innovativer Technologien erzeugten Verbesserungen wurden aus diesem Grund von den Kunden nicht wahrgenommen. Stattdessen konzentrierte sich das Informationsmanagement auf die Herstellung hoher Qualität aus technologischer Sicht, was aber nur einen Teilaspekt der Bereitstellung qualitativ hochwertiger IT-Leistungen abdeckt. Die wahrgenommene Qualität durch den Kunden entscheidet letztendlich über die Effektivität der eingesetzten IT-Leistungen. Das Informationsmanagement benutzt heute keine umfassenden Instrumente für das Management der Qualität. Die am Ende der Phasen produzierten IT-Leistungen sind oftmals das Ergebnis eines phasenspezifischen Qualitätsverständnisses und nicht das Ergebnis eines phasenübergreifenden Qualitätsmanagementprozesses.

Durch den Einsatz von IT-Leistungen können Unternehmen ihre Umsätze erhöhen. Effektive IT-Leistungen schaffen beispielsweise die Voraussetzung für eine Differenzierung am Markt. Hierbei wird die Effektivität der IT-Leistungen daran gemessen, inwieweit diese unmittelbar die Marktbearbeitung unterstützen. IT-Leistungen haben unterschiedliche Anteile an den (Umsatz-)Erfolgen. Für den Spezialfall, dass IT-Leistungen gleichzeitig Produkte des Marktes darstellen, ist dieses unmittelbar am Umsatzvolumen zu erkennen. In der heutigen Praxis ist das Informationsmanagement oftmals auf die unternehmensinterne Funktion konzentriert und versäumt daher die Wahrnehmung der kreativen und gestalterischen

Aufgaben im Hinblick auf die Abschöpfung von Marktpotenzialen einer Differenzierungsstrategie.

IT-Leistungen werden in hohem Maße zur Rationalisierung von Abläufen eingesetzt. Der effektive Einsatz von IT-Leistungen führt zu sinkenden Prozesskosten und Produktherstellungskosten. Die im Informationsmanagement vorherrschende Diskussion über die Höhe der IT-Kosten insgesamt oder die Höhe der IT-Kosten bestimmter Geschäftsprozesse lässt keine Aussage über die Wirksamkeit zu, da sich die Effektivität von IT-Leistungen im Ausmaß der erzielten Einsparungen zeigt. Daher greift eine Diskussion über die Verteilung von IT-Kosten zu kurz.

Ein effektivitätsförderndes Portfoliomanagement müsste demnach bestrebt sein, IT-Vorhaben zusammenzustellen bzw. zu genehmigen, die entweder zu von Kunden wahrgenommenen Qualitätsverbesserungen, Umsatzsteigerungen und/oder Prozesskostensenkungen führen. Tatsächlich aber konzentriert sich das Portfoliomanagement stattdessen vielfach (noch) auf die Priorisierung von Ressourcen für die Entwicklung von Anwendungen. Damit wird die zentrale Aufgabe der Gestaltung eines wirksamen Portfolios von IT-Leistungen nicht umfassend wahrgenommen.

Kostenintransparenz

Im Informationsmanagement liegt heute kein umfassendes Konzept für ein phasenübergreifendes Kostenmanagement vor. Die Anwendung der bekannten 80/20-Regel würde bedeuten, dass 80 % der Aktivitäten des Kostenmanagements in der Entwicklung stattfinden müssen. Lediglich 20 % dieser Aktivitäten würden demnach auf den Teil der IT-Produktion fallen. In der Praxis ist weitgehend der umgekehrte Fall zu beobachten. Das Kostenmanagement wird auf die Nutzung des technologischen Fortschritts der eingesetzten Ressourcen und den daraus resultierenden Kostensenkungen reduziert. Die Möglichkeiten der frühzeitigen aktiven Beeinflussung der Kosten in den Phasen der Planung und Entwicklung findet nur rudimentär statt (siehe Kapitel 16).

Im Portfoliomanagement stehen die Aufwandsgrößen für Entwicklungsleistungen und deren Relation zur Unterstützung der geschäftlichen Anforderungen im Vordergrund der Betrachtung. Mit der Freigabe von Projekten für die Entwicklung von Anwendungen werden Kosten bewilligt. Die Entscheidung für die Herstellung von IT-Leistungen erfolgt ohne eine verlässliche Kalkulation der Entwicklungs- und Produktionskosten. Auch wenn große Anstrengungen für die Schätzung der Entwicklungskosten unternommen werden, handelt es sich bei den Produktionskosten üblicherweise um grobe Abschätzungen.

Für die Phase der Entwicklung wurden umfangreiche Konzepte der Aufwandsschätzung bis hin zum Target Costing entwickelt [Baumöl 1999]. Im Fokus steht vielfach die Bereitstellung der definierten Funktionalitäten unter Einhaltung der Termin- und Ressourcenplanung. Die Wirkungen der Entwicklung auf die IT-Produktion und damit die Kosten für die Herstellung von IT-Leistungen finden nur geringen Einfluss. Für die Herstellung kostenoptimaler Leistungen müssen die Konsequenzen des in der Entwicklung festgelegten Ressourcenverbrauchs a priori bekannt sein. Nur auf Basis dieser kostenmäßigen Transparenz können in der Entwicklung kostenorientierte Entscheidungen getroffen werden. Ohne eine phasenübergreifende Kostenbetrachtung ist die zielgerichtete Gestaltung der notwendigen und nutzbringenden IT-Leistungen nicht möglich.

Der mangelnden Transparenz der IT-Kosten sollte vor allem durch Aufbau einer outputorientierten IT-Kosten- und Leistungsrechnung und die verursachungsgerechte Umlage oder Abrechnung entgegengewirkt werden. Vor allem in der IT-Produktion stand (und steht) das Informationsmanagement aufgrund des hohen fixen Gemeinkostenanteils vor der Herausforderung, den IT-Kunden die Kosten verursachungsgerecht zuzurechnen.

In der Welt der Großrechner galt dieses Problem mit Einführung von Accountingtools als gelöst. Für das Client/Server-Umfeld wurden in den 80er und vor allem in den 90er Jahren Ansätze zur Kostenverrechnung entwickelt und eingesetzt.

Im Wesentlichen zielen die Verrechnungskonzepte auf die Verteilung von Faktoreinsatzkosten. Auch heute basiert die Verrechnung von IT-Leistungen in vielen Unternehmen auf technischen Größen, wie beispielsweise die Nutzung von CPU-Sekunden oder Megabyte Speicherplatz. Grundlage für die Kostenermittlung sind die geplanten Auslastungen der vorgehaltenen Kapazitäten. In Abhängigkeit der Auslastung der Ressourcen variieren entsprechend die Stückkosten, die gegebenenfalls unterjährig angepasst werden. Durch diese Vorgehensweise wird das Risiko der Auslastung der Ressourcen über die Anpassung der Stückkosten auf die Kunden übertragen.

Bereits in den 80er Jahren wurde begonnen, die reine Verrechnung von Faktoreinsatzgrößen der IT-Produktion (MIPS, MByte etc.) durch kundenorientierte Leistungsbündel (z. B. Betrieb einer Anwendung, Erstellung einer Abrechnung) abzulösen. Hierzu ist anzumerken, dass zwar der Anteil der kundenorientierten Abrechnungen stetig zunimmt, jedoch bislang kaum eine Ausdehnung dieser Kundenorientierung auf die Planung stattgefunden hat.

Die IT-Produktion kennt keine Instrumente zur Erfassung der Qualität der abgegebenen Leistungen in Bezug auf das Geschäft. Eine Kopplung zwischen erfolgreicher Geschäftsabwicklung und Produktion gibt es nicht. Je mehr Transaktionen ein Nutzer durch Fehler bei der Nutzung einer Anwendung macht, umso höher werden seine Kosten für die Abwicklung eines Geschäftsvorfalls. In der IT-Produktion gibt es keine unmittelbare Verbindung zu den Geschäftsvorfällen, die eine Bewertung der erbrachten Leistungen erlauben. »Fehlchargen«, wie sie aus der industriellen Fertigung bekannt sind, werden nicht transparent, sondern in Form von kundenorientierten Leistungsbündeln an die Anwender verrechnet.

Die Kosten für den Betrieb von Anwendungen werden unabhängig vom entstandenen Nutzen zu den definierten Verrechnungssätzen oder Preisen an die Fachseiten weitergegeben. Der Maßstab der Kosten und Preise ist nicht der effektive Beitrag für das Geschäft, sondern die Kosten der eingesetzten Produktionsfaktoren. In der IT-Produktion besteht bislang kein Anreiz, den Fokus von der Qualität der Bearbeitung auf die Qualität des Outputs zu verlagern. Die Notwendigkeit hierzu ist mit dem Anspruch der wirksamen und kostengünstigen Unterstützung der Geschäftsprozesse untrennbar verbunden.

2.5 Forderung nach einer Gesamtsicht

Den überwiegenden Teil der Kosten für die IT geben Unternehmen für die Produktion aus. Dennoch wurde in der Vergangenheit den frühen Phasen des Informationsmanagements, vor allem der Entwicklung, eine weit größere Bedeutung beigemessen. Die Zusammenhänge zwischen Entwicklung und Produktion wurden zwar erkannt, jedoch in den verschiedenen Managementkonzepten nicht oder nur unzureichend berücksichtigt. Ohne die Abhängigkeiten dieser beiden Funktionen zu berücksichtigen, wurde ihre Beziehung als »natürliches Spannungsfeld« bezeichnet. Die in vielen Unternehmen vorgenommene organisatorische Trennung bis hin zur rechtlichen Selbstständigkeit zwischen Entwicklung und Produktion bestätigt diese Sicht.

Um die unternehmerische Verantwortung für die Herstellung von IT-Leistungen im Hinblick auf Effizienz und Effektivität managen zu können, muss die traditionelle, phasenorientierte Betrachtung durch eine umfassende Sichtweise abgelöst werden. Über alle Phasen des Informationsmanagements hinweg müssen alle Beteiligten und Verantwortlichen ihr Handeln an einem gemeinsamen Ziel ausrichten.

Die tatsächlichen Potenziale für Rationalisierung und Produktivitätssteigerung liegen nach wie vor nur zu geringen Teilen in der IT-Produktion. Größtenteils finden sie sich in der wirksamen Integration der IT in die Unternehmen und der Gestaltung der Verbindungsstelle zwischen Planung, Entwicklung und Produktion.

Abb. 2-1 zeigt die Abhängigkeiten eines integrierten Managementkonzeptes. Für die Erstellung einer IT-Leistung werden nacheinander die Phasen des Informationsmanagements durchlaufen. Für diese eine IT-Leistung steht das Management der Verbindungsstellen Planung-Entwicklung und Entwicklung-Produktion im Vordergrund. Aus der Sicht eines Unternehmens werden die einzelnen Phasen permanent und zeitgleich, wenn auch für verschiedene IT-Leistungen, durchgeführt. Ein integriertes Konzept berücksichtigt sowohl das Management der Phasen in ihrem zeitlichen Ablauf für einzelne Objekte (Produkte) als auch das Management der Phasen zueinander.

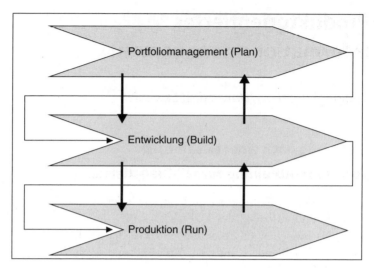

Abb. 2-1: *Integriertes Informationsmanagement*

Die Herausforderung eines integrierten Managements, das diese wechselseitigen Abhängigkeiten berücksichtigt, ist in der Fertigungsindustrie in den letzten 15 Jahren unter dem Schlagwort des »Integrated Engineering« in Verbindung mit »Lean Management« eindrucksvoll gelöst worden. [Womack et al. 1992] bezeichnen diesen Schritt in der Autoindustrie als die »zweite Revolution«. Der aktuelle Stand des Informationsmanagements lässt sich mit dem Stand der Fertigungsindustrie der 80er Jahre vergleichen. Lange Entwicklungszeiten, hohe Kosten und steigende Komplexität durch Vielfalt prägen das Bild. Die Revolution im Informationsmanagement steht noch aus.

Dabei kann der Blick auf die angewandten Konzepte in der Fertigungsindustrie wichtige Hilfestellung leisten. Der Gedanke, erfolgreiche Konzepte aus dem Bereich der industriellen Fertigung auf die Informationswirtschaft zu übernehmen, ist nicht neu. Für alle Aktivitäten, von der Planung bis hin zur Produktion, wurden in der Vergangenheit Ansätze zur Herstellung von Analogien und Übertragung von Konzepten gemacht (siehe Kapitel 12). Der Versuch einer umfassenden Übertragung und die Entwicklung eines »Integrated Information Management« stehen noch aus.

3 Produktorientiertes Informationsmanagement

Rüdiger Zarnekow, Universität St. Gallen

3.1 Von der IT-Abteilung zum IT-Dienstleister

Mit der wachsenden Bedeutung der IT steigt auch der Wunsch nach einer höheren Effektivität und Effizienz des IT-Einsatzes im Unternehmen. Traditionelle Spannungsfelder zwischen IT-Abteilung und Geschäftsbereichen, etwa die geringe Transparenz, fehlende Kundenorientierung und mangelhafte Qualität der IT-Leistungen [Holst/Holst 1998], werden seitens der Geschäftsbereiche immer weniger akzeptiert. Auch die in Kapitel 2 dargestellten Defizite in Bezug auf eine gesamthafte Sicht des Informationsmanagements tragen hierzu bei. IT-Abteilungen geraten unter einen zunehmenden Rechtfertigungszwang und den Druck, ihre Arbeit effektiver und effizienter zu gestalten.

Als eine Reaktion auf diese Entwicklung versuchen viele Unternehmen heute, ihre IT-Abteilungen von einem reinen Lieferanten für Informationstechnik hin zu einem Dienstleistungserbringer für das gesamte Unternehmen zu wandeln. Die Auswirkungen dieses Wandlungsprozesses sind weitreichend. Aus den Geschäftsbereichen werden Kunden, die auf der Basis transparenter Liefer- und Leistungsbeziehungen und marktähnlicher Mechanismen mit dem IT-Dienstleister zusammenarbeiten. Die Wünsche des Kunden und die geschäftlichen Anforderungen an die IT rücken in das Zentrum der Betrachtungen. Der IT-Dienstleister übernimmt einen Teil des unternehmerischen Risikos, indem er marktgerechte Preise kalkulieren und seine Dienstleistungen vermarkten und absetzen muss.

3.2 Grundlagen eines produktorientierten Informationsmanagements

Voraussetzung für die Umsetzung eines dienstleistungsorientierten Konzeptes ist die Definition von IT-Produkten durch den Dienstleister. Anstelle der traditionell projektorientierten Zusammenarbeit zwischen Geschäftsbereich und IT-Abteilung im Rahmen der Softwareentwicklung tritt somit eine produktorientierte Zusammenarbeit, innerhalb derer der Leistungserbringer seine Leistungen in Form von IT-Produkten bündelt (siehe Abschnitt 1.3.2). Die Leistungsabnehmer kaufen die benötigten Produkte beim Leistungserbringer ein. Bereitstellung und Qualität der Produkte werden auf der Basis exakt definierter, transparenter Vereinbarungen überwacht. Die Umsetzung eines derartigen produktorientierten

Mechanismus führt zu einer neuen Qualität der Beziehung zwischen Geschäftsbereich und IT-Dienstleister, erfordert jedoch insbesondere von Letzterem große Anstrengungen. Viele Unternehmen stehen vor der Frage, wie sie den Wandel ihrer IT-Abteilung zum IT-Dienstleister möglichst reibungslos vollziehen können, welche Voraussetzungen für ein produktorientiertes Zusammenspiel von Dienstleister und Kunden erfüllt sein müssen und welche Auswirkungen auf Organisationsstrukturen und Prozesse damit einhergehen.

	Projektorientiertes Informationsmanagement	Produktorientiertes Informationsmanagement
Selbstverständnis der IT	Projektabwickler	Dienstleistungsproduzent
Grundlage der Zusammenarbeit von IT und Geschäftsbereich	Gemeinsame Projektabwicklung	Produktvertrieb und -einkauf
Formaler Rahmen der Zusammenarbeit	Auftragsverhältnis	Marktmechanismus
Steuerungsinstrument	Projektmanagement	Produktmanagement
Leistungsverrechnung	Kostenverrechnung	Produktpreis
Sichtweise der IT	IT/Technik-zentriert	Kundenzentriert
Verhalten der IT	Reaktiv	Proaktiv
Bezugsobjekt	Anwendungssystem; Lösung	Produkt
Basismodell der IT	Phasenorientierte Systemsicht (Planung, Entwicklung, Betrieb)	Integrierte Produktsicht (Produktgestaltung, -herstellung)
Aufgabe der Geschäftsbereiche	Spezifikation der Systemanforderungen	Verhandlung von Produkteigenschaften

Tab. 3-1: Unterschiede zwischen projekt- und produktorientiertem Informationsmanagement

Die Auswirkungen eines produktorientierten Informationsmanagements werden vor allem dann deutlich, wenn man die zentralen Unterschiede zur traditionellen projektorientierten Arbeitsweise der IT analysiert. Ein produktorientiertes Informationsmanagement unterscheidet sich vor allem in den folgenden Punkten vom projektorientierten Informationsmanagement (siehe Tab. 3-1):

- Das Selbstverständnis der IT wandelt sich von einem reinen Projektabwickler zu einem Produzenten von Dienstleistungen.
- Die Grundlage der Zusammenarbeit zwischen IT und Geschäftsbereich bildet nicht mehr die gemeinsame Abwicklung von IT-Projekten, sondern der Verkauf und Einkauf von Produkten.
- Als Konsequenz aus den beiden erstgenannten Punkten ist das formale Verhältnis zwischen IT und Geschäftsbereich nicht mehr durch ein Auftragsver-

hältnis gekennzeichnet, sondern basiert auf einem wettbewerbsorientierten Marktmechanismus.
- Das klassische Projektmanagement wird als Steuerungsinstrument durch ein Produktmanagement auf Seiten der IT und der Geschäftsbereiche ersetzt.
- Die Leistungsverrechnung erfolgt nicht über einen festgelegten Kostenschlüssel, sondern über den Produktpreis. Dies garantiert eine verursachergerechte Zuordnung, da der Nutzer einer IT-Leistung durch den Kauf eines entsprechenden IT-Produktes unmittelbar dafür bezahlt. Der IT-Dienstleister muss im Rahmen der Preisgestaltung seine tatsächlichen Produktkosten kennen und berücksichtigen.
- Die neue Art der Zusammenarbeit führt zu einer geänderten Sicht- und Verhaltensweise der IT. Sie ist nicht mehr primär IT/Technik-zentriert, sondern rückt den Bedarf ihrer Kunden in den Mittelpunkt der Betrachtungen. Anstelle der reaktiven Verhaltensweise, in der auf eine Anforderung der Geschäftsbereiche mit der Durchführung eines gemeinsamen IT-Projektes reagiert wird, tritt die proaktive Gestaltung eines Produktportfolios, das durch seine Kundenorientierung eine möglichst hohe Absatzwahrscheinlichkeit der darin enthaltenen Produkte verspricht.
- Grundlegendes Bezugsobjekt der IT ist nicht mehr ein Anwendungssystem oder eine IT-Lösung, sondern ein Produkt. Hierdurch ändert sich auch das Basismodell der IT. Die phasenorientierte Systemsicht mit der Unterscheidung zwischen Planung, Entwicklung und Produktion von Systemen wird abgelöst durch eine integrierte Produktsicht, die das Angebot von Komplettprodukten an die Kunden ermöglicht. Im Mittelpunkt steht die Entwicklung integrierter Managementkonzepte, die zu einer Verringerung der in Kapitel 2 beschriebenen Defizite des Informationsmanagements beitragen können. Lag die Aufgabe der Geschäftsbereiche bisher vor allem in der Spezifikation von Systemanforderungen, so konzentriert sie sich nun auf die Verhandlung geschäftsorientierter Produkteigenschaften mit dem IT-Dienstleister.

3.3 Kategorien von IT-Produkten

Das im vorigen Abschnitt beschriebene Grundmodell führt zu der Frage, was sich konkret hinter den Produkten eines IT-Leistungserbringers verbirgt. Ein Produkt stellt eine Leistung dar, die Bedürfnisse befriedigt und einen Nutzen erzielt [Kotler 2002]. Primärer Nutzen der IT aus geschäftlicher Sicht ist es, die Geschäftsprozesse und Geschäftsprodukte eines Unternehmens zu unterstützen. IT-Produkte kommen somit entweder, wie in Abb. 3-1 dargestellt, innerhalb von Geschäftsprozessen oder unmittelbar in Geschäftsprodukten zum Einsatz. In einzelnen Fällen kann ein Geschäftsprozess oder -produkt sogar ausschließlich aus

IT-Produkten bestehen. Beispiele hierfür wären etwa Onlinebanking- oder Electronic-Procurement-Prozesse.

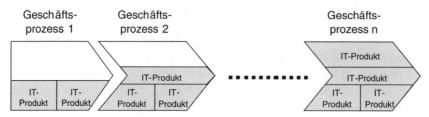

Abb. 3-1: *IT-Produkte in Geschäftsprozessen*

Die konkrete Definition eines IT-Produktes kann auf unterschiedlichen Stufen erfolgen, die sich im Grad der Geschäftsorientierung und der Komplexität voneinander unterscheiden (siehe Abb. 3-2). Produkte einer höheren Stufe weisen eine stärkere Geschäftsorientierung auf, d. h., technische Details werden innerhalb der IT-Produkte gekapselt und vom Leistungsabnehmer abgeschirmt. Sie besitzen aber auch eine höhere Komplexität, d. h., ihre Definition und Bereitstellung ist für den Leistungserbringer mit einem höheren Aufwand verbunden.

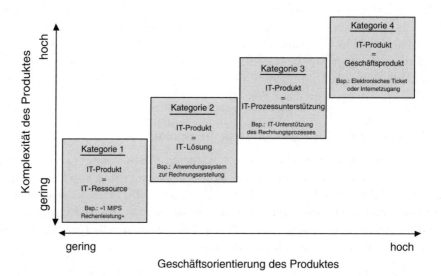

Abb. 3-2: *Kategorien von IT-Produkten*

3.3.1 Kategorie 1: Ressourcenorientierte IT-Produkte

Ressourcenorientierte IT-Produkte entsprechen der traditionellen Sichtweise eines Leistungserbringers. Die bereitgestellten Ressourcen werden in Form von IT-Produkten definiert und an die Leistungsabnehmer verkauft. Typische Beispiele für ressourcenorientierte Produkte und deren Größeneinheiten sind:

- CPU-Zeit (1 MIPS-Stunde)
- Plattenplatz (1 GB-Monat)
- EDV-Druck (1000 Zeilen)
- Softwareentwicklung (1 Personentag)
- PC-Miete (Monat)
- Technische Transaktionen oder Jobs (1000 Stück)

Obwohl der Einsatz derartiger IT-Produkte eine verursachergerechte Zuordnung der Inanspruchnahme von IT-Ressourcen ermöglicht, handelt es sich aus der Sicht des Leistungsabnehmers lediglich um Vorprodukte, die erst durch ihre Kombination geschäftsorientierte Produkte im eigentlichen Sinne ergeben. Den ressourcenorientierten IT-Produkten fehlt die geschäftliche Orientierung und der Leistungsabnehmer ist gezwungen, sich mit für ihn kaum verständlichen technisch-orientierten Produktgrößen auseinander zu setzen. Er muss seinen Bedarf an IT-Unterstützung durch das Zusammenfügen einer Vielzahl von Einzelprodukten decken, was die Komplexität steigert und die Transparenz verringert. Auch die benötigten Produktmengen sind für den Leistungsabnehmer schwer einschätzbar. So kann er beispielsweise kaum beurteilen, ob die zur IT-Unterstützung eines Geschäftsprozesses verbrauchten IT-Produkte, zum Beispiel 80 GB-Monate Speicherplatz und 150 MIPS-Stunden Rechenleistung, ein effizientes, wettbewerbsfähiges Maß darstellen.

3.3.2 Kategorie 2: Lösungsorientierte IT-Produkte

Einen ersten Schritt in Richtung einer stärkeren Geschäftsorientierung stellen lösungsorientierte IT-Produkte dar, bei denen die Bereitstellung von IT-Lösungen als IT-Produkte eines Leistungserbringers definiert wird. Den Kern derartiger Produkte bilden IT-Anwendungssysteme, weshalb man die lösungsorientierte Produktsichtweise vor allem innerhalb der Softwareentwicklung vorfindet. Beispielhafte IT-Produkte dieser Kategorie sind:

- Bereitstellung eines Anwendungssystems für die Fakturierung
- Bereitstellung einer CAD-Lösung für die Konstruktion
- Bereitstellung eines Anwendungssystems für die Textverarbeitung
- Bereitstellung einer Standardsoftwarelösung für das Controlling

Aus Sicht eines Leistungsabnehmers bilden lösungsorientierte IT-Produkte einen ersten Schritt in Richtung einer geschäftsorientierten Zusammenarbeit mit dem

Leistungserbringer. Mehrere IT-Leistungen, wie z. B. Entwicklung, Betrieb und Support einer IT-Lösung, werden durch den Leistungserbringer zu einem IT-Produkt zusammengefasst und gesamthaft mit dem Leistungsabnehmer verhandelt.

Allerdings entsprechen auch lösungsorientierte IT-Produkte dem geschäftsorientierten Blickwinkel des Leistungsabnehmers nur zum Teil. In Analogie zur industriellen Fertigung stellen IT-Lösungen Produktionsanlagen dar, auf denen die eigentlichen Produkte des Leistungsabnehmers hergestellt werden (siehe Kapitel 12). Der Leistungsabnehmer ist jedoch nicht an der Produktionsanlage selbst interessiert, sondern an den darauf hergestellten Produkten, die seine Geschäftsprozesse und -produkte unterstützen. So besitzt beispielsweise eine IT-Lösung für die Rechnungserstellung aus Sicht eines Leistungsabnehmers keinen eigentlichen geschäftlichen Wert. Erst deren Output, die Unterstützung bei der Rechnungserstellung oder die Verwaltung von Rechnungsdaten, erzeugt den geschäftlichen Nutzen.

3.3.3 Kategorie 3: Prozessorientierte IT-Produkte

Eine konsequente Orientierung an der Geschäftsprozessunterstützung als zentraler Nutzen der IT führt zu einer dritten Kategorie von IT-Produkten, die eine noch höhere Geschäftsorientierung aufweisen. Der Leistungsabnehmer kauft IT-Produkte zur Unterstützung seiner Geschäftsprozesse ein. Für ihn liegt der Nutzen und somit das eigentliche Produkt der IT in einer Prozessunterstützungsleistung. Abb. 3-3 verdeutlicht dieses Produktverständnis am Beispiel eines Versicherungsunternehmens, das den Geschäftsprozess der Schadensabwicklung mit Hilfe von IT-Produkten unterstützen möchte. Der Prozess der Schadensabwicklung besteht aus mehreren Teilprozessen, zum Beispiel »Schadensvorgang eröffnen«, »Schadensmeldung bearbeiten« oder »Zahlungsvorgang auslösen«. Der Leistungsabnehmer muss entscheiden, welchen Grad der IT-Unterstützung er innerhalb der Geschäftsprozesse benötigt. Das prozessorientierte IT-Produkt umfasst demnach sämtliche IT-Leistungen, die zur Unterstützung des jeweiligen Geschäftsprozesses vom Leistungsabnehmer gewünscht werden. Beispielhafte prozessorientierte IT-Produkte sind

- IT-Unterstützung »Schadensvorgang anlegen«
- IT-Unterstützung »Kundeninformationen erfassen«
- IT-Unterstützung »Schadensmeldung bestätigen«
- IT-Unterstützung »Zahlungsvorgang verbuchen«

3.3 Kategorien von IT-Produkten

Abb. 3-3: *Beispielhafte prozessorientierte IT-Produkte*

Jedes prozessorientierte IT-Produkt setzt sich aus einer Vielzahl einzelner IT-Leistungen zusammen, zum Beispiel der Bereitstellung der erforderlichen Infrastrukturen, Anwendungssysteme und Supportleistungen. Im Unterschied zu den IT-Produkten der Kategorien 1 und 2 verhandeln Leistungserbringer und -abnehmer aber nicht über technische Parameter und Funktionalitäten, sondern über die geschäftsorientierten Produkteigenschaften und -konditionen. Die Verhandlungen würden sich für das beispielhafte IT-Produkt »Schadensmeldung bearbeiten« zum Beispiel auf folgende Aspekte konzentrieren:

- **Produkteigenschaften** (welcher Umfang an IT-Unterstützung ist innerhalb des Geschäftsprozesses erforderlich)
- **Produktmenge** (Anzahl der Schadensmeldungen pro Monat)
- **Produktpreis** (pro Schadensmeldung)
- **Lieferzeit** (wann und in welcher Zeitdauer müssen die Schadensmeldungen bearbeitet werden)
- **Produktqualität** (z. B. wie viele Fehler dürfen passieren)

Der Leistungserbringer bietet die notwendige Produktionskapazität an und stellt die vom Leistungsabnehmer angeforderten IT-Produkte her. Herstellung bedeutet in diesem Zusammenhang, dass bei jedem Prozessablauf ein IT-Produkt im Sinne einer Prozessunterstützungsleistung produziert wird. Wird beispielsweise durch einen Nutzer eine Schadensmeldung im System angelegt, so wird in diesem Moment ein IT-Produkt »Schadensmeldung anlegen« vom Leistungserbringer hergestellt und vom Leistungsabnehmer verbraucht. Herstellung und Verbrauch des Produktes erfolgen, wie bei Dienstleistungsprodukten üblich, gleichzeitig, worauf weiter unten noch ausführlich eingegangen wird. In Analogie zur industriellen Fertigung kann man bei prozessorientierten IT-Produkten von einer Serien- oder Massenproduktion sprechen (siehe Kapitel 12).

Prozessorientierte IT-Produkte ermöglichen es dem Leistungsabnehmer, auf der Grundlage seiner Geschäftsprozesse über rein geschäftliche Größen und Produktkonditionen mit dem Leistungserbringer zu kommunizieren. Die Grundlage der Produktdefinition bilden geschäftsprozessorientierte Größen, wie zum Beispiel »Auftrag bearbeiten«, »Auftragsbestätigung erstellen« oder »Mahnung versenden« [Britzelmaier 1999]. Wie die IT-Produkte zu den vereinbarten Konditionen technisch hergestellt werden und aus welchen Vorprodukten sie sich zusammensetzen, liegt ausschließlich in der Verantwortung des Leistungserbringers. Der Leistungsabnehmer ist von der hinter den Produkten liegenden technischen Komplexität vollständig abgeschirmt. Auch die Unterscheidung in eine Entwicklungs- und Betriebsphase ist für den Leistungsabnehmer unerheblich, da diese lediglich den internen Herstellungsprozess des Leistungserbringers betrifft.

3.3.4 Kategorie 4: Geschäftsproduktorientierte IT-Produkte

Nicht nur interne Geschäftsprozesse, sondern auch die eigentlichen Geschäftsprodukte und Dienstleistungen eines Leistungsabnehmers basieren zunehmend auf IT-Produkten. So beinhalten beispielsweise die Geschäftsprodukte der Telekommunikations-, Unterhaltungselektronik- oder Automobilbranche heute bereits eine Vielzahl von IT-Produkten. Vollständig IT-basierte Geschäftsprodukte existieren ebenfalls, zum Beispiel elektronische Tickets, netzbasierte Anrufbeantworter oder Internetzugänge. IT-basierte Geschäftsprodukte beinhalten in der Regel Prozessleistungen, die wiederum durch prozessorientierte IT-Produkte unterstützt werden können. So erfordert der Verkauf eines elektronischen Tickets einen elektronischen Bestellprozess, und die Bereitstellung eines Internetzugangs benötigt Prozesse zur Verwaltung der Benutzerdaten und zur Abrechnung der Nutzungsgebühren.

Geschäftsproduktorientierte IT-Produkte besitzen zwangsläufig eine sehr hohe Geschäftsorientierung, da sie unmittelbar in ein Geschäftsprodukt einfließen. Die zwischen Leistungserbringer und -abnehmer verhandelten Produktpreise, die Funktionalität der IT-Produkte und deren Qualität haben entscheidenden Einfluss auf die Wettbewerbsfähigkeit der Geschäftsprodukte. Die geschäftliche Bedeutung ist damit meist deutlich höher als bei IT-Produkten der Kategorien 1 bis 3.

Es wird deutlich, dass IT-Produkte, unabhängig von ihrer Definitionsstufe, meist typische Dienstleistungsprodukte darstellen. Als Dienstleistungsprodukt wird dabei eine nutzenorientierte Leistung verstanden, die an Menschen oder Objekten ohne eine Transformation von Sachgütern erbracht wird [Bieger 1998]. Grundlegende Merkmale eines Dienstleistungsproduktes sind dessen Intangibilität, der zeitliche Zusammenfall von Herstellung und Nutzung sowie die Bedeutung des persönlichen Kontaktes. Für den Erbringer und Abnehmer eines Dienstleistungsproduktes ergeben sich daraus verschiedene Konsequenzen, die in Tab. 3-2 dargestellt sind. Von Bedeutung für die IT sind in diesem Zusammenhang vor allem die Gefahr der Intransparenz (die durch ein produktorientiertes Informationsmanagement ja gerade eliminiert werden soll), die fehlende Lagerbarkeit (die zu besonderen Problemen bei der Abstimmung von Produktion und Nachfrage führt) und die erforderliche Integration des Kunden (die eine starke Kundenorientierung des IT-Dienstleisters voraussetzt).

Dienstleistungsmerkmal	Konsequenzen für Leistungserbringer und -abnehmer
Intangibilität	– Intransparenz – Kein Eigentumstransfer
Zusammenfall von Herstellung und Nutzung	– Fehlende Lagerbarkeit, Vergänglichkeit – Interaktion mit dem Kunden – Standortgebundenheit, zeitliche Gebundenheit der Herstellung
Bedeutung des persönlichen Kontaktes	– Individuelle, unvorhersehbare Qualität

Tab. 3-2: *Merkmale von Dienstleistungsprodukten und ihre Konsequenzen (in Anlehnung an [Bieger 1998])*

3.4 Praktische Umsetzung eines produktorientierten Informationsmanagements

Die Umsetzung eines produktorientierten Informationsmanagements kann nicht auf der Basis starrer Regeln und Vorgaben erfolgen. Die unternehmerischen Besonderheiten und die traditionelle Rolle der IT im Unternehmen müssen berücksichtigt werden. Was für einige Unternehmen nur eine kontinuierliche Weiterentwicklung der IT-Abteilung darstellt, ist für andere ein nahezu revolutionärer Schritt. Unabhängig von der spezifischen Unternehmenssituation existiert jedoch eine Reihe von Diskussionspunkten, die bei der praktischen Umsetzung eines produktorientierten Informationsmanagements zu klären sind und die zu unterschiedlichen Varianten führen können. Ohne Anspruch auf Vollständigkeit zu erheben, werden im Folgenden einige zentrale Diskussionsbereiche übersichtsartig vorgestellt.

3.4.1 Verteilung von IT- und Geschäfts-Know-how

IT- und Geschäfts-Know-how sind in Unternehmen aufgrund ihrer Unternehmensstrategie und historischen Entwicklung unterschiedlich verteilt. In der Praxis zeigt sich, dass die Know-how-Verteilung nicht auf der Basis organisatorischer Unternehmenseinheiten, sondern vielmehr in Abhängigkeit von den Geschäftsprozessen beschrieben werden kann. So kann z. B. in einigen Geschäftsprozessen sehr viel IT-Know-how auf Seiten des Leistungsabnehmers vorliegen, bei anderen Geschäftsprozessen hingegen fast ausschließlich beim Leistungserbringer. Grundsätzlich lassen sich hinsichtlich der Know-how-Verteilung die in Abb. 3-4 dargestellten drei grundsätzlichen Prozesstypen unterscheiden.

3 Produktorientiertes Informationsmanagement

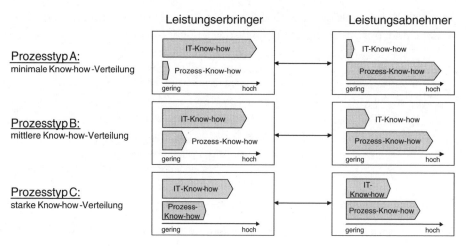

Abb. 3-4: *Verteilung von IT- und Prozess-Know-how*

Prozesstyp A ist durch eine nahezu vollständige Know-how-Trennung zwischen Leistungserbringer und -abnehmer gekennzeichnet. IT-Know-how liegt fast ausschließlich auf der Seite des Leistungserbringers und Prozess-Know-how auf der Seite des Leistungsabnehmers vor. Sämtliche Aufgaben der IT, d. h. Planung, Entwicklung und Produktion, werden vom Leistungserbringer übernommen. Der Leistungsabnehmer ist lediglich in die Spezifikation der Anforderungen auf einer rein geschäftlichen Ebene eingebunden. Diese Ressourcenaufteilung erfordert einen starken Leistungserbringer, da alle IT-bezogenen Aufgaben von ihm übernommen werden müssen und auf Seiten des Leistungsabnehmers häufig falsche Vorstellungen über die Möglichkeiten der IT und die Definition von Anforderungen an IT-Anwendungen bestehen. Hinzu kommt, dass sich aufgrund der strikten Know-how-Trennung die Zusammenarbeit zwischen beiden Seiten und die Abstimmung von IT- und Geschäftsanforderungen als äußerst schwierig erweisen.

Der **Prozesstyp B** steht stellvertretend für Geschäftsprozesse, bei denen ein mittlerer Grad an IT-Know-how beim Leistungsabnehmer und an Prozess-Know-how beim Leistungserbringer vorliegt. Dieser Prozesstyp ist in der Praxis häufig anzutreffen. Der Leistungsabnehmer besitzt eine Gruppe/Einheit von IT-Spezialisten, die sich vor allem mit der Definition von Anforderungen und der Projektabwicklung mit dem Leistungserbringer beschäftigen. Eigene Ressourcen zur Entwicklung und zur Produktion von IT-Lösungen sind dagegen wenn überhaupt nur in geringem Umfang vorhanden. Der Leistungsabnehmer besitzt Prozessspezialisten, die sich auf die Spezifikation geschäftlicher Anforderungen konzentrieren und die Schnittstelle zum Leistungsabnehmer bilden.

Innerhalb des **Prozesstyps C** existiert eine starke Know-how-Verteilung. Diese findet man insbesondere in größeren Unternehmen oder Konzernen, bei denen einzelne Leistungsabnehmer über Jahre hinweg bei der Gestaltung komplexer IT-Lösungen IT-Know-how und Ressourcen aufgebaut haben. Es existieren eigene IT-Teams, die aktiv mit dem Leistungserbringer an der Lösungsentwicklung zusammenarbeiten oder sogar eigene Entwicklungsarbeiten für Anwendungen geringerer Komplexität durchführen. Der Leistungserbringer wiederum verfügt über umfangreiches Prozess-Know-how, das es ihm ermöglicht, selbstständig geschäftsorientierte Lösungen zu entwickeln und die Zusammenarbeit mit seinen Kunden auf einer rein geschäftlichen Ebene zu gestalten.

Innerhalb eines produktorientierten Informationsmanagements sind alle drei Prozesstypen denkbar. Mit einer steigenden Geschäftsorientierung der IT-Produkte wird jedoch der Bedarf an IT-Know-how und -Ressourcen auf Seiten des Leistungsabnehmers geringer. Kauft ein Geschäftsbereich beispielsweise prozessorientierte IT-Produkte ein, so findet die Zusammenarbeit und Verhandlung mit dem IT-Dienstleister auf der Basis der Geschäftsprozessunterstützung und somit auf einer rein geschäftlichen Ebene statt. Umfangreiches IT-Know-how ist in diesem Fall im Geschäftsbereich nicht mehr erforderlich. Ist der Geschäftsbereich hingegen gezwungen, ressourcenorientierte IT-Produkte beim IT-Dienstleister einzukaufen, so benötigt er deutlich mehr IT-Know-how und häufig auch eigene IT-Ressourcen, um die Zusammenarbeit mit dem Dienstleister aus seiner Sicht optimal gestalten zu können. Umgekehrtes gilt für den Leistungserbringer. Er benötigt für die Bereitstellung geschäftsorientierter IT-Produkte detailliertes Geschäftsprozess-Know-how.

3.4.2 Formale Gestaltung der Kundenschnittstelle

Die Wandlung von einer projektorientierten zu einer produktorientierten Zusammenarbeit wirkt sich auch auf die formale Gestaltung der Schnittstelle zwischen Leistungserbringer und -abnehmer aus.

Traditionell gestaltet sich die Beziehung zwischen diesen beiden wie in Abb. 3-5 oben (**Variante A**) dargestellt. Der Leistungsabnehmer beauftragt in einem ersten Schritt die Entwicklungsabteilung mit der Entwicklung einer IT-Lösung. Diese wird nach der Fertigstellung vom Leistungsabnehmer abgenommen. Im Anschluss erteilt dieser der Produktion einen Betriebsauftrag und übergibt die entwickelte Lösung. Bei der Übergabe der entwickelten Lösung vom Entwicklungs- an den Geschäftsbereich und der Weitergabe von dort an die Produktion handelt es sich um einen rein formalen Mechanismus. In der Praxis wird die technische Übergabe direkt zwischen Entwicklung und Produktion vollzogen. Für den Leistungsabnehmer als Kunden bedeutet die Variante A, dass er zwei Verträge mit in der Regel zwei unterschiedlichen Vertragspartnern schließt, was für ihn eine aus geschäftlicher Sicht unnötige Komplexität darstellt. Die Praxis zeigt zudem, dass sich bei Problemen Entwicklung und Produktion gegenseitig die Verantwortung zuweisen und es für den Kunden schwierig ist, den tatsächlich Verantwortlichen zu identifizieren.

Eine Komplexitätsreduktion kann, wie in **Variante B** dargestellt, dadurch erreicht werden, dass die Kundenschnittstelle beim Leistungserbringer ausschließlich durch die Produktion (Variante B1) oder die Entwicklung (Variante B2) wahrgenommen wird. Im Rahmen der Variante B1 übernimmt die Produktion die gesamte Kundenbeziehung. Der Kunde erteilt der Produktion einen Auftrag zur Bereitstellung einer IT-Lösung. Diese wiederum beauftragt die Entwicklung mit der Lösung und nimmt die fertige Lösung vom Entwicklungsbereich ab. Ein Teil der Vertragsbeziehung wird bei diesem Ansatz vom Geschäftsbereich in die IT-Abteilung verlagert, was aus Sicht des Kunden die Komplexität deutlich verringert. Variante B2 stellt den umgekehrten Ansatz dar. Die Entwicklung übernimmt die Kundenbeziehung, erhält den Auftrag zur Entwicklung einer IT-Lösung und verhandelt mit der Produktion über die Rahmenbedingungen des Lösungsbetriebs. Die Produktion stellt die Lösung dem Kunden zur Nutzung bereit.

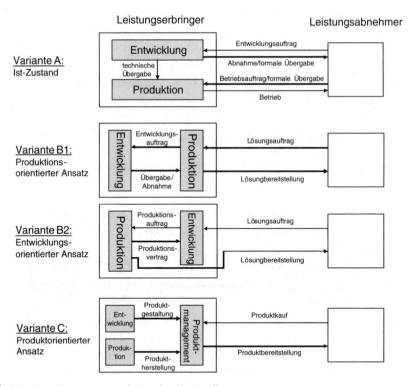

Abb. 3-5: *Gestaltungsvarianten der Kundenschnittstelle*

Obwohl sich ein produktorientiertes Informationsmanagement grundsätzlich auch auf Basis der Varianten B1 und B2 und mit Einschränkungen auch der Variante A umsetzen ließe, spiegelt **Variante C** den streng produktorientierten Ansatz wider. Der Geschäftsbereich kauft Produkte vom IT-Dienstleister ein. Die Schnittstelle zum Kunden bildet das Produktmanagement. Sowohl Entwicklung als auch Produktion sind an der Gestaltung und Herstellung der Produkte gleichberechtigt beteiligt. Ob die Variante C unmittelbar organisatorisch umgesetzt werden kann oder ob Zwischenstufen erforderlich sind, muss ein Unternehmen bei der Umsetzung eines produktorientierten Informationsmanagements entscheiden.

3.4.3 IT-Portfoliomanagement

Zentrale Bedeutung innerhalb des produktorientierten Informationsmanagements kommt der Gestaltung der Produktportfolios und dem Portfoliomanagement zu. Nur wenn sich Nachfrage- und Angebotsportfolio weitestgehend decken, sind eine bedarfsgerechte Ausrichtung des IT-Dienstleisters und ein effektiver Einsatz der IT-Ressourcen im Unternehmen gewährleistet. Das Nachfrage-Produktportfolio entsteht aus den Anforderungen an die IT-Unterstützung der Geschäftsprozesse und -produkte (siehe Abb. 3-6). Die Planung des Bedarfs an Geschäftsprozess- und -produktunterstützung erfolgt in der Praxis meist getrennt und unter unterschiedlichen Vorgaben. Eine Integration beider Portfolios zu einem gesamten Nachfrage-Produktportfolio erfolgt nur selten. Ein IT-Produkt setzt sich in der Regel aus Entwicklungs- und Produktionsdienstleistungen zusammen. Daher müssen bei der Gestaltung des Angebots-Produktportfolios die jeweiligen Portfolios des Entwicklungs- und Produktionsbereiches berücksichtigt werden.

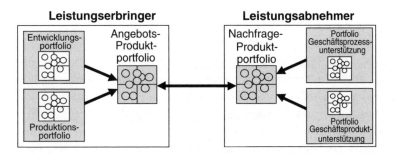

Abb. 3-6: *Portfolios des Leistungserbringers und -abnehmers*

Eine Abstimmung von Angebots- und Nachfrageportfolio kann nur durch einen intensiven Kommunikationsprozess zwischen Leistungserbringer und -abnehmer entstehen. Der Leistungserbringer muss die geschäftlichen Bedürfnisse und die IT-

Anforderungen seiner Kunden im Detail kennen, um sein Produktportfolio ausrichten zu können. Anzustreben ist dabei ein proaktives Portfoliomanagement und nicht eine reine Reaktion auf geänderte Kundenwünsche. Es bedarf von beiden Seiten großer Anstrengungen, um aus der eher technischen Sicht des Leistungserbringers und der geschäftsorientierten Sicht des Leistungsabnehmers ein gemeinsames Produktverständnis zu generieren und in einem Portfolio abzubilden. Hat der Leistungserbringer die Bedürfnisse seiner Kunden erkannt und Produkte definiert, so muss er diese konkret gestalten. Der Gestaltungsprozess umfasst beispielsweise die Definition der Produkteigenschaften, der Stärken und Schwächen des Produktes, des Nutzens für den Kunden, der Einsatzdauer und des Budgets, der Weiterentwicklung bzw. Ablösung durch ein Nachfolgeprodukt, der Maßnahmenpläne und -programme zur Funktionserweiterung und der Kennziffern zur Steuerung der Produktqualität und Ergebniskontrolle [Holst/Holst 1998].

3.4.4 Gestaltung der Marktregeln

Der Marktmechanismus zwischen Leistungserbringer und -abnehmer bedarf konkreter Rahmenbedingungen, welche die Spielräume der Marktteilnehmer festlegen. Dabei sind externe und interne Märkte zu unterscheiden. Während die Rahmenbedingungen eines externen Marktes durch generelle politische und gesetzliche Regeln definiert sind, auf die an dieser Stelle nicht näher eingegangen wird, obliegt die Gestaltung der Regeln eines internen Marktes dem jeweiligen Unternehmen und ist eine Teilaufgabe der IT-Governance. Grundsätzlich lassen sich die zu definierenden Regeln eines internen Marktes in zwei Segmente untergliedern:

- **Wettbewerbsbezogene Regelungen** definieren die Wettbewerbsverhältnisse zwischen Leistungserbringer und -abnehmer. Von zentraler Bedeutung sind dabei Regelungen zur Bezugspflicht des Leistungsabnehmers und zur Möglichkeit eines externen Leistungsangebotes des Leistungserbringers. Die Bezugspflicht legt fest, ob ein Leistungsabnehmer verpflichtet ist, seine IT-Produkte bei einem bestimmten, in der Regel unternehmensinternen Leistungserbringer einzukaufen, oder ob er auch externe Drittanbieter als Lieferanten wählen darf. Aus Sicht eines einzelnen Leistungsabnehmers führt die Erlaubnis, unternehmensexterne Leistungserbringer beauftragen zu dürfen, in der Regel zu einer besseren Wettbewerbssituation und zu einer stärkeren Verhandlungsposition gegenüber dem internen Leistungserbringer. Aus Gesamtunternehmenssicht sind dahingegen auch die Auslastung und die wirtschaftliche Situation des Leistungserbringers zu berücksichtigen. Unter diesem Blickwinkel kann eine unternehmensinterne Bezugspflicht durchaus eine wirtschaftlich sinnvolle Lösung darstellen.

Gleiches gilt für die Sicht des Leistungserbringers. Obwohl dieser in der Regel die Möglichkeit bevorzugt, seine Produkte auch an Dritte auf dem freien Markt anbieten zu dürfen, stellt sich aus Gesamtunternehmenssicht die Frage, ob die vorhandenen Ressourcen nicht besser zur Deckung des unternehmensinternen Bedarfs der Leistungsabnehmer eingesetzt werden sollten. Eine Rolle spielen hierbei auch die unternehmerischen Zielsetzungen des Leistungserbringers. Ist er als eigenständiges Profitcenter mit einem Gewinnerzielungsauftrag aufgestellt, so muss er danach streben, seine Produkte zu den aus seiner Sicht bestmöglichen Konditionen am Markt zu verkaufen. Arbeitet er jedoch als unternehmensinternes Costcenter ohne Gewinnerzielungsauftrag, so ist seine primäre Aufgabe in der Deckung des unternehmensinternen Bedarfs nach IT-Produkten zu sehen.

- **Formale Regelungen** gestalten die formale Beziehung zwischen Leistungserbringer und -abnehmer. Darunter fallen vor allem die rechtlichen Beziehungen und die Mechanismen zur Leistungsverrechnung. Im Rahmen der rechtlichen Beziehungen ist beispielsweise zu definieren, wie die Besitzrechte an Anwendungssystemen und IT-Infrastruktur ausfallen. Kauft der Leistungsabnehmer ein IT-Produkt im Sinne einer Prozessunterstützungsleistung ein, so liegt der Besitz der für die Produktion des Produktes benötigten Infrastruktur in der Regel beim Leistungserbringer. Es ist aber auch denkbar, dass der Leistungsabnehmer Teile der Infrastruktur besitzt oder Rechte an der entwickelten Software hält. Des Weiteren ist festzulegen, welche formalen Kriterien innerhalb der Service Level Agreements zu definieren sind und wie ein Schlichtungsverfahren bei Meinungsverschiedenheiten zwischen Leistungserbringer und -abnehmer abzulaufen hat. Regelungen zur Leistungsverrechnung haben das Ziel, zum einen eine möglichst hohe Transparenz über anfallende Kosten und erbrachte Leistungen zu schaffen und zum anderen Anreize für ein wirtschaftliches Verhalten von Leistungserbringer und -abnehmer zu setzen. Ein typisches Beispiel besteht in der Regelung, wie beide Seiten vom technischen Fortschritt profitieren. In der Regel ermöglicht es der rasche technologische Fortschritt im Bereich der IT dem Leistungserbringer, seine Produkte zu kontinuierlich niedrigeren Preisen zu produzieren. Gibt er diese Fortschritte nicht an seine Kunden weiter, ist ein effizienter IT-Einsatz auf Seiten des Leistungsabnehmers nicht möglich. Werden die Effizienzsteigerungen hingegen vollständig an den Kunden weitergegeben, besteht auf Seiten des Leistungserbringers kein Anreiz, technologische Fortschritte zu erzielen. Die Marktregeln müssen in diesem Zusammenhang für ein für beide Seiten wirtschaftlich sinnvolles Zusammenspiel sorgen.

3.5 Zusammenfassung

Der Beitrag beschreibt einen Lösungsansatz, mit dessen Hilfe einige der zentralen in Kapitel 2 beschriebenen Defizite des Informationsmanagements, vor allem die mangelnde Gesamtsicht, vermieden werden können. Ein produktorientiertes Informationsmanagement schafft dabei die Grundlage für eine dienstleistungsorientierte Ausrichtung der IT im Unternehmen. Die Auswirkungen auf Aufgaben, Beziehungen und Prozesse der beteiligten Unternehmensbereiche sowie die zentralen Fragen bei der praktischen Umsetzung wurden vorgestellt. Es zeigt sich, dass sowohl seitens des IT-Dienstleisters als auch seitens der Geschäftsbereiche große Anstrengungen erforderlich sind, um ein produktorientiertes Informationsmanagement einzuführen. Insbesondere der Produktbegriff als neue Basis der Zusammenarbeit zwischen IT-Dienstleister und Geschäftsbereich erfordert auf beiden Seiten eine Abwendung von der traditionell projektorientierten Beziehung. Der unverändert hohe Bedarf nach Outsourcing zeigt jedoch eindeutig, dass viele Unternehmen in der dienstleistungsorientierten Umgestaltung ihrer IT die einzige Lösung sehen, den IT-Einsatz effizienter und effektiver zu gestalten. Aus diesem Grund ist davon auszugehen, dass dem produktorientierten Informationsmanagement zukünftig eine stetig steigende Bedeutung zukommen wird.

Teil 2:
Plan – Strategisches Informationsmanagement

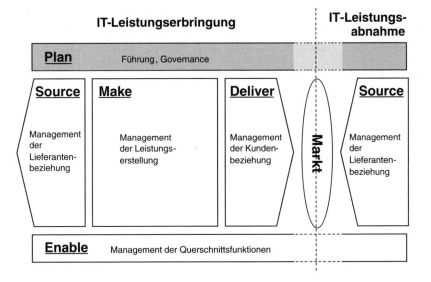

4 Strategische Informatikplanung: Ein Erfahrungsbericht

Hans Brunner, Karl Gasser,
Eidgenössisches Justiz- und Polizeidepartement
Fritz Pörtig, ITMC

4.1 Vorgehensmethodik der strategischen Informatikplanung

4.1.1 Überblick

Der Beitrag beschreibt eine Vorgehensmethodik für eine strategische Informatikplanung (SIP), die in der Schweiz von der Bundesverwaltung als Grundlage für die strategische Informatikplanung in allen Departementen und Verwaltungseinheiten vorgegeben ist [SIP-Bund 2003]. Am Beispiel einer im Verlauf des Jahres 2000 durchgeführten SIP im Eidgenössischen Justiz- und Polizeidepartement (EJPD) wird der Ablauf eines konkreten Projektes sowie die Erfahrungen aus Sicht des Projektleiters dargestellt.

Die betrachtete Methode orientiert sich im Wesentlichen an folgenden Grundsätzen:

- Informatik ist ein Werkzeug von strategischer Bedeutung für ein Unternehmen. Die SIP hat die Rolle der Informatik im Unternehmen zu definieren und die Art und Weise der Unterstützung des Unternehmenserfolges zu planen.
- Eine SIP hat alle relevanten Komponenten zu planen.
- Eine SIP hat für alle in die Umsetzung involvierten Stellen, d. h. Management, Fachbereich und Informatikbereich, den Handlungsrahmen zu definieren.
- Die Ergebnisse der Planung müssen den Grundsätzen der Nachvollziehbarkeit, der Führbarkeit und der Anpassungsfähigkeit an neue Situationen genügen.
- Die Resultate einer SIP sollen nahtlos in eine rollende Planung überführt werden können und ein effektives Informatikcontrolling ermöglichen.

Abb. 4-1 zeigt die Vorgehensmethodik[1] im Überblick. In den nachfolgenden Abschnitten werden die einzelnen Komponenten des SIP-Vorgehensmodells beschrieben.

---

1. Als Grundlage für die vorliegenden Betrachtungen dient die Vorgehensmethodik I2Cmethod® der Firma ITMC AG. Die Methodik kommt vor allem in mittelgroßen bis großen Unternehmen verschiedener Branchen zum Einsatz. Sie wird durchweg mit internen Planungsteams, gecoacht durch einen externen Methodikberater, eingesetzt.

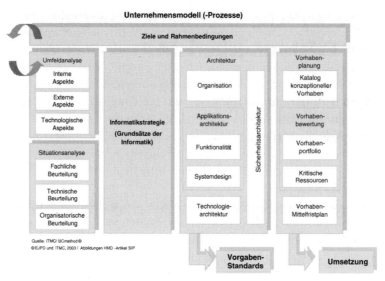

Abb. 4-1: *Vorgehensmodell einer strategischen Informatikplanung*

4.1.2 Situationsanalyse

Die Situationsanalyse liefert eine umfassende Sicht der Informatiksituation aus fachlicher, technischer und organisatorischer Sicht. Sie zeigt den erreichten Stand und den Handlungsbedarf aus Sicht der Fachbereiche und der Informatikorganisation für die Bewältigung der erkannten Herausforderungen der nächsten 3–5 Jahre.

Die **fachliche Beurteilung** liefert eine Einschätzung der Informatikmittel und der informatikbezogenen Dienstleistungen. Beurteilt werden einerseits der aktuelle Beitrag des Informatikeinsatzes zum Erfolg der Gesamtorganisation, andererseits die Möglichkeiten der Informatik zur Unterstützung bei der Bewältigung der zukünftigen Herausforderungen.

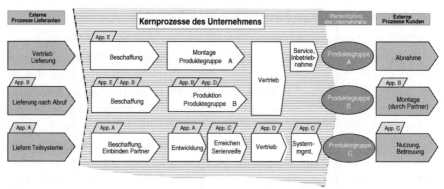

Abb. 4-2: *Beispiel eines Unternehmensmodells*

Abb. 4-2 zeigt beispielhaft die betriebswirtschaftliche Darstellung eines Unternehmens, basierend auf einem prozessorientierten Unternehmensmodell, das sich an der Wertschöpfungskette nach [Porter 1992] orientiert. Das Unternehmensmodell dient als »Kommunikationsdrehscheibe« zum Fachbereich. Es ermöglicht, die Charakteristik des Geschäftes zu diskutieren, Außenbeziehungen darzustellen, Veränderungen zu positionieren und die Unterstützung mit Informatiksystemen zu visualisieren.

Die **technische Beurteilung** liefert, eingebunden in einen standardisierten Raster, die technische Beschreibung und Beurteilung der Anwendungslandschaft, des Anwendungsdesigns sowie der technischen Infrastruktur und der betrieblichen Methoden und Hilfsmittel.

Die **organisatorische Beurteilung** analysiert sämtliche informatikrelevanten Prozesse der Organisation. Sie liefert eine Übersicht und eine Beurteilung der Führungsprozesse, der gewählten organisatorischen Lösungen, des erreichten Organisationsgrades, der Mengengerüste und des Ressourceneinsatzes (Personal, Finanzen und kritische Ressourcen).

4.1.3 Umfeldanalyse

Mittels einer Umfeld- und Technologieanalyse werden die möglichen Entwicklungen innerhalb und außerhalb der Organisation betrachtet. Die Umfeldanalyse liefert eine umfassende, vernetzte Analyse der möglichen Veränderungen im Planungszeitraum von 3 – 5 Jahren. Sie beurteilt sie auf ihre Relevanz, ihre Eintretenswahrscheinlichkeit und die möglichen Auswirkungen aus Informatiksicht. Hauptquellen für die Umfeldanalyse sind Expertenaussagen, Workshops mit dem Management sowie die Ergebnisse der Situationsanalyse.

In der Umfeldanalyse wird unterschieden zwischen den **internen Aspekten,** die aus dem Unternehmen selbst stammen, den **externen Aspekten,** die das Unternehmen von außen beeinflussen, sowie den **technologischen Aspekten,** die das Veränderungspotenzial von technologischen Entwicklungen abschätzen.

4.1.4 Informatikstrategie (Grundsätze der Informatik)

Die Ziele und Rahmenbedingungen der Informatik, welche die Strategie bestimmen, werden abgeleitet aus der Unternehmensstrategie des Unternehmens, der Umfeld- und Technologieanalyse sowie der Situationsanalyse. Dieser iterative Prozess verbindet die unternehmerischen Aspekte mit denjenigen der Informatik.

Mittels einer SWOT-Analyse (Strengths, Weaknesses, Opportunities, Threats) werden strategische Lösungsansätze entwickelt, die als Grundlage zur Formulierung einer Basisstrategie dienen. Die Basisstrategie zeigt in knapper, allgemein verständlicher Form, wie die Informatik im Unternehmen positioniert ist, wie die gesteckten Zielsetzungen unter bestmöglicher Nutzung der Chancen und Stärken erreicht werden sollen und wie die erwarteten Risiken und die bestehenden

Schwächen beherrscht werden sollen. Sie definiert die Stoßrichtung und die Soll-Lösungen mit einem Planungshorizont von 3 – 5 Jahren.

4.1.5 Architekturen

Die Architekturen liefern für alle relevanten Planungsbereiche der Informatik konkrete, gegenseitig abgestimmte Konzepte bzw.»Bebauungspläne« fachlicher und technischer Art, die zeigen, wie die Strategie realisiert werden soll.

Die **Organisation** beschreibt das organisatorische Konzept und den Ressourcenbedarf für die Nutzung der Informatikmittel im gesamten Unternehmen. Betrachtet werden sämtliche Prozesse für Planung, Führung und Nutzung der Informatik, unabhängig von ihrer aufbauorganisatorischen Zuordnung.

Die **Applikationsarchitektur** zeigt die Konzeption der fachlichen Lösungen. Die Funktionalität beschreibt die Soll-Applikationslandschaft aus zwei Sichten. Die Anwendersicht dient der Darstellung der Soll-Funktionalität der Anwendungen bezogen auf die Unternehmensprozesse. Die technische Sicht zeigt die Systeme aus Informatiksicht mit ihren Bausteinen, ihrem Zusammenwirken sowie der datenmäßigen Integration. Das Systemdesign gibt die Designprinzipien und die genutzten Standards beim Aufbau der Applikationen wieder, inklusive der Positionierung und der Integration von eingekauften Komponenten.

Die **Technologiearchitektur** zeigt die Elemente der technischen Basissysteme, die technischen Konzepte, Standards und Produktevorgaben.

Die **Sicherheitsarchitektur** beschreibt die Sicherheitskonzepte über alle Ebenen des Informatikeinsatzes hinweg. Sie wird iterativ mit den übrigen Architekturen abgestimmt.

4.1.6 Vorhabenplanung

Ein Vorhaben ergibt sich aus dem Veränderungsbedarf zwischen dem aktuellen Zustand und dem angestrebten Soll-Zustand. Ein Vorhaben verfügt über eine sachliche Zielsetzung, einen groben Terminplan, eine Abschätzung der benötigten Ressourcen (finanziell und personell) und über die Definition der Abhängigkeit zu den übrigen Vorhaben. Die Vorhabenplanung erlaubt es, den Mittel- und Ressourcenbedarf für das Erreichen des Soll-Zustandes abzuschätzen.

Der **Katalog der konzeptionellen Vorhaben** zeigt die benötigten Vorhaben, um die Soll-Architektur erreichen zu können.

Mittels der **Vorhabenbewertung** wird ein »planbares« und »machbares« Vorhabenportfolio entwickelt. Es beschreibt die konzeptionell relevanten Vorhaben bezüglich ihrer strategischen und wirtschaftlichen Bedeutung. Die Übersicht über die kritischen Ressourcen weist über den Planungszeitraum hinweg die Belastung von Schlüsselressourcen aus. Dies erlaubt die Planung bezüglich ihrer Machbarkeit zu beurteilen.

Der **Vorhaben-Mittelfristplan** zeigt das bereinigte Vorhabenportfolio als Basis für die periodische, mit den Budgetprozessen des Unternehmens harmonisierte Umsetzungsplanung.

Entscheidend für die erfolgreiche Nutzung der Informatik ist und bleibt die konkrete Umsetzung. Sie bedingt klar definierte Führungskreisläufe für die Planungs- und Umsetzungsprozesse [Österle et al. 1991], oft auch unter dem Stichwort »IT-Governance« thematisiert.

4.2 Praktische Durchführung einer strategischen Informatikplanung am Beispiel EJPD

4.2.1 Das organisatorische Umfeld des Projektes

Das EJPD (Eidgenössische Justiz- und Polizeidepartement) beschäftigt über 2000 Mitarbeitende an diversen Standorten. Es wird öfters auch als »Juristisches Gewissen der Schweizerischen Bundesverwaltung« bezeichnet und deckt ein breit gefächertes Spektrum von Bereichen ab:

- Gesetzgebung, Gesetzesvollzug und Verwaltungsrechtsprechung auf verschiedenen Gebieten
- Begleitende Rechtsetzung
- Polizeiwesen auf Bundesebene
- Asyl- und Ausländerfragen
- Metrologie und Akkreditierung
- Geistiges Eigentum
- Bundesanwaltschaft
- Rechtsvergleichung
- Rekurse gegen Entscheide in den Bereichen Asyl, geistiges Eigentum und Spielbanken

Auszugsweise werden nachstehend diejenigen Bereiche kurz charakterisiert, die in größerem Umfang Informationssysteme einsetzen:

- Begleitende Rechtsetzung: Das EJPD wirkt bei allen Rechtserlassen des Bundes mit. So wird sichergestellt, dass diese dem übergeordneten Recht entsprechen und von hoher Qualität sind.
- Polizeiwesen: Das EJPD unterstützt die Kantone unter anderem bei der Bekämpfung der Schwerstkriminalität, des Terrorismus, der Proliferation, der Geldwäscherei, des Waffenhandels und bei Staatsschutzaufgaben. In einigen dieser Bereiche besteht alleinige Bundeskompetenz. Die Bundesanwaltschaft ist die Anklagebehörde der Eidgenossenschaft in Straffällen, die von den Bundesbehörden verfolgt werden.

- Asyl- und Ausländerfragen: In diesem Bereich nimmt das EJPD die Verantwortung des Bundes wahr. Dazu erlässt es die notwendigen Gesetze, die es zusammen mit den Kantonen vollzieht und überwacht.

4.2.2 Projektablauf des SIP-Projektes im EJPD

Projektauftrag

Im Rahmen einer Reorganisation der Informatik der gesamten Bundesverwaltung (unter dem Namen NOVE-IT) wurden die Departemente angehalten, eine strategische Informatikplanung nach der bundesweit vorgegebenen SIP-Methodik durchzuführen.

Anfangs 2000 beschloss das EJPD, als erstes Departement in der Bundesverwaltung, eine SIP nach der neuen Methodik durchzuführen. Dieses Projekt sollte zudem zur Verifikation der von NOVE-IT gewählten Vorgehensmethodik für die Durchführung strategischer Informatikplanungen in der Bundesverwaltung genutzt werden.

Nachfolgend sind die Ziele des EJPD beschrieben, die mit dem SIP-Projekt im EJPD erreicht werden sollten.

- Definieren der Informatik-Mittelfristplanung bezüglich Organisation, Informatik-Infrastruktur (IT), Vorhaben, Projekte und Anwendungen als Planungs-, Entscheidungs- und Arbeitsgrundlage für die Führung der Informatik.
- Liefern der notwendigen Grundlagen für die Konsolidierung, Priorisierung und Ressourcenzuteilung im Informatikbereich.
- Schaffen eines gemeinsamen Verständnisses über die Positionierung der Informatik und der wesentlichen Informatikbedürfnisse, dies sowohl aus Sicht der Entscheidungsträger in der Linie als auch der Informatikverantwortlichen des Leistungserbringers und der Leistungsabnehmer.
- Schaffen der Voraussetzungen für eine rollende Planung.
- Identifizieren von Abweichungen gegenüber den Vorgaben und dem Leitfaden NOVE-IT, Festlegen der Korrekturmaßnahmen.
- Konzipieren des Zusammenwirkens mit externen Partnern auf Bundesebene, in den Kantonen und in der Öffentlichkeit.

Projektorganisation

Entsprechend der SIP-Vorgehensmethodik wurde eine wie in Abb. 4-3 dargestellte Projektorganisation zusammengestellt.

4.2 Praktische Durchführung einer strategischen Informatikplanung am Beispiel EJPD

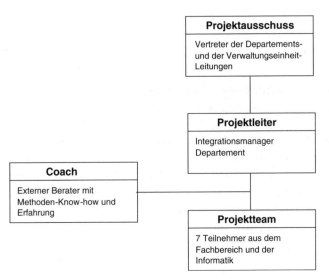

Abb. 4-3: Projektorganisation des SIP-Projektes des EJPD

Beim Projektausschuss wurde besonderer Wert darauf gelegt, dass die Ämter des Departements ausnahmslos durch Entscheidungsträger, also Mitglieder der jeweiligen Geschäftsleitungen, vertreten waren.

Das Projektteam wurde so zusammengesetzt, dass es in der Lage war, Lösungen aus der Gesamtsicht des Departements auszuarbeiten. Das Team arbeitete primär in der Form von konzentrierten Arbeitssitzungen und Workshops. Arbeitsgrundlagen (Erhebungen etc.) wurden durch die Teammitglieder unter Einbezug von Mitarbeitern ihrer »Heimatorganisation« oder durch von jeweils einem Teammitglied geleiteten Arbeitsgruppen erarbeitet. Dadurch konnte die Belastung für die einzelnen Teammitglieder so niedrig als möglich gehalten und trotzdem eine hohe Konsistenz der Resultate sichergestellt werden.

Vorgehen und Terminplan

Geplantes Ziel war es, das gesamte SIP-Projekt innerhalb von 10–11 Monaten im Verlauf des Jahres 2000 durchzuführen. Als erste Maßnahme wurden die für die Durchführung eines SIP-Projektes notwendigen Voraussetzungen und Vorgaben geschaffen. Der eigentliche Projektstart konnte im Februar 2000 erfolgen.

Die Informatikplanung setzte auf einer Situationsanalyse der aktuellen Informatiksituation aus technischer und aus fachlicher Sicht im EJPD auf. Die fachliche Sicht orientierte sich am Unternehmensmodell des Untersuchungsfeldes, die technische Sicht analysierte die Applikationslandschaft aus Sicht der Informatiker. Damit ergaben sich zwei Sichtweisen der aktuellen Situation. Die so gewonnene konsolidierte Sicht wurde zur Beurteilung der Situation und zur Lösungsfindung genutzt, so dass diese erste Phase etwa Mitte des Jahres abgeschlossen werden konnte.

Mittels einer Umfeld- und Technologieanalyse wurden die möglichen Entwicklungen innerhalb und außerhalb des Untersuchungsfeldes betrachtet. Aus der Unternehmensstrategie und den Analyseresultaten wurden Zielsetzungen auf strategischer und konzeptioneller Ebene gewonnen. Diese Elemente erlaubten eine systematische Strategiefindung. Die resultierende Informatikstrategie definiert umfassende Grundsätze für die Nutzung des Mittels Informatik über den Planungshorizont von 3 – 5 Jahren.

In der zweiten Projektphase, die Mitte des Jahres begann, ging es darum, die Soll-Architekturen und Standards im EJPD zu definieren und die Umsetzungsplanung zu erarbeiten.

Es wurden drei wesentliche Konzepte erstellt:

- Die **Informatikorganisation** beschreibt die organisatorische Umsetzung der strategischen Ziele über sämtliche informatikbezogenen Aufbau- und Ablauforganisationselemente.
- Die **Applikationsarchitektur** zeigt die Applikationslandschaft, d. h. die funktionale Unterstützung der Firma mit Informatikanwendungen sowie die Konzepte zur technischen Gestaltung der Applikationen.
- Die **IT-Architektur** zeigt die Konzepte der Trägerplattformen, d. h. der technischen Infrastruktur.

Die Abstimmung der Soll-Architekturen mit den Ergebnissen der Situationsanalyse ergab das Portfolio der notwendigen Vorhaben, um die Informatik auf strategisch/konzeptioneller Ebene zum Soll-Zustand zu entwickeln. Die Vorhaben wurden als Netzplan in ein Portfolio überführt und terminiert.

Um sicherzustellen, dass die Erkenntnisse in die Projektplanung des Folgejahres eingearbeitet werden können, musste das Projekt zwingend Ende des Jahres 2000 abgeschlossen werden. Die Zwischenergebnisse wurden der Projektaufsicht jeweils beim Erreichen von Meilensteinen vorgelegt.

4.2.3 Auswahl praktischer Ergebnisse

Um einen Eindruck der Resultate des SIP-Projektes wiederzugeben, werden konkrete Beispiele von Ergebnissen dargestellt.

Beispiel 1: Managementeinbezug in das SIP-Projekt

Ein wesentlicher Erfolgsfaktor kann dem frühzeitigen Einbezug der Führungsebene zugeschrieben werden. Die Aufsichtsstufe des SIP-Projektes wurde auf Geschäftsleitungsebene angesiedelt. Ihr kam nicht nur die formelle Aufsicht, sondern eine aktive Rolle im Projekt zu, indem sie an definierten Entscheidungs-

4.2 Praktische Durchführung einer strategischen Informatikplanung am Beispiel EJPD

punkten des Projektes einerseits Zwischenergebnisse genehmigte, andererseits aktiv die Sicht des Managements in das Projekt einbrachte.

Abb. 4-4 zeigt die wesentlichen Elemente der Aufsichtsstufe.

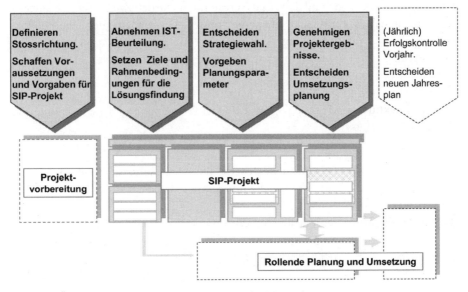

Abb. 4-4: *Übersicht über den Managementeinbezug in das SIP-Projekt*

Nachstehend sind die wichtigsten Meilensteine kurz charakterisiert:

- Die Zielsetzungen des Projektes wurden durch die Projektleitung in enger Abstimmung mit dem Auftraggeber in Form einer »Projektvereinbarung« festgehalten.
- Nach Abschluss der Situationsanalyse wurden die Resultate und Erkenntnisse aus Situations-, Umfeld- und Zielanalyse der Aufsichtsstufe vorgelegt und workshopartig durchgearbeitet.
- Der vorgeschlagene Strategieansatz oder allenfalls Szenarien wurden zum Entscheid vorgelegt. Die Aufsichtsstufe gab die Architekturphase frei und entschied die Planungsparameter, die für die Architekturgestaltung verwendet werden sollten.
- Als nächster Entscheidungspunkt wurden die Architekturen zur Genehmigung vorgelegt und es wurde über die erarbeitete Umsetzungsplanung entschieden.

Das Vorgehen war dadurch gekennzeichnet, dass die Aufsichtsstufe immer soweit vor dem Erreichen eines Projektmeilensteins einbezogen wurde, dass eine wirkliche Einflussnahme auf die Phasenergebnisse möglich war. Dadurch entstand ein echter Managementeinbezug.

Beispiel 2: Architekturen/Konzepte

Im Vordergrund standen die strategischen Fachanwendungen in den Bereichen Ausländer, Justiz und Polizei. Die Verwaltungseinheiten des EJPD betreiben anspruchsvolle Geschäftsprozesse mit teilweise sehr hohen Volumen, die stark mit Partnern in Bund und Kantonen vernetzt sind.

In den letzten Jahren sind verschiedene geschäftskritische Fachanwendungen entstanden, die sowohl in die Kernprozesse des EJPD als auch in diejenigen der Partner integriert sind. Aufgrund ihrer Bedeutung und ihrer Außenwirkungen sind diese Fachanwendungen nicht nur aus Sicht der einzelnen Verwaltungseinheiten, sondern des ganzen Departements von strategischer Bedeutung. Abb. 4-5 gibt einen Überblick über die aus Sicht des Departements strategischen Fachanwendungen.

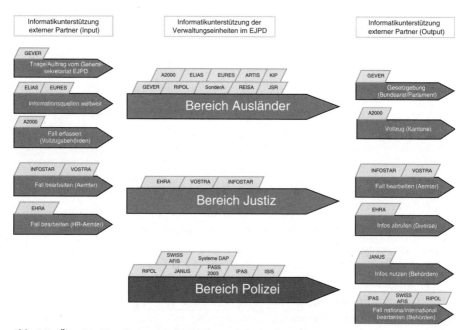

Abb. 4-5: Übersicht über die strategischen Fachanwendungen im EJPD

Abb. 4-5 zeigt den per 2005 geplanten Stand der strategischen Fachanwendungen zur Unterstützung der Kernprozesse des EJPD in den verschiedenen Bereichen sowie die starke informatikmäßige Vernetzung mit externen Partnern. Strategisch aus Sicht des Departements bedeutet dies, dass das EJPD als Ganzes Einfluss auf die Entscheidungen bezüglich Planung und Umsetzung einer Anwendung nehmen will, da ganzheitliche Interessen des Departements tangiert werden. Die Anwendungen wurden gruppiert nach den Bereichen Ausländer, Justiz und Polizei. Querschnittsanwendungen des EJPD, die primär die Supportprozesse unterstützen, werden über alle Verwaltungseinheiten gleichartig ausgestaltet. Sie werden im Sinne von »Templates« auf Departementsebene definiert und von den Verwaltungseinheiten individuell eingeführt.

Beispiel 3: Technische Gestaltung der Anwendungen

Das Systemdesign zeigt den technischen Aufbau des »Anwendungs-Gesamtsystems EJPD« als Ganzes, d. h. Einbezug aller relevanten Teilsysteme, deren Zusammenwirken, deren Außenbeziehungen (Mensch-Maschinen-Interfaces und Systemverbindungen) sowie die Konzeption der einzelnen Teilsysteme.

Aus Sicht der Anwender werden von den Informationssystemen des EJPD neben einer hohen Verfügbarkeit insbesondere eine weitgehende Einheitlichkeit der Bedienung und eine gut ausgeprägte Kooperation der einzelnen Anwendungen gefordert. Diese Forderungen gelten aus Sicht der EJPD-internen Anwender in Bezug auf alle im EJPD eingesetzten Anwendungen. Aus Sicht der EJPD-externen Anwender gelten diese Forderungen für deren Informatikumgebung. Diese Umgebung wiederum setzt sich zusammen aus solchen Anwendungen, die den externen Anwendern vom EJPD (bzw. vom Bund) zur Verfügung gestellt werden, und gleichzeitig aus den Informationssystemen, die die externen Partner selbst betreiben oder verwenden.

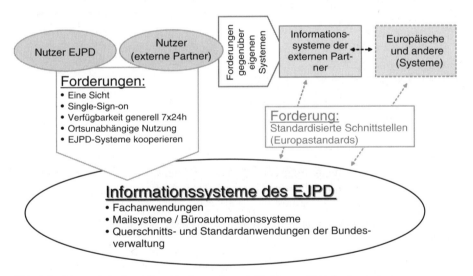

Abb. 4-6: Schematische Darstellung der Anwendungsarchitektur aus Sicht der Anwender

Zur Erfüllung der Forderungen gemäß Abb. 4-6 muss die Anwendungsarchitektur des EJPD in den nächsten Jahren systematisch weiterentwickelt werden. Zu den zentralen Aspekten gehören:

- Ausbau der Integrations- und Kooperationsfähigkeit der verschiedenen Anwendungstypen des EJPD mit eingekauften Anwendungen und Komponenten.
- Herstellung und Erhaltung der »Interoperabilität«

Die Informationsplattformen und Fachanwendungen werden in Zukunft vermehrt den Standards und Richtlinien für einen offenen Datenaustausch zu entsprechen haben. Dies wurde in der Situationsanalyse mehrfach unter dem Stichwort EU-Kompatibilität angesprochen. Um diesen Anforderungen gerecht werden zu können, müssen zunächst die anzuwendenden Standards und Richtlinien identifiziert und ausgewertet werden. Es ist ferner zu vermuten, dass die Entstehung und Weiterentwicklung solcher Standards nicht abgeschlossen ist. Hieraus ergibt sich die Notwendigkeit der aktiven Mitarbeit in entsprechenden Gremien.

Beim Design der eigenen Anwendungen wird von vornherein ein interner Aufbau angestrebt, der zu servicebasierten Komponenten führt, die nach außen Informationen zur Verfügung stellen, ohne die Sicherheit der zugrunde liegenden Daten zu gefährden.

Die oben beschriebene Entwicklung der Architekturen zwingt auch zur Überarbeitung der Entwicklungswerkzeuge und Methoden. Die bisherigen, auf die proprietären Plattformen des EJPD ausgerichteten Entwicklungswerkzeuge müssen durch neue, auf den verschiedenen Plattformen einsatzfähige Entwicklungswerkzeuge abgelöst werden.

Beispiel 4: Organisation

Im Bereich Organisation wird die Aufbau- und Ablauforganisation für die informatikbezogenen Prozesse beschrieben. Die Informatikführung auf Departementsebene soll durch die Schaffung eines Entscheidungsgremiums »Informatikrat Departement« mit Einbindung des Linienmanagements der Verwaltungseinheit und mit der Direktunterstellung der Informatikführung EJPD unter den Generalsekretär bereinigt werden. Damit werden die von NOVE-IT vorgegebenen Prozesse ergänzt und in die Linienführung des EJPD eingebettet.

Abb. 4-7 zeigt schematisch die gewählte Informatik-Aufbauorganisation im EJPD.

4.2 Praktische Durchführung einer strategischen Informatikplanung am Beispiel EJPD

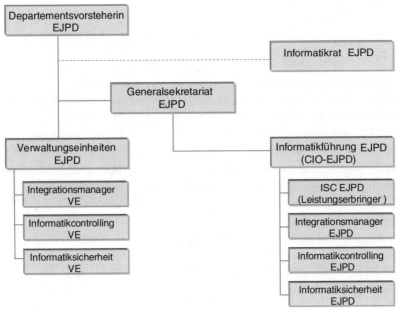

Abb. 4-7: *Schematische Darstellung der Soll-Aufbauorganisation*

Die in der Abbildung dargestellte Lösung geht davon aus, die bewährte Einbettung der Informatik des EJPD im Generalsekretariat beizubehalten. Durch die Schaffung der Funktion eines »Chief Information Officer EJPD« wird die gesamtheitliche Führung der Informatik im EJPD gestärkt und den Amtsdirektoren und der Departementsleitung ein direkter Ansprechpartner für alle Informatikbelange angeboten. Damit wird für eine gesamtheitliche, konsistente Informatikführung auf Departementsebene sowohl gegenüber den Verwaltungseinheiten, dem Leistungserbringer, den Bundesgremien als auch den externen Partnern gesorgt.

Die Informatikführung EJPD ist direkt dem Generalsekretär unterstellt. Der CIO wird durch ein Führungsteam unterstützt, das mit den Funktionen Integrationsmanager EJPD, Informatikcontrolling EJPD und Informatiksicherheit EJPD die Koordination des laufenden Geschäftes gewährleistet und den entsprechenden Verantwortlichen in den Verwaltungseinheiten einen direkten Ansprechpartner zur Verfügung stellt. Die notwendige Abstützung in den Verwaltungseinheiten wird durch die Schaffung eines Informatikrates Departement erreicht, der die departementsweiten Prioritäten bestimmt und das gesamtheitliche Controlling führt.

Die Prozesse der Informatikplanung und -führung werden in Form eines wiederkehrenden Terminplanes in die bestehenden Budgetabläufe der Informatik und der Verwaltungseinheiten eingebettet. Die Aufgaben des Informatikrates, des Departementes und der Leistungsabnehmer-Konferenz sind in diesem Führungsrhythmus eingebettet, die ordentlichen Geschäfte werden im Rahmen von vier jährlichen Sitzungen bearbeitet.

4.3 Erkenntnisse aus Projektsicht

4.3.1 Nutzung der SIP-Methodik für die Bundesverwaltung

Die »SIP-Methodik Bund« soll in der ganzen Bundesverwaltung eingesetzt werden können. Die Verwendung soll stufengerecht erfolgen, die Methodik muss deshalb auf das Einsatzumfeld angepasst werden können und trotzdem die Vergleichbarkeit und Konsolidierbarkeit der Resultate gewährleisten.

Die Anpassbarkeit wird dank der modularen Gestaltung in Form von »Komponenten« und einer »ergebnisorientierten« Beschreibung erreicht. Damit ergibt sich im praktischen Einsatz die Möglichkeit, das Vorgehen situativ an vorhandene Voraussetzungen und Grundlagen anzupassen, ohne die Konsistenz des Gesamtmodells zu gefährden.

4.3.2 Zusammensetzung der Projektorganisation

Die Projektorganisation muss Gewähr bieten, dass die ganzheitlichen Aspekte im Vordergrund stehen. Bei der Auswahl der Teammitglieder auf allen Stufen stand deshalb im Vordergrund, Teammitglieder gewinnen zu können, die ausgewiesene Experten in ihrem Fachbereich sind, jedoch zugleich den Sinn für die ganzheitlichen Aspekte und eine hohe Akzeptanz in ihrer »Heimatorganisation« besitzen. Damit konnte vermieden werden, dass sich die Teammitglieder lediglich als Interessenvertreter ihrer Organisationseinheit verstehen, zudem wurde erreicht, dass für die weiteren Planungsschritte und für die Umsetzung »Opinion-Leaders« mit dem notwendigen Hintergrundwissen zu Verfügung stehen.

4.3.3 Teamansatz und professionelles Coaching

Einen wesentlichen Erfolgsfaktor bildete im SIP-Projekt des EJPD der Teamansatz, unterstützt durch ein professionelles Coaching. Die SIP-Methodik ist so aufgebaut, dass über die ganze Projektdauer hinweg mit einem stabilen Kernteam gearbeitet werden kann. Das Kernteam arbeitete in Untersuchungsphasen und beim Aufbau der Architekturen mit Untergruppen. Die Auswertung der Situationsanalyse, die Strategiefindung und die Mittelfristplanung erfolgten workshopartig im Team, somit war sichergestellt, dass sämtliche Teammitglieder die Vernetzung der wesentlichen Elemente aktiv miterleben und damit nachvollziehen konnten.

Alle Kernteammitglieder kannten nach dem SIP-Projekt die Entstehung der Strategie und der Architekturen sowie die Zusammenhänge und die Hintergründe, die zur Konzeptwahl geführt haben. Dieses Hintergrundwissen steht nun während der Umsetzungsphase zur Verfügung, damit können die zwangsläufig auftretenden Unsicherheiten und Abweichungen gegenüber der Planung wesentlich vermindert werden.

5 Methodik, Aufbau und Umsetzung einer modernen IT-Strategie

Lars Erdmann, ESPRiT Unternehmensberatung

5.1 Vom Heilsbringer zum Kostentreiber

In den vergangenen Jahren wurde die interne IT in vielen Unternehmen immer mehr vom Heilsbringer zum Kostentreiber degradiert. Befragt man die Lenker international tätiger Unternehmen in Sachen IT, so zeigt sich Erstaunliches. Wie eine McKinsey-Studie [McKinsey 2003] betont, beklagen 90 Prozent der befragten CEOs eine ungenügende IT-Performance innerhalb ihrer Unternehmen. Als Gründe dafür werden die mangelnde Einbindung der Geschäftsbereiche in IT-Projekte, die schwache Führung von Projekten und das mangelnde Verständnis der Geschäftsprobleme seitens der IT genannt. Konkret werden folgende Versäumnisse von den meisten CEOs gesehen:

- Nur große Projekte beinhalten einen Business Case.
- Ergebnisse werden von weniger als der Hälfte der Unternehmen überwacht.

Die Geschäftsbereiche sind zudem meist nicht für die Erzielung der IT-Ergebnisse verantwortlich. Als Ausweg aus der Misere fordern die CEOs eine aktive Involvierung der Geschäftsbereiche in IT-Projekte und Entscheidungen. Diese Erwartungen stehen jedoch in krassem Widerspruch zur aktuell zu beobachtenden Situation.

Aber wo liegen nun wirklich die Ursachen für die genannten Probleme? Als Hauptursache ist sicherlich die schlechte bzw. mangelnde Kommunikation zwischen Geschäftsbereichen und IT anzusehen. Während Geschäftsbereiche über Geschäftsmodelle, Prozesse und Aktivitäten diskutieren, widmet sich die IT Themen wie Technologie und Systemintegration mit der dazugehörigen Nomenklatur. Zeit und Kosten, die in der Folge allein für den dringend erforderlichen Kommunikationsabgleich aufgewendet werden müssen, gefährden nachdrücklich Marktchancen, da sie Projektdefinitionen und -fortschritte behindern.

5.2 Strategische Planung

Der klassische Ansatz für strategische Unternehmensplanung basiert auf der Hypothese, dass mit einer gründlichen Analyse und Bewertung von Wahrscheinlichkeiten eine Strategie entwickelt werden kann, die nur noch geringe Risiken enthält. Dieser langfristige Planungsansatz gilt heute jedoch nur noch für die wenigsten Unternehmen. Zu kurzfristig sind die Wechsel im Markt, zu schnell die Reaktionen der Konkurrenten. Eine Vielzahl von strategischen Initiativen, die eine schnelle Bewertung möglicher Marktpotenziale erlauben und im Erfolgsfall ebenso schnell in neue Produkte und Dienstleistungen umgesetzt werden können, sind daher das Gebot der Stunde.

Die geforderte schnelle Umsetzung strategischer Initiativen verlangt rasche Prozessänderungen, eine flexible Organisation und eine entsprechende IT-Infrastruktur, die diese Transformationen zeitnah unterstützt.

Der Fokus einer zukunftsfähigen IT-Strategie muss daher auf der Flexibilisierung der IT-Infrastruktur zur optimalen Unterstützung der strategischen Initiativen liegen. Zur Erreichung der notwendigen Akzeptanz seitens der Unternehmensführung für die Umsetzung dieser IT-Strategie müssen sich IT-Verantwortliche auf die Aspekte Reduktion der Kosten, Demonstration des Geschäftsnutzens sowie partnerschaftliche Beratung und Führung bei strategischen Entscheidungen fokussieren.

Kostenreduktion und Qualitätssteigerung

Kostenreduktion meint einen umfassenden Ansatz, der die gesamte IT-Wertschöpfungskette berücksichtigt (siehe Abb. 5-1).

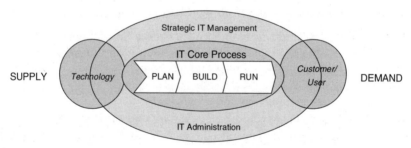

Abb. 5-1: *IT-Wertschöpfungskette*

Nur wenn eine schnelle und für die Geschäftsbereiche verständliche Planung (Plan) und Umsetzung (Build) von IT-Vorhaben ermöglicht wird, kann ein Unternehmen flexibel Marktchancen wahrnehmen. Auch die Reduktion der Produktionskosten (Run) ist hier von entscheidender Bedeutung. Denn in Zeiten schrumpfender Margen ist die Erhöhung des Deckungsbeitrags durch sinkende IT-Kosten ein direkter Erfolgsfaktor für das Unternehmen. Durch die Fokussierung auf diesen Aspekt wird die Akzeptanz der Fachseite erhöht, da hier relativ schnelle Erfolge erzielt werden können.

Geschäftsrelevanz: Demonstration des Geschäftsnutzens von Technologie

Die von der IT angebotenen Produkte müssen einen direkten Nutzen für die einzelnen Geschäftsbereiche ausweisen (siehe Kapitel 3). Dazu gehört auch eine klare Kostentransparenz der verrechneten Leistungen. Dies kann nur durch den Aufbau eines auf die Kundenbedürfnisse angepassten Produktportfolios sichergestellt werden. Dabei ist die Verwendung von klar abgrenzbaren modularen Leistungselementen wichtig, um auch bei komplexen Produkten ein überschaubares Produktportfolio zu erhalten. Die Fokussierung auf diesen Aspekt schafft Transparenz und Vertrauen auf der Fachseite und bildet eine wichtige Grundlage für eine stärkere Involvierung der IT in Fachentscheidungen.

Partnerschaft: Beratung und Führung bei strategischen Entscheidungen

Die IT muss frühzeitig ihre Technologieexpertise und deren Bedeutung für die Geschäftsbereiche in die Planungsprozesse einbringen. Dazu ist zum einen der Aufbau eines soliden Verständnisses der Geschäftsanforderungen seitens der IT notwendig. Zum anderen müssen aber auch Entscheidungsprozesse im Unternehmen gezielt mit IT-Vertretern besetzt werden. Denn nur so kann sichergestellt werden, dass die immanente Wertschöpfung der IT ausreichend genutzt wird. Baut andererseits der Geschäftsbereich kein Know-how auf, um Technologien kompetent beurteilen zu können, werden anschließend in der Regel unklare und teilweise falsche Aufträge an die nachgelagerte IT vergeben, die die Auswirkungen der neuen Technologien auf die bestehende IT-Landschaft nicht berücksichtigen. Dies führt zu erhöhten Betriebskosten und einer Steigerung der Systemkomplexität. Der Fokus von IT-Verantwortlichen muss daher auf einer aktiven, partnerschaftlichen Rolle im Rahmen von strategischen Entscheidungen liegen. Nur dadurch ist es langfristig möglich, die Zielsetzungen für die IT im Interesse des Unternehmens zu formulieren und durchzusetzen.

Nachfolgend wird eine Methodik zum Aufbau und zur Umsetzung einer langfristigen IT-Strategie beschrieben, die die genannten Fokuspunkte zielgerichtet unterstützt.

5.3 Die vier Phasen einer modernen IT-Strategie

Auf dem Weg zu einer modernen IT-Strategie hat sich das in Abb. 5-2 dargestellte Vorgehen in vier Phasen bewährt: Define IT, Optimize IT, Invent IT und Do IT.

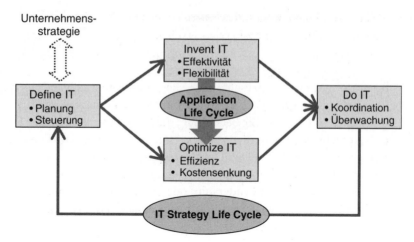

Abb. 5-2: Umsetzungsphasen der IT-Strategie

Jede Phase liefert konkrete Ergebnisse, die die Entscheidungsgrundlage für die nachfolgende Phase bilden. Der gesamte Prozess ist ein Regelkreis, der nach erfolgreichem Durchlauf kontinuierlich wiederholt wird. Nur so kann gewährleistet werden, dass neue Einflüsse sowohl von Seiten der Geschäftsbereiche (z. B. Markttrends) als auch von Seiten der technologischen Entwicklung (z. B. neue Standards) zeitnah evaluiert und gegebenenfalls berücksichtigt werden.

5.4 Define IT

In der Phase Define IT wird der Grundstein zur Definition einer auf die Unternehmensziele ausgerichteten IT-Strategie gelegt. Wichtig dabei: Ein klares Verständnis der Unternehmensstrategie sowie ein Abgleich zwischen IT- und Geschäftsstrategie. Letzteres erfolgt durch die Ist-Analyse der IT-Architektur, des aktuellen Produktportfolios und der IT-Prozesse sowie den Aufbau einer Application Scorecard.

5.4.1 Abgleich mit der Geschäftsstrategie

Unabhängig von technologischen Überlegungen muss die IT ein Verständnis für die Unternehmensstrategie entwickeln, damit IT-Entscheidungen im Sinne des Unternehmens und nicht im Sinne der Technologie getroffen werden. Der Grund: Bestimmte, aus technischer Sicht absolut vernünftige Konzepte können aus Unternehmenssicht komplett falsch sein. So kann die Integration von zwei ähnlichen Applikationen aus unterschiedlichen Organisationseinheiten auf eine Plattform zur Senkung der Betriebskosten aus Sicht der IT vollkommen vernünftig erscheinen. Soll aber eine dieser Organisationseinheiten gemäß der strategischen

Planung des Unternehmens verkauft werden, ist die Unabhängigkeit der IT-Infrastruktur in diesem Unternehmensbereich essenziell für einen erfolgreichen und reibungslosen Verkauf. Eine Zusammenlegung der Applikationen stünde demnach der Unternehmensstrategie konträr entgegen.

Das Beispiel zeigt, dass die Geschäftsstrategie eines Unternehmens eine übergeordnete Entscheidungsgrundlage für Investitionen und Initiativen im IT-Bereich bildet. Dabei ist es von besonderer Bedeutung, die Wertvorstellung (Value Proposition) des Unternehmens verstanden zu haben und im Rahmen von IT-Initiativen richtig interpretieren zu können. Denn in Abhängigkeit davon, ob sich das Unternehmen auf möglichst geringe Kosten für seine Produkte (Operational Excellency), auf Innovation (Product Leadership) oder auf die Befriedigung individueller Kundenbedürfnisse (Customer Intimacy) fokussiert, können identische IT-Initiativen unterschiedliche strategische Bedeutung haben.

5.4.2 Ist-Analyse IT-Architektur

Ist das Wertangebot des Unternehmens erst einmal bekannt und verstanden, kann der nächste Schritt des Abgleichs zwischen IT- und Geschäftsstrategie erfolgen. Grundlage dafür ist die Analyse der Kernprozesse des Unternehmens. Eine aktuelle und verständliche IT-Architektur bildet dabei die Basis zur Beurteilung sowohl von neuen Technologien (IT-Sicht) als auch von neuen Prozessen und Initiativen (Geschäftssicht). So können damit unter anderem folgende Fragestellungen beantwortet werden:

- Welchen Einfluss hat die neue Technologie auf unsere bestehende Infrastruktur?
- Wo würde die neue Technologie eingesetzt werden und welche Abhängigkeiten ergeben sich daraus?
- Welchen Einfluss hat die Änderung bestimmter Geschäftsprozesse auf die Infrastruktur?
- Mit welchen Komponenten der bestehenden Infrastruktur können die neuen Prozesse abgebildet werden bzw. welche Komponenten fehlen dafür derzeit?

Die Darstellung einer für alle Seiten zufrieden stellenden IT-Architektur ist kein leichtes Unterfangen, da in der Regel unterschiedliche Sichtweisen miteinander konkurrieren. So betrachtet die Geschäftssicht nur die notwendigen Funktionen zur Umsetzung der Prozesse. Applikationen oder gar physische Systeme werden nicht beachtet (oft aufgrund fehlender Informationen). Die IT-Entwicklung wiederum betrachtet ausschließlich den Zusammenhang der notwendigen Applikationen mit Blick auf die inhaltliche Verwaltung von Daten und Funktionen sowie Schnittstellen. Die IT-Produktion schließlich sieht hauptsächlich die physischen Systeme (Server, Cluster, Datenbanken, Netzwerke etc.), die für einen reibungslosen Ablauf zur Verfügung gestellt werden müssen. Hierbei sind rein technische

Anforderungen wie Verfügbarkeit, Leistung und Sicherheit von Relevanz, die auch ohne Kenntnis des Prozesses oder der Inhalte umgesetzt werden können.

Für die Ist-Analyse der IT-Architektur ist es daher wichtig, diese unterschiedlichen Sichtweisen genau darzustellen, um schnell Abhängigkeiten aufgrund von Änderungen oder Neuerungen beurteilen zu können. Was den Aufbau einer geeigneten IT-Architektur anbelangt, so muss von zu unterstützenden Prozessen ausgegangen werden, um die bereits oben erwähnte Synchronisation zwischen Geschäftsbereichen und IT zu ermöglichen.

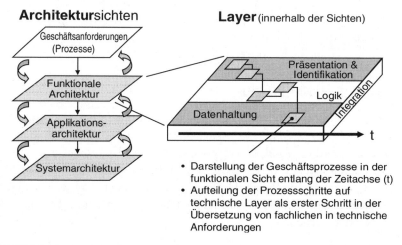

Abb. 5-3: Sichtweisen und Layer der IT-Architektur

Die drei genannten Sichtweisen entsprechen unterschiedlichen Architektursichten (siehe linke Hälfte der Abb. 5-3): Zur Erstellung der funktionalen Architektur werden die einzelnen Prozessschritte in Funktionen aufgeteilt. Dabei werden die Prozesse entsprechend der vorgelagerten Analysen in Kern- und Supportprozesse unterschieden. Hier empfiehlt sich zunächst eine Fokussierung auf die Kernprozesse, um schnell einen ersten Status und Überblick zu erhalten.

Ausgehend von dieser ersten Aufnahme werden die identifizierten Funktionen in der Applikationsarchitektur den darunter liegenden Applikationen zugeordnet. Dabei werden Doppelspurigkeiten (z. B. Unterstützung identischer Funktionen in verschiedenen Prozessen durch unterschiedliche Applikationen) oder aber auch Lücken identifiziert (z. B. manuelle Bearbeitung von Funktionen). In einem dritten Schritt ist dann die Systemarchitektur zu entwickeln, innerhalb derer die identifizierten Applikationen den Elementen der Infrastruktur zugeordnet werden. Dabei können sich bereits erste Problembereiche zeigen, wie beispielsweise der separate Aufbau von Applikationen, die funktional sehr eng zusammenarbeiten. Da zu diesem Zeitpunkt die Abbildung des Ist-Zustands im Zentrum der Aufmerksamkeit steht, erfolgt eine Bewertung erster Ergebnisse erst später unter Berücksichtigung einer ganzheitlichen IT-Strategie. So können Fehlinterpretationen vermieden werden.

Die drei genannten Architektursichten entsprechen verschiedenen Abstraktionsebenen in Bezug auf die technische Infrastruktur. Innerhalb jeder Sicht erfolgt eine weitere Strukturierung anhand so genannter Layer (siehe rechte Hälfte der Abb. 5-3):

- **Präsentation und Identifikation:** Enthält alle Funktionen, die für die Darstellung der Funktionen und Daten notwendig sind.
- **Logik:** Enthält alle Funktionen, die für die Ausführung der Prozesslogik notwendig sind.
- **Datenhaltung:** Enthält die verschiedenen Datenquellen zum Lesen und Schreiben der verarbeiteten Informationen.

Auch wenn die dargestellte Vorgehensweise theoretisch auf alle Unternehmensprozesse angewendet werden kann, wird davon in einer ersten Phase wegen des nur schwer abzuschätzenden Aufwands abgeraten. Vielmehr sollten vorab bestimmte Prozessgruppen innerhalb der Kern- und Supportprozesse identifiziert werden, die die Prozesslandschaft des Unternehmens repräsentieren. Innerhalb dieser Gruppen sollten dann wiederum nur bestimmte Prozesse analysiert werden, die typisch für die definierte Prozessgruppe sind. Dadurch sind schnell repräsentative Aussagen bezüglich der Ist-Architektur möglich, ohne Gefahr zu laufen, entscheidende Aspekte zu vergessen.

5.4.3 Application Scorecard (ASC)

Zur Beurteilung der aktuellen Applikationslandschaft in punkto Geschäftsnutzen müssen die vorhandenen Systeme bewertet werden. Dafür bietet sich eine einheitliche Scorecard für Applikationen an, die eine Bewertung der Applikationen in Abhängigkeit von den geschäftlichen Anforderungen erlaubt und somit zum Abgleich der strategischen Planung zwischen Geschäftsbereichen und IT beiträgt (siehe Kapitel 7).

Die ASC bewertet die Applikationen nach folgenden Kriterien:

- **Strategische Bedeutung:** Beurteilung, ob die Applikation oder Teile davon einen oder mehrere Kernprozesse des Unternehmens unterstützen oder vorwiegend von Supportprozessen genutzt werden.
- **Prozess-Know-how:** Beurteilung, ob der oder die unterstützten Prozesse hinsichtlich ihrer Anforderungen stabil und bekannt sind oder sich eher noch in der Entwicklung befinden.
- **Datentypen:** Bewertung der Bedeutung der Daten hinsichtlich ihrer Sicherheitsrelevanz.

- **Änderungshäufigkeit:** Bewertung des Grads der Änderungshäufigkeit der Applikation (selten, durchschnittlich, oft). Messgrößen können dabei Wartungs- und Entwicklungsaufwände sein.
- **Plattform:** Bewertung des Grads der Eigenentwicklung bzw. der Standardisierung der Applikation.
- **Qualität:** Bewertung des notwendigen Qualitätsgrads für eine oder mehrere zusammenhängende Applikationen.

Die ASC ist ein Instrument, das während des gesamten Lebenszyklus einer Applikation kontinuierlich angewendet werden muss. Nur so sind im Rahmen der strategischen Planung konsistente Entscheidungen für oder gegen einzelne Applikationen möglich. Mit der ASC können sowohl technologische Entscheidungen als auch Geschäftsentscheidungen differenzierter getroffen werden. Des Weiteren kann die ASC für Aussagen hinsichtlich der generellen Innovationsfreudigkeit eines Unternehmens herangezogen werden. Ist z. B. die Anzahl an Applikationen, die für innovative Projekte benötigt werden, sehr gering, kann dies auf einen Verlust an Dynamik hinweisen. Sind die Investitionen in Legacy-Systeme wiederum sehr hoch, ist dies unter Umständen ein Hinweis auf eine schlechte Kapitalrendite oder einen nicht optimalen Einsatz dieser Systeme innerhalb verschiedener Initiativen und Projekte.

5.4.4 Ist-Analyse IT-Portfolio

Entscheidend für die Erbringung von hochwertigen Dienstleistungen im IT-Bereich ist deren eindeutige Definition als Produkt (siehe Kapitel 3). Den Geschäftsbereichen muss klar sein, welche Produkte sie von der internen IT beziehen können, in welcher Form diese geliefert und schließlich verrechnet werden. Die zwischen den Geschäftsbereichen und der IT ausgehandelten Service Level Agreements (SLAs) sind aber meist nicht mehr als eine Auflistung von Tätigkeiten, die seit Jahren in dieser Form erbracht werden und nie in Frage gestellt wurden. Besonders was die zu verrechnenden Kosten anbelangt, entbehren die SLAs oft jeglicher kalkulatorischen Grundlage.

Für die Erarbeitung eines IT-Portfolios anhand der genannten Methode hat sich zur Ist-Analyse des IT-Portfolios folgende Vorgehensweise bewährt:

1. **Analyse der bestehenden SLAs:** Bei der Analyse der bestehenden SLAs darf nicht vergessen werden, dass die Summe aller SLAs nicht gleich dem Produktportfolio einer IT-Abteilung ist. Die SLAs bilden vielmehr eine gute Grundlage zur Analyse der aktuell zu erbringenden Leistungen und geben Hinweise auf die aktuellen Kundenbedürfnisse.
2. **Identifizierung der Leistungselemente anhand der bestehenden SLAs:** SLAs beschreiben die Sicht des Kunden. Folglich können unterschiedliche SLAs gleiche Leistungen unterschiedlich dokumentieren. Ein Umstand, der sie nicht

gerade für die Definition der Implementierung qualifiziert. Vielmehr ist bei der Analyse der bestehenden SLAs sehr gutes Fachwissen gefragt, um die tatsächlich zugrunde liegenden Leistungen bzw. deren Teilbereiche (Leistungselemente) identifizieren zu können.

3. **Zuordnung der Leistungselemente zur IT-Wertschöpfungskette:** Nach der Analyse der SLAs und der Identifizierung der Leistungselemente werden diese entlang der IT-Wertschöpfungskette angeordnet. Wichtig ist hier der Rückgriff auf eine IT-interne einheitliche Benennung, die nicht den Formulierungen der SLAs entspricht. Damit wird einer erhöhten Transparenz innerhalb der IT Rechnung getragen. Eine Transformation der IT-Leistungselemente in aus Kundensicht verständliche Produkte erfolgt zu einem späteren Zeitpunkt.

4. **Aufsplittung der Leistungselemente:** Die identifizierten Leistungselemente werden schließlich zusätzlich in die Komponenten Dienstleistung und Technologie (Software/Hardware) unterteilt. Dadurch wird ersichtlich, ob bestimmte Elemente zwar als Dienstleistung verfügbar sind, eventuell aber technologisch nur in einer Variante geliefert werden können (z. B. Softwareentwicklung als Dienstleistung mit der Technologie Java). So wird die Grundlage für eine spätere Bepreisung der Leistungselemente geschaffen. Aber auch Lücken im Portfolio hinsichtlich Dienstleistungen und Technologien werden deutlich. Eine abschließende Bewertung dieser Lücken erfolgt jedoch erst zu einem späteren Zeitpunkt, nämlich dann, wenn das Portfolio auf die IT-Strategie abgestimmt wurde. Erst dann kann entschieden werden, ob bestimmte Lücken relevant sind, da die fehlenden Dienstleistungen oder Technologien zur Unterstützung strategischer Initiativen notwendig sind, oder aber überflüssig, da sie zu einer Outsourcing-Initiative gehören.

5.4.5 Ist-Analyse der IT-Prozesse

Nach der Identifikation des aktuellen Produktportfolios sind die Bereitstellungsprozesse, d. h. alle IT-internen Geschäftsprozesse, zu analysieren, um auch hier Aussagen über die aktuelle Leistungsfähigkeit der IT gewinnen zu können.

Für eine erfolgreiche Umsetzung einer langfristigen IT-Strategie ist neben der Beherrschung der Kernprozesse vor allem die Organisation der IT als aktive operative Einheit von zentraler Bedeutung. Grundlage dafür bilden die folgenden Prozesse:

- **IT-Management:** Das IT-Management koordiniert und überwacht die verschiedenen Prozesse im Hinblick auf die IT-Strategie.
- **Produktmanagement:** Der Produktmanagementprozess begleitet das Produkt von der ersten Produktidee über den gesamten Produktlebenszyklus bis hin zum Phase-out und sorgt für eine optimale Abstimmung der Markt-/Produktpositionierung und der Lebenszyklen aller Produkte untereinander. Das IT-Produktmanagement stellt durch die Einführung marktgerechter Produkte

und periodischer Bewertungen die Profitabilität und Wettbewerbsfähigkeit der IT-Abteilung sicher.
- **Sales:** Der Sales-Prozess beschäftigt sich mit der Kundenbetreuung und dem Verkauf der IT-Produkte. Eine Schnittstelle zum Produktmanagementprozess besteht z. B. in der gemeinsamen Erfüllung von Produktanfragen seitens der Kunden.
- **IT-Service-Erstellung und -Erbringung:** Hierbei handelt es sich um die bereits genannte IT-Wertschöpfungskette (Plan-Build-Run) zur Erbringung der eigentlichen IT-Leistungen.
- **Unterstützungsprozesse:** Darunter fallen Funktionen wie Personal, Finanzen etc.

Für die Kernprozesse existieren verschiedene Modelle (z. B. IT Infrastructure Library, siehe Kapitel 9), die zur Erhebung einer Ist-Analyse als Benchmark dienen können. Dabei werden die vorhandenen Prozesse den ITIL-Prozessen gegenübergestellt, um eine möglichst vollständige Erhebung des aktuellen Prozessinventars sicherstellen zu können.

5.5 Optimize IT

Aufbauend auf den Vorarbeiten der Phase Define IT werden in der Phase Optimize IT Leitlinien für die IT-Strategie definiert, um die Fokuspunkte Kostenreduktion, Geschäftsrelevanz und Partnerschaft zu unterstützen. Es gilt alle Kostenpotenziale im Sinne der Unternehmensstrategie auszuschöpfen, vor allem in Hinblick auf die Aspekte Konsolidierung und Outsourcing (als mögliche zweite Phase der Konsolidierung). Wichtig dabei ist das Verständnis des Technologie-Lebenszyklus, der gleichermaßen für Applikationen und Systeme gilt. Konkret heißt das, dass Technologien und Verfahren, die aus strategischen Gründen aktuell nicht unter Kostenoptimierungsgesichtspunkten betrachtet werden, im nächsten Definitionszyklus (Define IT) ihren Status als Innovation verlieren und somit durchaus zum Gegenstand von Kostenbetrachtungen werden können bzw. müssen.

5.5.1 IT-Konsolidierung

Strategische Planung der Konsolidierung

IT-Konsolidierung ist kein reines IT-Thema, auch wenn dies von vielen Entscheidungsträgern immer wieder gerne so gesehen wird. Sie bedarf einer gründlichen Vorbereitung, um nicht den Zielsetzungen der Geschäftsbereiche entgegenzuwirken und auf rein technischen Kriterien zu beruhen. Dabei ist es wichtig, die Ziele der Konsolidierung nicht nur für die IT zu definieren, sondern auch den Geschäftsbereichen entsprechende Vorgaben zur Senkung der IT-Kosten zu setzen. Ansonsten läuft man Gefahr, dass durch bestimmte Konsolidierungsinitiativen Mehrkosten entstehen. So kann beispielsweise die Konsolidierung verschiedener Reportingtools auf einer einheitlichen Plattform (z. B. Data Warehouse) durchaus Betriebs- und Schulungskosten senken. Wenn nun aber einige Anwender weiterhin auf den Betrieb von bestimmten Insellösungen bestehen, können Mehrkosten entstehen, da Sonderregeln gefunden und betrieben werden müssen. Nur wenn der entsprechende Geschäftsbereich ebenfalls die Senkung der IT-Kosten als Zielvereinbarung akzeptiert, können von IT und Geschäftsbereich gemeinsam getragene Konsolidierungsmaßnahmen definiert und durchgesetzt werden. Wichtig in diesem Zusammenhang: Die Erfolgswahrscheinlichkeiten steigen, wenn die geplanten Maßnahmen zuerst in begrenztem Rahmen durchgeführt werden (z. B. bei einzelnen Geschäftsbereichen). So können Projektrisiken und -kosten reduziert und die erzielten Einsparungen zur Finanzierung weiterer Maßnahmen verwendet werden.

Bestandsaufnahme

Die in der Phase Define IT erarbeitete Bestandsaufnahme in den Bereichen IT-Prozesse und Infrastruktur (IT-Architektur) wird nun durch die Analyse der Lieferantenbasis und des aktuellen Lizenzstatus ergänzt. Zusätzlich ist eine Analyse der Nutzung bzw. der Existenz von Ressourcen durch automatisierte Tools denkbar. Beispiel: Viele größere Unternehmen beklagen einen Wildwuchs an Hard- und Software im Intranetbereich. Unterschiedlichste Nutzergruppen stellen individuelle Auftritte ins Intranet, ohne andere Unternehmensbereiche darüber zu informieren. Ein mitunter vollkommen autonomer Betrieb ist die Folge. Analysetools können hier Abhilfe schaffen, da sie Aufschluss über nicht verlinkte Server oder Websites ohne Referenzen geben. Diese Ergebnisse weisen auf nicht benötigte bzw. nicht verwendete Ressourcen hin. Ressourcen also, die im Rahmen von Konsolidierungsinitiativen eingespart werden können. Bei der IT-Konsolidierung unterscheidet man folgende Stufen:

- Quick Wins (kurzfristig)
- Konsolidierung auf Infrastrukturebene (mittelfristig)
- Konsolidierung auf Applikationsebene (langfristig)

Quick Wins

Quick Wins sind kurzfristige Einsparungspotenziale, die ohne die Gefahr, strategische Initiativen einzuschränken, realisiert werden können. Beispiele:

- **Harmonisierung von Softwarelizenzen:** Bei der Harmonisierung von Softwarelizenzen geht es darum, unternehmensweit einen gleichen Releasestand identischer Softwarepakete (z. B. Windows) zu erreichen. Durch die damit ein-

hergehende Verminderung von Fragen und Problemen können Einsparungen bei Betrieb und Support realisiert werden.
- **Lieferantenkonsolidierung:** Eine Reduktion der Lieferanten hilft in zweierlei Hinsicht, Kosten zu sparen. Zum einen können bestehende Verträge über Leistungen, die nicht mehr unbedingt benötigt werden, aufgelöst werden. Zum anderen können Leistungen von verschiedenen Lieferanten gebündelt und neu ausgeschrieben werden. Durch das höhere Volumen entsteht mehr Verhandlungsspielraum für bessere Konditionen.

Konsolidierung auf Infrastrukturebene

Eine Konsolidierung auf Ebene der Infrastruktur ist nur mittelfristig und unter Beachtung der folgenden Aspekte zu erreichen:

- **Definition von Standards:** Zum Aufbau einer effizienten Infrastruktur ist es wichtig, sich auf bestimmte Standards und Produkthersteller zu fokussieren, z. B. .NET versus Java, IBM versus BEA. Dadurch kann eine bessere Wartbarkeit sowie ein interner Know-how-Aufbau gewährleistet werden.
- **Konsolidierung der Netzwerke:** Eine gute Topologie gilt als Basis für neue Geschäftsanwendungen. Wichtig dabei ist die Unterstützung von Standards. Konkrete Maßnahmen sind hier beispielsweise die Verwendung von Internetprotokoll-basierten virtuellen privaten Netzwerken (IP VPN) als kostengünstige Alternative zu Frame Relay, die Verwendung von großen, remote wartbaren Switches zur Senkung von Wartungskosten sowie der Einsatz von Wireless LAN (WLAN) zur Vereinfachung der Vernetzung (Senkung der Implementierungskosten).
- **Zentralisierung verteilter Server auf einen Standort**
- **Konsolidierung auf physischer Basis:** Mit Konsolidierung auf physischer Basis ist beispielsweise die Ersetzung vieler kleiner Server durch wenige große gemeint. Dadurch ergibt sich ein ungleich größerer Nutzen als bei einer rein geografischen Zentralisierung.
- **Plattform- und Speicherkonsolidierung (Datenbank (DB), Storage Area Network (SAN), Network-Attached Storage (NAS))**

Konsolidierung auf Applikationsebene

Die Konsolidierung der Applikationen kann nur in enger Abstimmung mit den Geschäftsbereichen erfolgen. Dabei gibt es große Unterschiede zwischen Standard- und Individualsoftware.

Standardsoftware kann in vielen Fällen einfach auf eine zentrale technische Plattform konsolidiert werden (z. B. Zusammenführung verteilter SAP-Systeme in ein Rechenzentrum). Bei einem weiteren Ausbau empfiehlt sich die Verwendung von Templates, um die Wartbarkeit zu steigern und Implementierungs- und Konsolidierungsaufwände zu senken. Entscheidend für eine langfristige Kostensenkung im Bereich Standardsoftware ist sowohl der Abgleich der Anforderungen mit dem aktuellen Funktionsumfang der Standardapplikationen als auch das Entfernen von Modifikationen. Denn nur wenn die Software innerhalb der Standardfunktionalität genutzt wird, können die Vorteile von Upgrades und standardisierter Wartung genutzt werden.

Bei Individualentwicklungen ist eine noch intensivere Abstimmung mit den Geschäftsbereichen gefordert als bei Standardsoftware. Der Grund: Die Geschäftsbereiche müssen nachweisen, dass die Kosten für den Betrieb einzelner Applikationen gerechtfertigt sind. Oder anders ausgedrückt: Zielsetzungen für IT-Kosteneinsparungen müssen auch im Geschäftsbereich festgelegt sein. Zielsetzung kann nach allgemeiner Erfahrung aber nur eine Reduktion dieser Applikationen auf ein erträgliches Maß sein. Eine vollkommene Abschaffung ist meist nicht möglich. Sind darüber hinaus weitere Reduktionen gewünscht, so ist eine Migration auf Standardsoftware denkbar.

5.5.2 Outsourcing

Grundsätzlich ist eine Konsolidierung keine Alternative für Outsourcing, sondern die Grundlage. Denn nur was intern sicher beherrscht wird, kann potenziell an Dritte vergeben werden. Ansonsten besteht die Gefahr einer dauerhaften Abhängigkeit vom Outsourcing-Dienstleister, wodurch weder die gewünschte Kostenreduktion noch eine Steigerung der Effizienz erreicht werden kann.

Grundvoraussetzung für ein gutes Outsourcing ist die Möglichkeit, den Lieferanten innerhalb einer dem Outsourcing-Grad angemessenen Frist wechseln zu können. Ansonsten würde lediglich die Abhängigkeit von der internen IT durch eine Abhängigkeit von Dritten ersetzt werden. Outsourcing erfordert daher in der Regel eine vorgelagerte Standardisierung der IT-Komponenten, um einen wirtschaftlichen Betrieb durch Dritte überhaupt zu ermöglichen.

Angefangen vom Betrieb über die Hard- und Software bis hin zum Outsourcing ganzer Prozesse einschließlich der notwendigen IT ergibt sich eine große Bandbreite möglicher Varianten (siehe Kapitel 8). Wichtig bei der Definition eines Outsourcing-Konzeptes ist daher die Festlegung des Grads des Outsourcings.

Erfordern die verschiedenen Prozesse und Applikationen eine individuelle Vorgehensweise, können durchaus mehrere Varianten gleichzeitig gewählt werden. Große Outsourcing-Dienstleister haben diese Anforderungen erkannt und bieten Konzepte zur Realisierung unterschiedlichster Outsourcing-Varianten an.

5.6 Invent IT

Die Phase Invent IT definiert die IT-Strategie in punkto IT-Flexibilisierung und erfolgt parallel zur Phase Optimize IT. Der Fokus liegt hierbei weniger auf der Kostenreduktion als vielmehr auf der Erhöhung der IT-Flexibilität. So sollen strategische Geschäftsinitiativen besser unterstützt werden. Grundlage dafür ist eine an den Geschäftsbedürfnissen orientierte IT-Architektur sowie entsprechende Managementprozesse für deren optimale Nutzung. Dadurch wird die Grundlage zur Definition eines auf die Kundenbedürfnisse abgestimmten IT-Produktportfolios sowie zum Aufbau einer entsprechenden Organisationsstruktur geschaffen. In einer ersten Phase von Invent IT werden bewusst Kompromisse in Bezug auf Qualität oder Effizienz eingegangen, da eine vollständige Optimierung technischer Lösungen nicht von Beginn an möglich ist. Erst in einer späteren Phase des Anwendungslebenszyklus wird die gewählte Lösung unter den Gesichtspunkten von Optimize IT betrachtet und gegebenenfalls geändert.

Die IT-Architektur trägt zu einer effizienten Erarbeitung der technischen Anforderungen bei und ist damit ein entscheidender Erfolgsfaktor auf dem Weg zu mehr IT-Flexibilität. Dies umfasst die Definition der neuen Prozesse und deren Detaillierung in Funktionen, die durch die IT unterstützt werden sollen. Dieses Vorgehen hilft nicht nur, die oft nur grob vorhandenen Geschäftsvorstellungen zu konkretisieren (Was genau soll passieren?), sondern auch die enge Abhängigkeit zwischen Geschäftsbereichen und IT zu verdeutlichen. Eine sequenzielle Bearbeitung würde den Aufwand auf beiden Seiten (Pflichtenheft, Konzeption, Review) um ein Vielfaches erhöhen und damit den gesamten Abstimmungsprozess erheblich verlängern. Was das Rollenverständnis anbelangt, so kommt der IT in diesem Zusammenhang eine neue Rolle zu, nämlich die des Beraters und Ideengebers. Damit können Informationslücken seitens der Geschäftsbereiche in punkto IT schnell und adäquat geschlossen werden. Voraussetzung dafür ist ein strukturierter Abstimmungs- und Planungsprozess auf Basis einer einheitlichen IT-Architektur. Dass dafür organisatorische Begleitmaßnahmen und neue Entwicklungsprozesse notwendig sind, versteht sich von selbst. Dieser kombinierte Ansatz aus Geschäftsbereichs- und IT-Planung umfasst die Komponenten IT-Architektur, Managementprozess und IT-Organisation und wird oft als »Enterprise Architecture« [Gartner 2002] bezeichnet.

5.6.1 IT-Architektur

Zur Definition der Soll-Architektur wird in einem ersten Schritt auf das zuvor beschriebene Modell zur Analyse der Ist-Architektur zurückgegriffen. In einem nächsten Schritt geht es um die Definition der Geschäftsinitiativen bzw. der Prozessanforderungen. Dazu werden anhand der Ist-Architektur Funktionen ermittelt, die noch nicht oder nur teilweise von bestehenden Applikationen abgedeckt werden. Ebenso werden Funktionen identifiziert, die durch neue Technologien ermöglicht werden, aber noch keine Verwendung innerhalb eines Geschäftsprozesses finden bzw. bestehende Funktionen vereinfachen oder ersetzen können.

Bei der Definition dieser Funktionen handelt es sich um einen iterativen Prozess. Das Problem dabei: Eine zu grobe Definition der Funktion führt unter Umständen zu einer unklaren Zuordnung zu einzelnen Applikationen, eine zu feine Definition zu einer Erhöhung der Komplexität der Gesamtarchitektur. Nach der Identifikation der benötigten Funktionen werden diese auf die Systemsicht abgebildet. Dadurch werden potenzielle Plattformen zum Betrieb der Funktionen identifiziert bzw. definiert.

Auf allen Ebenen werden Best Practices und Standards als Designrichtlinien verwendet (Design Pattern). Diese Design Pattern wiederum beeinflussen die Auswahl der Komponenten auf Applikations- und Systemebene. So zieht beispielsweise die Entscheidung für eine Portallösung als Design Pattern eine Beschränkung der Auswahl geeigneter Software (Applikationsebene) und Hardware (Systemebene) nach sich.

Entscheidend für eine optimale Auswahl von alternativen Produkten ist in einem letzten Schritt auch die Leistungs- und Kostentransparenz. So muss bei bestehenden Komponenten klar definiert werden können, zu welchen Bedingungen und Kosten ein Einsatz in einem bestimmten Prozess ermöglicht werden kann. Für neue Komponenten wiederum muss abgeschätzt werden können, welche Kosten durch Produktivsetzung und Betrieb entstehen.

5.6.2 IT-Produktportfolio

Die in der IT-Architektur definierten Funktionalitäten und Systeme werden zur Definition der IT-Produkte herangezogen. Dabei ergänzen die neuen Funktionalitäten das bestehende Produktportfolio entlang der IT-Wertschöpfungskette. Falls erforderlich kommt es zu einer Aufteilung der Funktionen nach Dienstleistung und verwendeter Technologie, um so die beiden Dimensionen (Dienstleistung und Technologie) auch separat bepreisen zu können.

Die Zusammenführung von marktfähigen Produkten erfolgt schließlich durch eine Kombination der Grundprodukte bzw. Elemente. Die Benennung kann dabei auf die Bedürfnisse der Kunden angepasst werden. Wichtig ist jedoch, dass das letztendlich verkaufte IT-Produkt aus definierten Elementen besteht, die kalkulatorisch betrachtet und überwacht werden können. Denn nur so können SLAs formuliert werden, die nachvollziehbar und messbar sind.

5.6.3 IT-Organisation

Produkt- und Portfoliomanagement

Die Definition der IT-Organisation leitet sich aus dem durch die Organisation bereitzustellenden Produktportfolio und den dafür notwendigen Prozessen ab. Das Verständnis der Kundenanforderungen ist dabei entscheidend für den Erfolg der gesamten IT, da nur so Produkte erstellt werden können, die am Markt (unternehmensintern oder -extern) akzeptiert werden.

Je nach Größe der IT-Organisation und ihrer geografischen Verteilung kann dabei die Aufteilung dieser Prozesse innerhalb der strategischen Geschäftsfelder der IT notwendig werden. Wenn z. B. die IT in verschiedene Geschäftsfelder untergliedert ist (eventuell entlang der IT-Wertschöpfungskette), können pro Bereich ein oder mehrere Produktmanager eingesetzt werden. Diese Spezialisten definieren dann Produkte innerhalb ihres Kompetenzbereichs.

Da der Kunde aber seine Bedürfnisse unabhängig von der IT-Organisation formuliert, ist eine übergreifende Koordination der IT-internen Prozesse notwendig (Produkt- bzw. Portfoliomanagement).

Daher ist bei einer verteilten Organisation ein Portfoliomanagement auf Stufe des zentralen IT-Managements notwendig, das die verschiedenen Produkte der einzelnen Bereiche zusammenfasst und koordiniert. Nur so können Überschneidungen und Abhängigkeiten zwischen Einzelprodukten vermieden bzw. koordiniert werden. Weiterhin können nur durch eine ganzheitliche Betrachtung aller Produkte der einzelnen Bereiche übergreifende Produkte mit Fokus auf die Kundenbedürfnisse definiert werden. Als Methodik zum Aufbau eines IT-Produktmanagements wird dabei die beschriebene Vorgehensweise aus der Phase »Define IT« verwendet. Dabei liegt der Fokus jetzt allerdings auf der Identifizierung von Lücken im IT-Produktportfolio (abgeleitet aus dem Verständnis der Geschäftsstrategie) und nicht auf der reinen Ist-Aufnahme. Nach der Identifizierung von fehlenden Produkten oder Produktelementen wird entschieden, ob die Herstellung mit internen Mitteln innerhalb eines sinnvollen Zeit- und Budgetrahmens ermöglicht werden kann. Ansonsten muss über die Integration von externen Partnern zur Schließung der Portfoliolücken nachgedacht werden, um weiterhin als zentraler Ansprechpartner für die Kunden operieren zu können. Andernfalls besteht dann wiederum die Gefahr des Verlusts von Marktanteilen, da die Rolle des Komplett–Dienstleisters nicht mehr erfüllt werden kann.

IT-Architekturteams

Eine wichtige Rahmenbedingung für die Nutzung einer einheitlichen IT-Architektur ist deren Bekanntheit und Akzeptanz innerhalb eines Unternehmens. Da in größeren Unternehmen IT-Entscheidungen häufig dezentral getroffen werden, besteht die Gefahr einer unkoordinierten Entwicklung der IT. Auf dem Weg zur geforderten Enterprise Architecture werden drei Organisationsformen für die IT-

Architekturverantwortung unterschieden, die in größeren Unternehmen durchaus parallel existieren können:

- **Zentraler Architekt (bzw. Architekturteam):** Der zentrale Architekt ist für die Entwicklung einer Applikation zuständig und kann mit dem Architekten eines Gebäudes verglichen werden. Ort und Zeitpunkt der Fertigstellung sind eindeutig gegeben. Die Umsetzung erfolgt mit den klassischen Methoden des Systemdesigns. Redundanzen an Daten und Funktionen können vermieden werden.
- **Mehrere kooperierende Architekten (bzw. Teams):** Diese Organisationsform erinnert an ein Architektenteam, das mit dem Entwurf eines Gebäudekomplexes (z. B. Einkaufszentrum) beauftragt wurde. Der Ort ist eindeutig gegeben. Der Zeitraum ist in begrenztem Umfang flexibel, da die Fertigstellung zwar zu einem bestimmten Zeitpunkt abgeschlossen sein muss, die einzelnen Teile aber in bestimmten Bereichen unterschiedlich schnell entstehen können. Zielsetzung ist die Entwicklung von separaten Applikationen, die miteinander interagieren müssen. Die Art und Weise der Interaktion ist bekannt und Bestandteil des Masterplans. Abhängigkeiten zwischen den Systemen werden folglich berücksichtigt. Daten- und Funktionsredundanzen können vermieden werden, da die Details des jeweils anderen Systems bekannt sind.
- **Autonome Architekten (bzw. Teams):** Diese Organisationsform erinnert an autonome Architekten, die beispielsweise mit einer Stadtplanung beauftragt wurden. Ort und Zeitpunkt der Fertigstellung existieren unabhängig voneinander. Auch die Entscheidungen über das Design einzelner Applikationen werden unabhängig voneinander getroffen. Inkonsistenzen und Redundanzen innerhalb der Applikationen sind folglich unvermeidbar.

Es zeigt sich, dass eine übergreifende IT-Architektur Standards und Richtlinien vorgeben muss, um die Koordinationsaufwände zu minimieren und gleichzeitig die Kompatibilität und Flexibilität des gesamten Systems zu erhalten. Die Zentralisierung der IT-Entscheidungen stellt daher eine mögliche Maßnahme sowohl zur Kostenreduktion als auch zur IT-Flexibilisierung dar. Der Grad der Zentralisierung muss jedoch mit der Zentralisierung der geschäftlichen Entscheidungen übereinstimmen. Denn unterschiedliche Verantwortungsbereiche hinsichtlich der Organisationseinheiten von Geschäftsbereichen und IT verhindern lediglich die konsistente Entwicklung einer einheitlichen IT-Strategie.

5.7 Do IT

Die operative Umsetzung der IT-Strategie erfordert die Einrichtung übergreifender Entscheidungsgremien und die Etablierung integrierter Planungsprozesse. Diese sprechen sowohl Geschäftsbereiche als auch IT-Verantwortliche an und tragen somit zu konsistenten Entscheidungen in punkto Geschäftsbereichs- und IT-Strategie bei. Durch eine regelmäßige Wiederholung der Analyse- (Define IT) und Definitionsphasen (Optimize IT, Invent IT) wird sichergestellt, dass IT-Kosten und Flexibilität in einem optimalen Verhältnis zur Gesamtstrategie des Unternehmens stehen. Gleichzeitig werden die Potenziale der IT durch die engere Zusammenarbeit mit den Geschäftsbereichen effizient genutzt. Die Fokussierung liegt dabei nicht nur auf der Kostenreduktion, sondern auch auf dem Aufzeigen des Geschäftsnutzens von IT-Lösungen. Im Rahmen der übergreifenden Planungsprozesse agiert die IT folglich nicht mehr nur als reiner Zulieferer, sondern als aktiver Partner der Geschäftsbereiche und trägt somit aktiv zur Umsetzung der Unternehmensstrategie bei. Auf dem Weg zu einem modernen strategischen IT-Management sollte versucht werden, ein Mitglied des Topmanagements als Sponsor zu gewinnen, der den Veränderungsprozess kontinuierlich begleitet. Darauf aufbauend können dann verschiedene Maßnahmen in punkto IT-Governance und IT-Planung umgesetzt werden, um eine langfristige Positionierung der IT als zentraler Bestandteil der Wertschöpfungskette sicherzustellen.

5.7.1 IT-Governance

Die IT-Governance (siehe auch Kapitel 6) ist eine organisatorische Maßnahme zur Einbeziehung von Geschäftsbereichen in IT-Entscheidungen. Aber auch Geschäftsentscheide sollen durch IT-Governance seitens der IT beeinflusst werden können (z. B. Darstellung der Nutzung neuer Technologien für neue Produkte). Zudem verbessert IT-Governance den Einsatz von IT-Ressourcen und reduziert mögliche Risiken in IT-Projekten.

Gerade mit Blick auf große Unternehmen erweist sich IT-Governance als äußerst geeignete Maßnahme: So wird dort eine Hierarchisierung von IT-Governance-Gremien genutzt, um zum einen die Interoperabilität zu verbessern (ein zentrales Gremium) und zum anderen die individuellen, oft länderspezifischen Anforderungen zu berücksichtigen (mehrere dezentrale Gremien). Wichtig dabei ist eine klare Definition der IT-Objekte, die einerseits zentral und andererseits dezentral entschieden werden. Der gemeinsame Nenner, also die Anzahl von zentralen Entscheidungen, ist dabei häufig sehr gering. Während einheitliche Bezeichnungen für zentrale Datenobjekte (z. B. konzernweit einheitliche Kundennummern) meist noch zentral gehalten werden, lassen sich Zusatzattribute in der Regel schon dezentral definieren und pflegen. Was Soft- oder Hardwareentscheidungen anbelangt, so sind konzernweit einheitliche Entscheidungen besonders schwer durchzusetzen. Lediglich die drastischen Budgetkürzungen der vergangenen Jahre führten hier zu ersten Vereinheitlichungstendenzen.

Ein gute IT-Governance schwankt folglich immer zwischen einer zu starken Zentralisierung, die durch falsch angelegte Entscheidungsprozesse die angestrebte Flexibilität verhindert, und einer gewissen IT-Anarchie, die durch eine Vielzahl von unterschiedlichen Systemen und Standards ebenfalls die gewünschte Flexibilität aus den Augen verliert.

5.7.2 Integrierter Planungsprozess

Der Aufbau einer übergreifenden IT-Architektur einschließlich der Definition von Standards bildet den zentralen Bestandteil im IT-Planungsprozess. Ähnlich wie die Geschäftsbereiche neue Marktimpulse aufnehmen und daraus Initiativen bzw. Projekte ableiten, analysiert auch die IT Trends und Entwicklungen im technologischen Bereich und definiert daraus notwendige Anpassungen der IT-Architektur. Beide Planungsprozesse können sich über die gesamte Laufzeit ergänzen: Neue Technologien können neue geschäftliche Anforderungen auslösen, neue geschäftliche Anforderungen wiederum können den Einsatz neuer Technologien erfordern. Der IT eröffnet sich so die Möglichkeit, frühzeitig reagieren und unterschiedliche geschäftliche Anforderungen auf technische Services abbilden zu können.

Dieses Vorgehen führt zu einer kontinuierlichen Überprüfung und Aktualisierung der IT-Architektur als zentrales Element der Planung. Dies geschieht entweder im Rahmen von Geschäftsprojekten oder explizit durch strategische IT-Projekte. Wichtig dabei ist, dass ohne die Möglichkeit der Durchführung von strategischen IT-Projekten die Gefahr einer Aufweichung der IT-Architektur aufgrund von Übergangslösungen besteht. Geschäftsbereiche sind nicht bereit, Mehrkosten für übergreifende IT-Lösungen zu akzeptieren, auch wenn sich nachweisen lässt, dass langfristig von einem höheren Nutzen profitiert werden kann. Daher ist es wichtig, auch bei der Budgetierung für einen genügend großen Handlungsspielraum innerhalb der IT zu sorgen, damit derartige Projekte durchgeführt werden können.

6 Prinzipien der IT-Governance

Helmut H. Grohmann, Deutsche Bahn

6.1 Ausgangssituation

In der Literatur und in Veröffentlichungen und Kommentierungen zum Generalthema Management kann man in den letzten Jahrzehnten ein wellenartiges Auftauchen und wieder Untergehen unterschiedlichster Managementkonzepte beobachten. Oft drängt sich dabei das geflügelte Wort vom »alten Wein in neuen Schläuchen« auf. Mit diesen Managementwellen gehen seit Jahren auch IT-Wellen einher, gepaart mit Begriffswellen. Einer dieser neuen Begriffe, der in der Presse und auf Fachkongressen in letzter Zeit vermehrt Verwendung findet, ist »IT-Governance«.

Hinterfragt man den Begriff der IT-Governance in verschiedenen Unternehmen, so erhält man oft eine unscharfe Definition, die als banalste Antwort so etwas wie »das ist, wie wir die IT organisieren« hervorbringt. Als konzeptionelle Antwort ist diese Definition nicht sehr brauchbar. Sie definiert nicht die Rahmenbedingungen und das damit einhergehende notwendige Managementsystem. Sie lässt offen, wie und ob die spezielle IT-Governance ableitbar ist aus generellen Prozessmanagement- und Organisationsprinzipien. Dass Governance mehr ist als »wer macht was«, soll anhand von Erfolgsfaktoren Gegenstand der folgenden Betrachtungen sein.

6.2 Elemente der IT-Governance

6.2.1 Aufgaben des Informationsmanagements

Wie der Einführungsbeitrag in Kapitel 1 zeigt, haben sich die Aufgaben des Informationsmanagements im Grundsatz kaum verändert:

Zum einen organisiert das Informationsmanagement die Prozesse, die notwendig sind, um eine Unterstützung der in Frage kommenden Geschäftsprozesse des Unternehmens mit Informationstechnologie sicherzustellen. Dazu gehören sowohl die Prozesse beim Anwender als auch die Prozesse innerhalb der IT-Funktion, für die Inhalte und Verantwortlichkeiten festgelegt werden müssen. Zum anderen hat Informationsmanagement die Aufgabe sicherzustellen, dass die richtige Information zum richtigen Zeitpunkt, am richtigen Ort, in der richtigen Qualität, mit der nötigen Sicherheit verfügbar ist. Das kann auch ohne Informationstechnologie möglich sein. Ein dritter Punkt kam in den letzten 10 Jahren hinzu, nämlich die Möglichkeiten der IT zur Gestaltung des Geschäftes zu nutzen.

Weil die oben genannten Aufgaben des Informationsmanagements zu Beginn sehr stark technikgetrieben waren und erst heute der Fokus auf das Geschäft und die Geschäftsprozesse gelegt wird, gab es in den letzten drei Jahrzehnten kontinuierlich neue Ansätze. Zu Beginn stehen häufig neue Schlagwörter wie EDV-Orga, Informationswirtschaft, IS-Management, IT-Management etc. Damit einhergehend entstehen neue Verantwortungsbezeichnungen wie EDV-Leiter, IS-Direktor, IT-Direktor, Chief Information Officer (CIO), Chief Technology Officer (CTO), Chief Change Officer (CCO), die, wenn man genauer hinsieht, entweder nur neue Bezeichnungen für die alten Aufgaben sind oder auch konsequent das beschreiben, was die neue Definition der Verantwortung zum Inhalt hat.

6.2.2 Was ist IT-Governance?

Grundsätzlich ist wichtig, dass IT-Governance keine im freien Raum entwickelte Struktur ist. IT-Governance muss eingebunden sein in die allgemeine Governance-Struktur des Unternehmens. Eine gängige Definition für Governance ist die Festlegung, wer die Verantwortung für Entscheidungen hat und wer Ergebnisse zu verantworten hat. [Weill/Woodham 2002] sehen als Hauptgegenstand der IT-Governance »specifying the decision rights and accountability framework to encourage desirable behavior in the use of IT«. Mit einer derartigen Definition bewegt man sich innerhalb bekannter Managementprinzipien, die man für die IT-Governance konkretisieren muss.

Als IT-spezifische Elemente und Verantwortungsbereiche innerhalb der IT-Governance kristallisieren sich immer mehr die folgenden heraus:

- Wie sehen die IT-Architekturen aus?
- Welche IT-Prinzipien und IT-Policies werden benötigt?
- Wie soll die IT-Infrastruktur gestaltet werden?
- Wie und wofür soll IT genutzt werden?
- Welche Geschäftsapplikationen soll es geben?
- Wer entscheidet über IT-Investitionen und Prioritäten?
- Wie werden IT-Kosten verrechnet?
- Wie wird die Effektivität der IT-Governance gemessen?

Dabei zeigt sich, dass man die Frage der Verantwortungen nicht allgemein gültig, losgelöst vom Unternehmenstyp, von der ökonomischen Situation des Unternehmens, von der Unternehmenskultur, von den Führungs- und Steuerungsprinzipien (zentral versus dezentral) und vom Reifegrad des Einsatzes von Informationstechnologie diskutieren kann.

Eine weitere Betrachtungsebene ist die Frage des Nutzens von IT. Dabei kann man drei Nutzenkategorien beobachten:

- IT unterstützt das Geschäft,
- IT ermöglicht, das Geschäft anders zu machen, und
- IT ermöglicht ein anderes Geschäft.

Oft wird der Einsatz von IT in einem Unternehmen nicht nur einer Nutzenkategorie zuzuordnen sein, verschiedentlich gibt es alle Kategorien nebeneinander. Gleiches gilt für andere Elemente. Beispielsweise besteht ein Unternehmen in seiner inneren Geschäftsstruktur oft aus unterschiedlichen Geschäftsbereichen, die wie unterschiedliche Unternehmen agieren. Ob deshalb eine einzige IT-Governance-Struktur adäquat ist, gilt es zu untersuchen.

Ein konkretes Beispiel in jüngster Zeit war die Diskussion um die »richtige« Organisation des E-Business bzw. E-Commerce. Hier wurden für die Nutzenkategorien »Geschäft anders« und »anderes Geschäft« oft neben der alten IT-Organisation (»unterstützt Geschäft«) eigene Einheiten, zum Teil sogar eigene Gesellschaften gegründet. Damit sollten »schnelle« Einheiten geschaffen werden, für die dann oft auch die üblichen Spielregeln im Konzern, wie Architekturen, IT-Standards, Beschaffung etc., außer Kraft gesetzt wurden. In einer derartigen Situation noch über IT-Governance zu diskutieren ist ein äußerst schwieriges Unterfangen – obwohl gerade dann eine IT-Governance-Festlegung sinnvoll, wenn nicht gar notwendig wäre. Obwohl die Mehrzahl dieser Initiativen zwischenzeitlich vom Markt verschwunden sind und in den meisten Unternehmen wieder aufgelöst wurden, ist ein bleibender Wandel zu beobachten: Zunehmend wird die Diskussion auch dadurch geprägt, dass mehr und mehr Anwender IT-Erfahrungen im privaten Bereich sammeln und diese Erfahrungen auf die Ansprüche am Arbeitsplatz übertragen. IT ist nicht mehr nur die Aufgabe der IT-Abteilung des Unternehmens.

Hält man sich die oben aufgeführten Einflussfaktoren und Rahmenbedingungen vor Augen, so kann man gedanklich eine mehrdimensionale Entscheidungsmatrix konstruieren, worauf hier bewusst verzichtet wird. Wichtig für die Einführung einer IT-Governance-Struktur ist in jedem Fall, sich darüber Gedanken zu machen, wie man die Wirksamkeit der IT-Governance messen und beurteilen will [Edvinsson/Malone 1997]. Hier gibt es bisher nur wenige im Ansatz ausgereifte Konzepte. Dabei wird primär die Wirkung für das Geschäft in den Vordergrund gestellt, ohne die IT-internen Kennzahlen zu vernachlässigen. In diesem Sinne könnten ansatzweise folgende Kennzahlen nützlich zur Beurteilung einer IT-Governance-Struktur sein:

- Abstimmung von IS und Geschäft (Alignment)
- Kennzahlen der Geschäftsprozesse
- Produkt-/Service-Innovations-Kennzahlen
- Nutzenrealisierungskennzahlen
- Service-Kennzahlen
- Interne IT-Kennzahlen für z. B. operationale Performance und Prozesse

Zusammenfassend wird man eine Strukturorganisation entwickeln müssen, die die Elemente Strategie, Planung, Monitoring, Architektur, Standards und das Management der Infrastruktur, der Anwendungen und der IT-Services beinhaltet. Mitunter ist die Beschaffungsfunktion für Informationstechnologie noch in die Betrachtungen einzubeziehen. Das Ganze muss in eine Prozessstruktur eingepasst werden, die eine End-to-End-Sicht und die Definitionen von Rollen ermöglicht.

6.2.3 Rollenverteilung

Abgeleitet aus den Prozessmodellen des Informationsmanagements gilt es im Rahmen der Diskussion um IT-Governance im Wesentlichen drei Rollen im Sinne eines gemeinsamen Geschäftsprozesses zu organisieren:

- die Rolle des **Anwenders**
- die Rolle des **CIO**
- die Rolle des **IT-Dienstleisters**

Die Rolle des Anwenders

Vor 30–40 Jahren war der Anwender im Wesentlichen passiv. »Die EDV wusste, was für ihn gut und notwendig war.« Das hat sich dramatisch gewandelt. Heute ist der Anwender nicht nur qualifizierter Auftraggeber und Leistungsabnehmer, sondern in den meisten Fällen stellt der Anwender auch den Gesamtprojektleiter für IT-Projekte. Damit ist der Anwender auch für die Realisierung des Nutzens verantwortlich.

Die Rolle des CIO

Die Notwendigkeit der Etablierung einer CIO-Funktion im Unternehmen wurde erstmals Ende der 70er, Anfang der 80er Jahre diskutiert und zunächst vornehmlich in den angelsächsischen Ländern implementiert. In Frankreich, Italien und Deutschland fand diese Diskussion erst in den letzten 10 Jahren statt. Es musste Überzeugungsarbeit geleistet werden, dass Informationsmanagement mehr ist als das Betreiben eines Rechenzentrums oder das Installieren eines PC. Die Überzeugung, dass Unternehmen gut beraten sind, das Management der Ressource Information durch einen CIO auf Topmanagementebene aufzuhängen, setzte sich nur langsam durch.

Eine wichtige Aufgabe des CIO besteht darin, das eigene Unternehmen, das Umfeld und die Entwicklung der Informationstechnologie im Auge zu behalten, weil sich daraus die jährliche CIO-Agenda ableiten sollte. So macht es sicherlich einen Unterschied, ob das Unternehmen um das Überleben kämpft, ob es seine Marktposition behaupten möchte oder ob es sich in der Phase einer starken Expansion befindet. Im ersten Fall wird man sich auf das Notwendige beschränken und primär Kosten sparen, während im letzten Fall IT-Einsatz für Innovationen im Vordergrund stehen wird.

Die Diskussion um die Rolle des CIO flammt immer dann erneut auf, wenn über Outsourcing der IT nachgedacht wird. Man erkennt, welches IT-Kern-Know-how trotz Outsourcing im Unternehmen bleiben muss und dass dann das Management des IT-Leistungserbringers eine noch wichtigere Funktion ist, als wenn man die IT im eigenen Haus hat. Auch wird bewusst, dass ein externer Dienstleister nicht die IT-Strategie für das Unternehmen formulieren kann. Das Unternehmen muss immer selbst eine Vorstellung über Art und Umfang des Einsatzes von Informationstechnologie haben. Außerdem muss das Unternehmen selbst eine klare Meinung haben über das Sicherheitsbedürfnis für Daten und Informationen. Es gilt sich Klarheit darüber zu verschaffen, ob man dem Outsourcer die Freiheit lässt, die IT-Plattform selbst zu definieren, oder ob man Standards vorgibt – alles Aufgaben eines CIO und seines Teams.

Ein potenzielles Spannungsfeld bildet das Verhältnis zwischen zentralen und dezentralen Unternehmenseinheiten, respektive CIOs. Im Rahmen der IT-Governance ist beispielsweise zu definieren, welche Kompetenzen zentrale und dezentrale Einheiten haben, wie die Verteilung von IT-Budgets abläuft oder wie die Umsetzung zentraler Planungsergebnisse, zum Beispiel Anwendungsarchitekturen und Standards, in den dezentralen Einheiten erfolgt [Brenner et al. 2003].

Die Rolle des IT-Dienstleisters

Die meisten IT-Dienstleister – interne, wie externe – fühlen sich am wohlsten, wenn es zu ihrem Kunden eine reine Auftraggeber-Auftragnehmer-Beziehung gibt. Dann kann man sich auf die Abarbeitung des geschlossenen Vertrages konzentrieren. Dem Auftragnehmer ist jedoch in vielen Fällen wenig damit geholfen, wenn von Juristen formulierte Verträge administriert werden.

Der mündige Anwender erwartet heute von seinem Dienstleister ein hohes Maß an Beratung im Vorfeld eines Projektes oder einer IT-Dienstleistung. Das bedeutet auch, dass (vor allem der interne) Dienstleister sich Gedanken macht, wie er dem Anwender bei der Gestaltung seiner Geschäftsprozesse helfen kann und wie er die Möglichkeiten von Informationstechnologie in Anwendernutzen transformieren kann. Diese Aspekte sollten mit bedacht werden, wenn über Outsourcing diskutiert wird.

6.2.4 IT als Kern-Know-how oder Kerngeschäft

Seit das Thema Outsourcing massiv diskutiert wird und größere Outsourcing-Verträge abgeschlossen wurden, ist auch in die IT-Organisationen die Diskussion um das Kerngeschäft eines Unternehmens hineingetragen worden. Dabei zeigte sich, dass Diskussionen über das Kerngeschäft innerhalb der IT-Abteilungen aus einem anderen Blickwinkel heraus geführt wurden als auf Unternehmensebene. Selbstverständlich muss IT das Kerngeschäft der IT-Abteilung sein, so wie sie auch IT-Know-how als Kernkompetenz haben muss. Aus Sicht des Unternehmens kann die Beurteilung allerdings anders ausfallen: Ist die IT Bestandteil des Kerngeschäftes? Diese Frage ist selbstverständlich grundsätzlich mit »ja« zu beantworten, wenn es sich um ein Unternehmen handelt, dessen Geschäftszweck IT-Dienstleistung ist. Die Frage, die sich hier stellt, ist höchstens noch die Breite und Tiefe des IT-Dienstleistungsangebotes.

Auch die IT-Abteilung im Unternehmen ist gut beraten, sich die Frage des IT-Dienstleistungsangebotes sehr gewissenhaft zu beantworten. Hier hilft oft eine Stärken-Schwächen-Analyse, denn es gibt in der Realität kaum jemanden, der alle Themen gleich gut beherrscht. Sich auf seine Stärken zu konzentrieren, kann durchaus auch für die IT ein sinnvolles Managementprinzip darstellen. Das Ergebnis kann dann beispielsweise ein selektives Outsourcing sein. So hat die Deutsche Bahn das User-Help-Desk an einen entsprechenden Dienstleister vergeben und mit dem Produzieren und Versenden des Druck-Outputs aus dem Rechenzentrum eine Versicherungsgesellschaft beauftragt. Gleiche Überlegungen werden derzeit für das Thema Installation und Wartung von PCs angestellt.

Oft wird die Diskussion um Outsourcing geprägt von den erwarteten Kosteneinsparungen, obwohl man eigentlich keine Klarheit über die eigentlichen Kosten der IT hat. Abgesehen davon, dass das Argument der Kosteneinsparungen durch Outsourcing strategisch das fragwürdigste ist, ist man gut beraten, sich über Inhalt und Verrechnung der IT-Kosten Gedanken zu machen [Remenyi et al. 2000]. Das Thema der Verrechnung von IT-Kosten ist so alt wie die elektronische Datenverarbeitung. Unabhängig von einem konkreten Modell haben sich über die Jahre vier Ansprüche an eine Weiterverrechnung herauskristallisiert: Sie muss einfach, fair, vorhersehbar und überprüfbar sein.

Man muss gut überlegen, was man mit der Weiterverrechnung von IT-Kosten erreichen will und ob der Nutzen den Aufwand rechtfertigt. Im Grunde sollte die Verrechnung der IT-Kosten nach den gleichen Regeln erfolgen wie die innerbetriebliche Leistungsverrechnung im Allgemeinen. Es erscheint in diesem Zusammenhang sinnvoll, allgemeine zentrale IT-Dienste anders zu verrechnen (eventuell auch gar nicht) als individuell bestellte Leistungen. Das wird ganz besonders bei den zentralen Diensten der Fall sein, wo dem Anwender keine Wahl gelassen wird, ob er den Dienst aktiv in Anspruch nimmt oder ob er quasi passiv in den Dienst eingebunden wird (z. B. E-Mail). In einer Welt, wo aus Anwendungen immer mehr Dienste werden, muss das im IT-Governance-Modell explizit formuliert werden.

Bei der Deutschen Bahn werden alle intern erbrachten Leistungen gegenseitig verrechnet, so auch die IT-Kosten. Dabei strebt man an, die Kosten nicht technisch, sondern geschäftsspezifisch (z. B. Kosten pro Fahrkarte, Kosten pro Buchungsposition) im Sinne eines IT-Produktes weiter zu verrechnen (siehe Kapitel 3 und 16). Auf diese Weise ergibt sich ein Steuerungselement für die Entwicklung und den Betrieb einer Anwendung über den gesamten Lebenszyklus eines IT-Produktes hinweg.

6.3 Das IT-Governance-Modell bei der Deutschen Bahn

Die Bahn ist seit ihrer Gründung ein Beförderungsunternehmen für Menschen und Güter. Ihr Produkt ist die Ortsveränderung von Gütern und Menschen. Mit dem Erwerb der Firma Stinnes durch die Deutsche Bahn wurde die Mission der Bahn in »Führender Internationaler Mobilitäts- und Logistikdienstleister« verändert. Dieser Anspruch hat selbstverständlich Auswirkungen sowohl auf das Produktportfolio als auch auf das IT-Projektportfolio. Transport und Logistik sind ohne eine ausgeprägte IT-Unterstützung der Geschäftsprozesse nicht denkbar. Die Bahn ist hochgradig von einer extrem verfügbaren und performanten IT abhängig. Deshalb gehört die IT bei der Bahn auch zum Kerngeschäft.

Die Deutsche Bahn ist per Gesetz seit 1999 in fünf Aktiengesellschaften aufgeteilt worden (Güterverkehr, Personenfernverkehr, Personennahverkehr, Personenbahnhöfe und die Schieneninfrastruktur) mit einer operativen Holding an der Spitze der Aktiengesellschaften. An der Aufteilung lässt sich unschwer ablesen, dass keine der Aktiengesellschaften alleine eine Leistung für den Bahnkunden erbringen kann. Man benötigt im Minimum die Leistung von zwei Aktiengesellschaften für eine Leistungserbringung für einen Bahnkunden. Die Bahn ist also hochgradig eine Verbundproduktion. Diese Verbundproduktionssicht hat Auswirkungen auf das Governance-Modell des Konzerns und somit auch auf das Governance-Modell der IT.

6.3.1 Die Arbeitsteilung der IT-Funktionen

Einhergehend mit der Bildung der Aktiengesellschaften wurde vor Jahren eine gestaffelte CIO-Struktur etabliert: Die einzelnen Aktiengesellschaften und die Holding haben jeweils einen CIO, der fachlich (nicht personell) von dem Konzern-CIO geführt wird. Die CIO bilden zusammen den so genannten Planungsausschuss Informationssysteme (PA-IS), der monatlich tagt. Der PA-IS ist für den Konzern das oberste Entscheidungsgremium in Sachen IT.

Für die Bahn könnte man eine einfache Gleichung aufstellen: Bahn = Logistik; Logistik = Prozesse; Prozesse = IT. Man sieht, dass dem Beherrschen der Prozesse bei der Bahn eine besondere Bedeutung zukommt. Aus diesem Grund sind in allen Unternehmensbereichen (Aktiengesellschaften) und allen Holdingfunktionen so genannte Geschäftsprozessverantwortliche (GPV) etabliert. Diese GPV sind dafür verantwortlich, dass in Prozessen anstatt in Funktionen bzw. Organigrammen gedacht und gehandelt wird. Sie sind außerdem dafür verantwortlich, dass die Prozesse den sich verändernden Geschäftsanforderungen angepasst werden. Sie sind auch diejenigen, die fachliche Anforderungen an IT-Systeme formulieren und die Anforderungen auch priorisieren.

Mit seinen priorisierten Anforderungen geht der GPV zu seinem zuständigen CIO, der die Geschäftsanforderungen in IT-Anforderungen im Rahmen der

Bereichs-Anwendungsarchitektur umsetzt. Der CIO beauftragt dann den internen IT-Dienstleister der Deutschen Bahn mit der Umsetzung der IT-Anforderungen und dem späteren Betrieb der IT-Systeme.

6.3.2 IT-Portfoliomanagement

In der Regel ist die Wunschliste der Anwender nach IT-Leistungen groß, die Managementfähigkeit, beliebig viele Projekte gleichzeitig durchzuführen, endlich und auch die personellen und finanziellen Ressourcen limitiert. Aus diesem Grund wurde bei der Deutschen Bahn ein IT-Portfoliomanagement-Prozess eingeführt. Das Ergebnis dieses Prozesses ist eine durch den Planungsausschuss IS priorisierte Liste der IT-Projekte mit einem anschließenden Vorschlag des Konzern-CIO an den Konzernvorstand, welche Projekte durchgeführt werden sollen und welche nicht. Jedes Projekt mit einem Volumen größer 2,5 Mio. Euro muss dem Konzernvorstand anschließend einzeln zur Genehmigung vorgelegt werden.

Die Prioritäten für IT-Projekte werden aufgrund des bewerteten Nutzens der einzelnen Vorhaben ermittelt. Dabei gibt es neben der Nutzenkategorie »Muss-Projekt« die entscheidbaren Kategorien »Sanierung«, »Leistung« und »Wachstum«. Diese Kategorien sind direkt den Unternehmensprioritäten entnommen, da sich die Bahn derzeit noch als selbst definierten Sanierungsfall betrachtet. Der bewertete Nutzen basiert auf einer Wirtschaftlichkeitsrechnung, die wiederum die Lebenszykluskosten beinhaltet.

6.3.3 IT-Risikomanagment

Teil des Portfoliomanagements ist das Risikomanagement. Dabei werden sowohl vor Freigabe und Start eines Projektes explizit die geschäftlichen, organisatorischen und technischen Risiken als auch die Risiken, die während der Durchführung eines Projektes auftreten können, betrachtet. Deshalb gilt dem Projektmanagement seit langem ein besonderes Augenmerk.

6.3.4 IT-Projekte

Der jeweilige CIO beauftragt im Rahmen des IT-Portfolios den internen IT-Dienstleister mit der Entwicklung von IT-Anwendungen. Der Projektleiter für IT-Projekte wird jedoch immer vom Anwender gestellt – die IT hilft damit dem Geschäftsbereich bei der Lösung seines Problems. Der Grund dafür, dass die IT von sich aus keine Anwendungen entwickelt, liegt darin, dass der Anwender für die Realisierung des in der Wirtschaftlichkeitsrechnung dargestellten Nutzens verantwortlich ist. Damit ist auch gesagt, dass die Voraussetzung für den Start eines Projektes bei der Bahn eine Wirtschaftlichkeitsrechnung ist.

Die praktische Erfahrung zeigt, dass das Management von IT-Projekten nicht ohne Probleme ist. Dass Projekte »in time and in budget« fertig werden, gehört fast zu den Ausnahmen. Aus diesem Grund hat die Bahn eine so genannte Project Assurance Group (PAG) etabliert. Die PAG ist weisungsungebunden. Sie begleitet alle großen IT-Projekte und soll eine Art Erfolgsversicherung für den Erfolg des jeweiligen Projektes sein. Hauptaufgabe ist deshalb das Erkennen von Risiken und der Vorschlag von Maßnahmen zum Begegnen der Risiken. Die PAG ist Mitglied aller IT-Projekt-Lenkungskreise bzw. IT-Projekt-Steering-Committees. Sie präsentiert in den Sitzungen ihre eigene Sicht auf das Projekt und sie schreibt jeweils das Protokoll der Sitzungen. Außerdem erstellt die PAG pro Quartal einen Bericht für den Konzernvorstand.

Beim Konzern-CIO werden auch sämtliche IT-Budgets des Konzerns konsolidiert. Hierfür wurde die Funktion des Konzern-IT-Controllers etabliert. Für jedes Projekt gibt es einen verantwortlichen Projektcontroller. Die Projektcontroller werden fachlich vom Konzern-IT-Controller geführt. Die Aufgabe des Projektcontrollers besteht darin, Aufwand und Nutzen, verglichen mit der ursprünglichen Wirtschaftlichkeitsrechnung, im Auge zu behalten. Treten Abweichungen auf, so wird eine neue Wirtschaftlichkeitsrechnung vom Fachdienst eingefordert.

7 IT-Balanced Scorecard: Ein Ansatz zur strategischen Ausrichtung der IT

Andreas Böh, Matthias Meyer, LMU München

7.1 Unternehmensstrategie und IT

Die IT übernimmt nicht mehr nur reine Unterstützungsfunktionen zur Steigerung der Produktivität, sondern wird immer stärker zum Kernstück des Geschäfts [Blomer 2002]. Sie kann als »Quelle für neue Geschäftsoptionen« [Blomer 2002] betrachtet werden und ist daher mitverantwortlich für die Unternehmensstrategie und ihre Ausgestaltung. Eine rein technische Betrachtungsweise der IT und ihres Beitrags zum Unternehmenserfolg ist daher nicht mehr ausreichend. Vielmehr erfordert die IT ein professionelles strategisches Management. Unter anderem ist dafür der Nutzen, der aus Aktivitäten der IT-Organisation entsteht, transparent zu machen und zu bewerten. Allerdings bereitet die Nutzenmessung bzw. der Nutzennachweis Schwierigkeiten, die im Zusammenhang mit dem so genannten Produktivitätsparadoxon diskutiert werden (siehe [Krcmar 2002]). Dem Produktivitätsparadoxon zufolge ist es nahezu unmöglich, IT-Investitionen in einen direkten Zusammenhang zu Produktivität und Profitabilität zu bringen. Dies liegt unter anderem daran, dass der Nutzen mit traditionellen finanzorientierten – für die Messung immaterieller Nutzenaspekte ungeeigneten – Instrumenten gemessen werden soll.

Im Zuge der genannten Entwicklung hat sich das Aufgabenspektrum der IT gewandelt. In einer weiten Auslegung umfasst die IT alle Prinzipien, Methoden und Mittel der Bereitstellung, Verarbeitung, Übermittlung und Verwendung von Informationen sowie der Gestaltung und Nutzung von Informationssystemen. Sie ermöglicht dabei

1. den wertschöpfenden Umgang mit Information und
2. die Schaffung völlig neuer Produkte und Dienstleistungen.

Die Erreichung strategischer Ziele auf Basis der IT hängt mit den beiden Größen Effektivität (»Do the right things«) und Effizienz (»Do the things right«) zusammen. Es gilt, die IT möglichst wertschöpfend für das Unternehmen zu nutzen, aber gleichzeitig die Wirtschaftlichkeit nicht aus den Augen zu verlieren. Neben den Potenzialen, die die IT für den langfristigen Unternehmenserfolg bietet, ist es zudem aufgrund des schnellen technologischen Wandels erforderlich, sich auf strategischer Ebene mit der IT zu beschäftigen. Erfolgt eine langfristige Ausrichtung nicht oder nur ungenügend, kann dies eine erhebliche Fehlallokation von Ressourcen und Finanzmitteln zur Folge haben sowie die Flexibilität im Hinblick künftiger IT-Entwicklungen und -Anforderungen einschränken. Die Orientierung an einer ganzheitlichen IT-Strategie ermöglicht es, technische Innovationen unter Berücksichtigung des Beitrags zu den Unternehmenszielen zu beurteilen und sie entweder in Form der Erreichung strategischer Wettbewerbsvorteile einzusetzen oder auf operativer Ebene Effizienzsteigerungen zu erzielen.

Die Ziele und Aufgaben der IT werden immer in Abhängigkeit von der individuellen Unternehmenssituation differieren [Heinrich 2002]. Hierbei ist das Leistungspotenzial der Informationsfunktion zu bestimmen, also das Ausmaß, mit dem der gezielte Informationseinsatz die Erreichung strategischer Zielsetzungen fördern kann. Aufbauend darauf ergibt sich das zur Umsetzung in Unternehmenserfolg zu realisierende Erfolgspotenzial der Informationsinfrastruktur und daraus letztendlich der Stellenwert der IT.

7.2 Grundlagen der Balanced Scorecard

7.2.1 Ursprung und Idee

Die Balanced Scorecard (BSC) ist ein Kennzahlen- und Managementsystem, bei dem eine rein finanzielle Betrachtung des Unternehmens um die Berücksichtigung immaterieller Werte erweitert wird. Der Nutzen von Managemententscheidungen und deren Umsetzung wird nicht primär in monetären Größen gemessen, sondern zusätzlich in Form des Beitrags zur Strategieerfüllung. Die Strategie wird hierbei durch strategische Ziele abgebildet und mittels monetärer und nicht monetärer Kenngrößen messbar gemacht.

[Kaplan/Norton 1998] vergleichen die BSC mit den Instrumenten im Cockpit eines Flugzeuges. Der Pilot wird mit allen notwendigen Informationen versorgt, die ihm ein für seine Aufgabe adäquates Abbild vom Verhalten des Flugzeuges geben, um dieses sicher ans Ziel zu bringen. Genauso verhält es sich bei Unternehmen, die in einem turbulenten Wettbewerbsumfeld reagieren müssen, um ihre Ziele zu erreichen [Kaplan/Norton 1998]. Die BSC versorgt das Management mit strategisch wichtigen Kennzahlen, die erfolgsrelevante Größen bzw. Faktoren des Unternehmens abbilden und Entwicklungen in die eine oder andere Richtung aufdecken. Somit ist es möglich, durch strategische Initiativen und Maßnahmen eine zielgerichtete Steuerung des Unternehmens bzw. erfolgskritischer Kenngrößen vorzunehmen und die Unternehmensvision zu verwirklichen.

Insgesamt handelt es sich bei der BSC um ein integriertes Managementsystem. Im Einzelnen sind die BSC und die zugehörige Methodik (siehe dazu [Gold 2002])

- ein **Framework**, das die Strategie eines Unternehmens über vier voneinander abhängige Perspektiven beschreibt (siehe Abschnitt 7.2.2),
- ein **Kommunikationssystem**, das die Lücke zwischen den Zielen des Topmanagements und dem Strategieverständnis des operativen Managements und der Mitarbeiter, die letztendlich für die Erreichung der Ziele verantwortlich sind, überbrückt,
- ein **Performance-Measurement-System**, das über die operativen Ergebnisse vergangener Leistung berichtet und Aufschluss über die Entwicklung von Leistungstreibern für zukünftigen Erfolg gibt,
- ein **Managementprozess**, der durch eine kontinuierliche Strategieentwicklung mittels strategischen Feedbacks und Lernen den organisatorischen Wandel unterstützt.

Bei der Entwicklung und Einführung der BSC sind zwei wesentliche Schritte zu unterscheiden: Zuerst muss die Strategie auf die BSC entsprechend dem Framework abgebildet werden, so dass einerseits die Strategie verständlich in alle Bereiche des Unternehmens kommuniziert werden kann und andererseits der Grad der Strategieerfüllung gemessen werden kann (Performance Measurement). Hierzu werden traditionelle, eher kurzfristig orientierte finanzielle Kennzahlen, die vergangene Leistung messen, mit Kennzahlen der anderen Perspektiven, die Werttreiber zukünftiger Leistungen offen legen, über Ursache-Wirkungs-Zusammenhänge mit den Finanzzielen verknüpft. Im zweiten Schritt müssen die organisatorischen Voraussetzungen geschaffen werden, die eine Orientierung der Managementaktivitäten an der Strategie ermöglichen. Der Managementprozess verbindet Zielvorgaben und Anreizsysteme mit den Leistungszahlen der BSC, richtet die Ressourcenallokation auf Maßnahmen mit dem höchsten Potenzial zur Strategieerfüllung aus und entwickelt die Strategie in einem Feedback- und Lernprozess weiter.

7.2.2 Perspektiven der Balanced Scorecard

Traditionelle Kennzahlensysteme, die oft das klassische Rechnungswesen als Datenbasis haben, sind aufgrund ihrer kurzfristigen, vergangenheitsorientierten Kennzahlen nicht in der Lage, eine Strategie zu beschreiben bzw. ihre Umsetzung zu fördern. Im Informationszeitalter sind jedoch Investitionen in langfristig wirkende immaterielle Vermögenswerte, wie Kundenbindung, flexible Unternehmensprozesse oder Humankapital, die treibenden Faktoren zukünftigen Erfolgs. Diese Investitionen erscheinen in Finanzreports allerdings nur als Kosten und belasten das Ergebnis der Berichtsperiode. Die Gefahr besteht darin, dass langfristige, erfolgskritische Investitionen durch kurzfristige, auf die Berichtsperiode ausgerichtete Maßnahmen verdrängt werden [Kaplan/Norton 1998]. Ein weiterer Nachteil der Kennzahlenflut vieler Messsysteme ist die fehlende Ausrichtung auf die Unternehmensstrategie. Sie implizieren keine Handlungen, da keine Aussagen über Ursache-Wirkungs-Zusammenhänge zwischen den Kennzahlen beschrieben werden. Zur Überwindung dieser Defizite strebt die BSC eine Ausgewogenheit zwischen Kennzahlen der relevanten Erfolgsdimensionen an und betont die Wichtigkeit der strategieabbildenden Ursache-Wirkungs-Zusammenhänge. Grundsätzlich lassen sich vier Perspektiven unterscheiden ([Kaplan/Norton 1998], siehe Abb. 7-1):

- Die **Finanzperspektive** stellt das Bindeglied zwischen dem Unternehmen und den Interessen seiner Shareholder dar. In letzter Konsequenz soll die Implementierung jeder Strategie den Erfolg durch eine Steigerung des Shareholder Value bestätigen [Kaplan 2001].
- Die **Kundenperspektive** ist die zweite extern orientierte Perspektive neben der Finanzperspektive. Sie betrachtet das Unternehmen aus der Sicht des Kunden, der mit dem Kauf von Produkten und Dienstleistungen den Umsatz generiert und somit der entscheidende Faktor für den finanziellen Erfolg ist.
- Basis für die **interne Prozessperspektive** sind die Festlegung der Strategie bezogen auf Wachstum und Produktivität in der Finanzperspektive und die Marktsegmentierung und Beschreibung des Wertangebots in der Kundenperspektive. Hieraus ergeben sich die strategischen Ziele der internen Prozessperspektive, die abgeleitet werden, um die externen Anforderungen zu erfüllen.
- Die **Lern- und Entwicklungsperspektive** »definiert die immateriellen Werte, die benötigt werden, um betriebliche Aktivitäten und Kundenbeziehungen auf ein höheres Leistungsniveau zu heben« [Kaplan 2001]. Hintergrund der Lern- und Entwicklungsperspektive ist die vorherrschende Tendenz, durch eine ausschließliche Bewertung kurzfristiger finanzieller Leistung zu geringe Investitionen in die Förderung von Mitarbeiter-, Technologie- und Organisationspotenzialen zu tätigen.

Die vier Perspektiven sind nicht als »Zwangsjacke« [Kaplan/Norton 1998] zu verstehen, sondern stellen für eine Vielzahl von Unternehmen einen geeigneten Rahmen für die Abbildung ihrer Strategie dar. Im konkreten Fall kann es aber sein, dass Unternehmen andere Perspektiven hinzunehmen, um ihre spezifische strategische Ausrichtung besser darstellen zu können.

7.2 Grundlagen der Balanced Scorecard

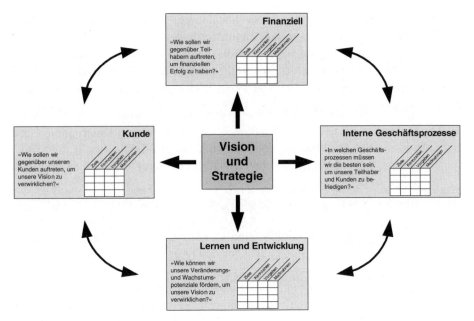

Abb. 7-1: Perspektiven der BSC [Kaplan/Norton 1998]

Für die Umsetzung werden aus der Unternehmensstrategie strategische Ziele für die einzelnen Perspektiven abgeleitet, die durch korrespondierende Kennzahlen messbar gemacht werden. Anschließend werden für diese Kennzahlen Zielvorgaben festgelegt, mit denen durch einen Soll-Ist-Vergleich der Zielerreichungsgrad evaluiert werden kann. Zur Erreichung der Zielvorgaben werden dann operative Maßnahmen identifiziert, die zur Zielerreichung beitragen.

Um den handlungsführenden Charakter der BSC zu erhalten, ist es wichtig, sich auf eine beschränkte Zahl von Kenngrößen zu konzentrieren, die zur Erreichung der Strategie entscheidend sind. Das bedeutet im Umkehrschluss nicht, dass alle Kennzahlen aus anderen Controllingsystemen abgeschafft werden sollten. Kaplan und Norton unterscheiden hierzu zwischen strategischen und diagnostischen Kennzahlen (siehe dazu im Einzelnen [Kaplan/Norton 1998]):

- **Strategische Kennzahlen** sollen die Aufmerksamkeit der Manager und Mitarbeiter auf jene Faktoren lenken, die die Organisation zu einem Durchbruch im Wettbewerb führen sollen.
- **Diagnostische Kennzahlen,** wie sie zu Hunderten im Unternehmen vorhanden sind, gewährleisten, dass alles nach Plan läuft, sie sind aber nicht die treibenden Faktoren des Erfolgs im Wettbewerb (so genannte Hygienefaktoren). Die Überwachung dieser Kennzahlen ermöglicht also die Identifikation gravierender Abweichungen im operativen Prozess, um im Sinne eines »Management by exception« reagieren zu können.

Entscheidend sind bei der BSC nicht nur die Kombination und ausgewogene Betrachtung von monetären und nicht monetären Kenngrößen, sondern auch die Verknüpfung der Kennzahlen zu einer zielführenden Abbildung der Strategie. Um diesem Anspruch gerecht zu werden, sind folgende Voraussetzungen zu erfüllen [Kaplan/Norton 1998]:

- Ermittlung von Ursache-Wirkungs-Beziehungen zwischen den Zielen bzw. Kennzahlen
- Aufnahme von Ergebniskennzahlen und Leistungstreibern
- Verknüpfung von Zielen bzw. Kennzahlen mit den Finanzen

Strategien setzen immer Hypothesen über »Wenn-dann-Beziehungen« voraus, die vom strategischen Management erarbeitet werden. Zum Aufbau einer so genannten Strategy-Map sollten alle Ziele und Kennzahlen immer als Teil einer Kette von Ursache-Wirkungs-Beziehungen definiert werden, um eine in sich konsistente Strategie transparent abzubilden und somit die angestrebte Strategieorientierung zu ermöglichen (ein Beispiel ist in 7-2 dargestellt).

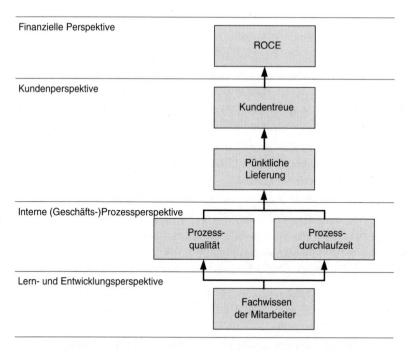

Abb. 7-2: Beispiel für Ursache-Wirkungs-Beziehungen der BSC [Kaplan/Norton 1998]

7.2.3 Anwendung der Balanced Scorecard in Shared-Service-Einheiten

In den vorangegangenen Abschnitten wurde die BSC in ihrer ursprünglichen Form zur Umsetzung von Strategien in strategischen Geschäftseinheiten erläutert.

Diese zeichnen sich durch eigene Produkte, Kunden und Vertriebsformen aus und sind als Profitcenter organisiert, deren finanzieller Erfolg durch die echte Marktberührung direkt als Gewinn oder Deckungsbeitrag gemessen werden kann. Das Einsatzgebiet kann aber auch auf andere Bereiche erweitert werden. Wie oben erwähnt, wird die BSC zur Synergiebildung zwischen Geschäftseinheiten auf Gesamtunternehmensebene, zum Beispiel zur konzernweiten Allokation von Finanzmitteln oder der gemeinsamen Ressourcennutzung, eingesetzt. Auf diese so genannte Unternehmens-Scorecard [Kaplan 2001; Kaplan/Norton 1998] wird im Weiteren nicht vertiefend eingegangen.

Eine weitere Quelle für Synergiepotenziale sind Shared-Service-Einheiten, die den strategischen Geschäftseinheiten ihre Ressourcen und Kompetenzen als Querschnittsfunktion zur Verfügung stellen. Hierzu gehören beispielsweise das Personalwesen, der Einkauf und auch die IT. Diese Einheiten sind oft als interne Profitcenter organisiert, die über interne Verrechnungspreise und das Konstrukt »interner Kunde« marktorientiert gesteuert werden. Das generelle Ziel besteht dabei in der Ergebnisverbesserung durch Kostenoptimierung, wobei externe Benchmarks zwischen internen Preisen und Marktpreisen den Marktbezug herstellen können. Diese Betrachtungsweise kann allerdings zu kurz greifen, wenn, wie in der IT oft der Fall, die Leistungen komplex sind und nicht mit dem Markt verglichen werden können. Deshalb sollten sich die Zielsetzungen nicht auf finanzielle Größen und Aspekte beschränken. Insbesondere in der IT kann die Leistung nicht allein durch den Grad der Kostenoptimierung gemessen werden, da sie eine Quelle für immaterielle Wettbewerbsvorteile ist und Kosten im konkreten Fall eine untergeordnete Rolle spielen können. Um nun die Strategie der Shared-Service-Einheiten so auszurichten, dass sie einen optimalen Beitrag zur Zielerfüllung der strategischen Geschäftseinheiten erreichen, lassen sich folgende Modelle unterscheiden [Kaplan 2001; Kaplan/Norton 1998]:

- **Modell Strategischer Partner**: Während jede Geschäftseinheit ihre eigene Balanced Scorecard entwickelt, die ihre Strategien und ihre Unternehmensprioritäten abbildet, ist die Shared-Service-Einheit Partner in diesem Prozess [Kaplan 2001]. Hierzu wird aufgrund von Servicevereinbarungen die Erwartung bezüglich Umfang und Kosten der Leistung festgelegt. Daraufhin entwickelt die Shared-Service-Einheit ihre eigene Strategie auf Basis der BSC. Um die Verantwortung der Shared-Service-Einheit zu den Geschäftszielen zu gewährleisten, wird eine so genannte Verbindungs-Scorecard entwickelt, die Unternehmensziele definiert, für die die Shared-Service-Einheit verantwortlich ist. In einem Feedback von Unternehmensseite wird die erreichte Performance evaluiert und die Strategie gegebenenfalls angepasst.

- **Modell Unternehmen im Unternehmen**: »Die Geschäftseinheiten verfügen über keine eigene Scorecard. Die Shared-Service-Einheit betrachtet sich selbst als Unternehmen und die Geschäftseinheiten als ihre Kunden. Die Scorecard der Shared-Service-Einheit definiert ihre Beziehungen« [Kaplan 2001]. Bei dieser Vorgehensweise entwickelt die Shared-Service-Einheit ihre Strategie wie ein externer Anbieter, der am Markt mit anderen Unternehmen konkurriert.

Grundsätzlich ist die erste Alternative vorzuziehen, da innerhalb der Shared-Service-Einheit eine Verantwortung für übergeordnete Unternehmensziele geschaffen wird. Des Weiteren ist die Alternative Unternehmen im Unternehmen nur dann sinnvoll, wenn die strategischen Geschäftseinheiten tatsächlich die Wahl haben, Leistungen alternativ vom Markt zu beziehen, wovon aber aufgrund der Spezifität der Leistungen oder internen Richtlinien nicht ausgegangen werden kann. Die Integration von Unternehmenszielen in die Scorecard der Shared-Service-Einheiten sollte deshalb unbedingt angestrebt werden.

7.3 IT-Balanced Scorecard

7.3.1 Unterstützung bei der Entwicklung von IT-Strategien

In Abschnitt 7.2 wurde die BSC in ihrem ursprünglichen Anwendungsfeld in strategischen Geschäftseinheiten vorgestellt und in Bezug auf den Einsatz in Shared-Service-Einheiten erweitert. Im Weiteren wird dargestellt, wie die BSC die Strategieausrichtung im IT-Bereich unterstützen kann.

Zentral ist die Klärung der Frage, wie sich die BSC im Führungsprozess der IT positioniert, um aufzuzeigen, welche Aufgaben durch die BSC unterstützt werden, damit diese sinnvoll in Kombination mit anderen Instrumenten des strategischen Managements eingesetzt werden können. Obwohl die BSC ursprünglich als Instrument zur Strategieumsetzung gesehen wurde, können auch Aufgabenbereiche der Strategieplanung unterstützt werden. In Anlehnung an [Gilles 2002] wird zur Positionierung der BSC der strategische Führungsprozess in die Teilbereiche strategische Planung und die nachgelagerte strategische Steuerung unterteilt.

Innerhalb der strategischen Planung wird die Abgrenzung von Ziel- und Aktionsräumen unter dem Aspekt der langfristigen systematischen Erschließung und Sicherung von Erfolgspotenzialen vollzogen [Gilles 2002]. Dies bezieht die Aufgabenbereiche der strategischen Situationsanalyse, der strategischen Zielplanung und der Strategieentwicklung mit ein. Die BSC setzt die Ergebnisse der Situationsanalyse auf Basis der unternehmenspolitischen Rahmenplanung voraus und leistet diesbezüglich keinen Beitrag [Gilles 2002]. Erst bei der strategischen Zielplanung unterstützt die BSC die Klärung und Vermittlung von Vision und Strategie. Auf Grundlage des in der Situationsanalyse ermittelten Potenzials und der generellen Vision über das aufzubauende Erfolgspotenzial der Informationsfunktion lassen sich die Ziele durch den der BSC zugrunde liegenden Top-down-Prozess unter Berücksichtigung von Ursache-Wirkungs-Beziehungen explizit und für alle Entscheidungsträger verständlich formulieren. Die anschließende Suche und Entwicklung alternativer Strategien wird von der BSC nicht unterstützt. Dagegen hilft die BSC bei der Evaluierung und Auswahl von möglichen Strategien, indem die Alternativen anhand des zuvor erreichten Konsens, ausgedrückt durch die Ziele und Ursache-Wirkungs-Beziehungen der BSC, beurteilt werden können. Die Ableitung der Teilstrategien wird jedoch nicht durch die BSC unterstützt.

Der Bereich der strategischen Steuerung betrifft die Aufgaben zur IT-Strategieumsetzung (Implementierung), der Informationsversorgung durch ein strategisches Informationssystem und des IT-Controllings [Gilles 2002]. Es gilt, die innerhalb der strategischen Planung entwickelten Teilstrategien über den Aufbau des strategischen Projektportfolios durch geeignete Maßnahmen umzusetzen (IT-Strategieumsetzung). Die strategischen Maßnahmen geben den Rahmen für die administrative Planung vor und führen im Ergebnis zu einer strategieorientierten Informationsinfrastruktur, die im laufenden Betrieb durch die operative Planung sichergestellt wird. Ein strategisches Informationssystem erhebt Informationen über die gesamte Wertkette der IT, bereitet diese auf und unterstützt somit durch die Abbildung der internen und externen Sachverhalte den Führungsprozess. Das IT-Controlling steuert und kontrolliert die interne Wertkette mit Rückkopplung zur strategischen Planung und Steuerung durch die Nutzung des Informationssystems.

Zusammenfassend kann gesagt werden, dass das IT-Management durch die BSC bezüglich der strategischen Ausrichtung eine bedeutende Unterstützung erfährt. Obwohl die BSC bei der Strategieplanung nur in den Bereichen strategische Zielplanung und Evaluierung von alternativen Strategien einen gewissen Beitrag leisten kann, werden die Aufgaben der strategischen Steuerung durchaus umfassend unterstützt. Durch die oben erwähnte Ausrichtung personeller, materieller und finanzieller Ressourcen wird die Brücke zwischen Strategieplanung und Strategieumsetzung geschlagen. Die Messung der Strategieumsetzung im Performance-Measurement-System ermöglicht dem IT-Controlling, ein Feedback zur strategischen Planung für die Strategieweiterentwicklung zu geben.

7.3.2 Komponenten der IT-Balanced Scorecard

In der Literatur wird die IT-Balanced Scorecard (IT-BSC) einerseits für die IT-Organisation als Funktion im Unternehmen vorgeschlagen, andererseits für einzelne IT-Investitionen. Dieser Unterscheidung liegen unterschiedliche Sichtweisen zugrunde. Die BSC für die IT-Organisation betrachtet den Einsatz der IT in ihrer Gesamtheit und das Zusammenspiel aller Komponenten der Informationsinfrastruktur ganzheitlich. Die BSC für IT-Investitionen richtet ihren Blickwinkel auf ein abgegrenztes System und nimmt eine Betrachtung isoliert von der restlichen Informationsinfrastruktur vor. Für die weiteren Betrachtungen wird der ganzheitliche Blickwinkel zugrunde gelegt.

Herleitung der Perspektiven

Die Perspektiven der ursprünglichen BSC wurden für strategische Geschäftseinheiten entwickelt. Die extern orientierten Perspektiven Finanzen und Kunde bilden die Ziele und Anforderungen der Shareholder (Rentabilität, Wachstum, Stabilität) und der Kunden (Wertangebot) ab. Die intern orientierten Perspektiven Prozesse und Lernen&Entwicklung zeigen auf, welche Prozesse für die Erreichung der externen Ziele von zentraler Bedeutung sind und welche Potenziale für den zukünftigen Erfolg ausschlaggebend sind. Für die IT ist diese Strukturierung grundsätzlich sinnvoll, muss aber auf die Besonderheiten in IT-Organisationen angepasst werden.

Der Hauptunterschied zu strategischen Geschäftseinheiten liegt darin, dass IT-Organisationen als Shared-Service-Einheiten ohne direkten Marktbezug operieren (vom Drittgeschäft abgesehen). Durch die fehlenden externen Mittelzuflüsse muss der Wertbeitrag der IT in Form des Beitrags zur Unternehmensleistung gemessen werden. Die ursprüngliche Bezeichnung Finanzperspektive wird daher durch Corporate-Contribution-Perspektive [Grembergen/Bruggen 1997] ersetzt. Diese Bezeichnung trifft die generelle Zielsetzung der IT im Unternehmen besser, indem die Fokussierung der Finanzperspektive auf rein finanzielle Ziele aufgeweicht wird. Die Ausrichtung erfolgt auf kritische Größen, mittels derer die IT die Unternehmensleistung verbessern kann, und wirkt somit indirekt auf die finanziellen Ziele der Shareholder. Hierbei muss beachtet werden, dass der angestrebte Nutzen der IT immer im Zusammenhang mit den entstandenen Kosten steht.

Die Kundenperspektive der ursprünglichen BSC betrachtet ein oder mehrere Marktsegmente, die mit einem bestimmten Wertangebot bedient werden sollen. Hierdurch soll die Wahrscheinlichkeit für eine Kaufentscheidung maximiert werden. Dies trifft grundsätzlich auch für die IT-Abteilung zu, die Leistungen für interne Auftraggeber (z. B. Verantwortliche für Geschäftsbereiche, Prozesse oder Abteilungen) und gegebenenfalls externe Kunden erbringt. Der Kunde des Unternehmens zählt in der Regel nicht zu den Kunden der IT-Organisation. Obwohl die IT teilweise einen erheblichen Bestandteil der Produkte oder Dienstleistungen des Unternehmens ausmachen kann, werden Entscheidungen über die vom Kunden wahrgenommenen Informationsbestandteile von den Geschäftseinheiten getroffen und fallen nicht in den direkten Verantwortungsbereich der IT-Organisation.

Bei der Entwicklung der IT-BSC ist insbesondere der Aspekt zu beachten, dass Auftraggeber und Verwender einer bestimmten Leistung meist nicht zusammenfallen. Bei der BSC für Geschäftseinheiten wird implizit angenommen, dass der Kunde den Nutzen der Verwendung einschätzen kann und dementsprechend seine Kaufentscheidungen trifft. Ob der Nutzen beim Kunden auch realisiert wird, interessiert das Unternehmen nur insoweit, als dass der Kunde zufrieden sein sollte und somit eine hohe Wiederkaufwahrscheinlichkeit besteht. Bei der IT-Einheit innerhalb eines Unternehmens sollte der Anspruch an die Nutzenrealisierung nicht nur auf die Zufriedenheit des Auftraggebers beschränkt sein. Vielmehr sollten die Ziele des Unternehmens mit den Zielen der IT übereinstimmen (Alignment), wodurch die maximale Nutzenrealisierung zu den Zielen der IT-Organisation gehört. Um diesem Anspruch gerecht zu werden, wird zusätzlich die so genannte Performance-Perspektive eingeführt. Diese Perspektive beinhaltet Ziele und dazugehörige Messgrößen, welche die tatsächliche Realisierung des theoretischen Nutzenpotenzials der IT betrachten. Somit lassen sich erfolgskritische Schwachstellen adressieren, indem entsprechende Maßnahmen eingeleitet werden.

Die interne Prozessperspektive bildet die wichtigsten wertschöpfenden Prozesse in Form der Wertschöpfungskette ab. Für die BSC in Geschäftseinheiten unterscheiden [Kaplan/Norton 1998] je nach Basisstrategie (Produktführerschaft, Kundenverbundenheit, operationale Exzellenz; siehe auch [Treacy/Wiersema 1995]) verschiedene Schwerpunkte. Unternehmen, welche die Strategie der Produktführerschaft verfolgen, legen ihren Schwerpunkt auf den Innovationsprozess. Die Strategie der Kundenverbundenheit erfordert einen Fokus auf Prozesse, die die Problemlösungskompetenz beim Kunden adressieren und eine enge Beziehung zu ihm ermöglichen. Die Strategie der operationalen Exzellenz fokussiert die Prozesse der Leistungserstellung, bei denen ein Höchstmaß an Effizienz angestrebt wird. IT-Einheiten können sich in diesen Bereichen auszeichnen, indem sie

- eine führende Rolle bei innovativen, durch die IT ermöglichten Geschäftsmodellen übernehmen,
- durch intensive Beziehung zu den Geschäftsbereichen die Geschäftsprozesse optimal unterstützen oder
- durch effiziente Leistungserstellung einen zuverlässigen und günstigen Anbieter von IT-Leistungen darstellen.

Eine Besonderheit der IT ist die starke Verbreitung des externen Leistungsbezugs (Outsourcing). IT-Einheiten müssen sich hierbei durch eine optimale Wahl des Outsourcing-Grades auszeichnen und die Qualität der extern bezogenen Leistungen sicherstellen.

Die Lern- und Entwicklungsperspektive schafft die Voraussetzungen, die nötig sind, um den zukünftigen Anforderungen der Shareholder und Kunden gerecht zu werden. Dies geschieht durch die Befähigung, die internen Prozesse optimal ausführen zu können. Für Geschäftseinheiten stammen diese Befähiger aus den drei Kategorien: Verfügbarkeit strategischer Kompetenzen, Einsatz strategischer Technologien (innerhalb der IT-Einheit) und Schaffung eines aktivitätsorientierten Klimas. IT-Einheiten müssen sich ebenfalls in diesen Bereichen auszeichnen, wobei zusätzlich weitere Quellen für zukünftiges Potenzial ausgeschöpft werden müssen. Dies sind insbesondere die Verfügbarkeit von qualifizierten Mitarbeitern, die ausgeprägte Beziehung zu Lieferanten outgesourcter Leistungen und spezifischer Beratungsleistungen und das Mithalten beim technologischen Fortschritt. Der

Begriff Lern- und Entwicklungsperspektive deckt aus Sicht der Autoren nicht alle Facetten ab. Daher wird für das generische Modell die Bezeichnung Potenzialperspektive verwendet, die begrifflich alle Aspekte, die für die Realisierung der Ziele der anderen Perspektiven relevant sind, abdeckt.

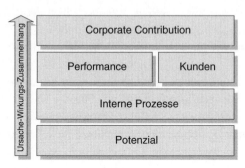

Abb. 7-3: *Perspektiven der generischen IT-Balanced Scorecard*

Die für das generische Modell in Abb. 7-3 gewählte Strukturierung in die Perspektiven Corporate Contribution, Performance, Kunden, Interne Prozesse und Potenzial deckt die wichtigsten Bereiche für die Operationalisierung der strategischen Ausrichtung der IT in den meisten Unternehmen ab (der noch folgende Abschnitt »Konkretisierung der Perspektiven der generischen IT-Balanced Scorecard« enthält eine Erläuterung der Perspektiven). Dennoch kann es sein, dass für bestimmte Unternehmen weitere Aspekte eine herausragende strategische Bedeutung haben und explizit herausgestellt werden sollten. »Durch die Festlegung der Perspektiven wird das Dach des gesamten Systems der BSC-Tableaus festgelegt. Dieses Dach stellt die strategischen Schwerpunkte als Botschaft und Gedankenkorridor für alle Mitarbeiter dar. Damit werden die Hauptthemen für die Diskussion um das Thema Kommunikation und Weiterentwicklung der IT-Strategie festgelegt« [Bernhard 2002].

Abgrenzung zu anderen Konzeptionen

Für eine IT-BSC gibt es verschiedenste Konzeptionsmöglichkeiten. Daher unterscheiden sich die in der Literatur vorgestellten und diskutierten Konzepte mehr oder weniger stark in der Anzahl, Bezeichnung und Abgrenzung der Perspektiven. Es wäre wenig zielführend, jedes Konzept an dieser Stelle vorzustellen (es sei daher auf die im Weiteren genannten Quellen verwiesen). Vielmehr sollen wesentliche Unterschiede herausgearbeitet werden. Grundsätzlich lassen sich die Unterschiede in vier Kategorien eingeteilen:

1. **Perspektiven, die den Standardperspektiven zugeordnet werden können, hinsichtlich ihrer Bezeichnung differieren, jedoch konzeptionell keine wesentlichen Unterschiede erkennen lassen.** Hierzu zählen Bezeichnungen wie Financial Index (GenBank IT Scorecard) [Graeser et al. 1998] für die Finanzperspektive, User Perspective [Grembergen/Bruggen 1997], Customer Delivery (UK Post Office) [Graeser et al. 1998] für die Kundenperspektive, Internal Perspective [Graeser et al. 1998; Zee 1996], Business Process [Graeser et al. 1998], Operational Excellence [Grembergen/Bruggen 1997] für die interne Prozessperspektive, Potenzialperspektive [Bernhard 2002], Perspektive der Entwicklungsfähigkeit [Kütz 2003] und Future Orientation [Grembergen/Bruggen 1997] für die Lern- und Entwicklungsperspektive. Die genannten Perspektiven entsprechen weitgehend denen der klassischen BSC nach Kaplan und Norton.

2. **Perspektiven, die einen Teilaspekt einer Standardperspektive aufgrund der hohen strategischen Bedeutung herausstellen.** Sie betreffen vor allem Bereiche, die der Potenzial- bzw. Lern- und Entwicklungsperspektive zugeordnet werden können. [Reo 2003] führt eine People Perspective ein, die den Erfolg in der IT durch Engagement und Motivation fähiger Mitarbeiter betont. Auch [Kütz 2003] befürwortet die Einführung einer Mitarbeiterperspektive neben einer Innovationsperspektive und einer Lieferantenperspektive. Er begründet dies mit der Unbestimmtheit der Lern- und Entwicklungsperspektive und der daraus resultierenden Schwierigkeit, Ziele und Kennzahlen dafür abzuleiten. Aber auch für die Kundenperspektive gibt es Aspekte, die hervorgehoben werden. [Baschin 2001] betont durch die Einführung einer Sicherheitsperspektive die Wichtigkeit in diesem Bereich. Ein weiteres Beispiel wären die Perspektiven Quality Index und Productivity Index bei der IT-BSC der Gen Bank UK [Graeser et al. 1998], die von der internen Prozessperspektive abgedeckt werden.

3. **Perspektiven, die einen anderen Blickwinkel auf das Unternehmen einnehmen und nicht mehr dem Inhalt der Standardperspektiven entsprechen.** Zu dieser Kategorie gehört die von [Grembergen/Bruggen 1997] und [Martinsons et al. 1999] eingeführte Perspektive Corporate Contribution bzw. Business Value, die sich vom Konzept der Finanzperspektive löst. Während in der ursprünglichen Finanzperspektive sämtliche Globalziele der Strategie durch finanzielle Kenngrößen definiert werden, betrachtet diese Perspektive die folgenden Aspekte: Kosten, Drittgeschäft, Nutzen von IT-Investitionen und Nutzen der IT-Einheit als Funktion im Unternehmen. Als weiteres Beispiel kann die IT-BSC der Schering AG angeführt werden [Bernhard 2002]. Sie besteht aus den sechs Perspektiven Capability, HR/Skill Management, Potential/Benefits, Performance, Infrastructure, Cost/Budget. Leider konnten für diese Scorecard außer der Perspektivenbildung keine weiteren Informationen beschafft werden. Of-

fensichtlich ist jedoch, dass in den Perspektiven Potential/Benefits, Performance und Infrastructure neue Blickwinkel auf strategisch wichtige Aspekte der IT geworfen wurden.

4. **Perspektiven, die nicht den Standardperspektiven entsprechen, diese aber um erfolgskritische Aspekte erweitern.** [Rosemann 2001] schlägt für die Einführung größerer IT-Systeme eine Projektperspektive vor, die die Umsetzung des Projekts, bezogen auf die Größen Qualität, Zeit und Kosten, im Zusammenhang mit den Zielen der anderen Perspektiven betrachtet. Unabhängig von der speziellen Anwendung in der IT schlagen [Friedag/Schmidt 2002] vor, eine Einführungsperspektive für die BSC zu verwenden, die auf die Wichtigkeit einer strategischen Ausrichtung abzielt. Weitere Perspektiven dienen der Hervorhebung unternehmensspezifischer Ziele und Kennzahlen für wichtige Stakeholder wie Kreditgeber, die Öffentlichkeit und die Umwelt [Friedag/Schmidt 2002].

Die Vielfalt der Konzeptionen unterstreicht die Aussage, dass es die IT-BSC nicht geben kann. Je nach Unternehmen und gewählter Strategie sind unterschiedliche Ausgestaltungen und Schwerpunktsetzungen erforderlich. Entsprechend stellt die im vorangegangenen Abschnitt vorgestellte generische IT-BSC einen Bezugsrahmen dar, der im Bedarfsfall modifiziert oder ergänzt werden muss.

Konkretisierung der Perspektiven der generischen IT-Balanced Scorecard

Für die Konkretisierung der zuvor genannten Perspektiven wird zunächst jeweils die generelle Zielsetzung genannt. Anschließend werden jeweils relevante Zielfelder identifiziert. Auf eine Darstellung der (unternehmensspezifischen) Gewichtungen und Verflechtungen dieser Zielfelder sowie eine Erläuterung einzelner Kennzahlen innerhalb der Zielfelder wird aus Platzgründen verzichtet (eine vertiefende Darstellung befindet sich bei [Böh 2003]).

Corporate-Contribution-Perspektive

Das Ziel der IT ist es, das Leistungspotenzial im Unternehmen voll auszunutzen bzw. die Bedeutung im Unternehmen zu steigern. Daraus ergibt sich als Zielsetzung bzw. Fragestellung: »Wie können wir die Bedeutung der IT im Unternehmen steigern, um somit das Leistungspotenzial auszuschöpfen, und im Ergebnis den Erfolg des Unternehmens steigern?« Abweichende Fragestellungen schlagen [Grembergen/Bruggen 1997] und [Martinsons et al. 1999] vor.

Aus der Fragestellung ergeben sich die zwei Ziele Wachstum und Produktivität, die wiederum in die Zielfelder Strategische Leistung und Internes Wachstum bzw. Kosten/Produktivität und Drittgeschäft unterteilt werden können (siehe Abb. 7-4). Wachstum steht somit für die Effektivität, Produktivität dagegen für Effizienz.

Abb. 7-4: *Corporate-Contribution-Perspektive*

Um das externe Ziel, die Bedeutung der IT im Unternehmen zu steigern, und somit das interne Ziel des Wachstums zu erreichen, muss die IT auf der einen Seite Ergebnisse bezüglich der Verbesserung strategischer Erfolgsfaktoren (Enable) erzielen und durch eine optimale Ausrichtung die Anforderungen des Unternehmens optimal erfüllen (Align). Auf der anderen Seite steht neben der Leistung die Frage nach den Kosten. Das Wachstum kann nämlich nur erreicht werden, wenn genug Mittel zur Verfügung stehen und ein positives Kosten-Nutzen-Verhältnis für Investitionen besteht. Die beiden Zielfelder für die Produktivität streben die Freisetzung von Mitteln für zusätzliche Investitionen und die Verringerung der Stückkosten an. Das Zielfeld Drittgeschäft stellt den Bereich der verbesserten Auslastung der Vermögenswerte dar. Hierbei geht es um die Möglichkeit, die vorhandenen Kapazitäten und Kompetenzen intensiver zu nutzen, indem sie auch extern am Markt angeboten werden.

Performance-Perspektive

In der Performance-Perspektive wird der optimale Zustand für die Anwendung der IT im gesamten Unternehmen festgelegt. Daraus ergibt sich als Fragestellung: »Was müssen wir tun, um das Leistungspotenzial der IT voll auszuschöpfen und eine optimale Informationsinfrastruktur zu erhalten?« In Anlehnung an [Zee 1996] lassen sich drei Quellen (bzw. Zielfelder) für die Effektivität der IT unterscheiden: die optimale Unterstützung der Geschäftsprozesse und Aktivitäten, die optimale Unterstützung der Mitarbeiter und die Schaffung einer optimalen technischen Infrastruktur (siehe Abb. 7-5):

- Das Zielfeld **Prozesse** nennt Ziele und Kennzahlen, die die Unterstützung der Geschäftsprozesse und weiterer Aktivitäten durch die IT beschreiben.
- Das Zielfeld **User** beschreibt Ziele und Kennzahlen, die einen hohen Grad an Unterstützung der Mitarbeiter bei ihrer jeweiligen Aufgabenerfüllung anstreben.
- Beim Zielfeld **Infrastruktur** liegt der Fokus nicht auf einer direkten Wirkung erfolgskritischer Aspekte im Unternehmen. Vielmehr sollen langfristig die Weichen für die Entwicklungsfähigkeit und Effizienz der technischen Basis gestellt werden, wobei unter anderem die Kompatibilität und Einhaltung von Standards sicherzustellen ist sowie Aspekte der IT-Sicherheit zu berücksichtigen sind.

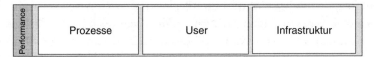

Abb. 7-5: *Performance-Perspektive*

Kundenperspektive

In der Kundenperspektive wird das kundenbezogene Wertangebot festgelegt. [Kaplan/Norton 1998] betonen die Wichtigkeit, dem angestrebten Zielsegment mit einer klar definierten Kombination aus Produkten und Dienstleistungen, Service und Image entgegenzutreten. Das Ziel in der Kundenperspektive wird durch folgende Frage präzisiert: »Wie treten wir gegenüber unseren Kunden auf, um sie bei ihrer Aufgabe optimal zu unterstützen?«

Im Gegensatz zu strategischen Geschäftseinheiten bedienen IT-Organisationen, sofern man vom Drittgeschäft mit externen Kunden absieht, keinen Markt im engeren Sinne. Vielmehr gibt es unternehmensinterne Kunden und ein klar definiertes Wertangebot. Die Hauptaufgabe der IT-Organisation ist es, das Unternehmen bestmöglich bei der Umsetzung seiner Strategie und Vision zu unterstützen. Daher richtet sie ihre Leistungen so aus, dass die Entscheidungsträger (interne Auftraggeber der IT) ihre Aufgabe im Sinne der Unternehmensstrategie optimal erfüllen können.

Neben unternehmensinternen Zielgruppen kann eine IT-Organisation auch außerhalb der Unternehmensgrenzen aktiv sein (Drittgeschäft). In Abhängigkeit vom IT-eigenen Produktportfolio hat die IT-Organisation die Möglichkeit, Produkte am Markt anzubieten bzw. in Abhängigkeit von der Branche externe Partner im Netzwerk anzubinden (z. B. Anbindung der Partner an die eigene Supply Chain).

Da die Bedürfnisse der Kunden innerhalb des Unternehmens und das Wertangebot an externe Kunden voneinander abweichen können, werden diese beiden Gruppen durch die beiden Zielfelder Interner Auftraggeber und Externer Kunde beschrieben (siehe Abb. 7-6).

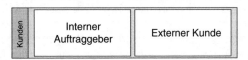

Abb. 7-6: *Kundenperspektive*

Um das globale Ziel des Wachstums der IT zu erreichen, müssen die von der IT angebotenen Leistungen den Bedürfnissen ihrer Kunden entsprechen. Das Zielfeld Interner Auftraggeber schafft hierbei die Voraussetzungen, um durch Vertrauen, Zuverlässigkeit, Akzeptanz und Kompetenz die Ziele des internen Wachstums in der Corporate-Contribution-Perspektive zu erreichen, während die Performance-Perspektive hauptsächlich auf die Zielerreichung im Zielfeld Strategische Leistung abzielt. Das Wertangebot im Zielfeld Externer Kunde dient der Zielerreichung im Zielfeld Drittgeschäft sowie dem Wachstum und der Bindung externer Unternehmen im Netzwerk.

Interne Prozessperspektive
In der Perspektive der internen Prozesse werden diejenigen IT-Prozesse adressiert, die für die Zielerreichung in den externen Perspektiven Corporate Contribution, Performance und Kunde am wichtigsten sind. Das Ziel der internen Prozessperspektive ergibt sich aus der Frage: »Auf welche IT-Prozesse müssen wir uns konzentrieren, um die Ziele der externen Perspektiven zu erreichen?«

Um die Ziele der externen Perspektiven unterstützen zu können, müssen sich IT-Organisationen in den Zielfeldern Innovation und Lösungen, Allianz mit den Geschäftseinheiten, Operationale Exzellenz und Outsourcing auszeichnen (siehe Abb. 7-7 und zur Vertiefung der Inhalte [Böh 2003]):

- Das Zielfeld **Innovation und Lösungen** adressiert Prozesse, welche die Möglichkeiten der vorhandenen und sich entwickelnden IT im Zusammenhang mit der Anwendung im Unternehmen betrachtet und so neue strategische Potenziale für das Unternehmen erschließt.
- Das Zielfeld **Allianz mit den Geschäftseinheiten** definiert Ziele, die die Beziehung zum Unternehmen adressieren und so die Zielkomplementarität zwischen Unternehmen und IT-Organisation schaffen.
- Das Zielfeld **Operationale Exzellenz** betrachtet die operativen Prozesse, die für den Aufbau und den Betrieb der Infrastruktur notwendig sind.
- Das Zielfeld **Outsourcing** betrifft den gesamten Bereich des Fremdleistungsbezugs. Die Ziele innerhalb dieses Zielfeldes entstammen aus zwei Bereichen. Zum einen sind dies Ziele, welche eine optimale eigene Fertigungstiefe anstreben, zum anderen Ziele, welche die optimale Koordination des Fremdleistungsbezugs betreffen.

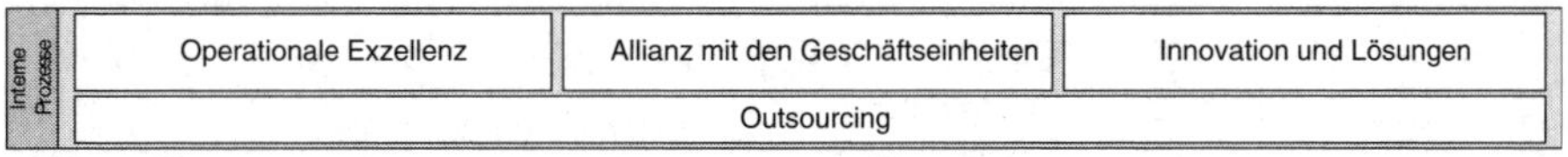

Interne Prozesse			
	Operationale Exzellenz	Allianz mit den Geschäftseinheiten	Innovation und Lösungen
	Outsourcing		

Abb. 7-7: *Interne Prozessperspektive*

Potenzialperspektive
In der Potenzialperspektive werden Voraussetzungen definiert, die notwendig sind, um die IT-Organisation leistungsfähig zu erhalten und für zukünftige Entwicklungen zu rüsten. Dazu werden weitgehend überschneidungsfreie Bereiche betrachtet, die durch die Zielfelder Human Resources, Kompetenzen, Informa-

tionssysteme, Aktivitätsorientiertes Klima, Lieferanten und Technologie dargestellt werden (siehe Abb. 7-8):

- Im Zielfeld **Human Resources** beschreibt die IT-Organisation, wie sie einerseits ihre fähigen Mitarbeiter halten kann und andererseits neue Mitarbeiter gewinnen kann.
- Das Zielfeld **Kompetenzen** betrifft insbesondere den Erwerb von zusätzlich benötigten Kompetenzen.
- Die innerhalb der IT-Organisation genutzten **Informationssysteme** bzw. Anwendungen haben einen Einfluss auf die Effektivität und die Effizienz der Leistungserstellung.
- Das Zielfeld **Aktivitätsorientiertes Klima** setzt Ziele für die Umsetzung einer Struktur, die den Anforderungen der IT-Organisation gerecht wird. Hierbei sind Aspekte, wie z. B. die Organisationsstruktur, die Anreizsysteme und die Ausrichtung der Mitarbeiter, von Bedeutung.
- Das Zielfeld **Lieferanten** adressiert die Beziehungen und den Austausch mit externen Lieferanten. Die Zielsetzungen streben eine Verbesserung und Schaffung des Zugangs zu externen Kompetenzen und Kapazitäten an.
- Das Zielfeld **Technologie** betrachtet aufzubauende Potenziale, die mit der technologischen Entwicklung der IT in Zusammenhang stehen. Unternehmen, die Wettbewerbsvorteile durch den Einsatz der IT erzielen wollen, müssen teilweise an der technologischen Entwicklung früh beteiligt sein, um diese vor der Konkurrenz marktfähig zu machen (z. B. Entwicklungspartnerschaften).

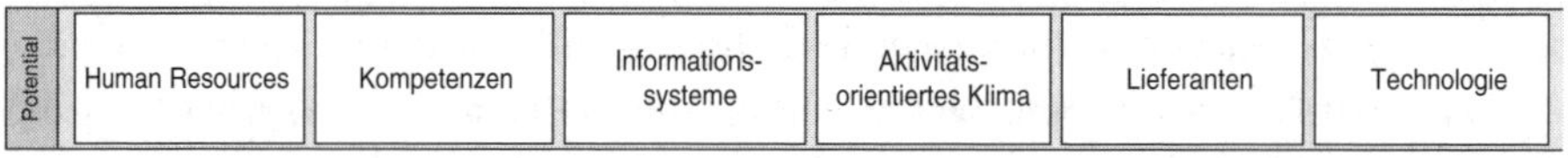

Potenzial	Human Resources	Kompetenzen	Informations-systeme	Aktivitäts-orientiertes Klima	Lieferanten	Technologie

Abb. 7-8: *Potenzialperspektive*

Die genannten Zielfelder decken einen großen Bereich ab, der zur Entwicklungsfähigkeit notwendig ist. Dennoch ist insbesondere in dieser Perspektive die spezifische Situation von IT-Einheit und Unternehmen ausschlaggebend und entscheidet darüber, in welchen Bereichen Schwächen beseitigt und besondere Stärken weiter gefördert werden sollen.

7.4 Fazit und Ausblick

Zusammenfassend kann gesagt werden, dass die BSC ein geeignetes und wirkungsvolles Instrument ist, das IT-Organisationen dabei unterstützen kann, der hohen strategischen Bedeutung der IT gerecht zu werden. Um jedoch das Potenzial einer IT-BSC ausschöpfen zu können, müssen sich die IT-Einheiten der vollen

Unterstützung des oberen Managements sicher sein, da die BSC allen anderen Steuerungsinstrumenten übergeordnet eingesetzt werden muss. Der nötige Zuspruch wird in vielen Fällen nicht vorhanden sein, da für die doch wesentlichen Veränderungen im Unternehmen die Überzeugung bezüglich der Wirkung nicht ausreichen wird und zusätzlich Vertreter aus der Geschäftsleitung, außerhalb der IT, hinter der Umsetzung der IT-BSC stehen müssen. Dennoch ermöglicht der Rahmen der IT-BSC eine offene Diskussion um das Thema IT-Strategie und hilft auch bei nicht vollständiger Implementierung dem Management bei der strategischen Planung.

Die Frage nach dem Wertbeitrag der IT zum Unternehmen (»Wie viel ist unsere IT wert?«) kann auch durch die IT-BSC nicht direkt beantwortet werden. Die IT-BSC hilft lediglich, die Informationsfunktion an der gewählten Strategie auszurichten und den Grad der Strategieumsetzung zu messen. Zur Strategieentwicklung sind jedoch zusätzliche Methoden notwendig, mit denen beurteilt werden kann, welche ökonomischen Auswirkungen IT-Investitionen mit sich bringen, um einerseits eine Grundlage für die Entscheidungsfindung bei der Strategieentwicklung zu schaffen und andererseits Messgrößen zu liefern, die in der IT-BSC verwendet werden können.

Die generelle Problematik der BSC und speziell der IT-BSC ist die Ermittlung von validen Kenngrößen, die für jedes Ziel entwickelt und erhoben werden müssen. Einerseits haben vorhandene Kennzahlen meist nicht die Eigenschaft, die Umsetzung eines strategischen Ziels zu messen, andererseits sind spezifisch für das strategische Ziel entwickelte Kenngrößen nicht oder nur unter sehr hohem Aufwand zu erheben. In vielen Fällen ist die Ermittlung von Kennzahlen sogar mit der Einführung von neuen Verfahren und Methoden im Unternehmen verbunden.

Die vorgestellte generische IT-BSC hat in erster Linie einen beispielhaften Charakter bzw. repräsentiert kein vollständiges Framework. Dies liegt in der Tatsache begründet, dass eine BSC in erster Linie zur Umsetzung von Strategien dient, nicht zu deren Entwicklung. Die Voraussetzung für die Schaffung einer BSC ist also die Existenz einer konkreten Strategie. Aufgrund der hier nicht (vertiefend betrachteten) Vielfalt möglicher Strategien musste von der Formulierung eines allgemein gültigen Modells für die IT-BSC abgesehen werden. Vielmehr wurde ein Rahmen vorgestellt, der für viele IT-Organisationen Ausgangspunkt für die Entwicklung einer IT-BSC sein kann.

Für die weitere Forschung ergeben sich Fragen in mehreren Bereichen. In dem vorliegenden Beitrag wurden die generelle Anwendbarkeit einer IT-BSC und ein generisches Modell thematisiert. Für den Prozess der Einführung einer IT-BSC gibt es bisher sehr wenig Literatur (z. B. [Baschin 2001]). Insbesondere gibt es kaum Fallstudien, anhand derer langfristig ein Best-Practice-Wissen geschaffen werden könnte. Dies trifft neben der Einführung auch für den im Unternehmen gelebten BSC-Prozess zu, ohne den die BSC zu einem »einfachen« Kennzahlensystem degeneriert. Nach Meinung der Autoren stellt allerdings die Bewertungsproblematik und somit die Ermittlung geeigneter Kennzahlen das größte Problem für eine erfolgreiche Anwendung der IT-BSC dar. Dafür ist es notwendig, dass die Forschung die Wirkungsweise von IT-Investitionen besser verstehen lernt und aufbauend darauf entsprechende Messkriterien und Bewertungsmodelle entwickelt.

Teil 3:
Source und Deliver – Management der Kunden-Lieferanten-Beziehung

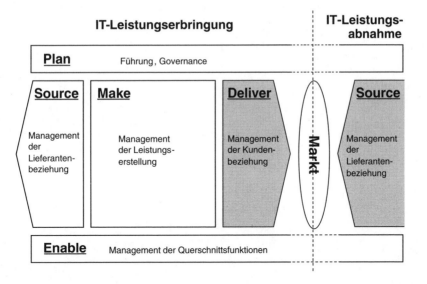

8 15 Jahre Outsourcing-Forschung: Systematisierung und Lessons Learned

Holger von Jouanne-Diedrich, Deutsche Bahn

8.1 Einführung

Outsourcing ist akademisch wie praktisch ein zeitloses, d. h. permanent aktuelles und wichtiges Thema. Dies liegt nicht zuletzt daran, dass einer der Zentralbereiche der Betriebswirtschaftslehre tangiert wird: Der wirtschaftliche Umgang mit knappen Ressourcen, insbesondere im Kontext stets anzupassender Make-or-Buy-Entscheidungen[1] [Matiaske/Mellewigt 2002]. Dies betrifft operative wie auch strategische Fragestellungen gleichermaßen. Damit ist zu erklären, dass Outsourcing sowohl in Zeiten innovativer Dynamik als auch in Zeiten der Rezession als wichtig wahrgenommen wird. In ersteren zur Sicherung des Zugriffs auf neue Technologien und als Möglichkeit, mit Personalknappheit umzugehen, in letzteren als potenzielles Mittel, Kosten zu sparen. Damit ist Outsourcing sicherlich kein Modethema, obwohl der Begriff von der Gesellschaft für deutsche Sprache in ihre Liste der »Unwörter des Jahres« aufgenommen wurde [Knolmayer et al. 2003]. Generell hat sich die Frage, die sich Firmen stellen müssen, von »Sollen wir outsourcen?« zu »Wie sollen wir sourcen?« gewandelt [Hirschheim/Dibbern 2002].

Die Entscheidung von Eastman Kodak aus dem Jahr 1989, seine Datenverarbeitung und Kommunikationsnetze an DEC, IBM und Businessland zu übertragen, d. h. outzusourcen, wird gemeinhin als Meilenstein angesehen, sich bewusst mit Outsourcing sowohl im theoretisch-akademischen als auch im praktischen Kontext auseinander zu setzen. Dieser Beitrag möchte einige grundlegende Überlegungen zum Stand der Forschung und Praxis fast 15 Jahre später darlegen. Insbesondere beschreibt und systematisiert er wichtige Varianten des IT-Sourcings und setzt diese in Bezug zu dem in Kapitel 3 beschriebenen Modell des produktorientierten Informationsmanagements. Die hier vorgestellte Anwendung des Modells auf das Outsourcing kann als Ausgangspunkt für weitere Untersuchungen gesehen werden.

---

1. Dies kann erweitert werden im Sinne von »Make, Buy or Market«, d. h. einer zusätzlichen Berücksichtigung der Vermarktungsoption [McKeen/Smith 2003].

8.2 Outsourcing-Forschung

Die mit Outsourcing in Verbindung gebrachten Theorien sind zum einen die Transaktionskostentheorie (TCE), zum anderen der Resource-based View (RBV) (siehe z. B. [Dibbern et al. 2001]). Insgesamt fällt auf, dass viele Autoren eine mangelnde wissenschaftliche Fundierung der Outsourcing-Forschung beklagen (z. B. [Klein 2002] und [Matiaske/Mellewigt 2002]). Dies bezieht sich zum einen auf den unreflektierten Einsatz immer neuer Modelle, ohne freilich hinreichende Gründe für deren Einsatz zu liefern, zum anderen auf die fast völlige Abwesenheit quantitativer Fundierungen der eingesetzten Modelle. Es überwiegen interpretatorische Ansätze, welche beliebig wage bleiben könnten. Aktuelle Veröffentlichungen zeigen, dass diese Kritik ernst genommen wird. Als Beispiele seien [Dibbern/Heinzl 2002] und [Goles 2003] genannt, in denen moderne quantitative Verfahren der Strukturgleichungsmodelle oder auch Structured Equation Modeling (SEM) ihre Anwendung finden.

In der Outsourcing-Forschung gehen viele verwandte Fragestellungen mit ein: Fragen wie »Ist IT ein Commodity?«, »Ist IT ein strategischer Wettbewerbsfaktor?«, »Welche Teile meiner IT muss ich aus strategischen Gründen behalten?«, »Was sind Kernkompetenzen?« sind teilweise sehr schwierig und nur im Einzelfall zu beantworten. Outsourcing-Forschung sollte auch hierzu eine Meinung haben, allerdings kann dies nicht ihr alleiniger Fokus sein. Im Zweifel muss immer eine klare Abgrenzung erfolgen.

Bei der praktischen Beschäftigung mit dem Thema ist zusätzlich kritisch zu überprüfen, dass nicht die unreflektierte Übernahme modischer Meinungen im Vordergrund steht. So schreibt zum Beispiel die Computerzeitung unter der Überschrift: »Outsourcing stößt im Mittelstand sauer auf«, dass die Ziele der Kostensenkung »bei weitem noch nicht erreicht werden« [Computerzeitung 2003]. Als Grund dafür wird unter anderem genannt, dass Unternehmen ihre Kosten bei den Vertragsverhandlungen nicht kennen. Demnach muss man sich fragen, wie der Zielerreichungsgrad gemessen werden konnte, um zu obiger Aussage zu gelangen.

8.3 Nomenklatur

Eine der großen Herausforderungen besteht in der Schwierigkeit einer adäquaten Definition von Outsourcing (siehe auch [Matiaske/Mellewigt 2002]).

Es gilt, darauf zu achten, nicht zu viel unter dem Begriff zu subsumieren und ihn damit praktisch wertlos zu machen. Unter Zugrundelegung von Teilen der Literatur ließe sich unter Outsourcing im weitesten Sinne selbst das zeitweise Body-Leasing von Softwareentwicklern [Lacity/Willocks 2003] sowie das Führen der internen IT-Abteilung als Profitcenter verstehen. Dieser Auffassung wird hier nicht gefolgt, da eine Verwässerung des Begriffes zu befürchten ist und eine sinnvolle Nutzung kaum noch möglich wäre.

In der Literatur finden sich zum Thema fast 40 Komposita mit der Silbe »-sourcing«, die oftmals mit unterschiedlichen Begriffen dasselbe und mit denselben Begriffen Unterschiedliches bezeichnen. Häufig erfolgt die Verwendung auch völlig unkritisch, so dass unklar bleibt, was genau gemeint ist. Im Folgenden sollen zunächst wichtige grundsätzliche Varianten und deren Verwendung in Literatur und Praxis systematisiert werden (siehe Abb. 8-1).

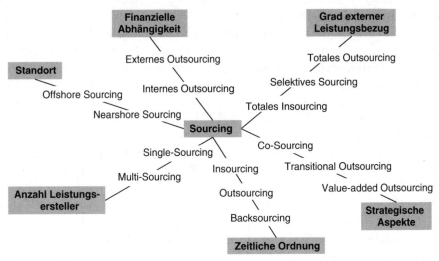

Abb. 8-1: *Multidimensionalität von IT-Sourcing*

8.3.1 Sourcing

Beim Sourcing handelt es sich in seiner allgemeinen Form um die klassische Beschaffung von Produkten und/oder Dienstleistungen. Der Begriff ist wertfrei, was die Art und/oder Umfang der Eigenerstellung bzw. Fremdbezug der Leistungen anbelangt. Als Oberbegriff wird Outsourcing oft synonym zu Sourcing benutzt.

8.3.2 Outsourcing

Outsourcing ist der am häufigsten verwendete Begriff, wird jedoch leider oft sehr unterschiedlich definiert, was eine Vergleichbarkeit der empirischen Befunde sehr erschwert bzw. teilweise unmöglich macht. In seine Bestandteile zerlegt, impliziert er, dass die Beschaffung einer Leistung (meist und auch in unserem Kontext einer IT-Leistung) von einem Unternehmen des externen Marktes erfolgt.

In der Verwendung implizierte der Begriff ursprünglich immer den Bezug einer Leistung, die einmal innerhalb des Unternehmens erstellt wurde. In der heutigen Verwendung, insbesondere in Bezug auf modernere Varianten, trifft dies nicht mehr zwangsläufig zu (z. B. Application Service Provider), so dass eine Leistung auch von vornherein im Rahmen eines Outsourcings bezogen werden kann.

8.3.3 Externes versus internes Outsourcing

Einige Autoren erweitern den Begriff des Outsourcings so weit, dass der Leistungsbezug auch über einen konzerninternen Markt erfolgen kann, d. h. die Leistung innerhalb eines finanziell abhängigen Verbundes bezogen wird. Definitorisch verbindendes Element bleibt jedoch auch hier ein Marktmechanismus zwischen rechtlich selbstständigen Einheiten im Gegensatz zu einer reinen unternehmerischen Aufbauorganisation. Im klassischen Fall wurde vorgeschlagen, von »externem Outsourcing« zu sprechen, also auch »Outsourcing im engeren Sinne«, im zweiten Fall von »internem Outsourcing«, also auch »Outsourcing im weiteren Sinne«.

8.3.4 Insourcing

Insourcing als insbesondere von [Hirschheim/Lacity 2000] gut untersuchte Variante bezeichnet den Bezug einer Leistung von innerhalb einer Unternehmung. Voraussetzung ist jedoch ein formalisierter Bietungsprozess unter Einbeziehung auch externer potenzieller Anbieter. Der Begriff sagt lediglich etwas zur finanziellen, nicht jedoch zur rechtlichen Stellung des Leistungserbringers aus, d. h., dieser kann auch rechtlich selbstständig sein.

8.3.5 Selektives Sourcing versus totales Out- bzw. Insourcing

Selektives Sourcing bezieht sich auf den Grad des externen Leistungsbezuges und steht im Gegensatz zum so genannten totalen Outsourcing bzw. totalem Insourcing. Um den Begriff für empirische Untersuchungen anwendbar zu machen, schlagen [Lacity/Willocks 2001] vor, bei einem Anteil von 20–80 % Fremdbezug von selektivem Sourcing zu sprechen. Die Variante ist auch unter den Begriffen Smart Sourcing oder Right Sourcing geläufig.

8.3.6 Multi- versus Single-Sourcing

Beim Multi-Sourcing handelt es sich um eine Variante des meist totalen Outsourcings, bei der die Leistungen an verschiedene Leistungsersteller vergeben werden, wobei einer davon als Generalunternehmer auftreten kann (aber nicht muss) [Lacity/Willocks 2001]. Es wird auch als Best-(of-breed) Sourcing bezeichnet. Leider werden in der Literatur diese und die vorgenannte Variante häufig nicht klar voneinander abgegrenzt. Im Gegensatz dazu steht das Single-Sourcing, also der Leistungsbezug von nur einem Leistungsersteller.

8.3.7 Backsourcing

Beim Backsourcing handelt es sich um den erneuten internen Bezug einer ehemals durch Outsourcing bezogenen Leistung. Während also beim klassischen

Outsourcing die vormalige Eigenerstellung definitorisch nicht zwingend notwendig ist, ist es die vormalige Fremderstellung beim Backsourcing. Nach [Hirschheim 2003] handelt es sich dabei um einen wichtigen aktuellen Trend (siehe Abschnitt 8.6).

8.3.8 Offshore versus Nearshore Sourcing

Als Offshore Sourcing wird die Leistungserstellung im Ausland bezeichnet. Gründe hierfür sind in erster Linie in der Lohnkostenarbitrage zu suchen. Synonym dazu sind das Globale Sourcing und das Geosourcing, antonym das Nearshore sowie das Domestic Sourcing.

8.3.9 Value-added Outsourcing

Beim Value-added Outsourcing handelt es sich um eine Form des Outsourcings, bei dem beide Parteien Kompetenzen einbringen, um zusätzlich den externen Markt zu bedienen. Damit liegt das bestimmende Element in einer partnerschaftlichen Verbindung mit geteilten Einnahmen und Risiken [Lacity/Willocks 2001].

8.3.10 Co-Sourcing

Co-Sourcing ist ein ursprünglich von EDS (Electronic Data Systems Corporation) kreierter Begriff [Lacity/Willocks 2001]. Es zeichnet sich dadurch aus, dass die Abrechnung der Leistung nicht mehr auf Basis technischer Einheiten erfolgt (wie z. B. noch bei ASPs), sondern geschäftsprozessorientiert oder sogar erfolgsorientiert in Bezug auf die unterstützte Geschäftseinheit (z. B. umsatzorientiert bei einem elektronischen Buchungssystem).

8.3.11 Transitional Outsourcing

Das Transitional Outsourcing bezeichnet eine Form des Outsourcings, die gerade in Zeiten durch neue Technologien induzierter wirtschaftlicher Dynamik anzutreffen ist: Ein Unternehmen setzt Outsourcing für alte Technologien ein, um seine Ressourcen auf den Aufbau neuer Technologien zu konzentrieren. [Lacity/Willocks 2001].

8.3.12 Utility-Outsourcing

Das Utility-Outsourcing, auch als On-demand-Outsourcing bezeichnet, bezieht sich auf die Auslagerung von IT-Leistungen, die leicht mengenmäßig abgerechnet werden können, weswegen der Vergleich zur Strom- oder Wasserversorgung (engl. utility) gezogen wird. Dabei handelt es sich insbesondere um Infrastruktur und Netzwerkdienste. Bisher gibt es nur wenige konkrete Erfahrungen mit diesem Modell.

8.3.13 Application Outsourcing

Das Application Outsourcing, auch Business Application Outsourcing genannt, bezeichnet den Fremdbezug von (geschäftsrelevanten) IT-Applikationen. Bei den so nutzbaren Applikationen handelt es sich meist um Standardsoftware, wie z. B. Customer-Relationship-Management- (CRM-) oder Enterprise-Resource-Planning-(ERP-)Systeme. Diese sind bis zu einem gewissen Grad an die jeweils eigenen Geschäftsanforderungen anpassbar (engl. customizing). Wenn die Applikationen vorzugsweise über das Internet einer größeren Zahl von potenziellen Kunden angeboten werden, bezeichnet man die Anbieter als Application Service Provider (ASP). Man spricht in diesem Zusammenhang auch allgemein von Net-Sourcing oder E-Sourcing.

8.3.14 Business Process Outsourcing

Business Process Outsourcing (BPO) bezeichnet das Auslagern kompletter Geschäftsprozesse, die nicht als Kerngeschäft angesehen werden. Der Fokus liegt mithin nicht auf Technik, sondern auf Geschäftsrelevanz. Allerdings stehen häufig Prozesse mit einem hohen Anteil an IT-Leistungen im Vordergrund. Beispiele sind Auslagerungen von Einkaufs- oder Personalabrechnungsprozessen.

8.4 Ausgewählte Outsourcing-Varianten für IT-Produkte

Einige ausgewählte Varianten des Outsourcings sollen innerhalb des Informationsmanagements näher betrachtet werden. Hierfür wird Bezug genommen auf den Beitrag zum produktorientierten Informationsmanagement in Kapitel 3. Das diesem Beitrag zugrunde liegende Paradigma zieht wesentliche Analogien zwischen der Bereitstellung von IT-Leistungen und der klassischer Nicht-IT-Produkte und ist somit für eine Analyse von Outsourcing-Modellen prädestiniert.

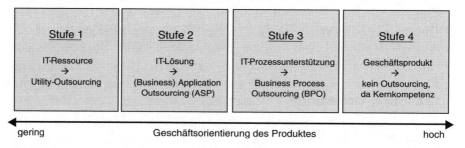

Abb. 8-2: Outsourcing-Varianten in der IT-Produktsicht

Die vier in Kapitel 3 vorgestellten Kategorien von IT-Produkten sollen im Folgenden anhand ausgewählter Outsourcing-Varianten Anwendung finden (siehe Abb. 8-2):

- **Kategorie 1 – Ressourcenorientiertes IT-Produkt: Utility-Outsourcing.** Die erste Stufe basiert auf einem technisch orientierten Produkt. Die Abrechnung der Leistung erfolgt auf Basis technischer Einheiten und entspricht dem Gedanken des Utility-Outsourcings.
- **Kategorie 2 – Lösungsorientiertes IT-Produkt: (Business) Application Outsourcing.** Das Produkt ist hier das Informationssystem oder auch die Applikation. Der Anbieter wird zum ASP. Die Produkte weisen zwar schon eine gewisse Geschäftsprozessorientierung auf, sind selber jedoch eher technischer Natur.
- **Kategorie 3 – Prozessorientiertes IT-Produkt: Business Process Outsourcing (BPO).** Die konsequente Orientierung an den Geschäftsprozessen führt zu dieser Art von IT-Produkten. Hier werden komplette Geschäftsprozesse ausgelagert; die Abrechnung erfolgt ebenfalls geschäftsprozessorientiert.
- **Kategorie 4 – Geschäftsproduktorientiertes IT-Produkt: Kernkompetenz → kein Outsourcing.** Hier bildet das IT-Produkt auch das (oder ein) Geschäftsprodukt. Es kann mithin in den meisten Fällen als Kernkompetenz angesehen werden, die nicht gefahrlos extern bezogen werden kann. Klassische Beispiele sind die IT-Systeme von eBay oder Amazon.

8.5 Aus der Forschung für die Praxis: Lessons Learned

Nach der Systematisierung der Nomenklatur sollen im Folgenden ausgewählte Empfehlungen aus der Forschung (insbesondere [Lacity/Willocks 2001], [Lacity/Willocks 2003], [Hirschheim/Lacity 2000], [Ward/Peppard 2002] und [McIvor 2003]) für die Praxis gegeben werden. Die Auflistung erhebt dabei keinen Anspruch auf Vollständigkeit:

- Eine zentrale Erkenntnis der Outsourcing-Forschung ist, dass Unternehmen durchaus erfolgreich Outsourcing betreiben können, dazu allerdings ein permanenter hoher Aufwand zur Steuerung des Dienstleisters notwendig ist. Eine weitere, damit zusammenhängende Einsicht besteht darin, dass der Erfolg einer Outsourcing-Vereinbarung stark von den Kunden selbst abhängt, da die Anbieter von Outsourcing-Leistungen weltweit immer dieselben Firmen sind (man könnte fast von einem Oligopol sprechen). Der Unterschied, der erfolgreiches von erfolglosem Outsourcing unterscheidet, liegt vor allem in der Professionalität des Kunden im Umgang mit dem Dienstleister. Umgekehrt liegt es damit allerdings auch im Interesse des Dienstleisters, für eine Professionalisierung seiner Kunden Sorge zu tragen.
- Outsourcing-Verträge sollten so detailliert wie möglich aufgesetzt werden. Detaillierte Outsourcing-Verträge enthalten neben Angaben zu den Kosten Klauseln über Vertraulichkeit, Service Level Agreements (SLA), vorzeitige Beendigung, Haftung und Schadensersatz, Regelungen für unvorhergesehene

Vorfälle sowie über Konventionalstrafen. Outsourcing-Verträge für sehr große Vorhaben beinhalten typischerweise ca. 30.000 Zeilen Text, über 600 SLAs und über 50 verschiedene Preismechanismen. Das Aushandeln eines solchen Vertrages dauert oft über ein Jahr.
- Lange Outsourcing-Vorhaben (ab 4 Jahre) sollten eine anfängliche Testphase vorsehen, in der beide Seiten leicht den Vertrag beenden können. Je länger die Laufzeiten von Outsourcing-Verträgen sind, desto schwieriger wird eine Detaillierung; daher sollten die Verträge zusätzlich klare Mechanismen für Anpassungen und Änderungen enthalten.
- Bisher deuteten alle Ergebnisse darauf hin, dass selektives Outsourcing erfolgreicher ist als alle anderen Varianten. Dies liegt insbesondere daran, dass die IT in einem Unternehmen unterschiedlichste Bereiche mit unterschiedlichen Beiträgen zum Geschäft, Graden der Prozessintegration und technischen Reifegraden abdeckt, die mehr oder weniger gut ausgelagert werden können.
- Gut verstandene Technologien, d. h. solche, in denen bereits fundierte Erfahrungen vorhanden sind, lassen sich auch vertraglich gut detaillieren, und entsprechende Outsourcing-Vereinbarungen sind in den meisten Fällen erfolgreich. Umgekehrt werden gerade durch das Outsourcen solcher Technologien, z. B. Infrastruktur, interne Kräfte frei, die sich mit höherwertigen, schlechter zu strukturierenden Technologien auseinander setzen und dort Erfahrungen sammeln können (Transitional Outsourcing).
- Bei großer geschäftlicher und/oder technischer Unsicherheit sollte immer die Option geprüft werden, die jeweiligen Funktionen weiter intern, aber mit zusätzlichen externen Kräften zu bewerkstelligen. Der Hintergrund liegt ebenfalls in der mit dieser Situation verbundenen Schwierigkeit, einen detaillierten Outsourcing-Vertrag abzuschließen.
- Es ist eine schwer zu operationalisierende Erkenntnis, Kernkompetenzen intern zu halten bzw. anzusiedeln. Was Kernkompetenzen sind, hängt stark von der Art und Weise des gewählten Wettbewerbsansatzes ab und kann sich über die Zeit ändern. Folgende Bereiche dürfen allerdings auf keinen Fall extern vergeben werden: IT-Governance, Schnittstellenfunktionen zwischen Geschäft und IT, Basis-Know-how bezüglich technischer Architektur sowie das Management des externen Dienstleisters.
- Umgekehrt bedeutet nicht jede Nicht-Kernkompetenz sofortiges Outsourcing. Insbesondere bei sich schnell ändernden Wettbewerbssituationen sowie engen Verzahnungen zwischen Kern- und Nicht-Kernkompetenzen ist eine Outsourcing-Entscheidung genau zu prüfen. Weiterhin hängt jede Outsourcing-Entscheidung immer von der wahrgenommenen Qualität der verfügbaren Dienstleister ab.
- Bei einer Outsourcing-Ausschreibung sollten in jedem Fall die internen IT-Abteilungen mit anbieten dürfen (Insourcing). Die Ausschreibung selber sollte gemeinsam vom Management der Fach- und der IT-Abteilung gestaltet wer-

den. Insourcing kann deshalb funktionieren, weil durch einen formalen Angebotsprozess oft erst deutlich wird, was die interne IT-Abteilung en passant mit erledigt, was aber in einem Vertrag mit einem externen Dienstleister nicht abgedeckt wäre. Dass Outsourcing-Dienstleister auf den ersten Blick oftmals günstiger erscheinen, beruht also eher auf stringentem Kosten- und Abgrenzungsmanagement, weniger auf Kostendegressionseffekten. Die Strategien der externen Ousourcing-Dienstleister können daher oft erfolgreich auch von internen Dienstleistern nachgeahmt werden.

- Grundsätzlich muss vor jeder Outsourcing-Entscheidung die Kostensituation der potenziell zu vergebenden Leistung absolut transparent sein. Zum einen kann ohne diese Kenntnis keine sinnvolle Entscheidung über eine Fremdvergabe getroffen werden, zum anderen kann im Falle einer Fremdvergabe ansonsten keine Erfolgskontrolle vorgenommen werden.

8.6 Ausblick

Mit zunehmender Erfahrung im Outsourcing, einer Professionalisierung der Kunden sowie realistischer werdenden Erwartungen scheint nicht nur selektives, sondern zunehmend auch Total-Outsourcing erfolgreicher zu werden [Lacity/Willocks 2001].

Ein gegensätzlicher, aber deutlich wahrzunehmender Trend ist das Backsourcing. Viele Unternehmen, deren hochgesteckte Erwartungen nicht erfüllt werden konnten, holen ihre IT wieder ins Unternehmen zurück.

Vorreiter in Sachen Outsourcing sind bisher angelsächsische Länder. Dies zeigt sich sowohl in den Anteilen der IT-Budgets als auch in der Zahl der wissenschaftlichen Veröffentlichungen. Aufgrund der Globalisierung und damit einhergehenden Assimilation von Unternehmenskulturen wird Outsourcing verstärkt auch in Deutschland thematisiert werden.

Insgesamt ist Outsourcing ein bisher vor allem in der IT-Sphäre untersuchtes Phänomen. Die damit verbundene Forschung wird somit zum Vorreiter für andere Bereiche der Wertschöpfungskette, die sich ebenfalls zur Auslagerung eignen [Hirschheim 2003].

Dies steht in engem Zusammenhang mit der sich verstärkenden Tendenz in der Praxis, ganze Geschäftsfunktionen auszulagern (BPO). Unternehmen, die bereits Erfahrungen im IT-Outsourcing gesammelt haben, widmen sich verstärkt auch der Auslagerung anderer, IT-fremder Bereiche wie Einkauf und Gebäudemanagement [Wanner 2003].

9 Serviceorientierte Referenzmodelle des Informationsmanagements

Axel Hochstein, Universität St.Gallen
Andreas Hunziker, IMG

9.1 Anforderungen an serviceorientierte Referenzmodelle des Informationsmanagements

Referenzmodelle dienen Organisationen im Allgemeinen zur Analyse und Verbesserung der bestehenden Situation, im betrachteten Fall also zur Analyse und Verbesserung des Informationsmanagements [Schütte 1998]. Eine transparente und dokumentierte Übersicht der Informationsmanagementprozesse und ihrer Beziehungen zueinander kann die Basis für eine Reorganisation darstellen und so eine gezielte, strukturierte Anpassungsfähigkeit an neue Bedingungen sicherstellen [Becker et al. 2002]. [van Bon 2002] sieht den Nutzen von serviceorientierten IT-Referenzmodellen in der Bereitstellung einer Richtlinie, wie ein technologieorientiertes Rechenzentrum zu einem serviceorientierten IT-Dienstleister umgestaltet werden kann. Zudem wird die Grundlage für eine durch einen hohen Gemeinkostenanteil im Bereich des Informationsmanagements sinnvoll erscheinende Prozesskostenrechnung geschaffen. Darauf aufbauend können die Prozesse kontinuierlich gesteuert werden.

Aus den oben angeführten Zielen und Erwartungen, die an die Nutzung eines serviceorientierten Referenzmodells des Informationsmanagements gestellt werden, lassen sich in einem nächsten Schritt Anforderungen ableiten. Dies sind zum einen formale Anforderungen, welche die Komponenten und die Struktur des Referenzmodells betreffen. Zum anderen gibt es Anforderungen, die vor allem für die Anwendung in der Praxis relevant sind – so genannte pragmatische Anforderungen.

9.1.1 Formale Anforderungen

- **Zieldefinition der Prozesse:** Um Transparenz und ein klares Verständnis des Sinn und Zweckes der einzelnen Prozesse und Prozessabläufe zu erlangen, müssen die Prozessziele klar definiert sein.
- **Detaillierungsgrad:** Das Kriterium eines ausreichenden Detaillierungsgrades stellt sicher, dass verstanden wird, welche Aktivitäten innerhalb der einzelnen Prozesse ablaufen, um somit z. B. im Rahmen einer Prozessanalyse eine detail-

lierte Übersicht über die wertschöpfenden und die nicht wertschöpfenden Aktivitäten zu erhalten.
- **End-to-End-Betrachtung:** Eine ganzheitliche Betrachtung des Informationsmanagements und der Managementprozesse kann nur erfolgen, wenn in dem Referenzmodell auch die Gesamtheit der Prozesse – also von Lieferanten- bis zu Kundenprozessen – betrachtet wird und die Integration der einzelnen Prozessbereiche (z. B. zwischen IT-Entwicklung und IT-Produktion) ausführlich dargestellt wird.
- **Konsistenz:** Eine konsistente Struktur von Referenzprozessmodellen erleichtert die Navigation durch die einzelnen Prozesse und stellt die Existenz eines widerspruchsfreien Gesamtmodells sicher.
- **Eindeutiges Input/Output(I/O)-Schema:** Des Weiteren ist zur Darstellung der Beziehungen zwischen den einzelnen Prozessen ein eindeutiges Input/Output-Schema für jeden Prozess vonnöten. Aus diesem gehen die für die Ausführung des Prozesses erforderlichen und in dem Prozess erstellten Ressourcen bzw. Informationen hervor.
- **Definition von Rollen und Verantwortlichkeiten:** Aus Gründen der Klärung von Zuständigkeiten sind im Rahmen einer End-to-End-Betrachtung der Prozessabläufe die Rollen der Prozessverantwortlichen zu definieren.

9.1.2 Pragmatische Anforderungen

- **Erfolgsfaktoren:** Kritische Erfolgsfaktoren (KEF) dienen dem Management als Leitlinie zur Implementierung und Kontrolle von Informationsmanagementprozessen. Erfolgsfaktoren beschreiben Bedingungen bzw. Eigenschaften, die vorhanden sein müssen, um den optimalen Prozesserfolg zu erzielen. Den Verantwortlichen wird dadurch ermöglicht, bei der Umsetzung der Prozesse die wesentlichen Faktoren zu identifizieren und diese bei der Anpassung der generischen Prozesse an die spezifische Unternehmenssituation zu berücksichtigen.
- **Kennzahlen zur Messung der Effektivität der Prozesse:** Kennzahlen zur Messung der Effektivität repräsentieren die Erreichung des Prozesszieles. Durch Identifizierung und Messung der Kennzahlen lässt sich das Ergebnis der Prozesse bestimmen und managen.
- **Kennzahlen zur Messung der Effizienz der Prozesse:** Im Gegensatz zur Effektivität sollen die Kennzahlen zur Messung der Effizienz nicht das »Was« messen, sondern das »Wie«. Durch Identifizierung und Messung der Effizienzkennzahlen lassen sich die Performance und der Ressourceneinsatz bestimmen und managen.
- **Instrumente:** Zur Gestaltung der einzelnen Managementprozesse werden in der Regel spezielle Managementinstrumente benötigt, um bestimmte Aufgaben effektiv und effizient ausführen zu können. So kann z. B. das Ishikawa-

Diagramm bei der Problemidentifikation sehr hilfreich sein. Die Instrumente stellen sozusagen den Werkzeugkasten des IT-Servicemanagements dar.
- **Implementierungshinweise (insbesondere Reife- bzw. Maturity-Modelle):** Für die Anwendung eines Referenzprozessmodells sollten Hinweise vorhanden sein, wie eine Organisation die vorgeschlagenen Prozesse erreichen bzw. implementieren kann. Hierzu ist z. B. ein Reifemodell sehr hilfreich, da es den Unternehmen eine Einordnung des Ist-Zustandes erlaubt und Hinweise zur Erreichung eines höheren (professionelleren) Reifegrades gegeben werden.
- **Klarheit/Einfachheit:** Trotz einer genauen und vollständigen Abbildung der Referenzprozesse ist eine verständliche Darstellung und einfache Handhabung des Modells zu gewährleisten, um z. B. Akzeptanz beim Topmanagement und der beteiligten Mitarbeiter zu erreichen.
- **Flexibilität:** Das Referenzprozessmodell muss so flexibel gestaltet sein, dass eine problemlose Anpassung an unterschiedliche Ausgangslagen möglich ist.
- **Weiterentwicklung:** In einem derart dynamischen Bereich, wie dem Informationsmanagement, ist es besonders wichtig, die Nachhaltigkeit des Referenzmodells zu sichern. Eine stetige Weiterentwicklung und Integration neuer Erkenntnisse und Rahmenbedingungen – in der Verantwortung von kompetenten Gremien und Organisationen – sollte gewährleistet sein.
- **Verbreitung und Nutzung der Modelle:** Weit verbreitete Referenzprozessmodelle stellen eine gewisse Vergleichbarkeit auf interorganisationaler Ebene sicher und verschaffen daher tendenziell Zuspruch der Anspruchsgruppen (Stakeholder).

9.2 Vorstellung und Bewertung gängiger Modelle

Im Folgenden werden vier serviceorientierte Referenzprozessmodelle vorgestellt, wobei zwei der dargestellten Modelle (ITIL und CobiT) aus dem Public-Domain- und zwei aus dem Non-Public-Domain-Bereich (IBM ITPM und HP ITSM) ausgewählt wurden. Die Auswahl der Modelle erfolgte anhand der Verbreitung in der Praxis. Eine kurze Darstellung der Vielfalt der existierenden Public- und Non-Public-Domain-Modelle ist in Tab. 9-1 zu finden.

Modell	Entwickler	Kurzbeschreibung
Public Domain		
ITIL	OGC	De-facto-Standard für serviceorientiertes Informationsmanagement
CobiT	ISACA	Standard zur Prüfung und Kontrolle des Informationsmanagements
Enhanced Telecom Operations Map	TeleManagement Forum	Geschäftsprozessmodell für die Telekommunikationsbranche
MNM Service Model	Universität München	Generisches Modell zur Definition von servicebezogenen Ausdrücken, Konzepten und Strukturierungsregelungen
IT Service CMM	Vrije Universität	Maturity-Modell für IT-Servicemanagement
Managerial Step-by-Step Plan (MSP)	Delft University of Technology	Schrittweiser Plan zur Gestaltung von IS-Management
Non Public Domain		
ASL	Pink Roccade	Referenzmodell für Applikationsmanagement
BIOOlogic	HIT	Objektorientiertes Modell für IS-Management
HP IT Service Reference Model	HP	Auf ITIL basierendes Prozessmodell für Informationsmanagement
IPW	Quint Wellington Redwood	Erstes ITIL-basiertes Prozessmodell für IT-Servicemanagement
Integrated Service Management (ISM)	KPN & BHVB	Ansatz zur Gestaltung des Informationsmanagements im Sinne eines Systemintegrators
IBMs IT Process Model	IBM	Auf ITIL basierendes Prozessmodell für Informationsmanagement
Perform	Cap Gemini Ernst & Young	ITIL-basierter Managementstandard für die Lieferung von Geschäftsinformationen
Microsoft Operations Framework (MOF)	Microsoft	ITIL-basiertes und auf Microsoft-Umgebungen fokussiertes Prozessmodell für Informationsmanagement
Standard Integrated Management Approach (SIMA)	Interprom	Ansatz zur Gestaltung von Management- und Sicherheitsaspekten für offene, Multivendor-IT-Infrastrukturen

Tab. 9-1: Referenzmodelle für serviceorientiertes Informationsmanagement (kein Anspruch auf Vollständigkeit)

9.2.1 IT Infrastructure Library (ITIL)

Modell

Ende der 80er Jahre entwickelte die Central Computer and Telecommunications Agency (CCTA) der britischen Regierung (mittlerweile Bestandteil des OGC – Office of Government Commerce) in Zusammenarbeit mit IT-Spezialisten, Rechenzentrumsbetreibern und Beratern aus England ein generisches Referenz-

9.2 Vorstellung und Bewertung gängiger Modelle

modell für die Planung, Überwachung und Steuerung von IT-Leistungen. Dieses Modell wurde bzw. wird durch Vertreter aus der Praxis, insbesondere durch Anwender (z. B. Deutsche Post, DaimlerChrysler, Bayer), Hersteller (z. B. Microsoft, Hewlett-Packard, T-Systems) und Berater (z. B. Siemens Business Services, exagon consulting, Kess DV-Beratung), kontinuierlich weiterentwickelt und aktualisiert. Mittlerweile hat sich ITIL zum internationalen De-facto-Standard für IT-Dienstleister entwickelt und bildet als herstellerunabhängige Sammlung von »Best Practices« die Grundlage für das international tätige IT-Servicemanagement-Forum (ITSMF) mit mittlerweile über 2.000 Partnerunternehmen.

ITIL besteht im Wesentlichen aus fünf in Abb. 9-1 dargestellten Prozessbereichen. Zu jedem der fünf Prozessbereiche veröffentlichte die OGC einen Buchband [OGC 2000-2003]: Die »Business Perspective« umfasst die strategischen Prozesse des IT-Servicemanagements, wie IT-Alignment oder Relationship Management. »Service Delivery« beschäftigt sich mit der Planung, Überwachung und Steuerung von IT-Leistungen, während der Bereich des »Service Support« die Umsetzung der Serviceprozesse und den User-Support im Rahmen der Leistungslieferung sicherstellt. Das Management von Applikationen über den gesamten Lebenszyklus hinweg ist Betrachtungsgegenstand des »Application Management«. Das »ICT Infrastructure Management« behandelt sämtliche Aspekte des Infrastrukturmanagements – von der Design- und Planungsphase über die Umsetzung bis hin zum Betrieb und technischen Support.

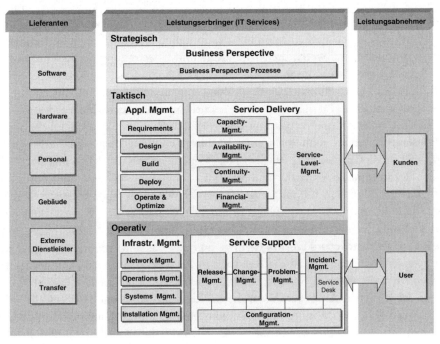

Abb. 9-1: *IT Infrastructure Library*

Bewertung

ITIL ist in der Praxis weit verbreitet. Es gibt ITIL-Schulungen für Mitarbeiter und ITIL-Zertifizierungen für Unternehmen. Die Ausschreibungen großer Konzerne wie Allianz oder BASF fordern heute die IT-Leistungserbringung nach ITIL. Durch »ITIL-Konformität« versuchen IT-Leistungsersteller und Berater ihre Prozessqualität zu belegen. »ITIL-Konformität« ist jedoch ein weit gefasster Begriff und kann unterschiedlich interpretiert werden. Die bloße Bezeichnung der IT-Managementprozesse mit den ITIL-Begriffen wird derzeit häufig als ITIL-konform ausgelegt. Die Interpretationsvielfalt der ITIL-Prozesse ist jedoch groß. Grund hierfür sind die formalen Schwächen des ITIL-Modells. Obwohl die Prozesse und Instrumente teilweise sehr detailliert beschrieben werden und im Rahmen einer End-to-End-Betrachtung sogar Rollen und Prozessziele definiert werden, fehlt ein eindeutiges und umfassendes Input/Output-Schema, so dass die Prozessbeziehungen unklar bleiben. Insbesondere diese spielen jedoch beim Informationsmanagement eine wichtige Rolle und sollten Gegenstand von Verbesserungsbemühungen sein, da innerhalb der einzelnen Prozesse die Optimierungspotenziale weitestgehend ausgeschöpft sind.

Des Weiteren fördert ein Mangel an Konsistenz den Eindruck formaler Schwächen des ITIL-Referenzmodells. Sowohl in Bezug auf die Struktur als auch auf den Detaillierungsgrad herrschen zwischen den Prozessbereichen teilweise stark ausgeprägte Unterschiede. Außerdem lassen sich Inkonsistenzen bezüglich der Angabe von Erfolgsfaktoren und Kennzahlen feststellen und auch die Granularität, in welcher die einzelnen Prozesse bzw. Aktivitäten beschrieben werden, variiert stark. Diese Schwächen bezüglich der formalen Anforderungen an Referenzprozessmodelle erschweren die Anwendung und Übertragung der beschriebenen Referenzprozesse. Zur Implementierung der ITIL-Prozesse hat die OGC einen zusätzlichen Buchband in Form eines Vorgehensmodells veröffentlicht. Dies und die Tatsache, dass ITIL auf einem generischen Niveau entwickelt wurde, ermöglicht eine problemlose Anpassung des ITIL-Modells an unterschiedliche Ausgangslagen. Zudem stellt die stetige Weiterentwicklung durch eine große und internationale Gemeinschaft (ITSMF) das Vorliegen eines aktuellen und nachhaltigen Referenzmodells sicher.

Als Fazit lässt sich festhalten, dass ITIL der sicherlich am weitesten verbreite Standard ist und sich mittlerweile zu einem De-facto-Standard entwickelt hat. Dies ist allerdings eher darauf zurückzuführen, dass ITIL als erstes Referenzmodell den Service-Gedanken aufgegriffen und für das Informationsmanagement verwendet hat. Dadurch ist die Relevanz in der Praxis hoch und die pragmatischen Anforderungen können zu einem großen Teil erfüllt werden. Bei der Erfüllung der formalen Anforderungen, die an Referenzprozessmodelle gestellt werden, weist ITIL jedoch signifikante Schwächen auf, was zu Interpretationsbedarf und zu Missverständnissen führen kann. ITIL kann daher mehr als umfangreiche und prozessbasierte Sammlung von »Best Practices« für Informationsmanagement verstanden werden und weniger als Referenzprozessmodell im wissenschaftlichen Sinne.

9.2.2 CobiT

Modell

CobiT (Control Objectives for Information and Related Technology) wurde 1996 von der ISACA (Information Systems Audit and Control Association) entwickelt und seitdem stetig aktualisiert [ISACA 2001]. Leitbild der ISACA ist es, Unternehmen durch Bereitstellung von Forschung, Standards, Kompetenz und Praktiken bei der Organisation, Kontrolle und Qualitätssicherung von Informationen, Systemen und Technologie zu unterstützen. Aus dieser Intention entstand CobiT, das 41 nationale und internationale Standards aus den Bereichen Qualität, Sicherheit und Ordnungsmäßigkeit integriert und miteinander kombiniert. Im Rahmen eines IT-Governance-Ansatzes wurden vier Domänen für IT-Prozesse identifiziert und in diese insgesamt 34 kritische Prozesse eingeordnet (siehe Abb. 9-2). Für die 34 kritischen IT-Prozesse werden jeweils 3 bis 30 verschiedene Kontrollziele angegeben, mit Hilfe derer die Erfüllung der Geschäftsanforderungen überwacht werden kann und die quasi »Best Practices« für IT-Prozesse darstellen.

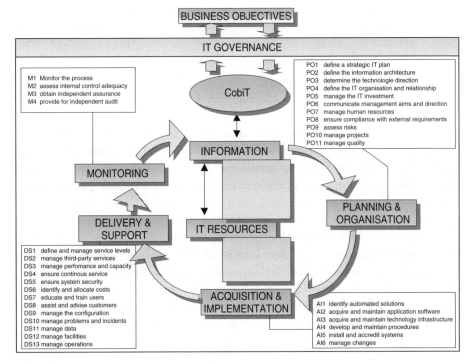

Abb. 9-2: CobiT-Framework

Bewertung

Das CobiT-Modell zeichnet sich durch eine hohe Konsistenz bezüglich der Darstellung der einzelnen Prozesse aus. Zieldefinitionen, Erfolgsfaktoren, Effizienz- und Effektivitätskriterien sind im Rahmen einer End-to-End-Betrachtung für jeden Prozess angegeben. Der Detaillierungsgrad bewegt sich bei der Prozessbetrachtung auf einem konstant hohen Niveau. Leider fehlen sowohl ein I/O-Schema als auch Managementinstrumente, so dass eine genaue Betrachtung der Prozessbeziehungen nicht möglich ist und innerhalb der einzelnen Prozesse unklar ist, wie die Aktivitäten umzusetzen sind. Auch die Verantwortlichkeiten und Zuständigkeiten bleiben weitestgehend unklar, da eine Rollendefinition nur ansatzweise vorhanden ist. Für die praktische Umsetzung des CobiT-Modells ist neben einem eigenen »Implementation-Tool-Set« ein Reifemodell vorhanden, welches Organisationen erlaubt, jeden Prozess einem Reifegrad zuzuordnen und geeignete Maßnahmen zur Erreichung eines höheren Reifegrads zu identifizieren. Trotz des hohen Detaillierungsgrades bleibt CobiT ein generisches Modell, so dass es problemlos unterschiedlichen Ausgangslagen angepasst werden kann.

Obwohl CobiT kein Standard im Bereich des Informationsmanagements darstellt, ist es in der Praxis relativ weit verbreitet. Die für die Weiterentwicklung zuständige ISACA achtet darauf, dass das Modell konform zum Standard ITIL ist. Dementsprechend wird CobiT in der Praxis häufig in Kombination mit ITIL umgesetzt. Konkret kann dies so aussehen, dass als Basis die ITIL-Referenzprozesse umgesetzt werden und CobiT als Kontroll- und Prüfungsmethode verwendet wird.

9.2.3 IBM IT Process Model (ITPM)

Modell

Das ITPM stellt eine Weiterentwicklung der 1979 veröffentlichten ISMA (Information System Management Architecture) dar, wobei im Wesentlichen eine veränderte Aufteilung der Prozesse in Unterprozesse und Aktivitäten erfolgte [IBM 2000]. Seit sechs Jahren wird dieses Modell gemäß IBM erfolgreich verwendet. Ausgangspunkt für die Entwicklung des ITPM war die Überzeugung, dass kontrollierte Managementprozesse wesentlich zur Effizienz des Informationsmanagements beitragen und flexibler sind als traditionelle, hierarchische »Command-and-Control«-Modelle. Zweck des ITPM ist demnach die Bereitstellung eines soliden Fundamentes zur Gestaltung des prozessorientierten Informationsmanagements. Hierzu wurden acht Komponenten zum effektiven Informationsmanagement identifiziert und mit 41 Prozessen bzw. 176 Subprozessen hinterlegt. Abb. 9-3 zeigt das Framework mit den einzelnen Komponenten.

9.2 Vorstellung und Bewertung gängiger Modelle

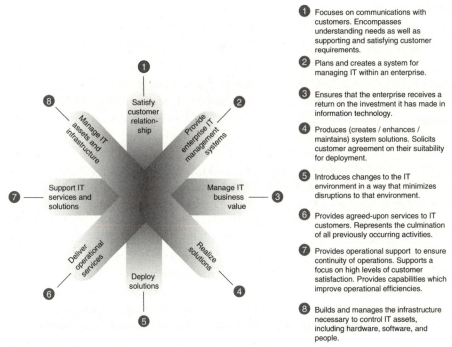

Abb. 9-3: *IBM ITPM-Framework*

Bewertung

Das ITPM zeichnet sich durch ein sehr detailliertes und konsistentes Prozessschema aus. Sowohl die einzelnen Prozessbeziehungen, dargestellt mit Hilfe eines eindeutigen und umfassenden I/O-Schemas, als auch die Rollen und Verantwortlichkeiten sind im Rahmen einer End-to-End-Betrachtung berücksichtigt. Auch die Prozessziele und die zu deren Erreichung notwendigen Managementtools sind Bestandteil des ITPM. Das Fehlen von generellen Erfolgsfaktoren sowie generischen Kennzahlen zur Messung der Effektivität und Effizienz erschwert allerdings dem Verantwortlichen die Bestimmung der Prozessfähigkeit und somit eine Steuerung des Prozessergebnisses bzw. der Prozessressourcen. Zur Umsetzung wurden von IBM Global Services eine Vielzahl an Tools und Techniken entwickelt, die es ermöglichen, das ITPM problemlos an unterschiedliche Ausgangssituationen anzupassen. Die kontinuierliche Weiterentwicklung des ITPM durch IBM stellt die Aktualität des Modells sicher. Dies geschieht allerdings aus einer relativ subjektiven Sicht im Vergleich zu den Public-Domain-Modellen wie ITIL, bei denen ein allgemein gültiges Modellverständnis durch Weiterentwicklung von einer großen Gemeinschaft sichergestellt wird.

Es verwundert nicht, dass auch IBMs ITPM konform zu ITIL ist, da unter anderem auch IBM an der Weiterentwicklung von ITIL beteiligt war und ist. Aus diesem Grund kann das ITPM eher als Ergänzung zu ITIL verstanden werden. Während ITIL die einzelnen Prozesse im Sinne eines Best-Practice-Modells beschreibt, trägt das ITPM zum Verständnis der Prozessbeziehungen und Informationsflüsse zwischen den einzelnen Prozessen bei.

9.2.4 HP IT Service Management Reference Model (HP ITSM)

Modell

Aufgrund von Schwierigkeiten bei der Identifizierung von IT-Prozessen und organisatorischen Anforderungen an das Servicemanagement entwickelte HP im Jahre 1996 ein Referenzmodell zur Darstellung der IT-Prozessbeziehungen [HP 2000]. Zusätzlich soll das Modell den IT-Organisationen dazu dienen, die Voraussetzungen, die zum Erreichen von Kundenorientierung und Serviceorientierung vorhanden sein müssen, zu identifizieren und Probleme bzw. deren mögliche Lösungen zu verstehen. Wie in Abb. 9-4 dargestellt, ist das HP ITSM in fünf Prozessbereiche aufgeteilt.

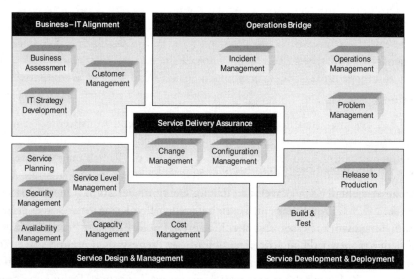

Abb. 9-4: *HP IT Service Management Reference Model*

Bewertung

Ähnlich dem IBM ITPM stellt das HP ITSM ein sehr detailliertes und konsistentes Referenzmodell dar, welches sich im Wesentlichen als »IT process relationship map« versteht. Die Prozessbeziehungen sind im Rahmen einer End-to-End-Betrachtung durch ein umfassendes und eindeutiges I/O-Schema dargestellt. Auch Definitionen von Rollen bzw. Verantwortlichkeiten zur Ableitung von Stellenbeschreibungen sind vorhanden. Die Schilderung von Technologien bzw. Instrumenten zur Unterstützung des Servicemanagements komplettieren das Modell, so dass die formalen Anforderungen an Referenzmodelle erfüllt sind. Ähnlich wie bei dem IBM ITPM ist jedoch auch beim HP ITSM eine Schwäche bei der Erfüllung der pragmatischen Anforderungen festzustellen. Generische Kennzahlen werden weder zur Bestimmung der Effizienz noch zur Bestimmung der Effektivität der Prozesse angegeben, wodurch ein Managen der Prozesse erschwert wird. Des Weiteren fehlt eine Beschreibung der allgemeinen Bedingungen und Eigenschaften, die einen optimalen Prozesserfolg sicherstellen. Die von HP angebotenen »Design Guides« enthalten zwar unter anderem relevante Dokumente zur Unterstützung der Implementierung der Servicemanagementprozesse, kritische Erfolgsfaktoren würden jedoch bei der dauerhaften Gestaltung und Umsetzung der referenzierten Prozesse helfen. Das HP ITPM kann unabhängig von der Art der Organisation den relevanten Prozessen angepasst werden. HP erwähnt explizit die Möglichkeit der Anwendung des ITSM-Referenzmodells sowohl auf externe als auch auf interne IT-Dienstleister. Hierdurch versuchte HP, dessen Referenzmodell stark an den ITIL-Prozessen orientiert ist, sich von diesem abzugrenzen: »... the team also designed the model to reflect the need to run IT 'as a business' rather than merely running IT 'within a business'.« Ursprünglich war diese Abgrenzung auch gerechtfertigt, da ITIL für das interne IT-Servicemanagement der britischen Regierung entwickelt wurde. Mittlerweile ist ITIL jedoch zu einem umfassenden und allgemein gültigen Modell weiterentwickelt worden, so dass die Abgrenzung HPs bezüglich der zusätzlichen Betrachtung der externen IT-Leistungserbringung hinfällig ist. Die Weiterentwicklung des ITSM-Referenzmodells wird durch global tätige Berater der HP Consulting gesichert.

9.2.5 Vergleich und zusammenfassende Bewertung

Bei einer abschließenden Bewertung der im Detail diskutierten Referenzmodelle (siehe Tab. 9-2) fällt auf, dass im Bereich der formalen Kriterien die Non-Public-Domain-Frameworks besser abschneiden als die Public-Domain-Frameworks. Im Bereich der pragmatischen Kriterien sieht dieses Verhältnis umgekehrt aus. Die Public-Domain-Frameworks erfüllen insbesondere die pragmatischen Anforderungen, die zur Handhabbarkeit der Prozesse notwendig sind, wobei die Non-Public-Domain-Modelle hier Schwächen aufweisen.

	Public Domain		Non Public Domain	
	ITIL	CobiT	IBM ITPM	HP ITSM Reference Model
Formale Kriterien				
Ziel	ja	ja	ja	ja
Detaillierungsgrad	hoch	hoch	hoch	hoch
End-to-End	ja	ja	ja	ja
Konsistenz	nein	ja	ja	ja
I/O-Schema	Hinweise	nein	ja	ja
Rollen/Verantwortlichkeiten	ja	Hinweise	ja	ja
Pragmatische Kriterien				
Erfolgsfaktoren	Hinweise	ja	nein	nein
Effektivitätskennzahlen	Hinweise	ja	nein	nein
Effizienzkennzahlen	nein	ja	nein	nein
Implementierungshinweise	ja	ja	ja	ja
Klarheit/Einfachheit	nein	ja	ja	ja
Flexibilität	ja	ja	ja	ja
Weiterentwicklung	ja	ja	ja	ja
Verbreitung und Nutzung	hoch	mittel	mittel	mittel

Tab. 9-2: Bewertung der Referenzmodelle

9.3 Positionierung von serviceorientierten Informationsmanagementinitiativen

Neben den diskutierten Informationsmanagementansätzen gibt es weitere Initiativen zur Unterstützung, Standardisierung und Umsetzung eines serviceorientierten Informationsmanagements. Folgende Einordnung soll helfen, sich einen Überblick über die Gesamtheit der verschiedenen Initiativen zu verschaffen und die Unterschiede der einzelnen Ansätze zu verstehen. Dabei wird auf diese im Kontext ihrer Initiatoren eingegangen.

Best Practices (OGC / ITSMF)

Die Best Practices werden durch das ITIL-Modell beschrieben. Wie im vorherigen Abschnitt dargelegt, ist ITIL kein Referenzprozessmodell, sondern eine Beschreibung, welche Aufgaben, Dokumente, Rollen, Erfolgsfaktoren, Kennzahlen etc. von Unternehmen für ein ideales Informationsmanagement berücksichtigt werden sollten. Dabei ist mit dem Begriff »ideal« die beste Lösung für serviceorientiertes Informationsmanagement aus Sicht der 2.000 am IT-Servicemanagement-Forum (ITSMF) beteiligten Organisationen gemeint.

Solche Best-Practice-Ansätze können z. B. im Rahmen eines Benchmarkings dazu dienen, seine eigene Organisation mit den Besten zu vergleichen. Zudem kann ITIL zur Aufdeckung von Schwachstellen und als Ideenlieferant für Verbesserungen dienen.

IT-Revision (ISACA)

Zur internen IT-Revision wird das CobiT-Modell benutzt. Dabei richtet sich diese Initiative an interne IT-Verantwortliche und Revisionshäuser, denen mit CobiT ein unabhängiges Instrument zur Überprüfung der Qualität der Informationsmanagementprozesse zur Verfügung steht. Im Gegensatz zum ITIL-Modell wird im CobiT nicht ein ideales Informationsmanagement beschrieben, sondern es werden Kontrollziele definiert, deren Erreichen eine Mindestqualität des Informationsmanagements sicherstellt. Aus diesem bescheideneren Ansatz ergibt sich trotz einer Vielzahl an Kontrollzielen eine geringere Konkretisierung als im ITIL. Während z. B. im CobiT lediglich gesagt wird, dass für die Erreichung eines gewissen Qualitätsstandards ein Problemlösungswesen eingerichtet werden sollte, wird im ITIL konkret beschrieben, wie ein solches Problemlösungswesen idealerweise aussehen sollte.

Unabhängige Revisionsinstrumente können zum einen dazu dienen, internen Stakeholdern die Erfüllung von Mindeststandards – also des Notwendigen – darzulegen. Zudem fordern z. B. externe Stakeholder den Nachweis einer gewissen Mindestqualität bei der Erstellung von IT-Leistungen. So verlangt die Börsenaufsicht SEC nach Auftreten von Bilanzfälschungen wie im Falle von Worldcom oder Enron, dass die IT-unterstützte Erstellung der Geschäftsbilanz gewissen Qualitätsanforderungen entspricht, damit IT-Fehler nicht als Aufhänger für fehlerhafte Bilanzen gelten können.

Zertifizierung (British Standard Institute)

Das British Standard Institute (BSI) verfolgt die Absicht, ähnlich wie bei dem Standard BS 7799 für IT-Sicherheit, die Richtlinie BS 15000 als offizielle ISO-9000-Norm für IT-Servicemanagement zu etablieren. Dabei orientiert sich das BSI stark an den im ITIL-Modell formulierten Best Practices. Im Gegensatz zu CobiT werden die konkreten Hinweise der ITIL im BS 15000 verankert. Allerdings deckt BS 15000 nur die Bereiche Service-Delivery und Service-Support ab, wohingegen CobiT und ITIL weitere Bereiche, wie z. B. Application Management, berücksichtigen. Die Publikationen des BSI zum Thema serviceorientiertes Informationsmanagement umfassen eine Zusammenfassung für Manager [PD 0005], eine konkrete Beschreibung der Richtlinie [BS 15000-2] und Checklisten [BS 15000-1]. Mit Hilfe der Letzteren kann sich ein Unternehmen nach der BS-15000-Richtlinie zertifizieren lassen, wobei nach Aussage des Vorsitzenden des ITSMF, Aidan Lawes [Lawes 2003], erwartet wird, dass 2006 die BS-15000-

Richtlinie zu einer offiziellen ISO-9000-Norm erhoben wird. Eine derartige offizielle Zertifizierung, die das Gedankengut bzw. die Best Practices nach ITIL widerspiegelt, kann für IT-Dienstleister bei Bewerbungen um Ausschreibungen sehr hilfreich sein.

Referenzprozessmodelle (Unternehmungsberatungen, IT-Dienstleister)

Wie schon im letzten Kapitel beschrieben, haben Unternehmungsberatungen und IT-Anbieter auf Basis des ITIL-Modells Prozessmodelle entwickelt, welche die einzelnen Prozessbeziehungen mit Hilfe von konkreten Input/Ouput-Schematas verdeutlichen sollen. Diese Referenzprozessmodelle dienen im Wesentlichen zur internen Nutzung von Beratungs- bzw. Umsetzungsprojekten, wobei bei der Verwendung solcher Modelle diese den unternehmensspezifischen Gegebenheiten angepasst werden müssen. Obwohl die entwickelten Modelle mehr oder weniger auf der ITIL basieren, stellen diese ausnahmslos eigene Interpretationen der Modellersteller dar. Anhand der von der OGC veröffentlichten Bände lässt sich ein eindeutiges und allgemein gültiges Prozessmodell nicht ableiten.

Tools (Hersteller)

Hersteller wie Hewlett Packard oder Peregrine bieten »out of the box« Softwaresysteme zur Unterstützung der serviceorientierten IT-Managementprozesse an. Dabei werden insbesondere die Bereiche Service-Support und Service-Level-Management abgedeckt. Die Prozesse Capacity-Management, Availability-Management und Financial-Management sind nicht integriert.

Obwohl die Softwaresysteme helfen, den Prozessablauf im Unternehmen zu verankern, und die Mitarbeiter durch die im System definierten Workflows dazu veranlasst werden, die Prozesse auch entsprechend zu »leben«, gibt es bei der Einführung eines serviceorientierten Informationsmanagements konzeptionelle und menschliche Barrieren, die auch mit Hilfe von Tools nicht überwunden werden können. So stellt die Einführung einer ITIL-konformen Configuration-Management-Datenbank (CMDB) eine große Herausforderung dar. Fragestellungen der Granularität und des Beziehungsgeflechts der einzelnen Komponenten sind nur schwer zu beantworten. Menschliche Barrieren sind im Wesentlichen Akzeptanz- und Verständnisprobleme.

Schulungen (EXIN / ISEB)

Bei der Einführung eines serviceorientierten Informationsmanagements sind Mitarbeiterschulungen empfehlenswert. Das European Examination Institute for Information Science (EXIN) und das Information System Examination Board (ISEB) bieten im Bereich Schulungen für serviceorientiertes Informationsmanagement offizielle Zertifizierungsstandards und Examen an. Dabei zertifizieren die beiden Organisationen andere Schulungsanbieter, wie z. B. den TÜV, nach ihrer

ITIL-Konformität und bieten für diese gleichzeitig standardisierte Examen zur Verwendung an. Dabei gibt es ein ausgereiftes Schulungssystem über mehrere Stufen, von der Foundation-Schulung über die Practitioner-Schulung bis hin zur Servicemanager-Schulung.

Methoden für Qualitätsmanagement (Anwender)

Mit Hilfe von aus anderen Bereichen bereits bekannten und bewährten Methoden des Qualitätsmanagements nähern sich Anwender dem Thema IT-Servicemanagement. Dabei versuchen die Projektleiter, meistens in den Qualitäts- und/oder Prozessmanagement-Abteilungen angesiedelt, z. B. durch Benchmarking, Gap-Analysen, Self Assessments oder im Rahmen von umfassenderen Konzepten wie z. B. Six Sigma, relevante und notwendige Prozessverbesserungen zu identifizieren und umzusetzen. Man beachte, dass nicht unbedingt die Gesamtheit der im ITIL-Modell beschriebenen Hinweise berücksichtigt werden muss, sondern dass je nach Bedarf und Problemstellung Prozessverbesserungen partiell und modular durchgeführt werden können.

Des Weiteren bieten sich generelle Führungsinstrumente wie z. B. die Balanced Scorecard auch für die Steuerung der Bereiche des IT-Servicemanagements an (siehe Kapitel 7).

Methodik (Universitäten)

Wissenschaftler sehen die Notwendigkeit einer bedarfsorientierten Integration der einzelnen Initiativen im Sinne einer situativen Methodik. Unternehmen, die eine Umsetzung und Verbesserung von serviceorientiertem Informationsmanagement anstreben, sind mit der Vielfalt der angebotenen Initiativen zu diesem Thema überfordert. Nach [Lawes 2003] gibt es bereits eine große Anzahl an »schwarzen Schafen«, die ihre Leistungen unter dem Namen ITIL-konform verkaufen, sich jedoch nicht an dem Best-Practice-Modell orientieren. Auch sind nicht alle Initiativen und Konzepte für jeden Anwender geeignet. Die Wahl der geeigneten Initiativen-Kombination ist abhängig von dem Zweck bzw. der Problemstellung des Unternehmens und dem spezifischen Umfeld. Eine sinnvolle Kombination der serviceorientierten Informationsmanagementinitiativen kann zu einer erhöhten Kundenorientierung und zu erhöhter Kosteneffektivität führen.

Abb. 9-5 zeigt die unterschiedlichen Initiativen zum serviceorientierten Informationsmanagement in einer Übersicht.

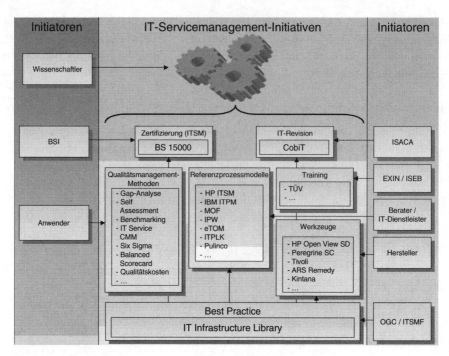

Abb. 9-5: Initiativen des serviceorientierten Informationsmanagements

9.4 Beispiele für die Anwendung von serviceorientierten Referenzmodellen

Der amerikanische Konsumgüterhersteller Procter & Gamble realisierte signifikante Einsparungen, nachdem die Prozesse vor viereinhalb Jahren nach dem ITIL-Referenzmodell gestaltet und reorganisiert wurden. Nach ersten erfolgreichen Pilotprojekten für Help Desks in China wurde ITIL unternehmensweit implementiert. Dies wurde zusammen mit einer Tool-Kit-Standardisierungsinitiative umgesetzt, die darauf abzielte, die Anzahl der zu unterstützenden Applikationen zu kontrollieren und beherrschbar zu machen. Eine Studie der internen Finanz- und Controllingabteilung zeigt, dass die Produktionskosten um 6–8 % gesenkt wurden und IT-Personal um 15–20 % reduziert werden konnte. Verantwortlich hierfür sind standardisierte und automatisierte Abläufe, so dass Ineffizienzen vermieden und Personal eingespart werden konnte. Als Nächstes führte Procter & Gamble eine Initiative im Bereich des Problemmanagements zur Analyse der Ursachen und Trends von Help-Desk-Anfragen durch. Diese resultierte in einer 10 %igen Reduktion der Help-Desk-Anrufe.

Auch Caterpillar berichtet über ähnliche Ergebnisse bei der Einführung von ITIL. Der amerikanische Baumaschinenhersteller hat bereits nach 18 Monaten von signifikanten Verbesserungen berichten können. Bei Untersuchungen im Bereich des Incident-Managements für webbasierte Leistungen fand Caterpillar heraus, dass die internen Dienstleister in 60–70 % der Fälle innerhalb der ersten 30 Minuten die gewünschte Antwort lieferten. Nach der Einführung von ITIL-Prinzipien übertraf dieser Anteil die 90 %-Marke. Durch die Einführung standardisierter, rationaler Prozesse konnten unnötige Arbeiten verhindert und schnellere Abläufe geschaffen werden [Shaw 2001].

Cox Communication Inc. startete in den letzten Jahren mehrere Projekte zur Umsetzung von IT-Servicemanagement-Prozessen, wobei für diese insbesondere ITIL in Kombination mit dem Microsoft Operations Framework (MOF) als Referenzmodell diente. Ausgangspunkt für den amerikanischen Anbieter von Diensten im Bereich Kabelfernsehen war ein enormes Wachstum der Kundenbasis, so dass innerhalb kurzer Zeit ca. 15.000 statt 5.000 User betreut werden mussten. Diesem enormen Wachstum war die IT-Sparte, aufgrund eines Mangels an formalen und vorher vereinbarten Prozeduren, nicht gewachsen, so dass operationale Probleme vorprogrammiert waren. Problemfelder, die durch eine ITIL-Gap-Analyse entdeckt wurden, waren z. B. das Fehlen von definierten Service-Levels bzw. Prozessen zur Kontrolle und Überwachung derselbigen. Weitere Problembereiche waren ein unprofessionelles Change-Management und fehlende Incident-Tracking-Prozeduren. Die erwarteten Einsparungen durch die Einführung von MOF- bzw. ITIL-Prozessen wurden mit Hilfe eines Total-Cost-of-Ownership-Analysetools der Gartner Group konservativ auf 24 Millionen Dollar geschätzt. 6 Millionen sollten durch direkte Kosten der Hardware, Software, Operations und Verwaltung eingespart werden und 18 Millionen Dollar durch indirekte Kosten der End-User Operations und der Ausfallzeit [Microsoft 2001].

9.5 Fazit und Ausblick

Bisherige Erfahrungen bei der Umsetzung verschiedener serviceorientierter Referenzmodelle wurden insbesondere im Bereich Service-Support gemacht. Im Bereich Help Desk, Incident-Management und Problemmanagement wird über signifikante Einsparungen berichtet. Im Bereich des Service-Delivery, insbesondere Service-Level-Management, können vereinzelt Implementierungen beobachtet werden, wobei über Erfolgsgeschichten bisher nicht berichtet wurde. Studien über gesamthafte Implementierungen, im Sinne einer End-to-End-Umsetzung eines Referenzmodells, sind nicht bekannt. Obwohl die betrachteten Modelle, wie z. B. der Standard ITIL, weit mehr Prozessbereiche als nur den Service-Support berücksichtigen, wird von einer gesamthaften Einführung abgeraten. Schnelle Erfolge (Quick Wins) in kleinen, schnell umsetzbaren Implementierungsprojekten zu erzielen, wird empfohlen.

ITIL entwickelt sich zunehmend zum Standard für serviceorientiertes Informationsmanagement. Die Verbreitung innerhalb des letzten Jahres ist rasant angestiegen und das Interesse der IT-Verantwortlichen in den Unternehmen nimmt kontinuierlich zu. Allerdings ist auch eine gewisse Ratlosigkeit in Bezug auf ITIL zu verspüren. Die Frage nach einem quantifizierbaren Nutzen von ITIL bleibt in den meisten Prozessbereichen unbeantwortet, und die unstrukturierte Beschreibung der Best Practices bereitet Probleme bei der Umsetzung.

10 Umsetzung eines ITIL-konformen IT-Service-Supports bei der KfW-Bankengruppe

Axel Hochstein, Universität St. Gallen
Martin Waters, KfW Bankengruppe

10.1 Einleitung

Im Zuge des Trends zum Outsourcing geraten die IT-Leistungserbringer zunehmend unter Wettbewerbsdruck. Interne Kontraktionszwänge werden aufgehoben und die IT-Abteilungen müssen zeigen, dass sie konkurrenzfähig sind. Mit Hilfe des IT-Servicemanagements versuchen sowohl externe IT-Dienstleister als auch interne IT-Abteilungen kundengerechter und gleichzeitig effizienter zu werden. Dabei orientieren sich die Verantwortlichen an der im Bereich IT-Servicemanagement entstandenen »Best Practice« IT Infrastructure Library (ITIL) (siehe Kapitel 9).

Obwohl in diesem Framework konkret beschrieben wird, wie ein ideales IT-Servicemanagement aussehen sollte, tun sich die Unternehmen schwer, diesen Optimalzustand zu erreichen. Fallstudien über bereits durchgeführte IT-Servicemanagement-Projekte können den Unternehmen helfen, sowohl positive als auch negative Erfahrungen anderer für sich zu nutzen.

Die vorliegende Fallstudie erläutert die Ausgangssituation, Projektdurchführung und die Situation nach der Durchführung der ITIL-Initiative im Bereich Service-Support bei der KfW-Bankengruppe. Dabei werden die Zustände vor und nach Projektdurchführung auf den drei Ebenen des Business Engineering [Österle et al. 1995] beschrieben. Auf der Strategieebene wird die grundsätzliche Ausrichtung und Sichtweise der IT-Abteilung behandelt, während auf der zweiten Ebene (Prozessebene) die konkreten Prozesse dargestellt werden. Die Systemebene beschreibt, welche Tools zur Unterstützung der Prozesse verwendet werden. Abschließend wird in der Fallstudie auf kritische Erfolgsfaktoren und Vor- bzw. Nachteile der IT-Servicemanagement-Initiative eingegangen.

10.2 Unternehmen

10.2.1 Überblick

1948 als Kreditanstalt für Wiederaufbau gegründet, gibt die KfW-Bankengruppe weltweit Impulse für Wirtschaft, Gesellschaft und Ökologie. Mit ihren langfristigen, zinsgünstigen Krediten fördert die KfW zum Beispiel den Mittelstand. Außerdem stimuliert sie Innovationen und den Beteiligungskapitalmarkt, treibt den Umweltschutz voran und unterstützt den Ausbau der kommunalen Infrastruktur. Mit ihren Förderprogrammen verhilft die KfW immer mehr Menschen zu Wohneigentum und finanziert die Modernisierung von Wohnraum. Der Schutz von Umwelt und Klima ist dabei ein wichtiger Leitgedanke, dem die Bank bei sämtlichen Aktivitäten quer durch alle Geschäftsfelder folgt. Im Rahmen der Export- und Projektfinanzierung unterstützt die KfW weltweit Projekte von deutschem und europäischem Interesse. Darüber hinaus unterstützt die KfW Entwicklungs- und Reformländer durch die finanzielle Zusammenarbeit mit den staatlichen Institutionen, während ihre Tochter DEG den Aufbau privatwirtschaftlicher Strukturen im Fokus hat. Als Berater des Bundes liefert die KfW das Know-how bei der Privatisierung von Bundesunternehmen; Beispiele sind die Deutsche Telekom AG oder die Deutsche Post AG. Hinzu kommen weitere Aufgaben im öffentlichen Auftrag, z. B. die Entschädigungseinrichtung der Wertpapierhandelsunternehmen (EdW).

Mit einer Bilanzsumme von 304 Mrd. Euro und 3.600 Mitarbeitern (Stand 31.12.2002) gehört die KfW zu den zehn größten Banken Deutschlands. Dabei sind die Anteilseigner zu 80 % der Bund und zu 20 % die Länder.

Im Jahre 2003 fusionierte die KfW mit der DtA (Deutsche Ausgleichsbank), um die Förderaktivitäten beider Banken zu vereinen. Nach der Fusion werden durch den gemeinsamen IT-Bereich ca. 4.150 PCs und Notebooks betreut sowie ca. 565.000 Onlinetransaktionen pro Tag abgewickelt.

10.2.2 Herausforderung im Wettbewerb

Im Zuge der problematischen weltwirtschaftlichen Situation ist der Kostendruck auf die Banken enorm gestiegen. Vor diesem Hintergrund ist die sehr IT-lastige Bankenbranche darauf bedacht, ihre IT-Kosten zu senken, wie jüngste Beispiele von großen IT-Outsourcing-Deals des Bankensektors bezeugen.

Neben der Kostensenkung stehen in der Zielvorgabe für den IT-Bereich der KfW die Erreichung einer qualitativ hochwertigen IT-Leistung und die Sicherstellung, dass die IT auch den zukünftigen Anforderungen komplexer und zunehmend IT-durchdrungener Geschäftsprozesse gewachsen ist. Neben den internen IT-Business-Drivern wirken sich externe Einflüsse auf die Stoßrichtung der IT-Strategie aus. Hier sind z. B. der Wettbewerb mit anderen Banken, die Ausrichtung der Rechnungslegung an den International Accounting Standards (IAS) und die Berücksichtigung des Basel-II-Abkommens zu nennen. Hinzu kommen Veränderungen der Konzernstruktur (z. B. Fusion mit der DtA, Ausgliederung der Export- und Projektfinanzierung), die für die IT zusätzlichen Integrationsaufwand bedeuten bzw. eine neue Gestaltung der Dienstleistungsbeziehung zur Folge haben (z. B. eine verursachungsgerechte Leistungsverrechnung für ausgelagerte Organisationseinheiten).

Veränderungen sowohl bei internen als auch externen Anforderungen an die IT, aber auch neue Technologien und der dynamische IT-Markt generell führten zu steigender Komplexität der Infrastruktur. In den letzten zehn Jahren hat sich der EDV-Betrieb der KfW von einem reinen Großrechnerbetrieb zu einem sehr komplexen Mischbetrieb mit einer Vielzahl verschiedener Server und Plattformen entwickelt. Gleichzeitig stieg das Personal im Betriebsbereich auf etwa das Sechsfache an. Die im Großrechnerumfeld immer schon vorhandenen klaren Rollen, Zuständigkeiten und Arbeitsabläufe wurden aber – ähnlich wie bei vielen Unternehmen – nicht in gleichem Maße auf die neue IT-Landschaft übertragen, was zu einer Zersplitterung des Betriebes und zu teilweise ineffizienten Zuständigkeitsverteilungen führte. Viele Arbeitsabläufe wurden von verschiedenen Mitarbeitern auf unterschiedlichste Weise durchgeführt.

Die Lösung dieser Probleme erfolgte im Rahmen einer IT-Servicemanagement-Offensive. Dabei wurde eine Neuausrichtung der IT-Betriebsprozesse vorgenommen, um die Serviceorientierung zum Nutzen der Kunden und des Unternehmens zu forcieren. Als Richtlinie für die serviceorientierte Umgestaltung der IT-Prozesse diente die IT Infrastructure Library (ITIL), mit der ein technologieunabhängiges Best-Practices-Framework vorliegt.

10.3 Ausgangssituation

Zunächst soll die Ausgangssituation bei der KfW-Bankengruppe auf den drei Ebenen Strategie, Prozesse und Systeme betrachtet werden. Abbildung 10-1 zeigt in einer Übersicht die wesentlichen Eigenschaften der Ausgangssituation.

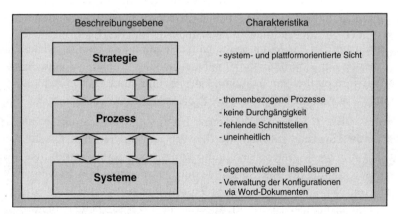

Abb. 10-1: Kurzübersicht der Ausgangssituation der KfW

10.3.1 Strategie

Bisher herrschte bei der KfW eine system- und plattformorientierte Sicht vor. Eine bereichsübergreifende Strategie für das IT-Servicemanagement (ITSM) war nicht vorhanden, und die IT-Wertschöpfungskette im Sinne einer End-to-End-Betrachtung der IT-Prozesse aus Sicht des Kunden wurde nicht berücksichtigt.

10.3.2 Prozesse

Die IT-Prozesse der KfW waren themenbezogen und nicht durchgängig gestaltet. So gab es einen Help Desk sowie Incident-Management- und Change-Management-Prozesse. Allerdings waren diese nicht klar definiert und nicht integriert. Das heißt, im Help Desk eingehende Meldungen (Incidents) wurden nicht systematisch nach festen Regeln priorisiert, klassifiziert und dementsprechend weniger effizient bearbeitet. Im Second-Level-Support waren keine Zuordnungsgruppen mit garantierter Erreichbarkeit zur Bearbeitung der weitergeleiteten Meldungen definiert. Doppelarbeit und falsche Weiterleitungen waren die Folge. Zudem waren die Arbeitsabläufe uneinheitlich gestaltet. Änderungen an der Infrastruktur wurden gemäß individuellem Urteilungsvermögen vorgenommen und umgesetzt. Eine Risikoanalyse oder Evaluation der Auswirkungen fand selten statt. Auch der Genehmigungsprozess bei schwerwiegenden Änderungen (Changes) lief nicht einheitlich und standardisiert ab.

Eine zentrale Konfigurationsdatenbank war vor der ITSM-Initiative nicht vorhanden. Die IT-Komponenten und deren Attribute wurden mit Hilfe von Word-Dokumenten und vereinzelten, dezentralen Datenbanken verwaltet. Die Relationen zwischen den einzelnen IT-Komponenten waren unzureichend dokumentiert, so dass die Auswirkungen von Änderungen nur durch den Erfahrungsschatz der Mitarbeiter bestimmt werden konnten.

10.3.3 Systeme

Vor Einführung der ITSM-Initiative gab es eigenentwickelte Insellösungen zur Unterstützung der Teilprozesse. So verwendete das Help Desk eine eigenentwickelte Software, wobei eine standardisierte Schnittstelle zu den dahinter liegenden Second- und Third-Level-Support-Prozessen nicht vorhanden war.

10.3.4 Leidensdruck

Das Wissen und die Fähigkeiten der Mitarbeiter sowie die Toolausstattung wiesen dieselbe Zentrierung auf. Eine plattformübergreifende Gesamtsicht und durchgehende Analyse der IT-Managementprozesse war nicht möglich, was eine übergreifende Koordination und Überwachung der Managementprozesse erschwerte. Ein Reporting wurde so gut wie gar nicht durchgeführt. Entsprechende Maßnahmen zur Professionalisierung des IT-Bereiches waren aufgrund des bereits erwähnten

Trends zunehmender Komplexität unabdingbar geworden. Dabei stellte insbesondere der Bereich der Offenen Systeme (Open Systems) eine große Herausforderung dar. Während im Mainframe-Bereich für die Prozesse bereits etablierte und bewährte Verfahren einer plattformübergreifenden und toolunterstützten Betriebsweise vorzufinden waren, war der Betrieb der Open-Systems-Welt durch Ineffizienz und Intransparenz gekennzeichnet. Ziel war es, unabhängig von Systemen und IT-Landschaften einheitliche, transparente und effiziente Prozessabläufe zu etablieren.

10.4 Projekt

10.4.1 Ziele

Ziel der IT-Servicemanagement-Initiative war die Optimierung der Ablauforganisation im gesamten Betriebsbereich. Dabei sollte eine Matrixorganisation entstehen, in der die bestehenden technischen Säulen (Server, Netzwerk etc.) durch Querprozesse (Help Desk, Produktionsmanagement, IT-Servicemanager) gesteuert werden. Die Gestaltung der Querprozesse war entsprechend des ITIL-Frameworks an den mit dem Kunden vereinbarten IT-Services auszurichten.

Die IT-Servicemanagement-Offensive sollte in mehreren – in sich abgeschlossenen – Teilprojekten realisiert werden. In einem ersten Schritt sollten im Projekt »IT-Servicemanagement I« (ITSM1) die organisatorische, personelle und systemtechnische Basis für das IT-Servicemanagement aufgebaut und die wichtigsten Betriebsprozesse überarbeitet werden. In dieser Phase wurden die ITIL-Prozesse Incident-, Problem-, Change- und Configuration-Management eingeführt. In Folgeprojekten sollten dann – ausgehend von den Ergebnissen des ITSM1-Projektes – weitere Servicemanagementprozesse implementiert werden (IT-Service-Continuity-, Security-, Financial- und Service-Level-Management) sowie Daten und Tools zur automatisierten Unterstützung des Systembetriebs integriert werden. Abb. 10-2 zeigt die Vorgehensweise in jedem Teilprojekt.

Abb. 10-2: *Klassischer Ablauf der ITSM-Projekte*

10.4.2 Durchführung

Der Projektentscheid wurde von der IT-Leitung getroffen, wobei der Gesamtprojektleiter der ITIL-Projekte der IT-Stabsstelle »IT-Planung und Steuerung« zugeordnet ist. Nach Planung des Projektablaufs und der Aufstellung des Projektteams erfolgte zunächst die Ist-Aufnahme und Analyse der bestehenden Betriebsprozesse und Tools. Dabei wurden für das ITSM1 zwei Projektteams gebildet. Ein Team war für Incident- und Problemmanagement, das andere Team für Change- und Configuration-Management zuständig.

In einem weiteren Schritt wurden die Soll-Prozesse definiert, wobei man sich aus Gründen der operationalen Risikominimierung im Wesentlichen an den ITIL-Prozessen orientiert hat. Zur Generierung des ITIL-Know-how wurden externe Berater hinzugezogen. Für alle beteiligten Mitarbeiter wurde eine eineinhalbtägige Grundlagenschulung für die unternehmensrelevanten ITIL-Prozesse durchgeführt. Parallel zum Prozessdesign wurde die Toolentscheidung getroffen. Dabei war das Kriterium der Integration der einzelnen ITIL-Prozesse der wesentliche Entscheidungsfaktor. Anschließend wurde der IT-Service-Katalog erstellt, wobei mit der IT-Leitung ein Produktportfolio von über 50 Produkten abgestimmt wurde. Gleichzeitig wurde die gewählte Servicemanagement-Plattform implementiert, damit die Soll-Prozesse und -Organisation in diesem abgebildet werden konnten. Nach einer Einweisung der Mitarbeiter erfolgte dann eine kurze Pilotphase eines ausgewählten IT-Services, wonach dann die Umsetzung auf die restlichen IT-Services erweitert wurde. Die praktische Umsetzung der neuen Betriebsprozesse in einem Teilbereich des IT-Betriebs (Pilotphase mit einem ausgewählten IT-Service) war jedoch aufgrund der IT-Service-übergreifenden Vernetzung der IT-Komponenten in der Praxis problematisch und für die Mitarbeiter teilweise verwirrend, da diese während der Pilotierungsphase für unterschiedliche Services unterschiedliche Prozesse zu befolgen hatten. Aus diesem Grund wurde die Probephase schnell auf alle IT-Services ausgedehnt, d. h., die neuen Betriebsprozesse wurden in vollem Umfang produktiv gestellt.

10.5 Neue Lösung

Im Folgenden wird die neue Lösung der KfW-Bankengruppe im Bereich Service-Support geschildert. Dabei zeigt Abb. 10-3 die wichtigsten Merkmale auf den drei Ebenen Strategie, Prozesse und Systeme.

10.5 Neue Lösung

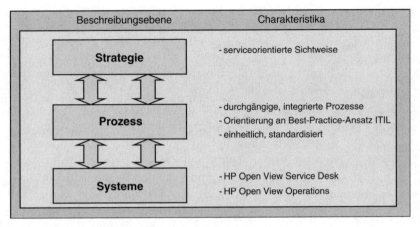

Abb. 10-3: Kurzübersicht über die neue Lösung der KfW

10.5.1 Strategie

Innerhalb des IT-Bereiches ist ein prozess- und bereichsübergreifendes Verständnis der IT-Leistungserbringung vorgesehen. Nicht die Systeme und die Technologien stehen im Vordergrund, sondern die Servicepakete, die an den Kunden geliefert werden. Dabei werden die Schnittstellen und das Zusammenspiel der einzelnen Prozesse berücksichtigt und einheitliche, standardisierte Arbeitsfolgen (Workflows) definiert. Der Ablauf der serviceorientierten Prozesse soll nach ITIL erfolgen.

10.5.2 Prozesse

Im Rahmen des ITSM1 wurden bisher die Prozesse Incident- und Change-Management erfolgreich umgesetzt. Problem- und Configuration-Management sind zwar eingeführt, jedoch noch nicht ausreichend im täglichen Betrieb verankert, d. h., ein großer Teil der Probleme und relevanter Komponenten sind nicht in den Problem- bzw. Configuration-Management-Systemen enthalten. Um diese Zustände zu ändern, werden derzeit Optimierungsmaßnahmen durchgeführt.

Das Incident-Management läuft entsprechend des ITIL-Frameworks entlang des First-, Second- und Third-Level-Supports. Dabei wird im First-Level-Support zwischen Service-Calls (also Benutzeranfragen) und Incidents (Störungen zentraler technischer Systeme, häufig mit Hilfe von HP OpenView Operations erkannt) unterschieden. Benutzeranfragen sind je nach Art der Anfrage spezifisch zu bearbeiten. Störungen werden, entsprechend der Anzahl der betroffenen Arbeitsplätze und der Wichtigkeit der betroffenen Komponenten, Prioritäten zugewiesen, wobei für jede Prioritätskategorie bestimmte Regelungen für Reaktionszeiten, Statusberichte und Eskalationszeitpunkte definiert sind. Der Incident-Management-Prozess hat zur Aufgabe, entsprechend der definierten Reaktionszeiten eine geeignete Lösung oder zumindest eine Umgehungslösung zur Verfügung zu stellen.

Die einer Störung zugrunde liegende Ursache ist gegebenenfalls im Rahmen des Problemmanagements zu analysieren und zu beheben. Diese Problembearbeitung erfolgt in der Praxis auch; den Mitarbeitern ist dabei aber noch nicht so bewusst, dass dies Teil des Problemmanagements ist. Daher werden die Ursachen der Störungen zwar bearbeitet, die hierfür verantwortlichen Probleme aber nicht zentral dokumentiert. Eine Bestandsaufnahme hat gezeigt, dass im Betrachtungszeitpunkt zwar ca. 60.000 Störungen (Incidents), aber nur ca. 100 Probleme (Problems) im System erfasst sind. Diese Relation von Incidents zu Problems im Verhältnis von 600:1 lässt vermuten, dass das Problemmanagement noch nicht genügend im Lösungsprozess verankert ist.

Der Change-Management-Prozess erfolgt ebenfalls entsprechend der im ITIL-Framework definierten Prinzipien. Dabei entsteht durch die Erstellung des Changes ein zusätzlicher Aufwand von ca. fünf Minuten. Anschließend werden die Changes in Abhängigkeit von ihren Auswirkungen und ihrer Dringlichkeit klassifiziert. Abb. 10-4 gibt einen Anhaltspunkt, welcher Klasse ein Change voraussichtlich angehören wird und wie der weitere Verlauf des Genehmigungs- und Freigabeverfahrens aussieht.

Change		Verantwortung	
		Change-Dringlichkeit	
Change-Kategorie	Selektions-Kriterium	Change geplant (normal)	Change ungeplant (dringend)
Routine-Change	1. Change ist in der Liste der Routine-Changes (Kriterien für einen Routine-Change: 1 Bis zu 5 PC-Arbeitsplätze sind betroffen und 2 keine zentrale Komponente eines kritischen Services oder eines Services mit SLA ist betroffen und 3 die dafür vordefinierte verbindliche Vorgehensweise ist im Tool hinterlegt)	Change-Verantwortlicher	
Kategorie 1	1. Bis zu 50 aktive PC-Arbeitsplätze sind betroffen und 2. keine zentrale Komponente eines kritischen Services oder eines Services mit SLA ist betroffen	Change-Koordinator	Vertretungsweise: EC
Kategorie 2	1. Mehr als 50 aktive PC-Arbeitsplätze sind betroffen oder 2. eine zentrale Komponente eines kritischen Services oder eines Services mit SLA ist betroffen	Change-Advisory Board (CAB)	Emergency-Committee (EC)

Abb. 10-4: *Überblick Change-Management der KfW*

Die Basis für das Change-Management und eine Change-spezifische Risikoanalyse soll in Zukunft die Configuration-Management-Datenbank (CMDB) bilden. Derzeit ist eine Verknüpfung der Prozesse Change- und Configuration-Management noch nicht umgesetzt, da die CMDB noch zu unvollständig ist. Derzeit werden Server, zum Teil zentrale Komponenten, wie TK und Netzwerke, und ein Teil der definierten IT-Services als Configuration-Item (CI) in der Datenbank verwaltet. In naher Zukunft ist die Übernahme aller PCs aus der Inventurdatenbank geplant. Obwohl mittlerweile ca. 18.000 CIs definiert sind, stellt die Identifikation der Beziehungen zwischen den CIs und den im IT-Service-Katalog definierten IT-Services noch eine große Herausforderung dar, und genau diese Beziehungen zwischen CIs und den IT-Services sind erfolgskritisch. Dabei soll eine Art Servicebaum-Architektur abgebildet werden (siehe Abb. 10-5), die eine automatisierte Risikoanalyse bei Änderungen an bestimmten Servicekomponenten ermöglicht und die Bestimmung der Auswirkungen von Störungen auf die zu liefernden IT-Services zulässt.

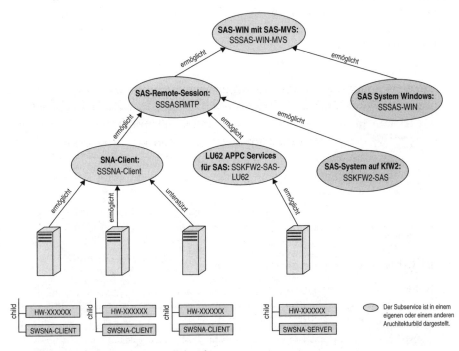

Abb. 10-5: Service-Architekturmodell der KfW

Jede in dem Architekturmodell abgebildete Komponente soll als CI in der CMDB verwaltet werden. Zusätzlich werden für jedes CI bestimmte Attribute und die Relationen zu anderen CIs hinterlegt.

10.5.3 Systeme

Zur Unterstützung der neu eingeführten Prozesse wird HP OpenView Service Desk eingesetzt. Grund für diese Entscheidung war der hohe Integrationsgrad der ITIL-Prozesse. Durch das eingesetzte Tool können sowohl Incident-, Problem-, Change- und Configuration-Management als auch die im Rahmen von Folgeprojekten einzuführenden Prozesse unterstützt werden. HP OpenView Operations kommt parallel dazu zur technischen Überwachung des Systembetriebs im Open-Systems-Bereich zum Einsatz, d. h., mit einer zentralen Plattform werden wesentliche Server-, Datenbank- und Applikationsparameter überwacht.

10.5.4 Geplante Weiterentwicklungen

Neben der bereits erläuterten Weiterentwicklung der CMDB und der weiteren Forcierung des Problemmanagements sollen im Rahmen von Folgeprojekten die Prozesse Continuity-, Security-, Financial- und Service-Level-Management implementiert werden.

10.6 Erkenntnisse

ITSM-Projekte sind schwierig und teuer. Insbesondere der Veränderungsprozess ist durch ein konsequentes Veränderungsmanagement (Management of Change) zu begleiten und darf nicht unterschätzt werden. Mittlerweile sind bei der KfW die Prozesse Incident-, Problem-, Change- und Configuration-Management eingeführt und werden kontinuierlich optimiert, insbesondere die Prozesse Problem- und Configuration-Management. Während das Problemmanagement den Mitarbeitern stärker bewusst gemacht werden muss, stellen beim Configuration-Management logisch-konzeptionelle Herausforderungen große Barrieren dar. Folgende kritische Erfolgsfaktoren sollten bei der Umsetzung eines solchen IT-Servicemanagement-Projekts berücksichtigt werden.

10.6.1 Kritische Erfolgsfaktoren

Menschliche Aspekte spielen bei Reorganisationsprojekten eine wichtige Rolle, da nur mit Unterstützung der betroffenen Mitarbeiter ein Erfolg erzielt werden kann. Dabei bilden sowohl verschiedene Ängste als auch fehlendes Verständnis für die Notwendigkeit einer Veränderung schwerwiegende Barrieren.

- **Erwartungsmanagement:** Bei Initiierung des Projektes wurden sämtliche Probleme, sei es in prozessualer oder in organisatorischer Hinsicht, auf die Initiative zur Reorganisation der Betriebsprozesse projiziert. Die Erwartungshaltung der Mitarbeiter und des Managements war übertrieben hoch. Aus diesem Grund wird im ITIL-Framework ein projektbegleitendes Erwartungsmanage-

ment empfohlen. Auf kontinuierlicher Basis müssen die realistischen Ziele der Initiative kommuniziert werden.
- **Veränderungsmanagement (Management of Change):** Ein großes Problem bei der Einführung der neuen Prozesse stellt die Mitarbeiterakzeptanz und -einbindung dar. Der fehlende akute Leidensdruck macht es für viele Mitarbeiter unverständlich, warum die Prozesse reorganisiert werden sollten. Insbesondere bei technisch orientierten Mitarbeitern fehlt häufig eine grundsätzliche Akzeptanz von organisatorischen Veränderungen. »Der IT-Betrieb funktioniert ja.« Die Schwierigkeit liegt darin, den Mitarbeitern die Notwendigkeit zu vermitteln, sich schon jetzt für zukünftige Herausforderungen an die IT zu positionieren und gegebenenfalls neu auszurichten. Zur Behebung dieser Barrieren ist eine umfassende, dauerhafte Kommunikationsinitiative durchzuführen. Mit Hilfe von Newslettern, Workshops, Gruppenmeetings etc. müssen die langfristige Strategie und die Benefits der ITIL-Prozesse zur Zielerreichung aufgezeigt werden. Eine besondere Herausforderung stellt dabei die grundsätzliche Neuorientierung an IT-Services dar, da die Mitarbeiter meist organisatorisch nach technischen Säulen (Netzwerke, Software, Hardware etc.) aufgeteilt sind. Dabei ist der Erfolg einer solchen Initiative unter anderem von der Unternehmenskultur abhängig. dies kann nur in einer offenen und vertrauensvollen Atmosphäre gelingen. Der Verdacht auf versteckte Leistungskontrolle mit Hilfe toolgestützter Workflows kann die ablehnende Haltung gegenüber einem solchen Projekt zusätzlich fördern. Um den Mitarbeitern die Skepsis zu nehmen, sind klare Worte der IT-Leitung unabdingbar.
- **Unterstützung durch das Management (Management-Attention):** Die Unterstützung des Projektes durch das Management ist erfolgentscheidend, da somit die Bereitstellung der für die Umsetzung des Projektes notwendigen Ressourcen gesichert wird.

Projektgestalterische Aspekte, wie z. B. die Bildung eines geeigneten Projektteams oder die optimale Dauer eines solchen Projektes, sind im Zusammenhang mit der Projektqualität und nachhaltiger Motivation zu berücksichtigen.

- **Trennung von Betrieb und Projektarbeit:** Zur Unterstützung des Incident-Managements werden Experten des IT-Bereichs, die schwerpunktmäßig Projektarbeit betreiben, auf Teilzeitbasis in den Second-Level-Support eingebunden. Eine strikte Trennung zwischen Betrieb und Projektarbeit ist somit nicht vorhanden, jedoch für die Aktualität des Expertenwissens förderlich. Zur Priorisierung der unterschiedlichen Tätigkeiten sollte grundsätzlich geregelt werden, dass die Aufrechterhaltung des laufenden Betriebs (z. B. Störungsbeseitigung) Vorrang vor Projektarbeit hat.
- **Externe Berater:** Das Management of Change kann nur intern gesteuert werden. Die hierfür notwendigen Kommunikationsaufgaben würden als Initiative von externen Beratern unglaubwürdig erscheinen, da diese in der Kürze ihrer

Zusammenarbeit mit den Mitarbeitern nicht die notwendige Akzeptanz erfahren können.
- **Kurze Projektlaufzeiten:** Durch kurze, zielorientierte, in sich abgeschlossene Teilprojekte kann der Motivationspegel, sowohl der Sponsoren als auch der Mitarbeiter, hoch gehalten werden. Dabei muss das Erreichte und der daraus generierte Nutzen kommuniziert werden. Schnelle Erfolge (Quick Wins) sind aufzuzeigen und parallele Organisationsprojekte sind aufgrund der Gefahr von Überlastungen zu vermeiden.
- **Projektteam:** Die Mitarbeiter des Projektteams sollten gute »Soft-Skills« haben, repräsentativ sein und Durchsetzungskraft besitzen. Dabei ist das Projektteam möglichst klein zu halten und die Meinungsmacher sollten eingebunden werden. Diese Maßnahmen fördern die Akzeptanz der Mitarbeiter sowie des Managements.

Prozessgestalterische Aspekte sind für die nachhaltige Qualitätssicherung und Erfolgsgarantie der IT-Servicemanagement-Initiative wesentliche Einflussfaktoren.

- **Nachhaltigkeit:** Auch nach Einführung der neuen IT-Servicemanagement-Prozesse muss deren «Leben» kontinuierlich sichergestellt werden. Das heißt, für die Mitarbeiter müssen Anreize geschaffen werden, z. B. sind Änderungen mit Hilfe der implementierten Lösung und entsprechend der definierten Prozesse vorzunehmen. Dabei empfiehlt es sich, Ziele mit den Mitarbeitern zu vereinbaren, in denen unter anderem die Einhaltung der ITIL-Prozesse gefordert wird, woran sich auch die Bewertung der Leistung und das Gehalt des Mitarbeiters knüpfen.
- **Serviceorientierung:** Entscheidend bei der Umgestaltung der Prozesse ist die Serviceorientierung. Ein Umdenken der Mitarbeiter muss stattfinden und die vorhandene Ausrichtung an Systemen muss einem kundenorientierten Servicedenken weichen. Nicht mehr die Technologien dürfen im Vordergrund stehen, sondern die mit dem Kunden vereinbarten IT-Services. Dabei ist ein möglichst einfaches Prozessmodell zu verwenden, welches den Servicegedanken widerspiegelt und die Aktivitäten zur Erreichung der Serviceorientierung für den Mitarbeiter veranschaulicht.
- **Qualitätssicherung:** Um die Erreichung einer serviceorientierten IT-Organisation nachhaltig zu sichern, sind regelmäßige Prozessprüfungen durchzuführen und unter gegebenen Umständen entsprechende Verbesserungsmaßnahmen vorzunehmen.
- **Trennung von operativen und prozessgestalterischen Aufgaben:** In der Praxis bewährt es sich häufig, zwischen IT-Service-»Koordinatoren« und IT-Service-»Managern« zu unterscheiden. Koordinatoren sind für die operativen Servicemanagementaufgaben im Tagesgeschäft zuständig, während die Manager die

Prozessverantwortung tragen und Aufgaben des Prozesscontrollings, wie z. B. die Prozessprüfungen, wahrnehmen.

- **Toolunterstützung:** Insbesondere eine prozessübergreifende Systemunterstützung fördert ein effizientes Ablaufen der IT-Servicemanagement-Prozesse. Dabei sind auch automatische Schnittstellen zu Personal- und Organisationsdatenbanken von großem Nutzen.

Im Zusammenhang mit der Ausgestaltung des **Configuration-Managements** gibt es spezifische Faktoren zu berücksichtigen, die einer eher konzeptionellen Problematik entsprechen.

- **CMDB:** Im Zusammenhang mit der Einführung der Configuration-Management-Datenbank (CMDB) hat sich insbesondere die richtige Dimensionierung der Datenbank als kritisches Entscheidungskriterium herausgestellt. Nur wenn die Gesamtheit der in die IT-Service-Infrastruktur involvierten Configuration-Items (CI) in einer sinnvollen Granularität erfasst ist, kann die CMDB den Zweck der Bereitstellung einer wertvollen Informationsbasis erfüllen. Wird z. B. die Gesamtheit aller PCs unter einem einzigen CI verwaltet, so können Änderungen an einem bestimmten PC und die entsprechenden Auswirkungen nicht bestimmt und gesteuert werden. Allerdings muss die Gefahr einer überdimensionierten Datenbank berücksichtigt werden. Die Erfassung jeder »Schraube« eines PCs macht z. B. nicht viel Sinn, da bei zu detaillierter Strukturierung der CIs der Pflegeaufwand enorm zunimmt, dadurch die Fehlerwahrscheinlichkeit steigt und die Pflegekosten in einem ungünstigen Verhältnis zum Nutzen stehen.
- **Configuration-Management:** Die übertriebene Erwartungshaltung traf insbesondere für das Configuration-Management zu. Bei der Einführung des Configuration-Managements kam es zunächst darauf an, das generische Modell und die notwendigen Prozesse für die Erfassung und dauerhafte Pflege der Konfigurationsdaten zu definieren. Die KfW-spezifische Identifizierung der Configuration-Items und Abbildung der Relationen in dieser Datenbank sollte anschließend im laufenden Betrieb erfolgen. Ein Jahr nachdem die Configuration-Management-Datenbank eingerichtet wurde, ist diese trotz 18.000 verwalteter CIs immer noch unvollständig. Insbesondere die strukturierte Abbildung der IT-Services, d. h. konkret der Relationen zwischen den CIs, verursacht nicht unerhebliche Aufwände. Daher sollte für die Identifizierung der Gesamtheit aller CIs und deren Beziehungen zueinander gegebenenfalls ein eigenes Projekt aufgesetzt werden.

10.6.2 Kosten und Nutzen

Die Auswirkungen der IT-Servicemanagement-Initiative sind nur äußerst ungenau und daher wenig aussagekräftig ermittelbar. Auf die fiktive Errechnung eines quantitativen Nutzens wurde daher bewusst verzichtet. Es handelte sich bei der ITIL-Initiative der KfW um ein langfristiges Projekt, bei welchem aus Dringlichkeitsgründen auf eine Investitionsrechnung verzichtet wurde. Daher soll im Folgenden die Diskussion der Vor- und Nachteile der ITIL-Einführung auf einer qualitativen Basis geführt werden.

Nachteile

Der Projektaufwand für das ITSM1-Projekt war im Vergleich zu anderen Infrastrukturprojekten relativ hoch. Dabei sind vor allem folgende Aufwandsarten zu nennen:

- Interner Personalaufwand
- Externe Dienstleistungen (insbesondere Beratung)
- Initialisierungsaufwand für die Konfigurationsdatenbank
- Softwarelizenzen
- Abstimmungsaufwand

Vorteile

- Die IT-Systeme stellen für die KfW in betrieblicher und wirtschaftlicher Hinsicht eine erfolgskritische Ressource dar. Deswegen müssen sie mit ihren sämtlichen Komponenten so überwacht, gepflegt und gesteuert werden, dass ein durchsatzstarker, störungsfreier Betrieb dieser Systeme kontinuierlich gewährleistet ist. Das Projekt ITSM 1 stellte hierzu die notwendigen Verfahren und Betriebsmittel bereit. Es schaffte damit die Voraussetzungen für die professionelle Bewältigung der künftigen Herausforderungen an den IT-Betrieb der KfW im Zuge ihrer geschäftspolitischen Expansion.
- Die Optimierung der Ablauforganisation erhöht die Effizienz der IT-Betriebsprozesse.
- Die im Rahmen dieses Projektes installierten Kontrollsysteme tragen durch die proaktive Ressourcenüberwachung zur Vermeidung von Fehlerzuständen bei.
- Durch das schnellere Erkennen von Fehlersituationen und deren toolunterstützte Bearbeitung wird die Verfügbarkeit der Systeme in den Fachbereichen erhöht.
- Durch eine schnellere Analyse fehlerhafter Komponenten und ein gezielteres Heranziehen der zuständigen Experten werden die internen Aufwände zur Beseitigung von Fehlerzuständen verringert und nicht betroffene Experten nicht unnötig eingebunden.
- Durch den ITIL-konformen Ausbau des Operations-Managements können Routineaufgaben teilweise von den Administratoren des Open-Systems-Bereichs zu den Operatoren verlagert werden.

- In diesem Projekt wurden Grundlagen für den Abschluss von Service Level Agreements (SLAs) mit den Kunden sowie für eine interne Leistungsverrechnung und Budgetierung geschaffen.
- Die Mitarbeiter des Produktionsmanagements können bei gleichem Ausbildungsstand mehr Komponenten überwachen als bisher.
- Obwohl durch die neuen Prozesse eher erhöhter Aufwand für die Mitarbeiter entsteht, wurden zusätzliche Mitarbeiterkapazitäten im Zuge der ITIL-Einführung nicht benötigt. Dies kann durch einen erhöhten Leistungsdruck erklärt werden. Lediglich eine halbe Stelle für den Change-Koordinator ist hinzugekommen.
- Die weiter stark steigende Anzahl von IT-Komponenten kann auch zukünftig zuverlässig betrieben werden, ohne dass die Anzahl der hierfür zuständigen Mitarbeiter in gleichem Maße steigt.
- Das Risiko des Ausfalls von IT-Komponenten wird reduziert und somit auch das Gesamtrisiko der Bank.
- Das Bewusstsein für Änderungen ist durch die Einführung des ITIL-konformen Change-Management-Prozesses gestiegen. Dadurch wird eine Qualitätssicherung bei der Durchführung von Änderungen gewährleistet. Die logische Folge sind weniger Ausfälle aufgrund von nicht berücksichtigten Auswirkungen der Änderungen.

11 Innovative Preis- und Verrechnungsmodelle für IT-Leistungen

Wilhelm Külzer, Deutsche Telekom
Thorsten Krause, Dieter Buller, T-Systems CDS

11.1 Die wachsende Bedeutung der IT für die Telekommunikationsunternehmen

Während IT-Systeme in vielen Branchen auch heute noch die geschäftlichen Aktivitäten nur unterstützen, hat insbesondere in Unternehmen des Telekommunikationssektors die Bedeutung der IT drastisch zugenommen. Hier sind die Herstellung und Bereitstellung zentraler Geschäftsprodukte ohne IT nicht mehr möglich. Die IT ist somit der eigentliche Enabler für neue Produkte (siehe Abb. 11-1).

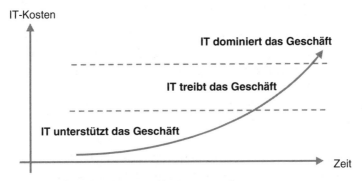

Abb. 11-1: *Bedeutung der IT für Telekommunikationsunternehmen*

Während technikbasierte Anschlussprodukte wie ein ISDN- oder DSL-Anschluss (Digital Subscriber Line) für die Einrichtung eine Unterstützung durch IT-Systeme benötigen, so ist die Bereitstellung des Produkts im Anschluss an den Kundenauftrag und die spätere Abrechnung ohne unterstützende IT-Systeme nicht mehr möglich. Tarifbasierte Produkte wie Optionstarife (z. B. der Aktiv Plus Tarif der Deutschen Telekom) sind ohne IT-Systeme nicht mehr kalkulierbar.

In den vergangenen Jahrzehnten wurde die IT schrittweise eingeführt, um die Arbeit in Abteilungen und Bereichen einer Firma zu unterstützen und damit zu automatisieren. Dabei wurden Arbeitsprozesse vereinfacht und die Handhabung großer Datenmengen (wie z. B. der Kundendaten) erleichtert. Es war somit nur konsequent, IT-Systeme zuerst in den Customer-Care- und Billing-Bereichen einzusetzen. Die IT-Systeme in der Telekommunikationsbranche unterstützten

- die **Herstellung von Basisprodukten** der Telekommunikation (Anschlüsse, Ports etc.),
- die **Bereitstellungsprozesse der Marktprodukte** für die Kunden und
- die anschließende **Abrechnung** inklusive
- des **Debitorenmanagements**.

Die Folge dieser abteilungsweisen Einführung von IT-Systemen war die fast ausschließliche Unterstützung der Wertschöpfungsprozesse dieses Bereichs. Die Fachabteilungen waren Auftraggeber und Nutzer der IT-Systeme, wodurch die Weiterentwicklung der Systeme nur zur Optimierung der jeweiligen Teilprozesse erfolgte. Hinzu kam die erhebliche Komplexität der ersten IT-Lösungen. Daher wurden zunächst nur Handlungs- und Rationalisierungsschwerpunkte durch IT-Systeme abgedeckt. Erst später wurde die Relevanz der vollständigen Geschäftsprozesse erkannt, die sich aus der Folge aller Teilprozesse ergab. Zu diesem Zeitpunkt waren jedoch schon etliche IT-Systeme und Schnittstellen entstanden.

11.2 Bisherige Strukturen der IT-Kosten

Die Kosten für die IT-Systeme setzen sich bis heute aus der Summe der Kosten für die Einzelsysteme inklusive aller Kosten für die Schnittstellen zusammen. Eine geschäftsorientierte Transparenz und Steuerung der IT-Kosten ist daher nur schwer zu erreichen [Bertleff 2001]. Im Zuge der entstehenden Prozesskostenrechnung wurde die Notwendigkeit immer deutlicher, auch die IT-Kosten als Teil dieser Prozesskosten darzustellen (siehe Kapitel 16). Die IT-Kosten sind damit ein wesentlicher und dominierender Faktor der Geschäftskosten geworden. Aktuelles Ziel für den Geschäftsverantwortlichen ist es, die IT-Kosten, die oftmals einen Fixkostenblock darstellen, transparent darzulegen und weitgehend zu variabilisieren. Nur so ist eine gezielte Reduktion der IT-Kosten möglich.

Bisher wurden die Kosten für die IT-Produktion entweder über Festpreise abgerechnet oder über variable Kosten, die durch technische Parameter bestimmt wurden. Mit einem monatlichen Festpreis wurden die Abschreibung der Hardware, betriebliche Supportleistungen und die Marge des IT-Dienstleisters abgegolten. Die variablen Kosten, die sich hinter den technischen Parametern verbergen, sind CPU-Sekunden, Plattenzugriffe und ähnliche IT-spezifische Faktoren. Mit diesen Verrechnungsstrukturen ist eine Referenzierung der IT-Kosten auf die primären Geschäftsprozesse eines Unternehmens nicht möglich. Auf der Seite des Auftraggebers für IT-Leistungen besteht daher schon längere Zeit der Wunsch, die Kosten für den IT-Betrieb abhängig vom Geschäftserfolg darzustellen. Dieser Ansatz erfordert die Definition neuer IT-Produkte, d. h. IT-Leistungen, die sich auf die primären Geschäftsprozesse des Auftraggebers beziehen.

11.3 Neue IT-Produkte – neue Geschäftsmodelle

Neue IT-Produkte erfordern nicht nur neuartige Vertragsstrukturen zwischen Leistungserbringer und Leistungsabnehmer, sondern auf beiden Seiten auch neue Geschäftsmodelle. Waren die Geschäftsmodelle beider Partner bisher weitgehend unabhängig, so besteht jetzt eine direkte Beziehung zwischen den Geschäftsprozessen des Kunden und dem Service des IT-Dienstleisters. Faktoren wie Preis und Qualität beziehen sich dabei unmittelbar auf den Geschäftsprozess des Kunden. In einem derartigen partnerschaftlichen Geschäftsmodell gewinnen auch Begriffe wie Haftung und »Risk Sharing« eine zunehmende Bedeutung. Denn in Geschäftsprozessen, in denen die IT-Leistung als Enabler das Geschäft des Kunden erst möglich macht, ist die Abhängigkeit von der Qualität der IT-Leistung ausschlaggebend. Die Qualitätsparameter wie Performance, Antwortzeitverhalten und Verfügbarkeit der Anwendung sind entscheidend für den Erfolg der Geschäftsprozesse und damit für das Geschäft des Auftraggebers.

Wenn das IT-Produkt abhängig von einer geschäftlichen Prozessmenge ist, so kann diese funktionale Abhängigkeit von Menge und Preis nicht von Anfang an greifen. Ein definierter Fixkostenanteil ist auch hier erforderlich. Erst danach wird die Menge/Preisrelation einen funktionalen Zusammenhang beschreiben. Ab einem gewissen Grenzwert für die Prozessmenge ist das Modell zwischen den beteiligten Seiten neu anzupassen.

11.4 Innovative Preismodelle am Beispiel der Deutschen Telekom AG

Die T-Com, die insbesondere für das Festnetzgeschäft der Deutschen Telekom AG verantwortlich ist, hat bereits früh erkannt, dass im harten Wettbewerb des Telekommunikationsmarktes Time-to-Market und Kundenservice wesentliche Erfolgsfaktoren darstellen. Da insbesondere bei Telekommunikationsprodukten ein dominierender Anteil durch die IT-Systeme vorhanden ist, hat die T-Com als Marktführer im Festnetz- und Consumerbereich im Rahmen eines Projektes »Innovative Preismodelle« schon früh begonnen, mit ihrem IT-Dienstleister T-Systems International (TSI) gemeinsame Geschäftsmodelle zu entwickeln und zu pilotieren (siehe Abb. 11-2).

11 Innovative Preis- und Verrechnungsmodelle für IT-Leistungen

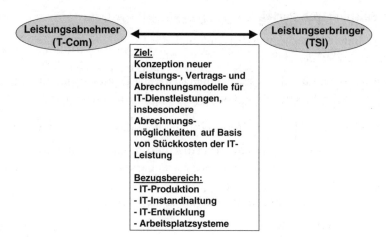

Abb. 11-2: Projektansatz »Innovative Preismodelle«

Neue Preismodelle erfordern neue vertragliche Regelungen zwischen Leistungserbringer und -abnehmer. Wesentliche Bausteine der Vertragsstruktur sind dabei:

- **Stückkostenpreis** der IT-Leistung
- **Preiskorridore** (mengenabhängige Preise, z. B. Staffelpreise)
- Beschreibungen der **Service Level Agreements** (SLAs) inklusive Performance und Verfügbarkeit
- Regelungen zu **Entwicklungs- bzw. Instandhaltungsleistungen**
- **Eskalationsmechanismen und -wege**

Anhand von zwei Beispielen soll die praktische Umsetzung innovativer Preismodelle aufgezeigt werden.

11.4.1 Beispiel: Dokumentenmanagementsystem

Das Dokumentenmanagementsystem (DMS) der T-Com wird hauptsächlich in den Front- und Backoffice-Bereichen des Customer Care eingesetzt. Es dient zum Scannen von Papierdokumenten und zur Archivierung elektronischer Dokumente, die von anderen IT-Systemen angeliefert werden. Die Dokumente werden erfasst, übertragen und für spätere Recherchen archiviert. Das DMS umfasst den kompletten Prozess von der Erfassung über die Speicherung bis zum Zugriff auf die Dokumente. Neben den geschäftlich erforderlichen Qualitätsparametern, die in einem SLA enthalten sind, wurde ein Preismodell vereinbart, das für den IT-Service DMS einen festen Preis pro Dokumentenseite fixiert, abhängig von der Dauer, für die das Dokument archiviert werden soll.

11.4.2 Beispiel: Web-Portal

Wie viele andere Unternehmen betreibt auch die T-Com im Internet ein Web-Portal *(www.telekom.de)*, das

- Informationen über das Unternehmen sowie die Produkte enthält und
- die interaktive Bereitstellung von Services und Produkten ermöglicht.

So ist es neben dem Abruf von Informationen über das Web-Portal möglich,

- bestimmte Services bei bestehenden Anschlüssen selbst zu aktivieren,
- ortsbezogene Informationen über die Verfügbarkeit von Produkten abzurufen oder
- Anschluss- bzw. Tarifprodukte und Endgeräte zu bestellen.

Die IT-Plattform des Web-Portals unterstützt hierbei unterschiedliche und zunehmend komplexe Geschäftsvorfälle. Der einfachste Geschäftsvorfall ist der Abruf von Web-Inhalten. Hier sind das Antwortzeitverhalten für den Web-User und die Performance bei inhaltlichen Änderungen durch die Datenredaktion wesentliche Qualitätsparameter. Dazu wurde ein Geschäftsmodell erarbeitet, das unter Berücksichtigung der Qualitätsparameter die gesamte Leistung der IT-Produktion auf einen Preis pro Million Hits reduziert. Damit werden die IT-Kosten über die Nutzungsfrequenz der Web-Plattform definiert. Dieses Geschäftsmodell wird seit über einem Jahr pilotiert und hat sich für den Leistungsabnehmer und Leistungserbringer bewährt.

Auf dieser Basis soll das Geschäftsmodell nun erweitert werden. Mit Blick auf E-Commerce gewinnt das Geschäft über Web-Portale zunehmend an Bedeutung. Das Verhältnis zwischen

- unverbindlichem Informationsabruf (keine gestartete Kauftransaktion) zu
- gestarteten, aber nicht abgeschlossenen Kauftransaktionen und schließlich zu
- abgeschlossenen Kauftransaktionen

ist äußerst erfolgskritisch für das Unternehmen. So ist es nur konsequent, den IT-Dienstleister über neue Geschäftsmodelle an Risiken und Chancen zu beteiligen. Auch hier ist es Ziel des Geschäftsverantwortlichen, im IT-Bereich die Fixkosten zu minimieren und die variablen Kosten vom Geschäftserfolg abhängig zu machen.

Ein derartiges Geschäftsmodell stellt auch den IT-Dienstleister vor neue Herausforderungen. Bisher waren seine Dienstleitungen sehr technisch orientiert und beschränkten sich auf die Bereitstellung von Rechnerkapazität, Speicherkapazität und vereinbarte Performance sowie Verfügbarkeit. Die SLAs zwischen Leistungsabnehmer und -erbringer waren vom Geschäft des Kunden weitgehend entkoppelt. So musste auch aus Sicht des IT-Leistungserbringers ein Umdenken in Richtung eines gemeinsamen und partnerschaftlichen Geschäftsmodells stattfinden.

11.5 Herausforderungen aus Sicht des IT-Dienstleisters

Neue Preismodelle führen bei der Umsetzung sowohl beim Leistungsabnehmer als auch beim IT-Dienstleister zu einer Reihe von Herausforderungen. Im Folgenden sollen die wesentlichen Herausforderungen aus Sicht des IT-Dienstleisters kurz dargestellt werden. In der Ausgangssituation generiert der Kunde ein Geschäftsmodell und lässt sich die entsprechende Anwendung durch einen Auftragnehmer erstellen. Nach Festlegung einer entsprechenden Hardware-Software-Architektur (HW/SW) und der Dimensionierung der Hardware wird diese von einem IT-Dienstleister betrieben. Als Preismodell dient ein Festpreis für die eingesetzten Komponenten HW/SW (Miete) inklusive der Personalressourcen für den Betrieb. Variabler Bestandteil sind lediglich die Kosten des Netzwerkverkehrs. Für den Erfolg der Anwendung ist der Kunde selbst verantwortlich. Stellt sich kein Erfolg ein, so fallen für den Kunden weiterhin die Kosten für HW/SW an und belasten seine Kostenstruktur ohne entsprechende Erfolge. Beim IT-Dienstleister stehen in diesem Fall die Maschinen ohne entsprechende Auslastung teils nutzlos herum. Es entsteht hier zwar kein Verlust und keine zwingende Notwendigkeit zur Optimierung, da die HW/SW vertraglich abgesichert ist, allerdings werden vorhandene Ressourcen nur unzulänglich genutzt.

Die Herausforderung für den IT-Dienstleister besteht nun darin, ein Modell zu entwickeln, welches dem Kunden die benötigten Ressourcen in ausreichender Menge und Qualität bereitstellt und diese dann nach benötigten Kapazitäten verrechnet.

Das heißt, der Kunde fordert keine dedizierte HW/SW, sondern definiert seine Umgebung indirekt über die SLAs. Er kauft den Betrieb seiner Anwendung als eine Dienstleistung ein. Zentrale Herausforderung für den IT-Dienstleister ist es, die im SLA vereinbarte Dienstleistungsgüte durch ein entsprechendes technisches Konzept sicherzustellen und dieses kaufmännisch sauber darzustellen. Die Abstimmung zwischen Kaufleuten und Technik ist eine Herausforderung, da der Techniker bestrebt ist, das Optimum an technisch Machbarem einzusetzen, der Kaufmann allerdings ständig bemüht ist, Kosten zu reduzieren.

Ziel muss es sein, eine Mischung von Kundenanwendungen auf der Plattform nach verschiedenen Lastzeiten zu gewährleisten. Es soll eine gleichmäßige Auslastung der Plattform erfolgen, damit es zu geringen Leerlaufzeiten und keiner Überlastung der Plattform kommt.

11.6 Technische Systemgestaltung bei innovativen Preismodellen

Die eingesetzten HW/SW-Komponenten entsprechen im Aufbau denen anderer IT-Dienstleister. Es werden grundsätzlich Standardplattformen verwendet. Die Applikationen sollten, um sämtliche Synergien optimal zu nutzen, den technischen Standards entsprechen. Der IT-Dienstleister stellt hier keine exklusiven Komponenten bereit, sondern betreibt die Ressourcen nach Bedarf und Anspruch des Kunden. Der Anspruch besteht darin, innovative Technik für die Optimierung der Plattform einzusetzen, um Kostenvorteile zu sichern. Dies erfordert ein enges Zusammenarbeiten mit den Hardware- und Softwareherstellern.

Bei der Entwicklung eines innovativen Preismodells kam es aus Sicht der TSI darauf an, von dem bisherigen Modell der komponentenbezogenen Abrechnung Abstand zu nehmen. Bei diesem traditionellen Modell entsprach das IT-Produkt der IT-Ressource. Für Test- und Abnahmeumgebungen, auf denen dezidierte Anwendungen laufen, ist ein derartiges Preismodell nicht sinnvoll. Beim Betrieb des Web-Portals der T-Com entspricht die IT-Dienstleistung dem IT-Prozess des Kunden. Zu diesem Zweck wurde ein so genanntes Hitmodell entwickelt. Ein Hit ist eine Anfrage an einen Webserver mit dem Ergebnis, diese Aktion in einem Logfile auf dem Webserver zu protokollieren. Hits beziehen sich nicht auf die Besucher einer Website oder auf die Anzahl von Seiten (engl. pages) einer Website. Zum Beispiel könnte eine Website nur eine einzige Seite enthalten, diese aber viele Einzelelemente, wobei jedes dieser Elemente einen Hit erzeugen kann. Ein Hit hat eine durchschnittliche Größe von 7 Kilobyte (KB).

11.7 Synergie und Mehrwert für den IT-Dienstleister

Für den IT-Dienstleister steht grundsätzlich die wirtschaftlich optimale Ausnutzung der HW/SW-Ressourcen im Vordergrund. Angestrebt ist eine CPU-Dauerlast von mindestens 80 %. Bei Betrieb der Plattform werden die höheren Aufwände im Bereich des Kapazitätsmanagements durch die daraus resultierende Einsparung bei den Investitionen und geringerer anteiliger Betriebskosten mehr als wettgemacht und erhöhen den Deckungsbeitrag des IT-Dienstleisters. Je nach Marktsituation können auch Preisvorteile an die Kunden weitergegeben werden. Die Vorteile dieses Preismodells sind in der Summe weniger Investitionen, somit optimierte Betriebskosten, weil Plattformkomponenten von mehreren Kunden benutzt werden können.

Ein weiterer Mehrwert liegt in der geringeren Administration der Verträge. Es gibt einen Vertrag, der nicht in regelmäßigen kurzen Abständen angepasst werden muss, da er unabhängig ist von den für die Erfüllung eingesetzten Komponenten. Der Vertrag regelt Rahmenbedingungen (SLA), die erfüllt werden müssen, damit beide Seiten ein begrenztes Geschäftsrisiko tragen. Es werden z. B. Ober- und Untergrenzen der Hitmenge festgelegt. Die Untergrenze dient hier zur Absicherung des IT-Dienstleisters, damit die Mindestkosten gedeckt werden können, auch dann wenn die Anwendung des Kunden nicht erfolgreich läuft. Die Festlegung einer Obergrenze liegt im Interesse des Kunden, da er beim Erreichen dieser Grenze die Möglichkeit hat, den Hitpreis neu zu verhandeln, da der IT-Dienstleister bei größeren Hitmengen durch Ausschöpfung von Synergieeffekten den Hitpreis senken kann, ohne dabei seinen Deckungsbeitrag negativ zu beeinflussen.

Die benötigten Ressourcen können nach Auslastung der Plattform sofort beschafft werden und die Kundenverträge müssen nicht jeweils durch Nachträge angepasst werden. Auch der administrative Genehmigungsprozess läuft schneller. Die Verantwortung für die Kosten im Servicemanagement steigt an, da hier die Entscheidung in Zusammenarbeit mit den Technikern getroffen werden muss, wann eine HW/SW-Beschaffung nicht mehr im Hitpreis enthalten ist und dieser daraufhin angepasst werden muss. Des Weiteren hilft eine Beschreibung im Vertrag, in dem man bereits Ausblicke auf zukünftige Entwicklungen geben kann, die eine andere Technologie erfordern.

11.8 Vorteile und weitere Möglichkeiten innovativer Preismodelle

Ein innovatives Geschäftsmodell zwischen Auftraggeber und IT-Provider bringt für beide Seiten Vorteile mit sich:

- Gute kalkulatorische Basis auf beiden Seiten
- Jeder Partner konzentriert sich auf sein Kerngeschäft
- Optimierung der Geschäftsprozesse auf beiden Seiten
- Verhandlungen bei wesentlichen Mengen- oder Produktänderungen
- Gegenseitige Risiko- und Erfolgsbeteiligungen

Um zu einem für beide Seiten vorteilhaften Modell zu kommen, bedarf es einer Vielzahl von Randbedingungen. Auf Seiten des Kunden muss eine Geschäfts- und Absatzstrategie vorliegen. In der Kalkulation der Margen können über einen Target-Costing-Ansatz die möglichen Kosten für die IT-Unterstützung der Geschäftsprozesse definiert werden [Baumöl 1999]. Die Betriebsumgebung für die Unterstützung von Geschäftsprozessen muss schon während der Entwicklung produktgerecht maßgeschneidert und im Betrieb ständig optimiert werden.

Weitere Möglichkeiten für innovative Preismodelle liegen daher verstärkt bei neuen Geschäftsprozessen bzw. neuen IT-Anwendungen. Dazu sollte die Unterstützung des Geschäftsprozesses durch eine überschaubare HW/SW-Infrastruktur und eine nicht allzu große Anzahl von Schnittstellen begrenzbar sein.

Teil 4:
Make – Management der IT-Leistungserstellung

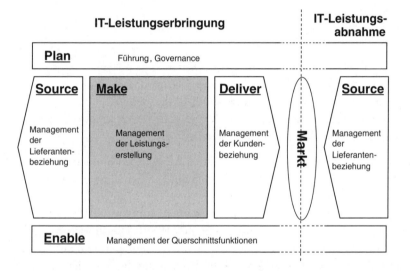

12 Analogien und Unterschiede zwischen der industriellen Fertigung und der IT-Produktion

Jaroslav Hulvej, Thomas Friedli, Elgar Fleisch, Universität St. Gallen

12.1 IT-Produktion und Anwendung branchenfremder Managementansätze

Bei der Lösung von betriebswirtschaftlichen Aufgaben in der IT-Produktion gibt es zwei prinzipielle Möglichkeiten. Erstens können branchen- oder unternehmensspezifische Methoden entwickelt und zweitens bereits vorhandene Lösungsansätze verwendet werden, die für ähnliche Problemstellungen in anderen Branchen erarbeitet wurden. Dieser Beitrag widmet sich der zweiten Variante. Als mögliches Suchfeld für etablierte Managementansätze bietet sich die industrielle Fertigung an. Hohe Kapitalbindung in Potenzialfaktoren, hohe Werkstoffintensität und die Notwendigkeit einer wiederholenden Beschaffung von Repetierfaktoren sowie die historisch bedingte Position der industriellen Fertigung als Wettbewerbsfaktor führen in der Industrie seit Jahrzehnten zu ständigen Optimierungsanstrengungen. Diese fanden ihren Ausdruck in der Entwicklung der Produktions- und Kostentheorie auf der einen Seite und in der Entwicklung funktionsspezifischer sowie integrierter Managementkonzepte auf der anderen Seite. Viele der bewährten industriellen Managementansätze wurden bereits erfolgreich auf den Dienstleistungsbereich übertragen. Stellvertretend kann der Transfer von Methoden der Produktplanung und -entwicklung auf industrielle Dienstleistungen [Dietrich 2004; Jaschinski 1998], Methoden der Produktentwicklung auf konsumptive Dienstleistungen des tertiären Sektors [Bruckner 2000] und Methoden der Produktionsplanung und -steuerung auf den Bankbetrieb [Hofmann 1996] genannt werden. Ferner wurde beispielsweise das Konzept des Total Productive Maintenance auf den Eisenbahnbetrieb [Zerbst 2000] und das Total Quality Management auf den Spitalbereich [Pira 1999] übertragen.

Der Einsatz industrieller Managementmethoden im Informationsmanagement ist nur vereinzelt zu beobachten. Die bisherigen Transferanstrengungen konzentrieren sich überwiegend auf die Phase der Softwareentwicklung. Als Beispiele können die Anwendung des Total Quality Management [Balzert 1998], des Quality Function Deployment [Herzwurm et al. 1997; Karolak 1996] und des Target Costing [Baumöl 1999] genannt werden. Die Anwendung von industriellen

Managementmethoden innerhalb der IT-Produktion sowie eine phasenübergreifende Schnittstellenbetrachtung sind kaum zu finden. Ebenso ist eine breitere, methodenübergreifende Auseinandersetzung mit den Anwendungsvoraussetzungen und der Eignung von industriellen Managementansätzen für das Informationsmanagement in der Literatur bis jetzt nicht vorhanden.

Ziel dieses Beitrags ist es, die Analogien zwischen der IT-Produktion und der industriellen Fertigung zu untersuchen und darauf basierend die Möglichkeiten der Anwendung von Managementansätzen der industriellen Fertigung in der IT-Produktion zu beurteilen. Im Fokus stehen nicht einzelne Managementmethoden, sondern vielmehr eine generelle Beurteilung des Übertragungspotenzials.

Bei der Anwendung der bereits erprobten industriellen Managementansätze stellt sich die Frage nach der Beurteilung ihrer Eignung für den rezipierenden IT-Bereich. Die IT-Produktion wie auch die industrielle Fertigung erfolgen jeweils in einem nach Wirtschaftlichkeitsregeln durchgeführten Transformationsprozess, in dem Eingangsgüter (Sachgüter, Dienstleistungen, Arbeitsleistungen, Informationen) zu einem werterhöhten Output kombiniert werden (vgl. [Zäpfel 1982]). Das Input-Transformation-Output-System ist der gemeinsame Nenner, der in beiden Produktionen vorhanden ist. Das Produktionsmanagement bildet das Führungssystem zur zielkonformen Gestaltung und Lenkung des untergeordneten Produktionssystems. Mittels der Analyse des Produktionssystems eröffnet sich daher die Möglichkeit, strukturgleiche Probleme zwischen der Erstellung von Informationen einerseits und Sachgütern andererseits zu entdecken. Damit kann untersucht werden, ob die Methoden, die sich bei der Analyse und der Lösung von Problemen in der Sachgüterproduktion bewährt haben, zumindest modifiziert auf die IT-Produktion übertragen werden können. Im Folgenden wird zunächst eine produktionstheoretische Analyse des Produktionssystems der IT-Produktion durchgeführt, mit dem Ziel, Gemeinsamkeiten und Unterschiede zur industriellen Fertigung zu identifizieren. Die Besonderheiten der IT-Produktion werden hinsichtlich ihrer Managementimplikationen untersucht. Anhand der gewonnenen Resultate wird auf das Potenzial der Anwendung von Managementansätzen der industriellen Fertigung in der IT-Produktion geschlossen.

12.2 Analogien zwischen der IT-Produktion und der industriellen Fertigung

12.2.1 Output der IT-Produktion

Den Output der IT-Produktion bilden die durch Zuhilfenahme von Informationstechnologie erstellten Informationen. Sie sind immateriell und treten stets zusammen mit materiellen Trägermedien auf (vgl. [Krcmar 1996]). Die Trägermedien dienen einer längerfristigen Speicherung (CD-ROM, Festplatte, Papier) oder einer kurzfristigen Präsentation (Bildschirm, Lautsprecher) von Informationen. Stellt man diesen Output demjenigen der industriellen Fertigung gegenüber, erkennt man, dass die IT-Produkte und die Sachgüter sich in der Ausprägung ihres konstitutiven Merkmals, der Immaterialität bzw. Materialität, unterscheiden. Inwieweit dieser Unterschied für die Übertragbarkeit von Managementansätzen relevant ist, wird in Abschnitt 12.3.1 untersucht.

12.2.2 Input der IT-Produktion

Der Input der IT-Produktion besteht aus mehreren Produktionsfaktoren. Hierunter sind Güter zu verstehen, die im Produktionsprozess kombiniert werden, um andere Güter hervorzubringen [Corsten 1994]. In der Betriebswirtschaftslehre werden verschiedene Faktorsysteme verwendet, die sich hinsichtlich ihrer Anwendungsbereiche erheblich unterscheiden. Für die Untersuchung von Gemeinsamkeiten und Unterschieden zwischen Produktionssystemen zweier verschiedener Branchen wird eine Faktoraufteilung benötigt, welche die Vergleichbarkeit beider Systeme ermöglicht. Diese Anforderung erfüllt das wirtschaftszweigunabhängige Faktorsystem von Kern [Bode 1993], das für weitere Untersuchungen in diesem Beitrag verwendet wird. Gemäß [Kern 1992] umfasst der Input eines Produktionssystems Betriebsmittel, Be- und Verarbeitungsobjekte, Zusatzfaktoren, menschliche Arbeitsleistungen und Informationen. Für diese Inputfaktoren lassen sich Analogien zwischen der industriellen Fertigung und der IT-Produktion finden. Tab. 12-1 zeigt sie im Überblick.

12.2.3 IT-Transformation

Transformationsprozesse, auch Produktionsprozesse genannt, stellen eindeutige Kombinationen von Produktionsfaktoren zur Erstellung bestimmter Leistung dar. Die Endprodukte entstehen in der Regel durch ein Zusammenwirken mehrerer Produktiveinheiten (Verarbeitungsstellen). Der Produktionsprozess der IT-Produktion kann in die Teilprozesse Transport (Ortsveränderung), Speicherung (räumliche Aufbewahrung), Transmission (Wechsel des Informationsträgers, d. h. Kopieren), Translation (Wechsel des Zeichensystems, d. h. Übersetzung), Transformation (Veränderung bzw. Erhaltung des Zustandes) und Prüfung von Informationen gegliedert werden [Bode 1993]. Die Transformation als Kern der Informationsverarbeitung umfasst die Teilprozesse Selektion, Anfügung, Vertauschung und Wandlung von Informationen. Die elementaren Produktionsprozesse der IT-Produktion, Transport, Speicherung, Transformation und Prüfung, finden ihre Analogie in den elementaren Prozessen Transport, Lagerung, Verarbeitung und Prüfung der industriellen Fertigung. Die Prozesse Kopieren und Übersetzen sind infolge der Materialität der Objektfaktoren und der Produkte in der industriellen Fertigung nicht vorhanden. Im Bereich der Softwareentwicklung sind die Prozesse, ähnlich wie bei der Entwicklung von Sachgütern, teilweise automatisiert. In der IT-Produktion sind die Prozesse hingegen weitgehend automatisiert.

	Industrielle Fertigung	IT-Produktion
Produkt	• Sachgüter	• Informationen (bzw. Informationen mit Informationsträgern)
Verarbeitungsobjekte (Objektfaktoren)	• Werkstoffe: Rohstoffe, Vorprodukte, Hilfsstoffe	• Inputinformationen des Leistungserbringers • Informationen des Leistungsabnehmers • Informationsträger, Hardware, Hilfsstoffe
Betriebsmittel	• Grundstücke, Gebäude, Rechte, Kenntnisse • Produktionsmaschinen und -anlagen, Transport-, Lager-, Prüfeinrichtungen • Werkzeuge • Steuerungsprogramme (NC-Programme) • Kombinationsvorschriften: Zeichnungen, Stücklisten, Arbeitspläne, Rezepturen • Betriebsstoffe (z. B. Energie, Schmierstoffe)	• Grundstücke, Gebäude, Rechte, Kenntnisse • Rechner, Middleware, Peripheriegeräte, Netzwerke, Systemsoftware • Anwendungsprogramme • Flussdiagramme, Anweisungen • Betriebsstoffe (z. B. Energie, Reinigungsmittel)
Zusatzfaktoren	• Dienstleistungen Dritter (z. B. Transportdienstleistungen) • Indirekte Unterstützungsleistungen • Umweltbeanspruchung	• Dienstleistungen Dritter (z. B. Telekommunikationsdienstleistungen) • Indirekte Unterstützungsleistungen • Umweltbeanspruchung
Menschliche Arbeitsleistungen	• Objektbezogener Art (geistig, körperlich) • Dispositiver Art (Planung, Kontrolle, Organisation)	• Objektbezogener Art (geistig, körperlich) • Dispositiver Art (Planung, Kontrolle, Organisation)
Informationen (Residualkategorie)	• Informationsoutput dispositiver und objektbezogener geistiger Arbeitsleistungen	• Informationsoutput dispositiver und objektbezogener geistiger Arbeitsleistungen
Transformation	• Transport • Lagerung • Verarbeitung (Materialumformung, Materialumwandlung, Energieumwandlung) • Prüfung	• Transport • Speicherung • Transformation (Selektion, Anfügung, Vertauschung, Wandlung) • Transmission • Translation • Prüfung

Tab. 12-1: Analogien zwischen der industriellen Fertigung und der IT-Produktion

Angesichts der Tatsache, dass die Verarbeitung von Informationen im Dialogbetrieb vom Leistungsabnehmer gestartet und gesteuert wird, findet diese Art der IT-Produktion stets in Interaktion mit dem Leistungsabnehmer statt. Eine derart aktive Teilnahme des Leistungsabnehmers am Produktionsprozess ist in der industriellen Fertigung nur in Ausnahmefällen vorhanden. Diese Besonderheit der IT-Produktion wird in Abschnitt 12.3.3 untersucht.

12.3 Besonderheiten der IT-Produktion und ihre Managementimplikationen

Neben den Gemeinsamkeiten können folgende Unterschiede zwischen der IT-Produktion und der industriellen Fertigung identifiziert werden:

- IT-Produkte und Verarbeitungsobjekte sind immateriell.
- Verarbeitungsobjekte werden vom Leistungsabnehmer bereitgestellt.
- Die Dialogverarbeitung wird vom Leistungsabnehmer gestartet und gesteuert.

Diese Besonderheiten werden im Folgenden näher untersucht, mit dem Ziel, die Auswirkungen auf das Management der IT-Produktion zu ermitteln und damit eine Basis für die Abschätzung des Anwendungspotenzials von Managementmethoden der industriellen Fertigung in der IT-Produktion zu schaffen.

12.3.1 Immaterialität von IT-Produkten und Verarbeitungsobjekten

Die Immaterialität von IT-Produkten und Verarbeitungsobjekten äußert sich in den folgenden Merkmalen:

Kopierbarkeit von IT-Produkten und Verarbeitungsobjekten

Aufgrund der Immaterialität können die zu verarbeitenden Objektinformationen sowie die IT-Produkte kopiert werden. Die Objektinformationen gehen in die IT-Produkte ein. Im Gegensatz zu industriellen Werkstoffen werden sie nicht verbraucht und stehen für weitere Produktionswiederholungen zur Verfügung. Sie müssen daher nur einmalig bei der Entwicklung des Informationssystems beschafft werden. In der Betriebsphase ist keine erneute Beschaffung von Objektinformationen notwendig.

Anwendung elektronischer Transformationsprozesse

Eine weitere Folge der Immaterialität ist, dass sowohl die zu verarbeitenden Objektinformationen als auch die IT-Produkte auf elektronischem Wege verarbeitet, gespeichert und übermittelt werden können. Diese elektronischen Prozesse erfolgen einerseits auf kleinerem Raum und andererseits wesentlich schneller als die Prozesse der Bearbeitung, der Lagerung und des Transports von Sachgütern.

Anwendung materieller Informationsträger

Die immateriellen Informationen treten in Verbindung mit materiellen Trägern auf, die oft Bestandteil des IT-Produktes werden. Der Anteil von materiellen Trägermedien am IT-Produkt sowie deren Art sind unterschiedlich und hängen von der jeweiligen IT-Leistung ab. Infolge der Integration von materiellen Trägern besteht der IT-Produktionsprozess aus zwei Phasen. In einer ersten Phase werden die Output-Informationen erzeugt, in einer zweiten (Materialisierungs-)Phase werden diese mit dem Trägermedium verbunden. Beispiele für die Materialisierungsphase von IT-Produkten sind das Kopieren von Software auf CD-ROMs, das Zusammenstellen von Hardwarekomponenten eines IT-Systems, die Installation von Anwendungssoftware und der Druck von Kundenrechnungen, Kontoauszügen oder Fahrkarten. Aus Managementsicht ist zu berücksichtigen, dass die materiellen Informationsträger im Produktionsprozess verbraucht werden und daher, im Gegensatz zu den zu verarbeitenden Objektinformationen, immer wieder beschafft werden müssen. In dieser Hinsicht kann eine Parallele zur industriellen Fertigung erstellt werden. Die Kombination von Informationen und materiellen Komponenten in einem Produkt kommt in der Industrie oft vor. Beispiele dafür sind elektronische Geräte, die auch Software beinhalten, oder Produkte, die Informationen in Form von Handbüchern umfassen.

12.3.2 Bereitstellung der Verarbeitungsobjekte durch den Leistungsabnehmer

Die zu verarbeitenden Objektinformationen sind im Besitz des Leistungsabnehmers und entziehen sich der autonomen Disponierbarkeit durch den Leistungserbringer. Dieser kann die Objektinformationen weder auf dem Markt beschaffen noch selbst erzeugen. Diese Tatsache wirkt sich auf die Stapel- und Dialogverarbeitung unterschiedlich aus.

Externe Bereitstellung von Verarbeitungsobjekten für den Stapelbetrieb

Die Stapelverarbeitung ist in der Regel hinsichtlich der Art der zu verarbeitenden Informationen, deren Menge, Zeit sowie Ort der Bereitstellung zwischen dem Leistungserbringer und Leistungsabnehmer vertraglich geregelt. Die Verarbeitung findet meistens periodisch statt, wobei der Leistungsabnehmer die zu verarbeitenden Informationen zu gewissen im Voraus festgesetzten Terminen bereitstellt. Der Kunde tritt nicht nur als der Abnehmer der Leistung auf, sondern er liefert auch die zu verarbeitenden Faktoren. Gegenüber der industriellen Fertigung, wo alle Werkstoffe auf dem Markt beschafft werden können, ergibt sich für das Management der IT-Stapelverarbeitung die neue Aufgabe, die Bereitstellung von Objektfaktoren hauptsächlich auf der Kundenseite sicherzustellen. Ist das Beziehen der zu verarbeitenden Informationen einmal geregelt, dann ist trotz der Existenz des externen Faktors (Objektinformationen im Besitz des Leistungsabnehmers) die Stapelbearbeitung weitgehend determiniert und kann ähnlich wie die industrielle Fertigung im Voraus geplant werden.

Externe Bereitstellung von Verarbeitungsobjekten für den Dialogbetrieb

Die zu verarbeitenden Objektinformationen stammen, ähnlich wie bei der Stapelverarbeitung, vom Kunden (z. B. Daten für eine Finanztransaktion, Nachrichten zur Übermittlung). Die Art der zu verarbeitenden Informationen (bestimmt durch Eingabemöglichkeiten des jeweiligen Anwendungssystems) und der Ort des Eintreffens (EDV-Anlagen des Leistungserbringers) sind bekannt. Bis zum Produktionsstart sind hingegen die Menge der in einem Produktionsauftrag zu verarbeitenden Informationen sowie der Zeitpunkt ihres Eintreffens unbekannt. Die Bereitstellung der Objektinformationen führt, ähnlich wie der Start und die Steuerung der Dialogverarbeitung durch den Leistungserbringer, zur Unbestimmtheit der Dialogverarbeitung.

12.3.3 Start und Steuerung der Dialogverarbeitung durch den Leistungsabnehmer

Sowohl die Dialogverarbeitung von externen Informationen (z. B. Unterstützung des Finanzbuchhaltungsprozesses) als auch jene von unternehmensinternen Informationen (z. B. Online-Fahrplanauskunft, Onlineauskunft über Börsenkurse) wird vom Leistungsabnehmer gestartet und gesteuert. Diese Tatsache ist in folgenden zwei Merkmalen ersichtlich:

Unbestimmtheit der Dialogverarbeitung

Der Leistungsabnehmer startet selbst die Informationsverarbeitung zu einem für den Leistungserbringer nicht exakt bekannten Zeitpunkt. Der Zeitpunkt des Eingangs des Produktionsauftrags, in dem die zu erbringende Leistung genau spezifiziert wird, und der Zeitpunkt des Produktionsstarts sind identisch. Im Gegensatz zur industriellen Fertigung können bei der Dialogverarbeitung von Informationen nach dem Auftragseingang weder Termin- und Kapazitätsbelegungsplanung noch Beschaffung von Repetierfaktoren vorgenommen werden. Der Leistungsabnehmer bestimmt auch die Art und die Menge des Produktionsoutputs und den Ablauf der Verarbeitung. Die Einflussmöglichkeiten hinsichtlich der Art und des Ablaufs der Verarbeitung sind zwar durch das Anwendungsprogramm eingeschränkt (z. B. Wahl von Funktionen aus Menüs, Wahl von vorgegebenen Peripheriegeräten), welche der Optionen in einem konkreten Fall gewählt wird, ist dem Leistungserbringer im Voraus jedoch nicht bekannt. Die zu produzierende Menge ist vor dem Produktionsstart ebenso unbekannt. Sie kann von einem Datensatz bis zu einer Serie von Datensätzen variieren.

Bei der nach dem so genannten Push-Prinzip (vgl. [Eversheim/Schuh 1996]) geplanten und gesteuerten industriellen Fertigung ist eine der IT-Dialogverarbeitung ähnliche Situation nicht vorhanden. Beim Push-Prinzip werden einzelne Produktionsaufträge stets vom Produzenten nach einer vorangehenden Produktionsauftragsplanung gestartet und gesteuert. Der eigentliche Fertigungsprozess erfolgt in der Regel ohne Kundeninteraktion. Bei der auftragsspezifischen industriellen Fertigung können zwar Kundenänderungen auch in der Phase der Fertigung eintreffen, es handelt sich jedoch um keine aktive Teilnahme des Leistungsabnehmers am Produktionsprozess. Eine gewisse Parallele kann hingegen zwischen der IT-Dialogverarbeitung und der nach dem Pull-Prinzip (vgl. [Eversheim/Schuh 1996]) geplanten und gesteuerten industriellen Fertigung erstellt werden. Beim Pull-Prinzip werden keine Produktionsaufträge, sondern der Bedarf an Erzeugnissen für eine bestimmte Periode (Produktionsprogramm) geplant. Die Produktion wird in der Regel verbrauchsorientiert unmittelbar nach dem Kundenauftragseingang gestartet.

Die Konsequenzen der Unbestimmtheit tangieren mehrere Aufgabenbereiche des Managements der IT-Produktion. Erstens führt die Unkenntnis über den genauen Startzeitpunkt zur Notwendigkeit der Erzeugung stetiger Leistungsbereitschaft. Der stochastischen Planung des Produktionsprogramms und der Produktionssteuerung kommt in dieser Hinsicht große Bedeutung zu. Zweitens sind aufgrund der Gewährleistung der »Sofort-Produktion« die Gestaltung des Produktionspotenzials, insbesondere die Kapazitätsdimensionierung, die Entwicklung von Transformationsprozessen und die Sicherung der Bereitstellung von Informationsübermittlungsdienstleistungen, von Bedeutung.

Beurteilung der Prozessqualität durch die Leistungsabnehmer

In der industriellen Fertigung tritt der Kunde jeweils als Käufer bzw. Abnehmer nach der abgeschlossenen Leistungserbringung oder/und als Auftraggeber vor dem Beginn des Leistungserstellungsprozesses auf und beteiligt sich nicht an dem Produktionsprozess. Bei der IT-Dialogverarbeitung ist hingegen der Leistungsabnehmer vom Start bis zum Abschluss der Verarbeitung anwesend. Im Gegensatz zur industriellen Fertigung kann er nicht nur die Qualität des Produktionsergebnisses, sondern auch jene des Verarbeitungsprozesses wahrnehmen und beurteilen. Aus diesem Grund kommt der stetigen Leistungsbereitschaft, einer effizienten Produktionssteuerung sowie der Wartung der Betriebsmittel große Bedeutung zu. Ferner ist die Prozessqualität bereits bei der Entwicklung des Anwendungssystems und bei der Kapazitätsdimensionierung zu berücksichtigen.

12.4 Eignung von Managementansätzen der industriellen Fertigung für die IT-Produktion

12.4.1 Typologie der IT-Produktion

Leistungen, die ein IT-Dienstleister auf dem externen Markt oder unternehmensintern erbringt, können in vier grundlegende Leistungstypen unterteilt werden:

12.4 Eignung von Managementansätzen der industriellen Fertigung für die IT-Produktion

- Produktion von Anwendungssystemen
- Verarbeitung von Kundeninformationen im Stapelbetrieb
- Verarbeitung von Kundeninformationen im Dialogbetrieb
- Verarbeitung von unternehmensinternen Informationen im Dialogbetrieb

Der erste Leistungstyp umfasst die Entwicklung und Implementierung von Anwendungssystemen. Bei den anderen drei Leistungstypen handelt es sich um elektronische Datenverarbeitung. Es kann die in Abb. 12-1 dargestellte Leistungstypologie mit den folgenden beiden Dimensionen erstellt werden:

- Start und Steuerung der IT-Produktion
- Bereitstellung der zu verarbeitenden Objektinformationen

Jede der zwei Dimensionen der Leistungstypologie umfasst die Ausprägungen Leistungsabnehmer und Leistungserbringer.

Abb. 12-1: Typologie der IT-Produktion und das Potenzial zur Übertragung von Managementansätzen der industriellen Fertigung

Zwischen einzelnen Leistungstypen existieren Zusammenhänge. Die Produktion von Anwendungssystemen (Leistungstyp I) stellt Betriebsmittel für die elektronische Datenverarbeitung (Leistungstypen II, III und IV) her. Die während einer Periode im Dialogbetrieb verarbeiteten und gesammelten Kundeninformationen (Leistungstyp III) können als Input für eine anschließende Stapelverarbeitung (Leistungstyp II) dienen.

12.4.2 Beurteilung der Übertragbarkeit von Managementansätzen der industriellen Fertigung auf die IT-Produktion

Im Folgenden wird aufgrund der Besonderheiten der IT-Produktion auf die Möglichkeiten der Anwendung von Managementansätzen der industriellen Fertigung bei einzelnen IT-Leistungstypen geschlossen. Es handelt sich dabei um eine Einschätzung des Übertragungspotenzials unter Berücksichtigung der in den Abschnitten 12.2 und 12.3 identifizierten Gemeinsamkeiten und Unterschiede zwischen der IT-Produktion und der industriellen Fertigung.

Produktion von Anwendungsystemen

Bei der Produktion von Anwendungssystemen stellt lediglich die Immaterialität der Produkte (Software) und Verarbeitungsobjekte (Kenntnisse, Softwaremodule) einen Unterschied zur industriellen Fertigung dar. Dieser äußert sich in der Anwendung einer elektronischen Verarbeitung und in wirtschaftlich günstigeren Vervielfältigungsprozessen. Dies kann hinsichtlich der Anwendung der industriellen Managementansätze als nicht hinderlich beurteilt werden.

Die Produktion von Anwendungssystemen ist weitgehend mit der industriellen Fertigung vergleichbar. Die Produktion von Standardsoftware findet ihre Analogie in der programmorientierten Serienproduktion. Die Produktion von kundenspezifischen Anwendungssystemen weist Analogien zur auftragsorientierten Einzelfertigung, insbesondere zum industriellen Anlagenbau, auf. Das Potenzial zur Übertragung von Managementansätzen kann als hoch bezeichnet werden. Es können sowohl Methoden der Gestaltung von Produktionssystemen als auch jene der operativen Lenkung der Produktion sowie der Beschaffung von Produktionsfaktoren aus der Industrie übertragen werden. Die notwendigen Modifikationen können als gering eingestuft werden.

Verarbeitung von Kundeninformationen im Stapelbetrieb

Dieser Leistungstyp unterscheidet sich von der industriellen Fertigung durch die Immaterialität der Produkte und Verarbeitungsobjekte und durch die externe Bereitstellung der zu verarbeitenden Objektinformationen. Die Immaterialität kann, wie beim vorangegangenen Leistungstyp, als nicht hinderlich für die Anwendung von industriellen Managementansätzen angesehen werden. Da die Stapelverarbeitung im Rahmen von längerfristigen Vereinbarungen (Service Level Agreements) zwischen dem Leistungserbringer und dem Leistungsabnehmer stattfindet, ist die IT-Produktion, trotz der Existenz des externen Faktors, weitgehend determiniert.

Die Stapelverarbeitung kann sehr gut mit einem programm- oder rahmenauftragsorientierten Serienfertiger in der Industrie verglichen werden. Das Übertragungspotenzial ist bei diesem Leistungstyp als hoch, die notwendigen Modifikationen als eher gering einzustufen. Es können die in der Industrie etablierten

12.4 Eignung von Managementansätzen der industriellen Fertigung für die IT-Produktion

Methoden zur Gestaltung vom Produktionsprogramm, Produktionspotenzial und Produktionsablauf angewendet werden. Bei Lenkung der Produktion kann auf die Methoden der Produktionsplanung und -steuerung der industriellen Fertigung zugegriffen werden. Ebenso können die Methoden der Beschaffung von Produktionsfaktoren angewendet werden.

Verarbeitung von Kundeninformationen im Dialogbetrieb

Die Verarbeitung von Kundeninformationen im Dialogbetrieb unterscheidet sich von der industriellen Fertigung durch die Immaterialität der Produkte und der Verarbeitungsobjekte, durch die externe Bereitstellung der zu verarbeitenden Objektinformationen und durch den externen Start sowie die externe Steuerung der Verarbeitungsprozesse. Die Immaterialität steht der Anwendung von Managementmethoden der industriellen Fertigung, wie bei den vorangegangenen zwei Leistungstypen, nicht entgegen. Die externe Bereitstellung der zu verarbeitenden Objektinformationen sowie der Start und die Steuerung der Verarbeitungsprozesse durch den Leistungsabnehmer führen hingegen zur Unbestimmtheit der Produktion und zu Einschränkungen bzw. Modifikationen beim Transfer industrieller Managementansätze.

Die Möglichkeiten zur Anwendung von Methoden der industriellen Fertigung sind vor allem im Bereich der Gestaltung des Produktionssystems gegeben. Der Schwerpunkt liegt hier auf der Dimensionierung der Produktionskapazitäten und auf der Sicherung von Zusatzleistungen, bei denen vor allem die Telekommunikationsdienstleistungen eine herausragende Bedeutung gewinnen, da diese einen wichtigen Bestandteil der Leistungserbringungsprozesse darstellen. Im Bereich der operativen Lenkung der Produktion ist das Übertragungspotenzial vor allem bei Methoden der stochastischen Planung des Produktionsprogramms sowie bei der Steuerung der Produktion vorhanden. Das Potenzial zur Anwendung der Methoden der operativen Termin- und Kapazitätsbelegungsplanung ist infolge nicht vorhandenen Dispositionszeitraumes als gering einzustufen. Anstelle der in der industriellen Fertigung nach dem Auftragseingang durchgeführten Termin- und Kapazitätsbelegungsplanung ist bei der Verarbeitung von Kundeninformationen im Dialogbetrieb die permanente Aufrechterhaltung der Leistungsbereitschaft notwendig. Bei der Übertragung von Managementmethoden der industriellen Fertigung ist vor allem im Bereich der Produktionslenkung teilweise mit größeren Modifikationen zu rechnen. Potenzielle Methoden zum Transfer können vor allem in der nach dem Fließprinzip organisierten und nach dem Pull-Prinzip geplanten und gesteuerten industriellen Serienfertigung gesucht werden. Aufgrund der Kundeninteraktion muss bei diesem Leistungstyp eine hohe Qualität der Verarbeitungsprozesse sichergestellt werden. Methoden zur Sicherung der Prozessqualität werden auch in der Industrie angewendet, mit dem Ziel, die geforderte Qualität des Endproduktes durch die Beherrschung der Produktionsprozesse zu erreichen. Die industriellen Qualitätsmanagementmethoden können sowohl im Bereich der Gestaltung als auch im Bereich der Lenkung der IT-Dialogverarbeitung angewendet werden.

Verarbeitung von unternehmensinternen Informationen im Dialogbetrieb

Die zu verarbeitenden Objektinformationen sind bei diesem Produktionstyp vom Leistungserbringer autonom disponierbar. Der Start und die Steuerung der Verarbeitung erfolgen jedoch durch den Leistungsabnehmer. Dies äußert sich in der Unbestimmtheit der Produktion und in der Kundeninteraktion während des Verarbeitungsprozesses. Die Managementaufgaben und das Potenzial zur Anwendung von Managementmethoden der industriellen Fertigung sind bei diesem Leistungstyp mit jenen der Verarbeitung von externen Informationen im Dialogbetrieb (vgl. oben) sehr wohl vergleichbar.

12.5 Zusammenfassung

Aufgrund von Gemeinsamkeiten der Produktionssysteme kann abschließend festgehalten werden, dass es in vielen Bereichen der IT-Produktion grundsätzlich möglich ist, industrielle Managementansätze anzuwenden. Bei der Übertragung konkreter Methoden ist jeweils eine detaillierte Analyse der Anwendungsvoraussetzungen und der Funktionsweise durchzuführen, die vor allem die oben ermittelten Besonderheiten der IT-Produktion mit einschließt und Aufschluss über nötige Modifikationen gibt. Bei der in diesem Beitrag durchgeführten Untersuchung von Gemeinsamkeiten und Unterschieden zwischen der IT-Produktion und der industriellen Fertigung handelt es sich um eine grundlegende Betrachtung von Analogien. Auf dieser Grundlage können konkrete industrielle Managementansätze, wie beispielsweise Value Engineering, Design for Manufacture and Assembly, Supply Chain Management, Lean Production, Kaizen, Methoden der Fabrikplanung, Methoden der Produktionsplanung und -steuerung, hinsichtlich ihrer Anwendbarkeit in der IT-Produktion beurteilt werden. Ferner können die hier vorgestellten Gemeinsamkeiten und Unterschiede beim Gestalten des Transfers und beim Erarbeiten von IT-spezifischen Modifikationen industrieller Managementansätze verwendet werden.

13 Software Performance Engineering: Möglichkeiten im Umfeld des Informationsmanagements

Andreas Schmietendorf, T-Systems Nova
Reiner Dumke, Otto-von-Guericke-Universität Magdeburg

13.1 Einführung und Motivation

Kosteneinsparungen sind in den meisten Unternehmen derzeit an der Tagesordnung. Insbesondere die IT-Budgets stehen dabei auf dem Prüfstand. Die Entwicklung neuer Anwendungen wird zumeist nur in Auftrag gegeben, wenn sich damit entsprechende Kosteneinsparungen ausweisen lassen. Dementsprechend gilt es, auf der einen Seite, die mit Entwicklung und Produktion einhergehenden Aufwände im Sinne einer Total-Cost-of-Ownership-(TCO-)Analyse monetär zu beziffern, auf der anderen Seite bedarf es entsprechender Return-on-Investment-(ROI-)Analysen, um den Kunden die Vorteile einer neuen Lösung transparent zu machen.

Die Abschätzung des für die Entwicklung und den späteren Betrieb eines Softwareproduktes benötigten Aufwands ist in der Praxis eine hoch komplexe Aufgabe. Benötigt werden diese Angaben bereits für die Erstellung eines Angebotes gegenüber dem potenziellen Auftraggeber bzw. zur Entscheidung, ob eine Softwareentwicklung überhaupt durchgeführt werden soll. Durch die immer kürzer werdenden Realisierungszeiten, die ständig neuen Technologien und die sich verschärfenden Wettbewerbsbedingungen stehen für eine Aufwands- und Systemkonzeptschätzung immer weniger Zeit (häufig nur noch 1 bis 2 Wochen) und vor allem fachliche Informationen zur Verfügung. Infolgedessen werden häufig bei Projektbeginn nicht einzuhaltende Realisierungszeiten unterstellt bzw. der Kostenrahmen wird den wirklich entstehenden Kosten nicht gerecht. Dies führt zu umfangreichen Problemen, wie aufwendigen Nachverhandlungen des Kostenrahmens, Einschränkungen beim Funktionsumfang bzw. im Extremfall zum Verzicht auf den Produktivgang des Systems. Auch beim Auftraggeber kann es so zu Kosteneinbußen kommen, da der softwaretechnisch zu unterstützende fachliche Prozess erst viel später, gegebenenfalls zu einem wesentlichen höheren Kostenrahmen als vorgesehen bzw. im Extremfall gar nicht zur Verfügung steht. Es stellt sich die Frage, wie unter diesen Randbedingungen eine Aufwandsschätzung, die den gesamten IT-Lebenszyklus erfasst, sinnvoll durchgeführt werden kann.

13.2 Methoden der Aufwandsschätzung und mögliche Aussagen

Verfahren der Aufwandsschätzung werden typischerweise im Rahmen einer Machbarkeitsanalyse, eines Grobdesigns, im Rahmen der Spezifikation oder auch iterativ zum Projektverlauf verwendet. Entsprechend [Heinrich 2002] werden bei der Aufwandsschätzung die folgenden Methoden unterschieden:

- **Analogiemethode:** Diese Art der Aufwandsschätzung basiert auf allgemeinen und personenbezogenen Erfahrungswerten (Expertenrunden), die bei bereits abgeschlossenen Projekten gewonnen wurden.
- **Relationenmethode:** Diese bietet im Vergleich zur Analogiemethode eine formalisierte Vorgehensweise bei der Betrachtung potenzieller Einflusskriterien.
- **Gewichtungsmethode:** Unter Verwendung von Schätzgleichungen werden die Ausprägungen potenzieller Einflusskriterien, die über Korrelationsanalysen als wertmäßige Kostentreiber identifiziert wurden, betrachtet.
- **Stichprobenmethode:** In diesem Fall wird die Aufwandsschätzung auf der Basis einer repräsentativen Stichprobe (d. h. Umsetzung einer Teilaufgabe) der Projektaufgabe realisiert.
- **Multiplikatormethode:** Bei dieser Methode wird von einer Proportionalität zwischen Leistungsumfang des Projektes und den daraus resultierenden Kosten ausgegangen.
- **Prozentsatzmethode:** Diese Vorgehensweise verwendet zur Schätzung die prozentuale Aufwandsverteilung (bekannt aus bereits realisierten Projekten) einzelner Projektphasen.

In der Praxis wird zumeist eine Kombination mehrerer Verfahren verwendet, wobei sich aus Sicht der Autoren insbesondere die Analogie-, die Relationen- und die Gewichtungsmethode durchgesetzt haben. Die Gründe liegen allerdings weniger in der Güte dieser Methoden als vielmehr in den mit diesen Methoden einhergehenden geringen Aufwänden (typischerweise zwischen 2 bis 10 Personentagen). Weltweit bekannt sind das Function-Point- und das COCOMO-Verfahren, weshalb diese im Folgenden hinsichtlich ihrer Grundzüge kurz vorgestellt und nach ihren potenziellen Aussagen bewertet werden sollen. Bei beiden Verfahren handelt es sich um eine Kombination aus Gewichtungs- und Analogiemethode. Für eine ausführliche Darstellung der theoretischen Grundlagen zur Aufwandsschätzung sei auf [Dumke et al. 1998; ISO/IEC 14143 1997] und für einen Vergleich konkreter Verfahren auf [Lother/Dumke 2001] verwiesen.

13.2.1 Function-Point-Verfahren

Die Grundidee des Function-Point-Verfahrens beruht auf der Ermittlung des funktionalen Umfangs einer zu entwickelnden Applikation. Die interne Struktur der späteren Anwendung spielt dabei keine Rolle, es wird ausschließlich das Verhalten aus Nutzersicht bewertet. Bestimmt werden die Anzahl der Eingaben, Ausgaben, Abfragen, internen Datenbestände und Referenzen zu externen Datenbeständen. Auf dieser Grundlage werden die so genannten ungewichteten Function Points ermittelt.

Darüber hinaus erfolgt eine Gewichtung der Function Points. Über einen Faktor werden dabei weitere Einflussgrößen, wie z. B. Leistungs- und Qualitätsanforderungen oder auch die Komplexität der Verarbeitung, erfasst.

Um die Vorgehensweise zur Ermittlung der Function Points zu vereinheitlichen, gründete sich die International Function Point User Group (IFPUG), die aktuell die Verwendung des IFPUG-Standards 4.1 zur Auszählung der Function Points empfiehlt. Dieser Standard beschreibt die Ziele einschließlich der verschiedenen Anwendungssichten, die Auszählungsweise mit den dazugehörigen möglichen Strukturierungen, die mögliche Einbeziehung der Gewährleistung erfasster Änderungen sowie enthaltene Dokumente und Reports. Das Function-Point-Verfahren in seiner jetzigen Ausprägung berücksichtigt ausschließlich den Umfang des zu entwickelnden Anwendungssystems und bietet über die so genannte Function-Point-Kurve die Möglichkeit, auf die benötigten Personenmonate zu schließen. Mit den Function-Point-Verfahren werden keine Aufwände für die spätere Produktion erfasst.

13.2.2 COCOMO-Verfahren

Das COCOMO-II-Verfahren (siehe auch [Dumke 2003]) beruht auf der Abschätzung der Lines of Code (LOC) und bietet im Wesentlichen drei Schätzformeln, auf deren Basis der Aufwand, die Entwicklungszeit und der Umfang einer neu zu entwickelnden Softwareanwendung eingeschätzt werden können. Darüber hinaus bietet es noch die folgenden Ergänzungen:

- **COPSEMO** dient als »COnstructive Phased Schedule and Effort Model« der Kostenschätzung für die einzelnen Entwicklungsphasen.
- **CORADMO** unterstützt die Schätzung von schnellen Entwicklungsformen (also dem Rapid Application Development (RAD)).
- **COCOTS** schätzt den Integrationsaufwand kommerziell gehandelter Komponenten (COTS Commercial of the shelf Components) ab.
- **COQUALMO** bezieht sich auf die allgemeine Abschätzung der Qualität als introduced defects für die einzelnen Entwicklungsphasen.
- **COPROMO** unterstützt die Abschätzung der Produktivität. Es benutzt die Schätzungen aus dem CORADMO und dem COPSEMO und ermittelt eine phasenskalierte Produktivitätsbewertung.
- **Expert COCOMO** führt eine Risikobewertung von Projekten durch. Ausgangspunkt sind die bereits beim COCOMO definierten Kostentreiber.

Es zeigt sich, dass auch dieses Verfahren ausschließlich Aspekte der Softwareentwicklung abdeckt und die spätere Produktion unberücksichtigt lässt.

13.2.3 Bewertung der aktuellen Situation

Ein weiterführender Ansatz zur Verwendung eines Aufwandsschätzverfahrens findet sich in [Toivonen 2002]. Unter Verwendung der COSMIC-FFP (Full Function Points)-Methode (Details siehe [COSMIC 2001]), einer signifikant angepassten Version des klassischen Function-Point-Verfahrens, erfolgt eine Bewertung der Speicherplatzeffizienz von Mobiltelefonen. Dabei wird der Funktionsumfang mit Hilfe des COSMIC-FFP-Verfahrens ermittelt und ein Mapping auf den benötigten Speicherplatz durchgeführt. Wenngleich Mobiltelefone nur schwer mit kommerziellen Informationssystemen verglichen werden können, zeigt dieser Ansatz aber dennoch erste Berührungspunkte zwischen der Aufwandsschätzung und der Systemkonzeptschätzung.

Es kann festgestellt werden, dass die klassischen Methoden der Aufwandsschätzung sich primär auf die Phasen der Softwareneuentwicklung bzw. Softwareversionsentwicklung konzentrieren, die in der Produktion entstehenden Kosten aber nicht erfassen. Selbstverständlich ist diese Feststellung nicht überraschend, lagen die Ziele klassischer Aufwandsschätzverfahren ja auch nur im Bereich der Softwareentwicklung und die verwendeten Eingangsgrößen unterscheiden sich von denen für die Systemkonzeptschätzung benötigten Größen signifikant. Dennoch, für den Kunden bedeutet dies zwar, die Kosten eines Entwicklungsprojektes einschätzen zu können, nicht aber die nach einer erfolgreichen Einführung notwendigen Kosten, um den Betrieb der Anwendung zu gewährleisten. Darüber hinaus überraschte es selbst die Autoren bei der Erstellung dieses Beitrags, dass die Industrie zwar einen immensen Bedarf an einer methodischen Vorgehensweise zur Aufwands- und Systemkonzeptschätzung hat, derzeit aber weltweit keine integrierten Ansätze zur Verfügung stehen. Aus Sicht der Autoren bedarf es hier dringend eines weiterführenden Ansatzes.

Betrachtet man zusammenfassend die Kostenverteilung im IT-Lebenszyklus, so kann typischerweise davon ausgegangen werden, dass ein Großteil des Aufwandes (Hardwarewartung, Softwarepflege, Support etc.) für den Betrieb einer IT-Lösung verbraucht werden. Aus den Erfahrungen der Autoren steigen diese Aufwände zum Teil bis auf 80 % an (siehe Kapitel 1). Darüber hinaus besteht das Problem darin, dass bei Betreibern von IT-Lösungen häufig die Kostentreiber nicht detailliert aufgeschlüsselt werden können. Dennoch erfolgt in den Phasen der Projektierung einer neuen Softwareanwendung nur eine geringe und zumeist sehr ungenaue Betrachtung dieser Kostenelemente. Die Ursachen dieser Vorgehensweise liegen in der zumeist getrennten Verantwortung für die Entwicklung und die spätere Produktion.

13.3 Software Performance Engineering und Aufwandsschätzung

13.3.1 Zielstellung

Es stellt sich nun die Frage, welche Aufgabenstellung das Software Performance Engineering (SPE) im Kontext der Systemkonzeptschätzung übernehmen kann. Dafür soll im Folgenden die innerhalb des Performance-Engineering-Arbeitskreises (PEAK) entwickelte Definition wiedergegeben werden [Schmietendorf/Dumke 2003]:

> »Software Performance Engineering oder synonym Performance Engineering versteht sich als Methode zur Berücksichtigung von zeit- und ressourcenbezogenen Qualitätszielen während der Softwareentwicklung. Dabei sind sowohl wirtschaftliche als auch technische Randbedingungen zu berücksichtigen bzw. unter Performancegesichtspunkten zu determinieren.«

Insbesondere in den frühen Phasen der Softwareentwicklung bzw. im Rahmen der Angebotserstellung bietet das SPE entsprechende Ansätze zur Systemkonzeptentwicklung. Ein solches Systemkonzept berücksichtigt sowohl die Hardware- als auch Softwarearchitektur. Die Erstellung eines Systemkonzeptes ist nur möglich, wenn das Lastverhalten (z. B. Anzahl gleichzeitig aktiver Benutzer), die Ressourcenverbräuche (z. B. zu speichernde Datenmengen) und der funktionale Umfang (z. B. Anzahl der Anwendungsfälle) der neuen Anwendung zumindest grob determiniert und auf entsprechende Hardware- und Softwarearchitekturen abgebildet werden können.

13.3.2 Methoden des Software Performance Engineering

Zusammenhänge im Hinblick auf die Ermittlung eines den Anforderungen gerecht werdenden Systemkonzeptes können sich z. B. aus der Anwendung des in Abb. 13-1 angegebenen empirischen Schichtenmodells ergeben.

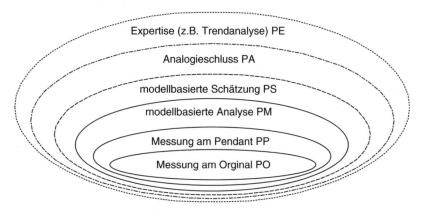

Abb. 13-1: *Performance-bezogenes Schichtenmodell*

Für die Erschließung empirischer Erfahrungen für das jeweilige »innere« ((i-1)-te) Niveau ergibt sich der allgemeine formale Zusammenhang bezogen auf ein Softwaresystem bzw. eine Softwarekomponente k:

$$(\text{Leistungsverhalten}(k))_i = (\text{Korrekturfaktor} \times \text{Leistungsbestimmung}^{\text{Korrekturexponent}})_{i+1}$$

Einerseits verliert dabei die »Leistungsbestimmung« mit zunehmender Schichtzahl an Genauigkeit, da von der zugrunde liegenden Performance des Originalsystems (PO) stark abstrahiert wird. Andererseits gibt es aber für Teilkomponenten eines Softwaresystems in den frühen Entwicklungsphasen häufig keine Alternative zur Anwendung vorliegender Vergleichsaussagen. Tab. 13-1 zeigt Beispiele möglicher Transformationen, darüber hinaus wird die benutzte Vorgehensweise den unter Abschnitt 13.2 aufgezeigten Methoden der Aufwandsschätzung grob zugeordnet. Es zeigt sich, dass die methodische Vorgehensweise bei der Aufwandsschätzung durchaus mit der bei einer Systemkonzeptschätzung verglichen werden kann.

PP → PO:	Performance-Pendant (PP): Die Anwendung der Aussagen zum Leistungsverhalten einer netzbasierten Applikation unter Laborbedingungen durch ein Monitoring als Ausgangsbewertung für den realen, praktischen Einsatz (vergleiche Stichprobenmethode).
PM → PO:	Performance-Modell (PM): Die modellbasierte Performance-Analyse einer Client/Server-Applikation auf der Basis analytischer oder simulativer Lösungsverfahren als Ausgangsbasis für die Leistungsbewertung verteilter Systeme (vergleiche Gewichtungsmethode).
PS → PO:	Performance-Schätzung (PS): Die Verwendung eines Schätzmodells (rules of thumb) für die Charakterisierung der Performance-Eigenschaften einer allseits bekannten Technologie, wie z. B. File- oder Datenbankserversysteme (vergleiche Relationenmethode).
PA → PO:	Performance-Analogie (PA): Die Anwendung der Leistungskenngrößen eines LAN für die Abschätzung der Applikationsmerkmale in einem WLAN (vergleiche Analogiemethode).
PE → PO:	Performance-Expertise (PE): Die Anwendung allgemeiner Trendaussagen zur Leistungsentwicklung für die netzbasierten Plattformen als Schätzgrundlage für die Performance des zu entwickelnden Softwaresystems (vergleiche Analogiemethode).

Tab. 13-1: Beispiele für mögliche Transformationsformen

Für die Systemkonzeptschätzung spielen in der Praxis primär die formelbasierte Schätzung [Schmietendorf 1998], das Analogieschlussverfahren und die Expertise eine Rolle. Dieses sind vom methodischen Hintergrund exakt die gleichen Vorgehensweisen wie bei der in Abschnitt 13.2 eingeführten Aufwandsschätzung.

Die Verfahren der Performance-Modellierung bzw. Performance-Messung an einem Pendant (hier spricht man typischerweise von einem anwendungsbezogenen Benchmarking – vergleiche auch Stichprobenmethode unter Abschnitt 13.2) bieten zwar wesentlich exaktere Ergebnisse, implizieren aber deutlich höhere Aufwände als die erst genannten Verfahren. Über ein ermitteltes Systemkonzept kann dann die Abschätzung der Investitionssummen erfolgen, auf deren Basis dann die eigentlichen Aufwände für die Produktion (siehe Kostenmodell in der Anlage) berechnet werden können.

13.3.3 Ableitung von Betriebkosten

In den Phasen der Planung bzw. im Rahmen der Angebotsbearbeitung für eine neue Anwendung stützt sich die Ermittlung einer ersten Systemkonfiguration für den Zweck der Kostenschätzung typischerweise auf Expertisen, Analogieschlüsse und modellbasierte Schätzungen.

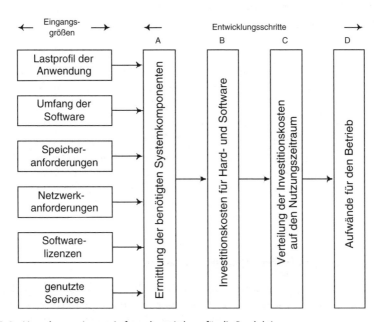

Abb. 13-2: *Vorgehensweise zur Aufwandsermittlung für die Produktion*

Abb. 13-2 verdeutlicht die dabei zu durchlaufenden Schritte. Nachdem die Eingangsgrößen entsprechend der benötigten Genauigkeit des Systemkonzeptes identifiziert wurden, erfolgt in den Schritten A bis D die Entwicklung des Systemkonzeptes:

- **Schritt A:** Die grobe Ermittlung der benötigten Systemkomponenten kann auf der Basis von Erfahrungen, Herstellerangaben zu Hard- und Softwareprodukten sowie Standard-Benchmarks erfolgen. Standard-Benchmarks werden z. B. durch das Transaction Processing Council (TPC) oder auch die Standard Performance Evaluation Cooperation (SPEC) angeboten.

- **Schritt B:** Zur Ermittlung der Investitionskosten bieten sich zum einen von Lieferanten veröffentlichte Preislisten, zum anderen die Einholung konkreter auf den Projektzweck zugeschnittener Angebote oder aber die Verwendung der Kostenangaben bereits erwähnter Standard-Benchmarks an.
- **Schritt C:** Die Investitionssumme ist auf den Zeitraum der Verwendung (inklusive Wartung/Pflege) abzubilden (wenn der Betrieb der kommerziellen Anwendung durch hoch spezialisierte Rechenzentren realisiert wird, wie dies gegenwärtig typischerweise der Fall ist, fallen stattdessen jährliche Kosten für diese Dienstleistung an).
- **Schritt D:** Erst in diesem Schritt findet die eigentliche Ermittlung des Aufwands für den Betrieb einer Anwendung statt. Hier sind weitere Kostenelemente (z. B. Personalkosten, Netzkosten) im Rahmen einer Preisbildung für den Betrieb zu berücksichtigen.

Standard-Benchmarks, wie diese z. B. vom TPC oder SPEC angeboten werden, können die Aufstellung der benötigten Systemkonfiguration sowohl aus Performance als auch Kostensicht unterstützen. Dennoch sei an dieser Stelle davor gewarnt, die im Benchmark erreichten Leistungsattribute auch für die eigene Anwendung zu unterstellen. Zumeist stehen die im Benchmark erreichten Leistungsaussagen der eigenen Anwendung nicht im gleichen Maße zur Verfügung. Die Verwendung sollte nur dann erfolgen, wenn schon Erfahrungen zu bereits im Betrieb befindlichen Anwendungssystemen vorliegen und ein Analogieschluss zwischen diesen und dem zu entwickelnden System gezogen werden kann. Für eine detaillierte Darstellung der Möglichkeiten von Benchmarks im Umfeld des Software Performance Engineering sei auf [Hopfer/Schmietendorf 2001] verwiesen.

13.3.4 Beispiel einer Systemkonzeptschätzung

Im Folgenden soll anhand eines einfachen Beispiels (unter Verwendung des TPC-C-Benchmarks) die prinzipielle Vorgehensweise für die Systemkonzeptschätzung verdeutlicht werden. Es sei ausdrücklich darauf hingewiesen, dass sich die hier vorgestellte Abschätzung auf keine reale Anwendung bezieht!

Für ein elektronisches Bestellsystem liegen zum Zeitpunkt der Angebotserstellung die folgenden Eingangsgrößen vor:

- 1000 Benutzer, davon maximal 20 % gleichzeitig aktiv (Web-Schnittstelle)
- Datenmenge je Benutzer: 2 MByte pro Tag
- Vorhalten der Daten: 3 Monate (direkter Zugriff)
- Auslagerung der Daten nach 3 Monaten (Backup)

13.3 Software Performance Engineering und Aufwandsschätzung

- Vorhalten der im Backup liegenden Daten für 1 Jahr
- Verfügbarkeit der Anwendung: 98 %, Wiederherstellungszeit: 24 Stunden
- Antwortzeitforderung: bei allen Use Cases kleiner 3 Sekunden
- Verwendung eines Authentifizierungs- und Autorisierungsservice

Schritt A: Ermittlung der benötigten Systemkomponenten

Ausgegangen wird von 200 gleichzeitig aktiven Benutzern, die pro Tag eine Datenmenge von ca. 2 GByte erzeugen. Dabei wird die Ausführung des komplexesten Use Case des Bestellsystems »Ordering« unterstellt. Da die Daten 3 Monate vorzuhalten sind, muss der Persistenzmechanismus des Systemkonzeptes eine Nettodatenmenge von ca. 120 GByte (Brutto durch entsprechenden Datenbank-Overhead ca. 400 GByte) verwalten.

Beim Anwendungssystem wird von einer mehrstufigen Client/Server-Architektur ausgegangen, die einen Web-, einen Applikations- und einen Datenbankserver beinhaltet. Die durch die 200 gleichzeitig aktiven Benutzer ausgelöste Transaktionslast wird auf Basis eines Analogieschlusses mit ca. 2000 tpmC geschätzt. Typischerweise zeigen sich Transaktionen realer Systeme um 5 bis 10fach ressourcenintensiver als die im TPC-C-Benchmark ausgeführten Transaktionen.

Auf Grundlage dieser getroffenen Annahmen zum Systemkonzept erfolgt nun die Auswahl einer geeigneten Hardwareplattform:

- Auswahl einer ProLiant ML350-G3-1P der Firma HP als potenzielle Hardwareumgebung (TPC-C-Report Datum: 12.05.2003),
- 1 Prozessor (19.500 tpmC) mit 2 GByte Hauptspeicher und 596 GByte externen Massenspeicher.

Schritt B: Investitionskosten für Hard- und Softwarekomponenten

Im Folgenden werden lediglich die Kosten des Serversystems dargestellt, nicht die Kosten für potenziell notwendige Clients, genutzte Netzwerkressourcen oder das Backup bzw. die Kosten für einen genutzten Security-Service.

- Die Investitionskosten des ausgewählten Hardwaresystems liegen bei ca. 30.000 Euro (Listenpreis im Mai 2003).
- Die Lizenzen für die Datenbanksoftware werden mit ca. 5000 Euro angenommen, für einen entsprechenden Applikationsserver werden ebenfalls 5000 Euro veranschlagt und jeweils 1000 Euro für einen Webserver und das Betriebssystem.
- Aufgrund der hohen Leistungsreserve des Serversystems wird davon ausgegangen, dass eine »All in One«-Installation möglich ist, also physikalisch nur ein System für alle oben genannten Serverkomponenten benötigt wird.

Demnach betragen die Investitionskosten für das Serversystem ca. 42.000 Euro.

Schritt C: Verteilung der Investitionskosten auf die Nutzungsdauer

In diesem Schritt erfolgt die Aufschlüsselung der Investitionssumme auf die Zeit der Nutzung, typischerweise 3 Jahre.

- Dementsprechend beträgt die jährliche Abschreibung (es wird eine lineare Abschreibung unterstellt) für das ausgewählte Serversystem ca. 14.000 Euro.
- Darüber hinaus entstehen pro Jahr Kosten für die Hardwarewartung sowie die Softwarepflege. Je nach abgeschlossenem Vertragstyp fallen dafür ca. 10–20 % des Anschaffungspreises an (d. h. ca. 5000 Euro).

Schritt D: Laufende Betriebskosten

Aufgrund der oben genannten Herleitung kann für das Serverkonzept von ca. 19.000 Euro an fixen Kosten pro Jahr ausgegangen werden. Neben den Kosten für die einzusetzende Hard- und Software gilt es ebenso, die Kosten eines potenziellen Betreibers zu erfassen. Dieses sind Kosten für die Administration der eingesetzten Hardwarekomponenten, Kosten für bereitgestellte Services (z. B. Backup – zuzüglich Kosten je MByte und Tag) oder auch die Kosten für einen genutzten Security-Service. Diese Kosten werden nochmals mit ca. 10.000 Euro veranschlagt, so dass mit einer Gesamtsumme von ca. 29.000 Euro gerechnet werden muss.

Bemerkung: Die hier dargestellten Kostenaussagen (Listenpreise) wurden dem entsprechenden Report, der beim TPC-C-Benchmark zu jedem durchgeführten Test veröffentlicht werden muss, entnommen. Typischerweise gibt es im kommerziellen Umfeld hohe Rabatte, so dass die genannten Betriebskosten sich in der Realität deutlich reduzieren würden!

13.4 Kombination von Aufwandsschätzung und SPE

Aus Sicht der Autoren bildet die Kombination von Aufwands- und Systemkonzeptschätzung eine sinnvolle Vorgehensweise, die auch im Rahmen eines typischerweise engen Zeitrahmens durchgeführt werden kann (siehe Abb. 13-3). Die methodische Vorgehensweise bietet sich mit den unter Abschnitt 13.2 eingeführten Schätzmethoden (speziell Analogie-, Relationen- und Gewichtungsmethode) an, die nach einem entsprechenden Tailoring (Anpassung an die konkreten Zielstellungen) sowohl zur Aufwands- als auch zur Systemkonzeptschätzung herangezogen werden können. Selbstverständlich wollen wir hier nicht zur Entwicklung völlig neuer Methoden motivieren, vielmehr sollen die jeweils vorhandenen und in der Praxis bewährten Methoden verwendet und schrittweise optimiert werden. Eine Kombination beider Verfahren hilft darüber hinaus, eine redundante Erhebung benötigter Eingangsinformationen zu vermeiden. So wird der funktionale Umfang der Anwendung sowohl als Eingangsgröße für die Aufwandsschätzung als auch für die Ermittlung des Lastprofils (Eingangsgröße zur Systemkonzeptschätzung) benötigt. Darüber hinaus bedarf es eines verbesserten Informationsaustauschs zwischen der Entwicklung und dem späteren Betreiber der IT-Lösung.

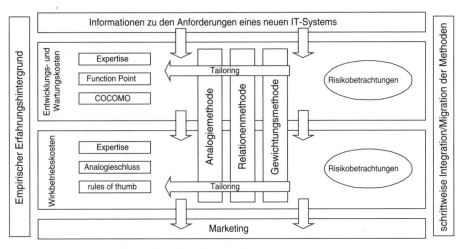

Abb. 13-3: *Kombination von Aufwands- und Systemkonzeptschätzung*

Die dargestellte Integration kann sicherlich nur als ein erster Ansatz verstanden werden, der durch weitere Arbeiten zu detaillieren ist. Aufgrund der vielfältigen Kostentreiber (z. B. Anzahl Benutzer, Speicherbedürfnisse, Supportverträge, Verfügbarkeit) des späteren Betriebskonzeptes ist die Sicht bei der Aufwandsschätzung zur Erfassung des Systemkonzeptes deutlich zu erweitern.

13.5 Zusammenfassung

Dieser Beitrag analysiert die gegenwärtige Situation bei der Aufwandsschätzung und bei der typischerweise zum gleichen Zeitpunkt (zumeist während der Angebotserstellung) stattfindenden Systemkonzeptschätzung. Beide Aufgabenstellungen sind hinsichtlich ihrer Zielstellungen durchaus vergleichbar, gehen aber in der Praxis völlig verschiedene Wege. Insbesondere die fehlende methodische Vorgehensweise bei der Systemkonzeptschätzung brachte uns auf die Idee einer Kombination mit der klassischen Aufwandsschätzung für die Phasen der Softwareentwicklung. Darüber hinaus sehen wir im Aufbau eines empirischen Erfahrungshintergrunds die Möglichkeit, zu einfacheren Schätzmethoden zu kommen, die tatsächlich den gesamten IT-Lebenszyklus erfassen. Die in Abschnitt 13.3.3 dargestellte Vorgehensweise stellt zwar einen gangbaren Weg dar, birgt aber die Gefahr eines zu detaillierten Vorgehens, was zum Zeitpunkt der Planung bzw. Angebotserstellung aufgrund der fehlenden Eingangsgrößen nicht benötigt wird.

Wenngleich die in den vergangenen Jahren forcierte Trennung zwischen Entwicklung und Produktion tatsächlich zu mehr Kostentransparenz bei bereits laufenden Systemen geführt hat, wirkt sich diese bei der Gestaltung neuer IT-Lösungen aus Sicht der Autoren kontraproduktiv aus. Häufig stehen auf der Seite der Entwicklung nur sehr vage Aussagen über potenzielle Kosten in der Produktion zur Verfügung. Auch für die Autoren war es überraschend, dass es bisher keine Initiative zur Kombination von Aufwands- und Systemkonzeptschätzung gegeben hat. Mit dem vorliegenden Beitrag wollten wir für diese Aufgabenstellung sensibilisieren.

13.6 Anlage: Kostenfaktoren und -arten für die Produktion

In Anlehnung an [Menasce/Almeida 1998] können die Kosten der Produktion in die folgenden vier Bereiche unterteilt werden.

Hardwarekosten:

- Client- und Serversysteme (inkl. HD, Speicher, Netzwerkkarten etc.)
- Storage Area Networks (SAN – vgl. z. B. externe Festplattensysteme)
- Backup-Umgebungen (z. B. Tape-Roboter)
- Unterbrechungsfreie Stromversorgungen
- Wartung und Support der Hardwarehersteller

Softwarekosten:

- Betriebssystemkosten
- Middleware-Kosten
- Datenbank-Managementsysteme
- Webserver bzw. Applikations- oder auch Integrationsserver
- Geschäftsbezogene Anwendungen
- Security- und Logging-Services
- Kosten für Softwarewartung und neue Versionen

Kosten für Netzwerk und Telekommunikation:

- WAN-Services (z. B. ISDN, ATM)
- Internet Service Provider

Supportkosten:

- Administration (Datenbank, Web, Security etc.)
- Kosten für einen Help Desk (Callcenter, Reisekosten etc.)
- Kosten für Schulung

14 Portfoliomanagement in der Softwareproduktentwicklung

Christof Ebert, Alcatel

14.1 Portfoliomanagement in der Entwicklung

> Concentrate your energies, your thoughts and your capital ...
> The wise man puts all his eggs in one basket and watches the basket.
> *Andrew Carnegie*

Acht Uhr morgens. Sie sind Entwicklungsleiter und begegnen auf dem Parkplatz Ihrem Vorstand. Er fragt Sie nach Ihren aktuellen Entwicklungsprojekten. Kein Smalltalk! Er will wissen, welche Projekte laufen, wie die Risiken sind, ob Sie genügend Ressourcen haben und wie Sie Ihre Strategie implementieren. Es interessiert ihn, ob Sie liefern können, was er den Kunden und Banken verspricht, oder ob er Ihnen helfen sollte. Das ist Ihre Chance! Fünf Minuten für Ihre Karriere!

Haben Sie die nötige Übersicht für Ihre eigenen Entwicklungsprojekte? Im Regelfall nicht, denn mehr als drei Viertel der Unternehmen werden nur mit finanziellen Kennzahlen geführt. Zu viele Projekte laufen parallel, ohne konkrete Ziele und ohne konsequente Zielverfolgung. Projektvorschläge werden isoliert begutachtet und Projekte nach Gutdünken gestartet oder nicht – beides kann für das Unternehmen gut oder schlecht sein. So ist der Misserfolg vorprogrammiert. Nur ein Viertel aller Unternehmen arbeitet mit Techniken des Portfoliomanagements [Meta Group 2002a; The CIO newsletter; The International Quality & Productivity Center].

Portfoliomanagement ist die Sammlung, vergleichende Bewertung und Entscheidung von Projekten und Investitionsvorschlägen, um den Gesamtwert für das Unternehmen zu maximieren. Das beinhaltet die folgenden Aspekte:

- Inventarisierung des »Gesamtvermögens« Ihrer Entwicklungsaktivitäten in Projekten, laufenden Arbeiten, Mitarbeiterpotenzial etc.
- Kontinuierliche Bewertung neuer Chancen im Vergleich mit existierenden Aktivitäten
- Verknüpfung von statischem und dynamischem Vermögen (Assets, Aktiva)
- Entscheidungen, welche Ressourcen in Zukunft auf welche Vermögensteile oder neue Chancen eingesetzt werden

Portfoliomanagement in der Softwareentwicklung ist ein ganzheitlicher Ansatz, alle Projekte gemeinsam und kontinuierlich zu bewerten. Portfoliomanagement heißt, Kosten und Nutzen, Inhalte und mögliche Überlappungen, Risiken und Chancen gleichzeitig zu betrachten und eine kohärente Strategie konsequent umzusetzen. Es ist unabhängig von der Unternehmensgröße. Vereinfacht gesagt ist es das Projektmanagement für die Gesamtheit Ihrer Projekte.

Gutes Portfoliomanagement hilft Ihnen, Ressourcen optimal einzusetzen, die Anzahl Ihrer Projekte zu verringern, die Kommunikation zwischen Projekten und Geschäftsbereichen zu verbessern, und – falls nötig – frühzeitig die Notbremse zu ziehen. Konsequent eingesetzt spart es etwa 5–10 % des Entwicklungsaufwands ein [Meta Group 2002a; The CIO newsletter].

Was ist der Unterschied zum Projektmanagement? Projektmanagement heißt, dass Sie die Projekte richtig ausführen. Portfoliomanagement bedeutet, dass Sie die richtigen Projekte ausführen.

Worin unterscheidet sich das Portfoliomanagement von IT-Projekten von jenem von Entwicklungsprojekten? Die Fragestellungen im Management von Forschung und Entwicklung (R&D) und von IT-Portfolios sind primär die gleichen: Setzen Sie Ihre begrenzten Mittel für das Richtige ein? Verfolgen Sie eine ausgewogene Mischung zwischen kurz- und mittelfristigen Zielen? Womit verdient Ihr Unternehmen sein Geld? Wie können Sie dazu beitragen, dass Ihr Unternehmen profitabler wird? Demzufolge sind auch die Bewertungstechniken die gleichen. Aber die Einflussmöglichkeiten und Entscheidungen sind unterschiedlich: In R&D beeinflussen Sie die Produktstrategie, Entwicklungsprozesse, Entwicklungskosten, Entwicklungs-Pipeline etc. Im Falle von IT-Projekten beeinflussen Sie u.a. die Geschäftsprozesse, deren Automatisierung, Integration und Servicekosten.

Das R&D-(Software-)Portfolio beinhaltet die Vermögenswerte und deren Bezug zur Unternehmensstrategie. Das IT-Portfolio beinhaltet die IT-Vermögenswerte (statisch/dynamisch) und deren Bezug zur Unternehmensstrategie.

Wir unterteilen drei Schritte im Management von R&D-Portfolios (Abb. 14-1): Extrahieren, Evaluieren und Entscheiden.

14.1 Portfoliomanagement in der Entwicklung

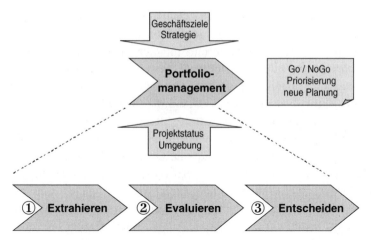

Abb. 14-1: *Die drei Schritte im R&D-Portfoliomanagement*

Erfolg im Portfoliomanagement von Entwicklungsprojekten misst sich daran, ob anhaltende Entscheidungen – gemeinsam mit dem Marketing und Vertrieb – getroffen werden. Bisherige Veröffentlichungen konzentrieren sich primär auf die Sichtweise von IT-Projekten, was zwar nicht prinzipiell falsch ist (schließlich ist die Methodik die gleiche), aber den Blickwinkel vom Marketing weg lenkt und zu sehr eine unternehmensinterne Perspektive annimmt [Remenyi et al. 2000; Devaraj/Kohli 2002; Benko/McFarlan 2003]. Zum Portfoliomanagement von SW-Entwicklungsprojekten gibt es nur sehr wenige und eingeschränkte Veröffentlichungen. Die meisten beziehen sich auf Einzelaspekte, wie Technisches Controlling [Ebert 1999], dem Management von globalen Entwicklungsprogrammen [Ebert/DeNeve 2001] oder Knowledge Management in R&D-Projekten [Ebert et al. 2003]. Eine gute Einführung in das Thema Business Cases für Softwareprojekte bietet [Reifer 2002]. Schließlich fasste ein Sonderheft von IEEE Software im November 2002 den Stand der Technik aus der Sichtweise »Software als Business« zusammen [Miller/Ebert 2002].

Dieser Beitrag versucht eine erste zusammenfassende und praktische Einführung zu geben zum Thema Portfoliomanagement von Softwareentwicklungsprojekten. Er entstand aus Erfahrungen, die wir in den vergangenen Jahren innerhalb von Alcatel gewinnen konnten. Alcatel ist ein weltweit führender Telekommunikationsausrüster. Als Architekt der zukünftigen Telekommunikationslandschaft entwirft, entwickelt und installiert Alcatel Lösungen je nach Bedarf der Kunden und Märkte. Kundenspezifische Lösungen und Projekte ganz unterschiedlicher Größe sind in diesem Markt alltäglich. Die Herausforderung liegt heute darin, Lösungen – unabhängig vom Lieferanten einzelner Komponenten – wirtschaftlich aus verschiedensten Plattformelementen und wiederverwendbaren Komponenten zu bauen. Alcatel ist nach ISO 9001 registriert. Der Großteil der Entwicklungsarbeiten, die für diesen Beitrag als Basis dienten, sind im CMM (Capability Maturity Model) auf Ebene 2 oder Ebene 3 qualifiziert. Während Portfoliomanagement für Alcatel aus Marketingsicht nicht neu war, ist es vor allem die fließende Integration in das Produktmanagement und in die Entwicklung, die dabei hilft, von einem wirklichen Portfoliomanagement von Entwicklungsprojekten zu sprechen.

14.2 Schritt 1: Extrahieren

Im ersten Schritt des Portfoliomanagements werden alle Projekte und Vermögenswerte zentral und gemeinsam mit den relevanten Marktinformationen aufgelistet (z. B. Ressourcen, Ziele, Annahmen, Nutzeneffekte, Marktwachstum, Marktanteil). Eine konsistente Vergleichsmöglichkeit und standardisierte Bewertungsmaßstäbe (Indikatoren) werden geschaffen (z. B. aktueller Wert und dessen Entwicklung, Technologien, Überlappungen, Ressourcenengpässe, unzureichende Marktanteile).

Sehr häufig werden falsche oder unbrauchbare Informationen gesammelt, die im besten Fall wertlos sind, unnötigen Aufwand verursachen und schlimmstenfalls Fakten verschleiern. Zuerst müssen Sie herausfinden, wie Ihre Projekte von außen betrachtet werden. Was tut Ihrem Unternehmen momentan am meisten weh (z. B. Kosten oder Termine werden überschritten, Kunden wandern ab)? Wer fühlt es zuerst und am stärksten? Wohin will und muss sich Ihr Unternehmen bewegen? Was eigentlich ist Ihr Portfolio? Woher bekommen Sie die Informationen? Sind sie verlässlich? Welche Ziele oder Strategie leitet Ihr Portfoliomanagement? Aber auch subjektive und opportunistische Aspekte beeinflussen die Extraktion der richtigen Informationen. Welche Rolle und Einfluss haben Sie selbst im Unternehmen? Wer könnte Ihre Projekte am meisten gefährden? Warum? Was wiederum könnte dieser Person am meisten helfen?

Indikatoren und Metriken, die Ihre Projekte kennzeichnen, sollten folgenden Kriterien genügen:

- **Anhaltend:** Die gewählten Indikatoren haben über eine längere Zeit hinweg Gültigkeit. Sie lassen sich in Zeitreihen (z. B. für Quartalsberichte) vergleichen.
- **Rechtzeitig:** Die Indikatoren müssen ständig und ohne Verzögerung zur Verfügung stehen.
- **Aussagekräftig:** Die Indikatoren bringen genau die Informationen und Hinweise, die in Ihrer Situation gefragt sind.
- **Zielorientiert:** Metriken und Statusinformationen werden so ausgewählt, dass Sie damit den Grad Ihrer Zielerreichung bewerten können.
- **Ausgewogen:** Beleuchten Sie alle Dimensionen, die in Ihrem Geschäft relevant sind. Jeder hat seinen blinden Fleck und sollte ihn kennen.

Um später Bewertungen zu machen, die zu den richtigen Entscheidungen führen, müssen Sie heute die richtigen Daten sammeln. Welche Faktoren (Ziele, Hoffnungen, Randbedingungen) veranlassen das Investment? Was waren Ihre Annahmen vor Projektbeginn? Welche Erfolgsfaktoren und Indikatoren werden vereinbart? Passen Sie zu Ihren Zielen? Welche Guthaben (Assets) oder Verbesserungen wurden generiert? Welche gleichzeitigen anderen Änderungen oder Randbedingungen könnten das Ergebnis beeinflussen oder verfälschen (z. B. Restrukturierungen, Produkteinführung)? Treten zeitliche Effekte auf (zyklische Effekte, Verzögerungen bis zum Effekt, zeitliche Korrelationen)?

Häufig werden Kennzahlen und Metriken zu eindimensional gesammelt und berichtet. Beispielsweise misst ein Qualitätsverbesserungsprogramm nur die Fehlerzahlen, aber nicht eine verbesserte Mitarbeiterauslastung oder Liefergenauigkeit. Bei einem neuen Vertriebsportal werden nur Zugriffe gezählt, anstatt auch Verkaufszahlen und neue Verkaufskombinationen oder Marketinginstrumente zu bewerten. Ein neues Produkt oder eine Verbesserung sollte nicht isoliert, sondern mit Blick auf Seiteneffekte gemessen werden. Daher sollten wenige Indikatoren aus allen operativen Bereichen gleichzeitig berichtet und ausgewertet werden [Kaplan/Norton 1993; Hitt/Brynjolfsson 1995].

Beispielhaft wollen wir hier zwei Dimensionen betrachten, die in Softwareentwicklungsprojekten eine große Rolle spielen. Im operativen Geschäft können Sie den Erfolg beispielsweise an folgenden Faktoren messen: Dauer der Phasen im Produktlebenszyklus, Zeit bis zum Markteintritt, Zeit bis zum Profit, Durchlaufzeiten, Wartungskosten, Fehlerzahlen, Korrekturzeiten, Wiederverwendungsrate, Inventarkosten sowie Lizenzkosten und -einnahmen. Eine weitere Dimension sind Verbesserungen der Produktivität oder der Kostensituation, z. B. Umsatz pro Mitarbeiter, Produktionsrate (Output) pro Mitarbeiter, Ausgaben pro Mitarbeiter, Kosten pro Mitarbeiter (Inland versus Ausland), Kosten pro Arbeitsplatz, eingesetztes Arbeitskapital, Qualitätskosten oder Amortisierungszeiten.

Aus diesen Indikatoren wählen Sie einige wenige aus, die den zugrunde liegenden Business Case der Produkte widerspiegeln und daher beim Verfolgen der Nutzen und Wertschöpfung relevant sind. Die Indikatoren werden dann in die Sprache der Projekte übersetzt, so dass sie ohne großen Overhead aus den regulären Projekt-Reviews bestimmt werden können. Beispielhaft ist eine solche einfache Projektverfolgung in Abb. 14-2 gezeigt. Dieses »Dashboard«, auch Status-Zusammenfassung genannt, beschreibt einige wesentliche Projektindikatoren, die im Portfoliomanagement Ihrer Entwicklungsprojekte zum Einsatz kommen. Wichtig ist dabei, dass keine zusätzlichen Metriken generiert werden, sondern nur bereits vorhandene Indikatoren (z. B. Zeit zur Fertigstellung, Earned Value oder Kosten) – hoffentlich zunehmend automatisch – aggregiert werden.

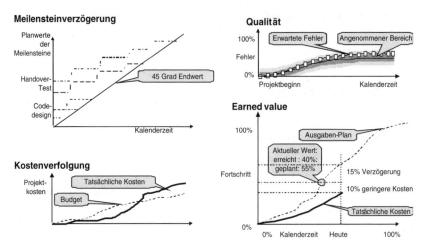

Abb. 14-2: Ein einfaches Projekt-Dashboard, das auf Projektebene Indikatoren verfolgt, die im Portfoliomanagement eingesetzt werden.

Sind diese Indikatoren einmal aggregiert und zentral verfügbar, können daraus leicht Portfolio-relevante Informationen extrahiert werden, beispielsweise wann welche Projekte in den Markt kommen, wie groß die durchschnittliche Verzögerung ist oder wie groß die Zusatzkosten sind. Damit lassen sich bereits frühzeitig Projekte beenden, die weit über das Ziel hinaus schießen.

Exemplarisch wollen wir die Situation eines »Projektabschusses« (also ein vorgezogenes Ende) diskutieren. Ein Projekt zu beenden, kann Sie in eine schwierige Situation bringen. Persönlich und politisch. Es impliziert oft und fälschlicherweise »Versagen«, und nur wenige Firmen können mit diesem Lerneffekt konstruktiv umgehen. Aus Portfoliomanagement-Sicht bedeutet auch ein gestopptes Projekt Kosten, die über den Tag hinausgehen (z. B. Infrastruktur, Leasingverträge, Relokationskosten). Oft ist es daher aus reiner Kostensicht sogar günstiger, das Projekt weiterlaufen zu lassen, als es abzuschießen. Opportunitätsfaktoren können die Entscheidung vereinfachen, denn Ihre Ressourcen sollten vielleicht eher in einem anderen Projekt arbeiten.

Hier die Annahmen: Es geht um ein Projekt mit 20 Personen. Ein Personenmonat kostet 12 Tsd. Euro. Szenario 1 (»Weitermachen«) bedeutet einen Restaufwand von 20 Personen für 6 Monate. Diese Schätzung ist vom Team und von den Experten als machbar und realistisch akzeptiert. Damit hat das Projekt in diesem Fall noch einen Aufwand von 1.440 Tsd. Euro. Szenario 2 (»Abschuss«) bedeutet, dass Sie noch 3 Personen für einen weiteren Monat benötigen, um das Projekt herunterzufahren und einige Ergebnisse zu dokumentieren. Um die Personen außerplanmäßig zu relokieren, brauchen Sie jeweils einen Monat Zeit. Büroraum und Lizenzen sind bereits bezahlt und kosten 350 Tsd. Euro. Der verlorene Umsatz im ersten Jahr (da das Produkt nicht geliefert wird) beträgt 1 Mio. Euro. Damit liegt der Gesamtaufwand im zweiten Szenario bei 1.626 Tsd. Euro, also kaum höher als bei Szenario 1. Selbst unter Vernachlässigung von Opportunitätsfaktoren ist es besser, das Projekt weiterzuführen.

14.3 Schritt 2: Evaluieren

Nachdem die Indikatoren und relevanten Projektinformationen vereinbart sind, werden Risiken, Nutzen und Potenziale evaluiert. Das beinhaltet Kosten und Nutzen, Business Case, Nutzung der Ergebnisse, Marktfähigkeit sowie zukünftige Szenarien. Diese Evaluierung muss praktisch kontinuierlich und im Zusammenhang aller Projekte erfolgen. Sobald sich einzelne Projekte verzögern oder sich Inhalte und Kosten ändern, müssen die Auswirkungen auf das gesamte Portfolio neu bewertet werden.

Sie evaluieren Kosten und Nutzen Ihres Portfolios. Hinsichtlich der Kosten stellen sich die folgenden Fragen: Wo stehen die Elemente Ihres Portfolios hinsichtlich des Kostenrahmens und der Kostenstruktur? Verläuft die Entwicklung innerhalb Ihrer Planungen und Erwartungen? Ist die Kostenstruktur wettbewerbsfähig (z. B. der Anteil der Testkosten an den Entwicklungskosten)? Wie entwickelt sich die Kostenstruktur? Sind die verschiedenen Elemente der Kosten unter Ihrer Kontrolle oder fremdbestimmt? Haben Sie die laufenden (operativen) Kosten vorausschauend budgetiert (z. B. Wartungsverträge, Weiterentwicklungen, Korrekturen)?

Bei den Nutzen tauchen die folgenden Fragen auf: Halten die Elemente Ihres Portfolios die in sie gesetzten Erwartungen? Sind manche Investitionen besser als andere? Warum? Welche Faktoren beeinflussen den Nutzen? Wie viel Umsatzwachstum lässt sich auf eine bestimmte Änderung zurückführen? Was ist der Investornutzen aus der Entwicklungsarbeit (Verzinsung, ROI, Rendite des eingesetzten Kapitals) sowie der Kundennutzen (Wert aus Kundensicht, Markterwartungen, Wettbewerberdruck)? Wie wird Ihre Leistungsfähigkeit und Performance beeinflusst? Wie Ihre internen Prozesse und Schnittstellen, Innovationsfähigkeit, Lernfähigkeit oder konkrete Verbesserungen?

Portfoliomanagement betrachtet heutige Entscheidungen und deren Auswirkung auf die Entwicklung und den Wert Ihres Portfolios in der Zukunft. Frühere Investitionen sind nur interessant, um daraus zu lernen, nicht wegen der Höhe des Betrags, der investiert wurde. Man kann viele Fehler vermeiden, wenn man aus früheren Entscheidungen die richtigen Schlüsse zieht. Investitionsbetrachtungen richten ihr Augenmerk einzig und allein auf das noch zu investierende Geld und den Effekt in der Zukunft. Was bereits bezahlt wurde, ist »versunken«. Beispiele beinhalten die Kosten, um ein Produkt fertig zu stellen, oder die Einnahmen pro Periode in der Zukunft. Zukünftige Beträge werden bei angenommenen Renditen auf den heutigen Wert (»present value«) diskontiert, um eine klare Rechnung aufmachen zu können.

In der Nutzenbewertung ist Time-to-Profit heute kritischer als Time-to-Market. Durch einen verspäteten Markteintritt reduziert sich der ROI dramatisch. Bei einem sich schnell ändernden Markt macht eine Verzögerung von 3 Monaten bereits einen Umsatzverlust von über 20 % aus, bedingt durch den späten Markteintritt und die Opportunitätskosten einer verzögerten Entwicklung des Folge-Releases.

Betrachten wir ein kleines Beispiel für einen Satz von 5 Entwicklungsprojekten, die Sie beeinflussen können (Abb. 14-3). Wir verwenden zunächst die klassische Darstellung [Benko/McFarlan 2003] einer Portfolio-Bewertung, wie sie relativ einfach auch für Entwicklungsprojekte eingeführt werden kann. Natürlich basiert die Darstellung auf Marktinformationen, da Entwicklungsprojekte nie isoliert bewertet werden dürfen. Die Matrix beschreibt alle Projekte in 3 Dimensionen, nämlich Ihr eigener Marktanteil, das gesamte Marktwachstum und Ihr interner – noch offener – Entwicklungsaufwand (Größe der Kreise). Sehr einfach können Sie diagnostizieren, welche Projekte Sie forcieren (4, 5) und welche Sie beenden (1) sollten. Auch ist offensichtlich, dass Sie ein großes Problem hinsichtlich der Zukunftsfähigkeit Ihres Portfolios haben. In keinem Bereich haben Sie einen großen Marktanteil bei großem Marktwachstum. Statt Wachstum und Marktanteil lassen sich auch andere Nutzenfunktionen verwenden.

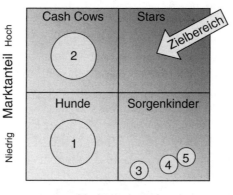

Abb. 14-3: *Ein einfaches Beispiel eines Softwareprojekt-Portfolios*

Die gebräuchlichen Analysetechniken für Entwicklungsprojekte umfassen:

- **Breakeven-Analyse:** Wann sind akkumulierte Nutzen und Kosten gleich hoch? Ab wann fließt Geld zurück?
- **Investitionsbewertung (ROI, ROA, ROCE):** Welcher Kapitaleinsatz wirft mehr Gewinn ab (vor oder nach Steuern)?

- **Kosten-Nutzen-Analyse (heutiger Wert):** Welcher Nutzen tritt zukünftig auf? In welchem Verhältnis steht er zu den heutigen Kosten?
- **Wertanalyse (Entscheidungsbaum):** Welche Alternative generiert den größten Wert?
- **Empfindlichkeitsanalyse:** Welchen Effekt hat die Änderung eines Parameters, den sie kontrollieren können (z. B. Ressourcen-Allokierung oder Änderung des Projektinhalts)?
- **Trendanalyse (z. B. Zeitreihe):** Wie verhalten sich die getroffenen Annahmen über die Zeit? Gibt es zyklische Effekte, die sich erst später auswirken (spielt besonders bei Plattform- oder Produktlinienentscheidungen eine Rolle)?

Die Bewertung von verschiedenen Entwicklungsprojekten ist nur im Zusammenhang sinnvoll. Oft werden Entscheidungen ad hoc innerhalb eines Projekt-Reviews getroffen, die darüber hinaus Auswirkungen auf andere Projekte haben. Beispielsweise wirken sich neue Funktionen auf Termine und Ressourcen bei Folgeprojekten aus, oder eine Plattform oder Mitarbeiter werden in mehreren Projekten benötigt. Sie müssen unterscheiden, welche Projekte individuell bewertet und entschieden werden können und welche Projekte nur als Gruppe mit internen Abhängigkeiten bewertet werden können. Dies sind dann die Elemente Ihres Portfolios.

Nehmen wir ein weiteres Beispiel, um zu betrachten, wie Sie R&D-Entscheidungen anhand des Portfolios Ihrer Produkte treffen können (Abb. 14-4). Wir zeigen 5 verschiedene Produktlinien innerhalb einer Entwicklungsabteilung. Die Matrix in Abb. 14-4 beschreibt die Projekte in 3 Dimensionen, nämlich Umsatzwachstum, Marktwachstum und interner Entwicklungsaufwand (Größe der Kreise). Sie entscheiden sich wie folgt: Produktlinie 1: Melken, Budget verringern; Produktlinie 2: Budget signifikant verringern; Produktlinie 3: Budget erhöhen; Produktlinie 4: Budget belassen; Produktlinie 5: verkaufen oder aufgeben.

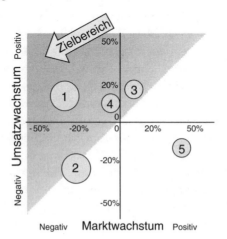

Abb. 14-4: *Entscheidungsmatrix für Ihre Entwicklungsprojekte*

14.4 Schritt 3: Entscheiden

Nach dem Extrahieren und Evaluieren der Projektdaten ist der wichtigste und letzte Schritt, dass etwas entschieden und geändert wird. Wenn die Risiken zu groß werden, muss eventuell die Projektgröße reduziert und Inkremente definiert werden. Wenn der Nutzen und Wert vergleichbar oder gar kleiner ist als die noch ausstehenden Kosten, muss das Produkt/Projekt gestrichen werden. Nur jene Projekte verbleiben im Portfolio, die den größten Wert repräsentieren. Ein bestimmter Prozentsatz wichtiger neuer Projekte sollte ständig Priorität haben, damit Sie nicht im Legacy-Management verloren gehen.

Aus den beiden vorangegangenen Schritten (Extrahieren und Evaluieren) resultieren verschiedene Entscheidungsalternativen. Allein auf dieser Basis wird entschieden. Die Grundalternativen sind immer nichts ändern, Projekt stoppen oder Projekt ändern. Lassen Sie keine dieser drei Optionen im Voraus wegfallen. Sie sollten K.-o.-Kriterien rigoros anwenden, um transparente Entscheidungen zu treffen (z. B. wenn kein Budget da ist, muss ein Projekt gestoppt oder geändert werden, um in etwas anderes zu investieren). Alternativen werden soweit wie möglich separiert (z. B. ob eine neue Technologie eingeführt wird, hängt nicht vom Lieferanten ab). Die einhergehenden Risiken und Annahmen sind Teil der Entscheidung. Falls beispielsweise eine Annahme nicht hält oder ein Risiko eintritt, muss der zugehörige Alternativplan in Aktion treten können.

Produktlebenszyklus-Management (PLM) ist der Prozess, der ein Produkt (oder Service) von der ursprünglichen Idee bis zu seinem Ende so steuert, dass der größtmögliche Nutzen für das Geschäft des Herstellers sowie seiner Kunden und Partner entsteht. Naturgemäß ist das Portfoliomanagement bei Entwicklungsprojekten Bestandteil des übergreifenden PLM. Wir wollen das an einem Beispiel betrachten (Abb. 14-5). Dabei ist der vereinfachte Lebenszyklus oben abgebildet. Er beinhaltet verschiedene Tore, an denen grundsätzlich und im Zusammenhang aller Ihrer Projekte darüber entschieden wird, ob und wie ein konkretes Projekt fortgeführt wird. Wir zeigen in Abb. 14-5 vier Phasen und im unteren Teil der Grafik jeweils die Indikatoren, die entscheidungsbestimmend sind.

Gerade im Portfoliomanagement von Entwicklungsprojekten ist es wichtig, klare Abhängigkeiten zu beachten. Die Hierarchie beginnt mit dem Portfolio, also einer Produktsicht, die alle Ihre Produkte umfasst. Daraus lässt sich eine Produktsicht generieren, die beispielsweise Plattformen und mittelfristige Technologieaspekte berücksichtigt, die für eine bestimmte Produktlinie relevant sind. Für das Produkt existiert ein Funktionskatalog für ca. 3 Jahre (Vision, Markt, Architektur, Technologie etc.). Daraus lässt sich eine Entwicklungs-Roadmap ableiten, die beispielsweise berücksichtigt, welche Kompetenzen aufgebaut werden müssen oder welche Technologieabhängigkeiten mit Partnern oder Lieferanten zu klären sind. Schließlich lassen sich daraus die einzelnen Fahrpläne der Projekte ableiten, die jeweils einen kurzen Horizont von wenigen Monaten bis maximal einem Jahr haben.

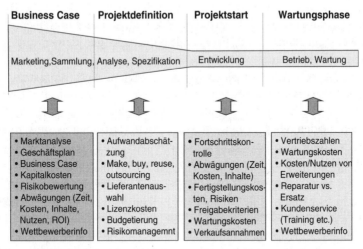

Abb. 14-5: *Portfoliomanagement innerhalb des Produktlebenszyklus. In jeder Phase werden spezifische Indikatoren zur Bewertung eingesetzt. Die Produktentwicklung kann bei jedem der vier Tore abgebrochen werden.*

14.5 Konkrete Tipps

14.5.1 Technologiemanagement

Auch bei neuen, unterbrechenden (»disruptive«) Technologien greift der beschriebene Ansatz zum Portfoliomanagement [Bower/Christensen 1995]. Im ersten Schritt müssen Sie extrahieren, was die Technologie überhaupt für Sie und Ihr Geschäft bedeutet. Technikverliebtheit ist kostspielig und keine Antwort. Die Hauptfrage, auf die viele Unternehmen keine konsistente und kohärente Antwort finden, ist, was bei Ihnen die »disrupten« Technologien sind. Oft sind es jene Technologien, die zu den heftigsten Diskussionen im Unternehmen führen (z. B. Techniker versus Marketing oder Marketing versus Kunden). Danach wird die Technologie und ihr Einfluss bewertet. Wie relevant sind diese Technologien für Sie? Mit welcher Geschwindigkeit entwickeln sie sich? Was werden sie ersetzen? Gibt es Beispiele aus der Vergangenheit, wo sich vergleichbare Technologieänderungen bemerkbar machten?

Im dritten Schritt müssen Sie abschließend Entscheidungen treffen. Wie gehen Sie damit um? Sicherlich kann eine mögliche Entscheidung lauten, dass Sie noch ein Jahr oder einen Produktzyklus abwarten. Das ist legitim und adäquat, um im ständigen Technologie-Hype nicht unterzugehen. Ein Beispiel sind Web-Services, die in 2002 sicherlich überbewertet wurden und in 2004 langsam wieder eine

Rolle spielen. Welcher Markt/Nutzer/Kunde braucht die Technologie als Erster und warum? Wie positionieren Sie die neuen Eigenschaften? Welche Investments erlauben Sie? Wie viele Experimente? Welche Nutzenfunktionen und Ergebnisse erwarten Sie wann?

Wir haben in 14-6 zusammengefasst, wie bestimmte Zeitpunkte im Lebenslauf einer Technologie zu unterschiedlichen Bewertungen führen. Wir unterscheiden vier verschiedene Phasen, die den Technologie-Lebenszyklus charakterisieren [Bower/Christensen 1995]. In jeder dieser vier Phasen wenden Sie eine andere Strategie an.

Aus der Experimentier-/Hype-Phase (Punkt 1) kann sich die Technologie bereits unterschiedlich entwickeln. Kommt sie eher langsam (z. B. Web-Services) und mit vielen Randbedingungen (Punkt 1, 2) an, sollten Sie sich die nötige Zeit nehmen, nicht zu früh einem falschen Trend nachzulaufen. Das ist kostspielig und Ihre Kunden werden nicht dafür bezahlen. Ist die Technologieänderung und ihr Einfluss dagegen rasch und intensiv (z. B. eingebettete Mobilapplikationen), macht es Sinn, sich schnell zu positionieren, bevor der Markt sich gegen Sie entscheidet (Punkt 2, 3). Schließlich erreicht jede Technologie einen Punkt, wo Sie sich zurückziehen sollten (Punkt 4). Diesen Punkt zu verpassen kann auch wieder kostspielig werden, denn Sie müssen Ressourcen und Skills vorhalten, die Ihnen für neue Innovationen fehlen. Produktlinien an diesem Punkt erkennt man daran, dass die Produkte zu alt sind (siehe auch Abb. 14-3) und sich die Roadmaps verzetteln.

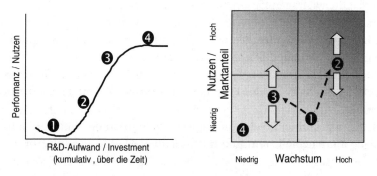

1. Experimentierfeld (Lerneffekte, Investments, keine Payoffs, entscheiden)
2. Wachstumsphase (Nutzen wachsen stark, Marktpositionierung, investieren)
3. Sättigungsphase (Investments je nach Marktposition reduzieren, abschöpfen)
4. Lebensende (rechtzeitig ausphasen, hohe Wartungskosten)

Abb. 14-6: *Portfoliomanagement und Technologiemanagement*

14.5.2 Produktplanung

Eine notwendige Voraussetzung für ein erfolgreiches Portfoliomanagement in Produktlinien ist ein sauberes Release-Management. Wir haben bereits auf die hierarchischen Abhängigkeiten zwischen Portfolio, Produktlinie, Produkt und Projekt hingewiesen. Eine verlässliche Release-Roadmap und ein gutes Projektmanagement sind unabdingbare Voraussetzungen für gutes Portfoliomanagement. Verlässlich heißt, dass die ursprünglich vereinbarten Meilensteine eingehalten werden. Beispielsweise muss eine Plattform oder ein generisches Produkt einer Produktlinie, auf das viele Anwendungsprojekte aufsetzen, pünktlich sein, und es muss die Funktionen enthalten, die von den Anwendungen erwartet werden.

Organisationen auf CMM-Level 1 haben kaum Chancen, hier erfolgreich zu sein. Sie müssen erst einmal ihre Hausaufgaben im Projektmanagement machen.

Die folgenden Schritte beim Aufsetzen einer Roadmap helfen dabei, eine verlässliche Planung zu erreichen:

- Identifiziere Gemeinsamkeiten und Abhängigkeiten zwischen den Märkten.
- Bewerte existierende Funktionalität abhängig von ihrem Kundennutzen (d. h. Investitionskosten, Betriebskosten, Kostenveränderungen, neue Einnahmen, Opportunitätsfaktoren etc.), Komplexität in der Entwicklung und Erhaltung, Erweiterbarkeit und interne Lebenszykluskosten.
- Beschreibe und pflege eine inhaltliche (funktionale) Roadmap sowohl für die Produktlinien als auch für die wesentlichen Märkte.
- Bestimme und verfolge eine technische Roadmap, die in definierten Schritten zusammenhängende Funktionen zusammenbringt. Je mehr die Architektur separiert werden kann, desto unabhängiger – also mit geringerem Risiko – können die wichtigen Zusammenführungen erfolgen.
- Entscheide, welche Produkte, Plattformen, Funktionen oder Märkte nicht mehr individuell gepflegt werden (können). Vereinbare eine Migrationsstrategie mit Produktmanagement und Marketing.
- Identifiziere innerhalb der Spezifikation, Architektur und Roadmap Bereiche, die sich weiterentwickeln. Lege Abhängigkeiten, Prioritäten und Kostenrahmen fest.
- Passe den gesamten Produktdefinitionsprozess und den Entwicklungsprozess an eine inkrementelle und funktionsorientierte Vorgehensweise an.

14.5.3 Einführungsaspekte

Es ist sehr unwahrscheinlich, dass eine Firma alle diese Methoden und Vorgehensweisen einfach »auf Knopfdruck« einführen kann. Daher sollten die drei Elemente des Portfoliomanagements schrittweise eingeführt werden. »First things first« bedeutet, dass Sie zunächst mit den kritischen 20 % Ihrer Projekte beginnen (worauf verwetten Sie das Schicksal Ihrer Firma?). Arbeiten Sie bei neuen Bewertungskonzepten erst einmal »in vitro«. Das bedeutet, dass Änderungen zuerst im kleinen Maßstab und isoliert probiert werden (z. B. Metriken).

Die beschriebenen drei Schritte (Extrahieren, Evaluieren, Entscheiden) sollen durchaus in der gleichen Reihenfolge auch eingeführt werden. Stellen Sie zuerst eine Inventarliste aller Ihrer Projekte, Vermögenswerte und Investitionsvorschläge zusammen. Fügen Sie danach Ihrer Liste die derzeitigen Kosten, Aufwände und Zielvorgaben für Qualität, Kosten und Termine hinzu. Führen Sie einfache und exakte Metriken zur Bewertung aller Projekte ein. Beginnen Sie mit den kritischen bzw. wichtigen Projekten. Verfolgen Sie die Metriken gegen die Ziele und Erwartungen. Treffen Sie verbindliche Entscheidungen, die Sie Ihren Zielen näher bringen (z. B. nach Wert, ROI, Dauer, Alter, Wartungsaufwand, Kunden-Feedback).

Das vorgestellte Portfoliomanagement-Modell erzwingt eine enge Verbindung von Entwicklungsaufgaben mit den Unternehmenszielen und dem Gesamtgeschäft. Kosten, Nutzen, Technologie oder Kapitalbindung werden in einem Zusammenhang bewertet und entschieden. Das R&D-Portfolio und -Investment ist Teil des Gesamtportfolios Ihres Unternehmens und wird daher den exakt gleichen Regeln unterworfen. Es ist sehr hilfreich, den Zugriff auf das Entwicklungsportfolio mit Ihren Produktinformationen online zu koppeln.

Portfoliomanagement ist faktenorientiert und bezieht sich bei Entwicklungsprojekten auf Ihre Projektkennzahlen. Ihre Zahlen werden von allen Seiten hinterfragt. Ihre Arbeit wird oft auf diese Zahlen reduziert. Seien Sie daher sehr vorsichtig. Hier einige praktische Hinweise:

- Fassen Sie zu Beginn eines Berichts Ihre Ergebnisse aus wirtschaftlicher Sicht kurz und klar zusammen (»Executive Summary«). Verlieren Sie sich nicht in Technikverliebtheit. Technische Aspekte glaubt man Ihnen in Ihrer Rolle – und man prüft diese später sowieso noch getrennt nach.
- Reduzieren Sie Nutzen immer auf konkrete monetäre Größen. Ihr Management hasst alles, was sich nicht gut greifen und verfolgen lässt.
- Trennen Sie sauber zwischen Kapitalausgaben (z. B. Lizenzen, Hardware in Produkten) und Projektkosten (z. B. Personen, Infrastruktur). Oft kommen diese Mittel aus verschiedenen Quellen.
- Prüfen Sie alle Zahlen mehrfach nach. Schon viele gute Ideen starben, weil ihre Präsentation vermeidbare Fehler enthielt. Mit einem kleinen Rechenfehler oder einer falschen Annahme sind Sie (und Ihre gesamte Präsentation) bereits im Misskredit.
- Zahlen bedeuten verschiedene Dinge für verschiedene Personen. Liefern Sie mit Ihren Zahlen immer auch klare Definitionen – schriftlich, da Präsentationen oft eigene Wege gehen – und Gültigkeitsbereiche. Verwenden Sie Industrienormen, soweit möglich.

Wer Zahlen auf Kommando ausspuckt, hat sich entweder noch nie die Finger verbrannt oder er hat sie gerade erfunden.

14.6 Zusammenfassung

Ein funktionierendes Portfoliomanagement von Entwicklungsprojekten besteht aus drei einzelnen Schritten, nämlich Daten zu extrahieren, sie zu evaluieren und schließlich zu bewerten. Diese drei Schritte müssen kontinuierlich durchgeführt werden, wobei insbesondere die Automatisierung von Schritt 1, der Extraktion und Aggregierung von Rohdaten aus den Projekten, hilft. Wenn sich die Rahmenbedingungen ändern, muss auch die Bewertung neu angepasst werden.

Die Nutzeneffekte eines Software-Portfoliomanagements sind vielfältig:

- Maximale Wertschöpfung Ihrer Investitionen in die Entwicklung
- Klare, faire und nachvollziehbare Entscheidungen darüber, welche Projekte finanziert werden
- Optimaler Mix von Risiken, Aufwand und Mittelzuflüssen
- Verbesserte Kommunikation zwischen Entwicklungs- und Produktbereichen
- Verantwortung und Rechenschaftspflicht für Projektentscheidungen
- Harmonisierung von technischen oder funktionalen Entscheidungen mit den geschäftlichen Bedürfnissen und Nutzen
- Effizienter und effektiver Ressourceneinsatz
- Weniger redundante Projekte und vereinfachter Abbruch von Projekten

Was haben wir damit für unsere Kunden erreicht? Zunächst einmal können wir mehr und interessantere Lösungen aus ganz verschiedenen Unternehmensbereichen anbieten. Durch vereinheitlichte Lebenszyklusprozesse und konsistente Sichtbarkeit von Ergebnissen lassen sich Lösungsprojekte leichter aufsetzen und verfolgen. Meilensteine und Inhalte einzelner Komponenten sind transparent. Neue Anwendungen kommen in der Regel schneller auf den Markt, wenn sie bereits in einem anderen Markt ähnlich entwickelt wurden.

Allerdings ist die Einführung nicht einfach und erstreckt sich oft über einige Jahre. Sie erfordert viel Training und vor allem exaktes Arbeiten. Die technischen Hilfsmittel sind nicht umfangreich, aber der Arbeitsaufwand, ein komplexes Portfolio kontinuierlich zu bewerten und zu entscheiden, verlangt eine intensive, anhaltende und gute Zusammenarbeit der verschiedenen beteiligten Funktionen, wie Entwicklung, Produktmanagement oder Marketing.

15 IT-Dienstleister im Wandel vom expansiven zum schrumpfenden Markt

Beat Bütikofer, Swisscom IT Services

15.1 Die neue Bedeutung der IT: Vom strategischen Wettbewerbsfaktor zur Handelsware

In den 90er Jahren erlebte die IT einen ungeahnten Höhenflug. Die Unternehmen sahen in der IT ein zentrales Mittel zum Erfolg, das ungeahnte strategische Perspektiven eröffnete. Als »Business-Enabler«, »Driver« und »Differentiator« wurde die IT in die Mitverantwortung für den Erfolg im Kerngeschäft einbezogen. Kaum eine unternehmerische Entscheidung führte nicht entweder direkt oder indirekt zu einem IT-Projekt, was ein starkes Wachstum in der IT auslöste. Hohe Investitionen wurden getätigt und eine Vielfalt an Konzepten, Architekturansätzen, Technologien, Produkten und Systemen entstanden. Die eingesetzten Entwicklungsumgebungen, Programmiersprachen, Middleware-Produkte, Datenbanken, Betriebssysteme und Managementtools ließen sich nur schwer verwalten. Betriebswirtschaftliche Aspekte, wie Standorte, Einkauf, Kosten-Nutzen-Betrachtungen, wurden dem Primat des Handelns untergeordnet, ebenso Aspekte der Qualität, Organisation und Effizienz.

IT-Dienstleister konnten diesem kontinuierlichen Schub an Neuem nur schwer folgen. Autonomie-Denken und kurzfristig orientiertes Agieren der Kunden führten zu einer Mengenausweitung und zu einer an kurzfristigen Zielen ausgerichteten Systemlandschaft, die eine kaum mehr beherrschbare Komplexität aufweist. Legacy-Systeme (»Altlasten«) wurden, anstatt abgelöst, in diese Landschaft eingebunden. All dies sind die Konsequenzen des Fehlens einer weitsichtigen IT-Strategie. Der Preis hierfür ist vor allem für die IT-Produktion hoch. Über Jahre hinweg plagen die IT-Produktion hohe Betriebskosten, die im Nachhinein mit den Kosten schlanker Insellösungen verglichen werden.

Die wirtschaftliche Konsolidierung, vor allem auch im Technologiesektor, bereitete dieser Entwicklung ein abruptes Ende. Die Wahrnehmung der IT änderte sich innerhalb kurzer Zeit zu einem kostspieligen, intransparenten Kostenblock, der zunehmend Gegenstand rigoroser Kostensenkungsprogramme wird. IT-Dienstleister haben schmerzliche Paradigmenwechsel zu verkraften:

- In der Diskussion werden IT-Dienstleistungen, zusammen mit Telekommunikations-Dienstleistungen, dem Versorgungssektor zugeschlagen (Commodi-

ties) und verlieren den zumindest psychologisch wichtigen Innovationscharakter.
- Zum Zweiten wird der Geschäftsnutzen der IT zunehmend hinterfragt. Eine Korrelation zwischen der Höhe der IT-Investitionen und der Gesamtleistung der Unternehmen konnte bisher nicht zweifelsfrei nachgewiesen werden.
- Drittens werden immer mehr Wissensdomänen aus dem Monopol der IT-Spezialisten marginalisiert. Mittel und Instrumente der IT werden zu Handelswaren. Rechner, Speicher, Kommunikationsmittel und Software aller Art können heute weitestgehend ohne Spezialkenntnisse gekauft und mühelos in Betrieb genommen werden.
- Disruptive Technologien tun ein Weiteres, um ehemalige IT-Domänen zu untergraben. In immer kürzeren Zyklen erscheinen Produkte, die zu einer vollständigen Veränderung des hergebrachten Technologie-Kosmos führen. Ein Beispiel hierfür ist der Telekommunikationssektor. Mobiltelefonie löst zunehmend die Festnetztelefonie ab. Investitionen in Milliardenhöhe werden mittelfristig eliminiert.

15.2 Herausforderungen für IT-Dienstleister

Ungeachtet der geänderten Wahrnehmung der IT ist deren Bedeutung für die Unternehmen keineswegs geringer geworden. Im Erwartungsprofil der Kunden steht indes ein IT-Dienstleister, der mehr bietet als das Entwickeln und Betreiben von Anwendungen bzw. das Installieren und Betreiben von Maschinen.

15.2.1 Die IT als Integrator

Die in den 90er Jahren geschaffenen IT-Landschaften, die Virtualisierung der IT-Infrastruktur und das leichte Einführen neuer Standardlösungen bergen und schaffen ein großes Handlungspotenzial für die IT. Dieses lässt sich als IT im Sinne eines Systemintegrators zusammenfassen.

Die Komplexität der Prozessnetzwerke wird nicht geringer werden; mit traditionellen Kopplungstechniken sind sie jedoch kaum mehr zu kontrollieren. Die Lösung liegt in der Einführung von Integrationskonzepten auf unterschiedlichen Ebenen; von Architekturen, Konzepten und Mitteln also, die dem Verbund asynchroner Prozesssysteme dienen. Im Zentrum solcher Konzepte stehen die Vermittlung und Verknüpfung von Geschäftstransaktionen, aber auch Transaktionen auf technischer Ebene für die Kopplung interagierender Applikationen, Datenbanken, Messaging-, Sicherheits-, Überwachungs-, Mess- und Kontrollsysteme. Die Eingriffe in die erschlossenen Teilsysteme können sich im besten Fall auf das Einfügen von »Plug-ins« beschränken und machen selten weitreichende konzeptionelle Umbauten oder Neuentwicklungen notwendig. Konzeptionell erfordern solche Systeme meist einen tiefen Durchgriff in die Prozesslandschaft der Kunden, mit der Konsequenz, dass sich IT-Spezialisten zunehmend in der Rolle als Business Engineer wiederfinden. Für diese Rolle ist detailliertes Branchen-Know-how von essenzieller Bedeutung. Die Profilierung schlagkräftiger Integratoren-Teams ist eine schwierige und langfristig auszulegende Investition.

15.2.2 Die IT als Konsolidierer

Als Rezept gegen die große Zahl an Einzelservern im UNIX- und NT-Bereich eröffnen sich neue Möglichkeiten hinsichtlich Clustering und Sharing von Ressourcen. Dabei rücken hostähnliche Konfigurationen in den Vordergrund, verbunden mit einer Konsolidierung beziehungsweise Zentralisierung von Mitteln und Organisation. Computing-on-Demand-Konzepte werden helfen, sowohl die Betriebskosten zu senken als auch Investitionsrisiken zu minimieren. Dabei geht es im Wesentlichen um eine bedarfsorientierte Nutzung bzw. Lizenzierung der Prozessor- und Speicherkapazitäten. Ein Mangel oder Überhang an technischen Ressourcen gibt es im Idealfall nicht mehr. Der Einsatz neuer Plattformkonzepte allein zum Zweck der Konsolidierung wird sich schwerlich rechnen lassen. Im Rahmen von Neuprojekten oder notwendigen Reinvestitionen werden diese Innovationen die Rechenzentren jedoch schnell und nachhaltig verändern.

15.2.3 Die IT als Leistungserbringer

In ihrer Rolle als Leistungserbringer sieht sich die IT in einem Widerstreit zwischen wollen und können. Die erwähnte Vielfalt, die Komplexität und Zersiedelung der IT-Landschaft und die vertraglichen Bindungen bilden einen Rahmen, der Optimierungs- und Konsolidierungsstrategien und dem Handlungsspielraum der IT enge Grenzen setzt. Ohne die Bereitschaft der Kunden zu einer nachhaltigen Sanierung der eingesetzten Lösungen kann sie lediglich »im Kleinen« optimieren: sich dem Druck stellen und Kosten senken, restrukturieren, Feintuning betreiben. An den laufenden Automatisierungsvorhaben sollte trotz der begrenzten Mittel festgehalten werden. Dies wird sich dann auszahlen, wenn sich der Rückstau an IT-Projekten aufzulösen beginnt.

Trotz der teils erstaunlichen Lebensdauer einzelner Anwendungen ist die Halbwertszeit von IT-Systemen und Mitteln im Allgemeinen gering; die Dynamik (Flexibilisierung) der Unternehmensorganisation induziert stetige Bewegungen im Bereich der IT-Mittel und Leistungen. Überall dort, wo geschäftliche Notwendigkeiten neue Systeme initiieren, herrschen Zeitdruck und Ausnahmeregelungen. Diese Dynamik mit den hohen Werten des Betriebsgeschäfts, wie Konstanz, Stabilität, Robustheit und Sicherheit, zu vereinbaren, stellt hohe Anforderungen an die operative Führung und Organisation. Mit dem Einsatz von Frameworks werden Veränderungen in der Produktion zu standardisierten Vorgängen mit hohen Erfolgsaussichten und vertretbaren Risiken.

15.2.4 Die IT als Berater

Die eigentliche Herausforderung für die IT wird darin liegen, die Kunden vom Nutzen der Integration und Konsolidierung zu überzeugen, denn solche Vorhaben sind kostspielig und nicht ohne Risiken. Die IT-Spezialisten müssen den Kundennutzen ins Zentrum ihrer Überlegungen stellen und sich in die Denkwelten und Wertesysteme der Kunden begeben.

Zur Rechtfertigung von IT-Investitionen verlangen die Kunden Kosten-Nutzen-Analysen, ROI-Berechnungen oder Business Cases. Solche können nur gemeinsam von Kunden und IT-Experten erarbeitet werden.

15.3 Ausblick

Die Ausführungen zeigen, dass sich das Anforderungsprofil der IT-Mitarbeiter in Richtung höherwertiger Disziplinen entwickeln muss. Unternehmerische, organisatorische und betriebswirtschaftliche Inhalte müssen neben profundem Wissen über Methoden, Techniken und Mittel zum Rüstzeug gehören. Dies gilt nicht nur für Projektmitarbeiter, auch im Management virtueller IT-Landschaften sind neue Qualitäten gefragt.

Die herkömmlichen IT-Landschaften wandeln sich von determinierten, mechanistischen, akkurat geplanten Produktionseinrichtungen zu einer Menge dynamischer Systeme, die in einer stetigen Interaktion miteinander stehen oder auch nur situativ am Verbund partizipieren. Das Management solcher Systeme erfordert vernetztes, prozesszentrisches Denken, Intuition und Einfühlungsvermögen.

Teil 5:
Enable – Management der Querschnittsfunktionen

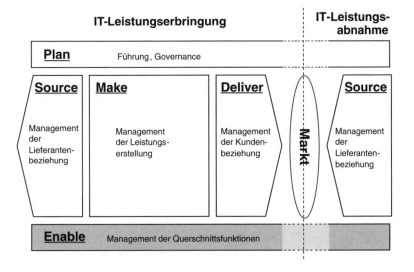

16 Integriertes Kostenmanagement für IT-Produkte

Jochen Scheeg, Deutsche Telekom
Uwe Pilgram, T-Systems

16.1 Ausgangssituation

Die historisch gewachsenen Managementkonzepte in der IT führen in der Praxis zu Ineffizienz und Ineffektivität bei der Erstellung und Nutzung von IT-Leistungen. Transparenz über die Kosten entsteht zumeist erst nach der Verrechnung. Obwohl die Kosten für IT in den Unternehmen heute einen beträchtlichen Anteil ausmachen, sind im Informationsmanagement keine umfassenden Kostenmanagementkonzepte entstanden.

Sowohl IT-Entwicklung als auch IT-Produktion benutzen eigenständige Produktbegriffe, die deren separate Leistungen beschreiben. Produkte der IT-Entwicklung sind traditionell Projekte oder Anwendungen. In der IT-Produktion werden mit dem Produktbegriff vor allem technische Leistungsgrößen, wie beispielsweise »Million Instructions per Second (MIPS)«, »Gigabyte Speicherplatz«, »Gigabyte übertragene Daten« oder als kundenorientiert bezeichnete Größen, wie beispielsweise »Betrieb einer Anwendung«, und die Einhaltung von Servicevereinbarungen (Service Level Agreements) verbunden.

Die Kalkulation und Abrechnung der Leistungen der IT-Entwicklung und IT-Produktion erfolgen heute überwiegend eigenständig und unabhängig. Dies wird nicht zuletzt durch die Aufrechterhaltung eigenständiger und separater Geschäftsbeziehungen zu den Leistungsabnehmern verdeutlicht.

Die zunehmende Kundenorientierung in der IT und die Forderung nach einem effizienten Management von IT-Ressourcen setzen eine integrierte Sicht von IT-Entwicklungs- und IT-Produktionskosten voraus. Vor diesem Hintergrund verfolgt der Beitrag zwei Zielsetzungen. Er beschreibt den Status quo der Kostenplanung und -abrechnung innerhalb der IT-Entwicklung und IT-Produktion und zeigt Defizite auf. Im Anschluss stellt er eine integrierte Entscheidungsmatrix vor, die eine Basis für die Schaffung einer integrierten Kostenbetrachtung bildet. Neben den konzeptionellen Grundlagen der Entscheidungsmatrix wird deren konkrete Umsetzung anhand eines Praxisbeispiels beschrieben.

16.2 Kostenplanung und -abrechnung in der IT-Entwicklung und IT-Produktion

16.2.1 Verrechnungsmodi

Die Gestaltung der Schnittstelle zwischen IT-Leistungserbringer und IT-Leistungsabnehmer als Kunden-Lieferanten-Beziehung regelt den Leistungsaustausch auf der Basis von Angebot und Nachfrage (siehe Kapitel 3). Die Angebotserstellung und Abrechnung erfolgen durch den IT-Leistungserbringer. Zur Angebotserstellung zählt insbesondere die Planung des zu erwartenden Aufwands für einen konkreten Kundenauftrag. Bei der Abrechnung und Fakturierung erbrachter IT-Leistungen wird eine möglichst verursachungsgerechte Erfassung bzw. Ermittlung der Kosten angestrebt.

Für die Angebotserstellung und Abrechnung müssen die konkreten IT-Leistungen beschrieben, Mess- bzw. Bezugsgrößen definiert und Leistungsarten kostenmäßig bewertet werden. Dies kann auf der Basis zweier alternativer Verrechnungsmodi erfolgen [Dobschütz 2000; Seibt 1990; Krcmar 2002]:

1. **Rechnungsstellung:** Die Kosten werden dem IT-Leistungsabnehmer in Rechnung gestellt und sind für diesen ausgabenwirksam.
2. **Kostenrechnerische (interne) Berücksichtigung mit Auswirkung auf das Ergebnis des IT-Leistungsabnehmers:** Die Kosten werden zwar in der Kostenrechnung berücksichtigt, allerdings sind sie nicht ausgabenwirksam.

Zur praktischen Umsetzung der beiden Verrechnungsmodi können Verfahren auf Kostenbasis und Verfahren auf Preisbasis zum Einsatz kommen. Während im ersten Fall die (tatsächlichen) Kosten die Basis für die Verrechnung darstellen, kann der IT-Leistungserbringer im Falle der preisbasierten Verrechnung auf Basis seiner Zielsetzungen entscheiden, mit welchem Preismodell und welchen Preisen er seine Leistungen anbietet.

Die Leistungsbereiche IT-Entwicklung und IT-Produktion erbringen spezifische Leistungen, die durch unterschiedliche Mess- bzw. Bezugsgrößen definiert sind [Zilahi-Szabó 1988]. Für die Angebotserstellung und Abrechnung ihrer Leistungen nutzen daher beide Bereiche spezifische Leistungsdefinitionen, Planungsverfahren und Abrechnungsmethoden, die im Folgenden übersichtsartig vorgestellt werden.

16.2.2 Status quo in der IT-Entwicklung

Die IT-Entwicklung erbringt vorwiegend Personalleistungen. Die Tätigkeiten umfassen sämtliche Schritte der Softwareentwicklung, von der Analyse über den Entwurf (Design) und das Programmieren bis hin zum Testen von Anwendungen. Die dominierende Messgröße sind Zeiteinheiten, gemessen in Stunden oder Tagen. Die zentralen Leistungsarten sind Konzepte, Systembeschreibungen, Pro-

16.2 Kostenplanung und -abrechnung in der IT-Entwicklung und IT-Produktion

jekte, Programme oder Anwendungen. Die Kostenträger »Projekt«, »Anwendung« und »Auftrag« stellen üblicherweise die für die Angebotserstellung oder den Verkauf definierten Produkte der IT-Entwicklung dar [Zilahi-Szabó 1988].

Für die Abschätzung des Aufwands von IT-Entwicklungsleistungen sind in der Vergangenheit mehr als 20 verschiedene Verfahren entwickelt worden [Boehm et al. 1998; Balzert 2000; Baumöl 1999], die jeweils unterschiedliche Einflussfaktoren berücksichtigen. Kapitel 13 geht hierauf näher ein. Alle Verfahren zielen auf die Ermittlung des Ressourcenaufwandes für die Erstellung einer neuen Anwendung bzw. die Änderung einer bestehenden Anwendung. Dabei konzentrieren sich die Schätzverfahren im Wesentlichen auf die Abschätzung des zeitlichen Personalaufwands. Dieser Aufwand wird anschließend entsprechend monetär bewertet. Andere Aufwendungen, wie beispielsweise für Softwarelizenzen, Entwicklungssysteme, Testsysteme etc., werden den Kunden entweder als eigenständige Leistungsarten angeboten oder aber es erfolgt eine Umlage dieser Kosten auf die Leistungsarten Entwickler- oder Personentage.

Für die Aufwandsschätzung werden Schätztools eingesetzt, die üblicherweise nicht in die Kostenrechnungssysteme der IT-Entwicklung eingebettet sind. Erst nach Beauftragung durch den IT-Leistungsabnehmer erfolgt eine teilweise Übernahme der Plandaten in die Buchungssysteme. Die Kostenrechnungssysteme der IT-Entwicklung dienen heute im Wesentlichen der Kostenerfassung und der vorzunehmenden Verrechnung von Kosten.

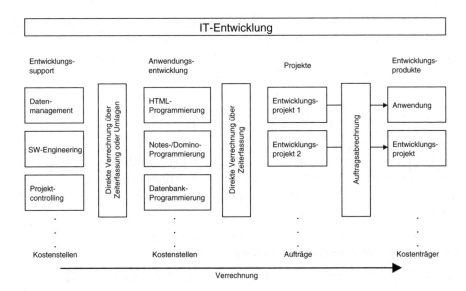

Abb. 16-1: Verrechnungslogik der IT-Entwicklung

Abb. 16-1 zeigt ein generisches Modell der heute vorherrschenden Verrechnungslogik für IT-Entwicklungsleistungen. Die Kostenstellen der Querschnittsbereiche (Entwicklungssupport) entlasten sich entsprechend des erfassten zeitlichen Aufwands oder durch Umlagen auf die Kostenstellen der Leistungserstellung (Anwendungsentwicklung). Die Kosten der Anwendungsentwicklung werden entsprechend dem Zeitaufwand auf Projekte (hier: Aufträge) verrechnet. Die Kosten der Aufträge werden mittels Auftragsabrechnung den Kostenträgern belastet. Die Ausgestaltung der einzelnen betriebswirtschaftlichen Objekte, wie Kostenstellen, Aufträge oder Kostenträger, wird unternehmensspezifisch festgelegt.

16.2.3 Status quo in der IT-Produktion

Die IT-Produktion erbringt Maschinen- und Personalleistungen. Die Maschinenleistungen umfassen die Verarbeitung, Speicherung und Übertragung von Daten, die Personalleistungen das Management der technischen Infrastruktur. Die Maschinenleistungen überwiegen und sind technisch definiert. Typische Bezugsgrößen in der Verarbeitung sind CPU-Zeiten, MIPS oder einzelne Maschinen, z. B. ein Server. Die Speicherung der Daten wird in Megabyte oder Gigabyte Speicherplatz gemessen. Bei der Übertragung wird entweder die Bandbreite der zur Verfügung stehenden Übertragungskapazität oder die Menge der übertragenen Daten gemessen. Bei den Leistungsarten handelt es sich um verarbeitete, gespeicherte oder übertragene Daten [Zilahi-Szabó 1988; Mai 1996]. Die Definition und Strukturierung von Kostenträgern lässt sich in Kostenträger mit (direktem) Leistungsarten-Charakter, z. B. Anwendungstransaktionen oder Hardware-Ressourcennutzung, und Kostenträger mit Auftragsbezug, z. B. Fachabteilungen oder Anwendungen, unterscheiden [Mai 1996].

Für die Angebotserstellung und Aufwandsschätzung ist die Schätzung der von den zu betreibenden Anwendungen benötigten Infrastrukturressourcen von zentraler Bedeutung (siehe Kapitel 13). Die Möglichkeiten der Schätzung reichen von einfachen Daumenregeln über Trendanalysen, analytischen und simulativen Modellen bis hin zu komplexen Benchmarks [Bordewisch et al. 2001b]. Die zunehmende Komplexität erlaubt zwar präzisere Schätzungen, bedeutet allerdings auch einen höheren finanziellen Aufwand.

Trotz der methodischen Basis und der Vielzahl an Möglichkeiten zur Ressourcenschätzung wird diese in den meisten Unternehmen nur im Bereich der Großrechner und für den Einsatz von Standardsoftware betrieben. Zur Dimensionierung der Infrastruktur für SAP R/3-Anwendungen und Oracle-Datenbanken stehen beispielsweise spezielle Softwarewerkzeuge (Sizing-Tools) zur Verfügung. Auf Basis von Erfahrungsdaten bereits erbrachter IT-Produktionsleistungen prognostizieren diese anhand der vom IT-Leistungsabnehmer bereitgestellten Daten zur Nutzungsintensität und zum zeitlichen Verlauf der Nutzung die erforderliche

16.2 Kostenplanung und -abrechnung in der IT-Entwicklung und IT-Produktion

Dimensionierung der Hardware in der IT-Produktion. Im Bereich von UNIX- und Windows-Umgebungen werden kaum Schätzverfahren angewendet. Stattdessen wird bei zu geringer Dimensionierung die Kapazität nachträglich erhöht [Bordewisch et al. 2001a].

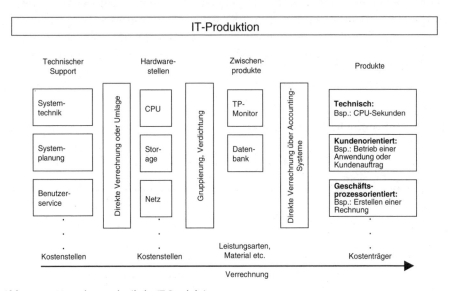

Abb. 16-2: *Verrechnungslogik der IT-Produktion*

Abb. 16-2 zeigt ein generisches Modell der heute vorherrschenden Verrechnungslogik für IT-Produktionsleistungen. Die Support-Kostenstellen werden mittels direkter Verrechnung oder Umlagen auf die Hardwarestellen entlastet. Diese Leistungen werden zu Zwischenprodukten gruppiert und/oder zusammengefasst. Zwischenprodukte beschreiben Leistungsarten, die üblicherweise auf der Basis von Accounting-Daten direkt auf die Kostenträger und damit die Produkte der IT-Produktion verrechnet werden. Ist ein Kostenträger technisch definiert, findet eine unmittelbare Zuordnung von Leistungsarten zu Kostenträgern statt. Im Falle kunden- oder geschäftsprozessorientierter Kostenträgerdefinitionen erfolgt eine Bündelung verschiedener Leistungsarten. Wie auch in der IT-Entwicklung wird die Ausgestaltung der einzelnen betriebswirtschaftlichen Objekte letztlich unternehmensspezifisch festgelegt.

Aufgrund der besonderen Fixkostenproblematik innerhalb der IT-Produktion wurden die bestehenden IT-Produktions-Kostenrechnungssysteme in den vergangenen Jahren verstärkt um Elemente der Prozesskostenrechnung erweitert [Fürer 1994; Gerlinger et al. 2000]. Die für die Produktion eines Produktes notwendigen Prozesse mit den zugehörigen Prozesskosten werden einzelnen Aktivitätszentren zugeordnet. Mittels definierter »Cost-Driver« erfolgt analog zur Verrechnung der

Leistungsarten in der traditionellen Kostenrechnung die Zuordnung der Prozesskosten zu den Kostenträgern [Fürer 1994].

Insgesamt lässt sich feststellen, dass sich in der Abrechnung von Produktionsleistungen kundenorientierte Größen weitgehend durchgesetzt haben. In der Planung von Produktionsleistungen und in der Entwicklung insgesamt dominieren derzeit jedoch technische bzw. IT-spezifische Aufwandsgrößen.

16.3 Integrierte Entscheidungsmatrix zur Entscheidungsunterstützung

16.3.1 Grundlagen

IT-Produkte

Ausgangspunkt für das Verständnis von IT-Produkten ist der Beitrag in Kapitel 3 zum produktorientierten Informationsmanagement. Demnach liegt der Nutzen von IT-Produkten für den Kunden, also Leistungsabnehmer, primär in der Unterstützung seiner Geschäftsprozesse. IT-Produkte werden aus diesem Grund im Folgenden als Geschäftsprozessunterstützungsleistung (GPUL) betrachtet.

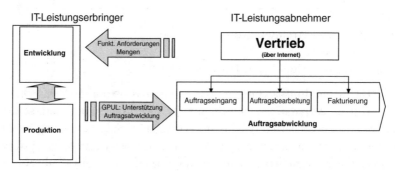

Abb. 16-3: *IT-Leistungsabnehmer und IT-Leistungserbringer*

Das in Abb. 16-3 gezeigte und im Folgenden kurz beschriebene Beispiel dient als Grundlage für die weiteren Ausführungen. Ein IT-Leistungsabnehmer fragt für die Erweiterung seines Vertriebs um einen Internetvertriebskanal eine GPUL nach. Der Vertriebsprozess umfasst die Teilprozesse Auftragseingang, Auftragsbearbeitung und Fakturierung. Alle Teilprozesse sollen durch ein IT-Produkt unterstützt werden. Die nachgefragte GPUL lässt sich hier somit als »Unterstützung Auftragsabwicklung« bezeichnen. Die fachlichen Anforderungen für die Teilprozesse sind bekannt und präzise beschrieben. Aufgrund einer Marktstudie liegen dem IT-Leistungsabnehmer Schätzungen über die zu erwartenden Umsätze dieses Kanals und Internetbesucherzahlen vor.

Um diese Kundennachfrage zu befriedigen, hat der IT-Leistungserbringer die Aufgabe, eine Lösung in Form von GPUL für den Kunden bereitzustellen und zu betreiben. Für die Bereitstellung der nachgefragten GPUL sind Leistungen der IT-Entwicklung und IT-Produktion durch den IT-Leistungserbringer zu kombinieren. Die einzelnen Teilleistungen von Entwicklung und Produktion stiften für den Kunden ohne deren Kombination keinen Nutzen.

Alternativen der IT-Entwicklung und IT-Produktion

Sowohl für die IT-Entwicklung als auch für die IT-Produktion existieren jeweils mehrere alternative Möglichkeiten für die Realisierung der GPUL. Dabei bildet die geschäftsorientierte Mengenplanung des IT-Leistungsabnehmers eine wichtige Grundlage für die Auswahl der technischen Konzepte und Realisierungsmöglichkeiten.

In der IT-Entwicklung reichen die Realisierungsmöglichkeiten (Entwicklungsalternativen) von der Erstellung einer Anwendung, die alle drei Teilprozesse unterstützt, bis hin zu einer Mehrzahl von Einzelanwendungen, die zu einem späteren Zeitpunkt für den Kunden zu einer Lösung zusammengeführt, d. h. integriert werden. Grundsätzlich ergeben sich die unterschiedlichen Gestaltungsmöglichkeiten aus folgenden Gestaltungsparametern:

- Technische Plattform der Realisierung
- Architektur bzw. Architekturdesign
- Programmiersprache
- User-Interface-Design (bspw. Dialogfolge)

Ebenso wie in der Entwicklung existieren für das Betreiben dieser Lösungen unterschiedliche Alternativen. In Abhängigkeit von den funktionalen Anforderungen und prognostizierten (Geschäfts-)Mengen ergeben sich Auswahlmöglichkeiten für technisch unterschiedliche Systeme, beispielsweise Serversysteme mit unterschiedlichen Betriebssystemen (Produktionsalternativen). Teilweise bedingen spezifische Alternativen der IT-Entwicklung die Produktionsplattform. Trotz dieser Einschränkung der Auswahlmöglichkeiten für die IT-Produktion bestehen dennoch weiterhin unterschiedliche Produktionsalternativen. Dies gilt insbesondere mit Blick auf die Skalierbarkeit, Verfügbarkeit oder Sicherheit der verschiedenen technischen Systeme.

Die konkrete Gestaltung der Produktionsalternativen basiert auf der Auswahl und Konfiguration der folgenden Komponenten:

- Hardware
- Systemnahe Software (insbesondere Betriebssysteme)
- Speichermedien
- Netzinfrastruktur

Sowohl für Leistungen der IT-Entwicklung als auch der IT-Produktion kann der IT-Leistungserbringer auf Lieferanten zurückgreifen. Je nach Art und Ausprägung des Fremdbezugs sind die entsprechenden Varianten der eingekauften Leistungen der IT-Entwicklung und IT-Produktion als Alternativen aufzuführen.

Für die Kombination der Entwicklungsalternativen mit den Alternativen für die IT-Produktion gibt es unter anderem technische, organisatorische, ressourcenbezogene und unternehmensspezifische Einschränkungen. Die tatsächlichen Kombinationsmöglichkeiten sämtlicher Entwicklungsalternativen und Produktionsalternativen lassen sich in übersichtlicher Form in einer Matrix darstellen.

Abb. 16-4 zeigt eine solche Matrix. Sie ist aufgespannt mit den beiden Dimensionen »IT-Entwicklungsalternativen« und »IT-Produktionsalternativen«. Die Entwicklungsalternativen sind horizontal, die alternativen Produktionsmöglichkeiten vertikal eingeordnet. Zu unterscheiden sind realisierbare und nicht realisierbare Kombinationen. Die nicht realisierbaren Kombinationen sind mit »X« gekennzeichnet.

Das Ergebnis der beschriebenen Matrix ist eine Übersicht über die realisierbaren GPULs in Form einer ersten integrierten Sicht. Die Betrachtung der Machbarkeit allein leistet jedoch noch keinen Beitrag zu weiterführenden Potenzialen oder zur Verbesserung der Effizienz. Daher wird diese Betrachtung im Folgenden um Kosteninformationen erweitert.

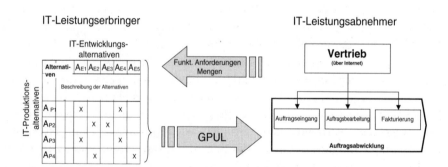

Abb. 16-4: *Matrix der Realisierungsalternativen*

Kosten der Alternativen

Die Geschäftsmengenplanung seitens des IT-Leistungsabnehmers spielt wie beschrieben eine zentrale Rolle. Sie bildet die Grundlage für die Auswahl der technischen Konzepte und Realisierungsmöglichkeiten und somit auch deren Kosten. Dies gilt gleichermaßen für die IT-Entwicklung als auch die IT-Produktion. Je genauer die Mengenplanung den später in der Nutzung tatsächlich erreichten Mengen entspricht, umso geringer ist die Gefahr einer falschen Dimensionierung der Anwendung bzw. Anwendungen und Systeme der IT-Produktion.

Im oben beschriebenen Beispiel entstehen bei einer Überdimensionierung Kosten für nicht genutzte, aber vorgehaltene Kapazitäten, für den Fall einer Unterdimensionierung entstehen üblicherweise Opportunitätskosten, wie beispielsweise durch lange Antwortzeiten, abgebrochene Bestellungen und damit im Extremfall entgangene Umsätze.

Entwicklungsalternativen und Produktionsalternativen und jede mögliche Kombination dieser Alternativen verursachen bei der Erstellung der GPUL unterschiedlich hohe Kosten. Die zentralen Einflussgrößen auf die Kosten der Entwicklungsalternativen sind neben dem Umfang der GPUL die Anzahl der Verbindungsstellen und die Qualifikation des Personals der IT-Entwicklung. Die Kosten des Betriebes werden ebenfalls durch den Umfang der spezifizierten GPUL bestimmt. Die Qualität der Entwicklungsleistung ist dabei von zentraler Bedeutung. Je ressourcenschonender und wartungsfreundlicher die zugrunde liegende Anwendung bzw. die Anwendungen programmiert sind, desto geringer sind die Kosten der Produktion.

Neben den Komponentenkosten der Produktionsalternativen und der programmiertechnischen und architekturbezogenen Qualität der IT-Entwicklungsleistungen wird die Höhe der Produktionskosten auch durch folgende Punkte beeinflusst: Existieren für eine Produktionsalternative bereits Kapazitäten und sind diese nicht voll ausgelastet, ist eine Produktion auf »Rest-«Kapazitäten gegebenenfalls kostengünstiger. Durch die Standardisierung der Produktionsumgebung können die Produktionskosten sowohl bei den technischen Plattformen als auch bei den Personalkosten gesenkt werden. Umgekehrt bedeutet dies, dass eine hohe Flexibilität der Produktionskapazitäten tendenziell höhere Produktionskosten nach sich zieht. Geht man davon aus, dass die IT-Produktion in Bezug auf den Betrieb von Anwendungen flexible Produktionsfaktoren (technische Plattformen und Personal) einsetzt, so sind die Kosten nicht eindeutig planerisch bestimmbar.

In Abhängigkeit sämtlicher Einflussgrößen der derzeit betriebenen und künftig zu betreibenden Anwendungen verändern sich die anzunehmenden Kosten [Mayer 1998]. Aufgabe der IT-Produktion ist die Darstellung und betriebswirtschaftliche Bewertung der einzelnen Alternativen.

Als Zielsetzung des IT-Leistungserbringers kann eine möglichst effiziente, d. h. kostengünstige Herstellung der GPUL unterstellt werden. Hierfür sind die Entwicklungs- und Produktionsalternativen unter Beachtung ihrer kostenmäßigen wechselseitigen Abhängigkeiten zu berücksichtigen und die Gesamtkosten zu optimieren. Die im Folgenden dargestellte Entscheidungsmatrix beschreibt einen Weg und die Anforderungen zum Erreichen dieses Ziels.

16.3.2 Integrierte Entscheidungsmatrix

Für eine effiziente Herstellung der GPUL ist eine integrierte Betrachtung der Gesamtkosten entscheidend. Diese Transparenz lässt sich durch die Übertragung des in der japanischen Fertigungsindustrie verbreiteten Instruments der Kostentabellen [Yoshikawa et al. 1990] schaffen. Das Ergebnis dieser Übertragung stellen integrierte IT-Entscheidungsmatrizen dar. Nachfolgend soll eine solche IT-Entscheidungsmatrix exemplarisch für das gewählte Beispiel erstellt werden.

Die Basis bilden die oben aufgeführten Grundlagen der IT-Produkte, die Geschäftsmengenplanung für die GPUL und die Beschreibung der Alternativen der IT-Entwicklung und IT-Produktion sowie deren kostenrechnerische Bewertung. Die integrierte Entscheidungsmatrix (Abb. 16-5) stellt eine Ergänzung der Matrix der Realisierungsalternativen (Abb. 16-4) um Kosteninformationen dar. Sie bezieht sich explizit auf die Herstellkosten der GPUL und im Sinne einer Lebenszyklusorientierung auf eine geplante Nutzungsdauer von vier Jahren.

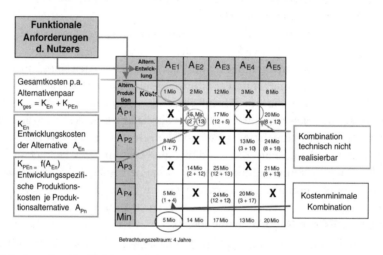

Abb. 16-5: *Integrierte Entscheidungsmatrix*

Den Inhalt der Zellen bilden die prognostizierten Kosten der IT-Entwicklung und IT-Produktion für den abgegrenzten Betrachtungszeitraum von vier Jahren in Euro. Eine spezifische Zelle beschreibt die Kosten der Entwicklung einer spezifischen Alternative (K_{En}) und die Produktionskosten dieser spezifischen Entwicklungsalternative (K_{PEn}) über den gesamten geplanten Nutzungszeitraum. Die Gesamtkosten (K_{ges}) eines Alternativenpaares ergibt sich jeweils aus der Summe von Entwicklungskosten einer spezifischen Alternative (K_{En}) und den zugehörigen Produktionskosten (K_{PEn}). Nicht realisierbare Alternativen sind auch hier mit »X« gekennzeichnet.

Die Entwicklung und der Aufbau der integrierten Entscheidungsmatrix vollziehen sich in den folgenden drei Schritten:

In einem **ersten Schritt** sind die Kosten der Entwicklungsalternativen zu bestimmen. Dabei gilt, dass die Kosten einer Entwicklungsalternative über sämtliche Produktionsplattformen hinweg als konstant angenommen werden. Sind mehrere Entwicklungsalternativen hinsichtlich ihrer technischen Ausprägungen identisch, aber unterschiedlich hinsichtlich ihrer Kosten, so handelt es sich in der Entscheidungsmatrix um zwei verschiedene Alternativen. Dieser Fall kann in der Praxis dann auftreten, wenn beispielsweise für unterschiedliche Alternativen der Entwicklung die gleiche Entwicklungsplattform verwendet wird, die Softwarearchitektur aber aufgrund unterschiedlicher Annahmen bei der Skalierung anders gewählt wird und somit ein anderer Entwicklungsaufwand entsteht.

In einem **zweiten Schritt** werden auf Basis der Beschreibungen der Entwicklungsalternativen die Produktionskosten für jede Entwicklungsalternative bestimmt. Bei den Produktionskosten (K_{PEn}) handelt es sich um Kosten, die abhängig von der jeweiligen Entwicklungsalternative je Produktionsalternative, wie oben ausgeführt, variieren können.

Im **dritten Schritt** werden dann die Gesamtkosten jeder spezifischen Realisierungsmöglichkeit einer Entwicklungsalternative mit der zugehörigen Produktionsalternative aufsummiert, um die Gesamtkosten einer jeden (möglichen) Kombination von Entwicklungs- und Produktionsalternativen zu ermitteln.

Gegebenenfalls sind die Stückkosten einer GPUL für den IT-Leistungserbringer von Interesse. Beispielsweise, wenn das Preismodell zwischen IT-Leistungserbringer und IT-Leistungsabnehmer auf Basis einzelner Geschäftsvorfälle gewählt wird. In einem solchen Fall können dann die Stückkosten durch Division von ermittelten integrierten Gesamtkosten durch die geplanten Nutzungsmengen der GPUL berechnet werden.

Nutzung der integrierten Entscheidungsmatrix

Abb. 16-5 zeigt für das Beispiel eine starke Streuung in den integrierten Gesamtkosten. Im definierten Betrachtungszeitraum von vier Jahren reicht die Bandbreite von 5 Mio. Euro bis hin zu 25 Mio. Euro. Die mit »Min« gekennzeichnete Zeile der Matrix zeigt die minimalen Herstellkosten einer Entwicklungsalternative im Betrachtungszeitraum als Summe. Das Minimum dieser Zeile beschreibt die kostenminimale Kombination. Die Kosten dieser Kombinationen betragen zwischen 5 Mio. Euro und 20 Mio. Euro.

Bereits bei den Entwicklungsleistungen können große Unterschiede zwischen den verschiedenen Alternativen auftreten. Mögliche Gründe für solche Differenzen sind auf die oben angegebenen Einflussgrößen zurückzuführen. In unserem Beispiel ist hier insbesondere die Dimensionierung der Anwendung in Bezug auf die mögliche Nutzung der GPUL im Vergleich zur tatsächlich benötigten Nutzung zu nennen.

Auch zwischen den verschiedenen Produktionsalternativen können große Unterschiede bezüglich der Kosten für den Betrieb einzelner Entwicklungsalternativen auftreten. Es hat sich in der Praxis gezeigt, dass standardisierte Produktionsalternativen zu geringeren Kosten führen als vergleichsweise wenig standardisierte Produktionsumgebungen.

Aus den Zahlen sind nicht unmittelbar Handlungsempfehlungen abzuleiten. Die Entscheidungsmatrix und insbesondere die Darstellung der kostenminimalen Kombinationen dienen der Entscheidungsunterstützung. Es ist nicht zwingend erforderlich, eine kostenminimale Lösung zu realisieren. Die Entscheidungen sind im unternehmensspezifischen Kontext zu treffen, der weitere Kriterien, Erfolgsfaktoren und Erwartungen enthalten kann.

An dieser Stelle sei mit Blick auf das Beispiel darauf hingewiesen, dass der IT-Leistungserbringer mit dem Ziel, weitere Kunden mit identischen Anforderungen zu gewinnen, bewusst eine überdimensionierte Lösung für die GPUL »Unterstützung Auftragsabwicklung« auswählen kann. Besteht das Ziel aber in der Kostenminimierung für das Produkt »Unterstützung Auftragsabwicklung«, wie hier unterstellt wird, so ist die kostengünstigste Alternativenkombination mit (Gesamt-)Kosten in den nächsten vier Jahren in Höhe von 5 Mio. Euro auszuwählen.

Szenarien

Die unternehmerische Praxis ist gekennzeichnet von komplexen Entscheidungssituationen, die sich aus getroffenen Annahmen und den damit verbundenen funktionalen Anforderungen ergeben. Mögliche Parameter, die Einfluss auf die Ausgestaltung der Lösungsalternativen nehmen, sind beispielsweise Zeithorizont, (Mindest-)Abnahmemengen, Verfügbarkeit, Performance etc. Die unterschiedlichen Ausprägungen dieser Parameter lassen sich als Sets von Anforderungen beschreiben. Jedes Set kann in einer eigenen Entscheidungsmatrix dargestellt werden. Damit beschreibt jede Matrix ein spezifisches Einsatzszenario.

Szenarien sind voneinander unabhängig und zeigen Lösungen für spezifische Situationen und Zwecke. Die Qualität der Entscheidungsunterstützung der unterschiedlichen Szenarien hängt wesentlich davon ab, inwieweit es gelingt, die Abhängigkeiten zwischen den Alternativen der Entwicklung und der Produktion zu isolieren. Falls wechselseitige Abhängigkeiten zwischen funktionalen Anforderungen bestehen, sind diese in einer GPUL zusammenzufassen und in der Matrix als eine Lösungsalternative darzustellen.

16.4 Ermittlung des Inputs für eine integrierte Entscheidungsmatrix

Die integrierte Entscheidungsmatrix beschreibt eine Verbindungsstelle zwischen den Leistungen der IT-Entwicklung und der IT-Produktion. Ihr Nutzen hängt unmittelbar von der Qualität der Kostenprognosen und der Bestimmung der verursachungsgerechten Ressourceninanspruchnahmen sowohl der IT-Entwicklung als auch IT-Produktion ab. Im Folgenden sollen daher die Anforderungen für die Erstellung einer aussagefähigen Entscheidungsmatrix dargestellt werden. Eine integrierte Kostenbetrachtung stellt neue Anforderungen an die Kalkulationen sowohl für IT-Entwicklungsleistungen als auch IT-Produktionsleistungen.

16.4.1 Input durch IT-Entwicklung

Aus der integrierten Entscheidungsmatrix ergeben sich zwei neue Anforderungen an die Kalkulation von IT-Entwicklungsleistungen:

1. (Re-)Definition bzw. Abgrenzung des Gegenstandes der Kostenprognosen und -schätzungen als Teil für die Bereitstellung von GPUL.
2. Einsatz von Instrumenten und Verfahren des Software Performance Engineering (SPE) für die Prognose der IT- Produktionsressourcen-Inanspruchnahme.

Die zentralen Einflussgrößen für die Kostenschätzung sind entweder Einflussfaktoren aus den zu entwickelnden Anwendungen, wie beispielsweise Umfang und Komplexität, oder Einflussfaktoren aus dem Entwicklungsprozess, wie beispielsweise Projektdauer oder Entwicklungsumgebung [Hermann 1990].

Der Detaillierungsgrad (Granularität) der Kostenschätzungen ist abhängig von den vom Kunden nachgefragten GPUL. In Abhängigkeit der Nachfrage und Anforderungen der Kunden kann es sich dabei um Teile von Anwendungen handeln wie auch um eine anwendungsübergreifende Betrachtung. In unserem Beispiel für die Unterstützung der Auftragsabwicklung sind die Gesamtkosten der IT-Entwicklungsleistung für die GPUL »Unterstützung Auftragsabwicklung« die entscheidende Größe.

Das Ergebnis der Prognose und Planung von Kosten der Entwicklungsalternativen bildet die Inputgröße der IT-Entwicklung für eine spezifische Entwicklungsalternative einer GPUL, die in die integrierte Entscheidungsmatrix zu übernehmen ist.

Das SPE schafft die Grundlage für eine weitere Veränderung zur Erreichung einer integrierten Kostensicht. Aus der Erkenntnis, dass die Vorgehensweise des »fix it later« in der IT-Entwicklung schwierig und kostenintensiv ist, wurde die Disziplin des SPE entwickelt (siehe Kapitel 13). Potenzielle Performance-Probleme einer Anwendung werden vor der Implementierung erkannt, lokalisiert und beseitigt.

Tab. 16-1 zeigt in Anlehnung an [Müller-Clostermann/Vilents 2001] einen Ausschnitt aus einer Software-Performance-Prognose auf Basis von (Last-)Simulation. Für eine spezifische IT-Entwicklungsalternative sind die konkreten Nutzungswerte für eine spezifische IT-Produktionsalternative ermittelt worden.

Produktionsalternative A_n	Messgrößen	Nutzung [in %]	Restkapazität [in %]
Servertyp A	Transaktionen pro Sekunde	24	76
Netztyp B	Mbits pro Sekunde	9	91
Fileservertyp C	Transaktionen pro Sekunde	34	66

Tab. 16-1: *Ressourcennutzung einer Entwicklungsalternative auf einer Produktionsalternative*

Das SPE konzentriert sich bislang auf die Optimierung von Antwortzeiten von Anwendungen, jedoch können die gewonnenen Informationen über die Ressourcennutzung auch als Grundlage für die kostenrechnerische Bewertung der Produktionskosten von GPUL herangezogen werden.

16.4.2 Input durch IT-Produktion

In der IT-Produktion ist eine Abkehr von der traditionellen und weit verbreiteten Bereitstellung und Abrechnung von Kapazitäten für den Kunden hin zu einer Bewertung und Abrechnung der gelieferten IT-Produkte erforderlich. Bei der Erstellung der integrierten Entscheidungsmatrix ist die IT-Produktion verantwortlich für die Kalkulation der IT-Produktionskosten einer GPUL. Ausgangspunkt für die Kalkulation sind dabei die Schätzungen und Planungen der IT-Entwicklung, wie sie in Tab. 16-1 skizziert sind. Kern der Kalkulation ist die kostenrechnerische Bewertung der prognostizierten Ressourceninanspruchnahmen. Unter Berücksichtigung der prognostizierten Abnahmemengen können verschiedene technische Plattformen kalkuliert werden.

Da die Kostenstruktur der IT-Produktion im Wesentlichen den fixen Gemeinkosten zugeordnet werden können, müssen Verfahren und Systeme etabliert sein, die eine verursachungsgerechte Unterscheidung von vorhandener Kapazität zur genutzten Kapazität erlauben. Grundlage hierfür bietet eine Unterscheidung von Nutz- und Leerkosten, die es erlaubt, Elemente einer Teilkostenrechnung in der IT-Produktion anzuwenden [Mai 1996]. Mit einer ergänzenden Prozesskostenrechnung kann die Zurechnung von Kosten weiterhin präzisiert werden [Fürer 1994]. Die Prognose der Ressourceninanspruchnahme, wie in Tab. 16-1 dargestellt, liefert hierfür die Grundlage.

In der Fertigungsindustrie sind im Zuge der Durchdringung der Produktionsstätten mit flexiblen Fertigungsautomaten eine Reihe von Konzepten für die Bewertung und Kalkulation von Produktionsschritten und Produkten entstanden [Mayer 1998]. Im Hinblick auf die Anpassung der IT-Produktionskostenrechnung können diese Ansätze Hilfestellung leisten.

17 Management der Informationssicherheit: Erfahrungen eines Finanzdienstleisters

Hans-Peter Nägeli, UBS

17.1 Übersicht

17.1.1 Management der Informationssicherheit

Die Sicherheit von Informationen (SI) in einer Unternehmung ist weder zufällig noch eine Kunst noch Glück. Umgekehrt sind Pannen infolge Schwachstellen der Informationssicherheit in der Regel nicht nur auf unglückliche Umstände oder Pech zurückzuführen. Obwohl – auch Glück und Pech spielen oft eine Rolle – nur der Tüchtige wird bekanntlich eher vom Glück belohnt.

SI in der Unternehmung wird primär durch folgende Erfolgsfaktoren bestimmt [Gora/Krampert 2002; Görtz/Stolp 1999]:

- Positionierung der SI durch die Unternehmensführung
- Zuweisung von Aufgaben und Verantwortungen im Umgang mit SI
- Sicherheitsbewusstsein der Mitarbeiter
- Existenz eines (SI-)Risikomanagementprozesses
- Allokation von Ressourcen zur Gewährleistung von SI

Unter SI wird gemäß ISO-IEC Standard 17799-1 hier Folgendes verstanden [ISO/IEC 2000]:

- **Vertraulichkeit:** Zugriff auf Informationen erfolgt nur durch Autorisierte.
- **Integrität:** Richtigkeit und Vollständigkeit der Informationen und des Verarbeitungsprozesses sind gewährleistet.
- **Verfügbarkeit:** Zugriff auf Informationen ist den autorisierten Benutzern wann immer gefordert möglich.

SI ist ein vielschichtiges Thema. Im folgenden Beitrag werden ausgewählte Spannungsfelder der SI dargestellt. Eine vollständige Behandlung aller Aspekte der SI würde den Rahmen des Beitrags sprengen. So wird beispielsweise auf eine detaillierte Betrachtung der organisatorischen Aspekte der SI verzichtet und auch einzelne Themenschwerpunkte, wie etwa die Katastrophenvorsorge oder der Datenschutz, finden nur am Rande Berücksichtigung.

17.1.2 Stellenwert der Informationssicherheit

Der Stellenwert der SI ist in den einzelnen Unternehmungen bzw. Branchen unterschiedlich hoch und in erster Linie abhängig davon, in welchem Ausmaß eine Unternehmung ein »Informationsverarbeiter« ist. Banken und Versicherungen könnten überspitzt formuliert als reine Informationsmanager bezeichnet werden. Dieser Umstand und die Tatsache, dass die Banken mit Geld und Vermögenswerten von Kunden zu tun haben, machen bei ihnen die SI zu einem existenziellen Bereich [Vossbein 2003].

Nicht zu unterschätzen ist das Thema SI allerdings auch in Branchen, die prima vista nicht zu den Informationsverarbeitern gehören wie beispielsweise der Transportunternehmer, der für die Zuweisung von Fahrzeugen auf Bestellungen IT-Systeme einsetzt. Auch für diesen Unternehmer spielt die SI eine wichtige Rolle, und sie liegt im Falle der Kommunikationseinrichtungen (z. B. Mobiltelefonie) auch größtenteils außerhalb seiner Einflussmöglichkeiten. Dieser letzte Aspekt der SI – die Abhängigkeit von externen Informationsdienstleistungen – hat in den letzten Jahren an Bedeutung und Beachtung gewonnen. Er ist im Informationssicherheitsmanagement der Unternehmung immer einzubeziehen.

17.1.3 Die kritischen Erfolgsfaktoren des Informationssicherheitsmanagements

Für das gute Gelingen des Informationssicherheitsmanagements im Unternehmen sind fünf Erfolgsfaktoren entscheidend:

1. **Positionierung der SI durch die Unternehmensführung:** Entsprechend ihrer Bedeutung für das Unternehmen muss die SI im Unternehmensleitbild verankert in einer unternehmensweit gültigen Security-Policy festgehalten sein. Diese formale Voraussetzung allein genügt jedoch nicht; es ist hinsichtlich der Sicherheitszielsetzungen die sichtbare Unterstützung des Managements erforderlich. Die Unternehmensführung muss sich im Prozess des Risikomanagements periodisch über die Informationssicherheitsrisiken und die Wirksamkeit von risikomindernden Maßnahmen informieren lassen.
2. **Zuweisung von Aufgaben und Verantwortungen im Umgang mit SI:** Die Aufgabe der Spezialisten für SI besteht darin, die Sicherheitsarchitektur festzulegen, Standards der SI vorzugeben und die Umsetzung der erforderlichen Maßnahmen und Prozesse voranzutreiben. Sache jedes Mitarbeiters im Unternehmen ist es, die Sicherheitsrichtlinien einzuhalten oder Vorgaben in Systemlösungen oder Arbeitsprozessen umzusetzen.
3. **Sicherheitsbewusstsein bei allen Mitarbeitern:** Kunden- und Geschäftsinformationen sind auf allen Stufen über das gesamte Unternehmen verteilt, und somit ist SI die Sache von allen Mitarbeitern. Sie müssen über den Stellenwert der SI orientiert und mit dem sicheren Umgang mit Informationen vertraut

sein. Die SI ist Teil der Unternehmenskultur. Dieser Aspekt der SI kann nicht hoch genug bewertet werden – er ist der Grundpfeiler der SI. Dazu ist es notwendig, dass die Verantwortlichen für SI ein geeignetes Sicherheitsmarketing betreiben und für die notwendigen Ausbildungsmaßnahmen sorgen.
4. **Existenz eines Risikomanagementprozesses:** Die Innovation innerhalb und außerhalb der Unternehmung bewirkt eine ständige Veränderung der Informationssysteme und deren Einbindung in Informationsprozesse. Folge davon ist, dass die Informationssysteme periodisch bezüglich ihrer Verletzlichkeit und Bedrohungen neu zu beurteilen sind. Die Sicherheitsstandards und -maßnahmen sind periodisch zu überprüfen und nötigenfalls anzupassen. Dieser Prozess des Risikomanagements muss klar geregelt und in den übrigen Managementprozessen des Unternehmens integriert sein.
5. **Allokation von Ressourcen zur Gewährleistung von SI:** SI kann nicht nur auf das Mitarbeiterverhalten abgestützt bleiben. Informationssysteme müssen dedizierte Sicherheitsfunktionen beinhalten, und der sichere Betrieb von Informationssystemen setzt entsprechende Sicherheitssysteme voraus. Dies sind Vorkehrungen, die mit zum Teil erheblichen Kosten verbunden sind.

Wie groß der Aufwand für die Sicherheit der Informationssysteme tatsächlich ist und wie groß er sein darf, sind schwierige Fragen, denen nicht aus dem Weg gegangen werden kann. Wie ist beispielsweise der Imageschaden einzustufen, wenn sich das E-Banking einer Bank als unsicher erweisen sollte und Kunden tatsächlich zu Schaden kommen oder nur schon von dieser Schwachstelle Kenntnis erhalten? Trotzdem sind Maßnahmen zur Gewährleistung der SI immer auch unter Berücksichtigung von Kosten und Nutzen zu treffen. Dies erfordert einerseits auf der Kostenseite Transparenz und andererseits entsprechende Steuerungs- und Kontrollprozesse.

17.1.4 Herausforderungen im Zusammenhang mit dem Thema Informationssicherheit

Um SI zu gewährleisten, sind immer wieder Zielkonflikte zu lösen und Interessen abzuwägen. Dazu gehören:

- Innovation versus Stabilität
- Time-to-Market versus (Sicherheits-)Qualität
- Dezentrale Verantwortung versus zentrale Kompetenz
- Kosten senken versus Schwachstellen in der SI beheben

Stabile Informationssysteme sind naturgemäß sicherer als solche, die einer hohen Änderungsrate ausgesetzt sind. Jeder Systemeingriff ist potenziell eine Fehlerquelle und somit eine potenzielle Gefährdung der SI. Gleichermaßen ist jede Innovation mit Unsicherheiten verbunden, sowohl in technischer Hinsicht als auch in Bezug auf die Betriebsabläufe.

Innovation lässt sich insbesondere dann in Wettbewerbsvorteil umwandeln, wenn es gelingt, als Erster damit auf dem Markt zu sein. Das heißt, Geschwindigkeit in der Umsetzung von technischer Innovation in neue Produkte und Dienstleistungen ist bedeutsam. Neue Produkte oder Technologien sind aber immer auch auf ihre Sicherheit hin zu untersuchen und allfällige Schwachstellen zu beheben bzw. zu umgehen. Das kann zeitaufwendig sein und oft auch zu Verzögerungen bei der Einführung neuer Produkte oder Dienstleistungen führen. Die Kosten solcher Verzögerungen sind denjenigen von überstürzter Einführung und damit möglicherweise unsicherer Produkte gegenüberzustellen.

SI hat dann die größten Chancen, wenn eine Architektur existiert, die umfassend ist und für Konsistenz der Methoden, Standards sowie der eingesetzten Instrumente sorgt. Nur eine zentrale Kompetenz für Informations-(IT-)Sicherheit ist Garant dieser Zielsetzung. Die Umsetzung erfolgt in der Regel durch dezentralisierte Stellen. Damit ist das Risiko von Inkonsistenz und Unvollständigkeit verbunden – diejenigen die umsetzen, sind ja in erster Linie für das Bereitstellen von Funktionalitäten und Dienstleistungen zuständig, und Sicherheit hat oft nicht höchste Priorität.

Sicherheitsfunktionen als Bestandteil von Informationssystemen – wie beispielsweise der Einbau von Redundanz zur Sicherstellung eines unterbrechungsfreien Betriebs oder dedizierte Sicherheitssysteme – können mit erheblichen Zusatzkosten für die eigentlichen Kernfunktionen verbunden sein. In einer Zeit, wo der Kostendruck hoch ist, gewinnt die Forderung nach Wirtschaftlichkeit auch für die Sicherheit an Gewicht. Allerdings gilt es gerade in solchen Diskussionen, Klarheit zu schaffen: Sicherheit ist nie ein Ziel für sich allein, sie ist Teil der Qualität einer Dienstleistung oder eines Produkts. Wenn diese Qualität wirtschaftlich nicht tragbar ist, heißt dies, dass das Produkt oder eben die Dienstleistung nicht vertretbar ist, und nicht, dass die Sicherheit nicht tragbar ist.

17.2 Spannungsfelder für das Informationssicherheitsmanagement

17.2.1 New Technologies – New Threats

Die technische Innovation ist in vielen Fällen der Motor für neue Produkte, Dienstleistungen oder die Erschließung neuer Vertriebskanäle. E-Banking ist ein Beispiel für eine neue Dienstleistung und die gleichzeitige Nutzung neuer Vertriebskanäle: E-Banking via PC, Mobile oder Smartphone.

Entscheidend für den Erfolg derartiger Produkte ist aus Kundensicht in erster Linie die Benutzerfreundlichkeit. Vermutlich weniger entscheidend für die erfolgreiche Einführung ist der Aspekt der Sicherheit. Sicherheit wird implizit erwartet und würde erst im Schadensfall, den es natürlich zu verhindern gilt, zu einem zentralen Aspekt.

Für das Management der SI heißt das Folgendes [Rossbach/Locarek-Junge 2002; Görtz/Stolp 1999]:

- Sicherheit muss von der Produktidee bis zur Markteinführung die Lösungsentwicklung begleiten.
- Die eingesetzten technischen Infrastrukturkomponenten müssen in Bezug auf ihre technische Sicherheit verstanden sein und den Anforderungen genügen können.
- Die Sicherheitslösungen müssen einfach nutzbar sein bzw. sollen möglichst nicht behindern.
- Die Produktverantwortlichen müssen die verbleibenden Restrisiken akzeptieren.
- Die Risiken der Lösungen müssen während des gesamten Lebenszyklus laufend überwacht werden – mit neuen Erkenntnissen bezüglich Verletzlichkeit ist zu rechnen.
- Gegebenenfalls muss auf neue Risiken sehr rasch und flächendeckend reagiert werden können.

Um diesen Forderungen genügen zu können, sind zum einen entsprechendes Know-how gefragt, zum anderen sind aber auch geeignete Prozesse erforderlich. Bei der Lösungsentwicklung ist dafür zu sorgen, dass die Spezialisten frühzeitig mitwirken, in der Betriebsphase die laufende Überwachung der technischen Risiken von eingesetzten Lösungen sicherstellen und vorbereitet sind, um auf allfällige Störungen rasch und wirkungsvoll reagieren zu können.

Gefordert sind also so genannte New Threat Research und Incident Response Teams, die Themen wie »Neu erkannte Sicherheitslücken in den eingesetzten Softwareprodukten«, »Denial-of-Service-Attacken auf dem Internet«, »Hacker-Angriffe auf die eingesetzten Lösungen«, Viren etc. kompetent adressieren können.

17.2.2 SI ist jedermanns Sache – aber ein Thema für Spezialisten

Zwei Dinge sind im Kontext mit Informationssicherheitsmanagement von Bedeutung [Gora/Krampert 2002]:

- IT-Sicherheit ist nur durch das Zusammenwirken aller im Informationsmanagement Beteiligter zu gewährleisten.
- IT-Sicherheit ist eine Spezialdisziplin und somit ein Spezialistenthema.

Sinnvollerweise werden die Aufgaben zur Gewährleistung von SI in die Hauptphasen von Informationssystemen gruppiert:

- **Bereitstellen,**
- **Betreiben** und
- **Nutzen**

von Informationssystemen.

Bereitstellen von Informationssystemen

Zu Beginn steht in der Regel die Idee für ein neues Produkt oder eine neue Dienstleistung. Bevor es an die Umsetzung der Idee gehen kann, ist grob der Nutzen den Kosten und Risiken gegenüberzustellen. Als Best Practice empfiehlt sich in dieser Phase eine First-Cut-Risikoanalyse. Mit ihrer Hilfe lassen sich Sicherheitsanforderungen frühzeitig erfassen und dokumentieren. Die Ergebnisse dieser Analyse erlauben es, die Entwicklung der Lösung nötigenfalls durch die Spezialisten für SI begleiten oder zumindest unterstützen zu lassen. Zu späte Berücksichtigung der Sicherheitsaspekte führt in aller Regel zu Verzögerungen und zu Mehrkosten bei der Entwicklung – neben Frustrationen und damit negativem Image der Sicherheit bei denjenigen, die für die Lösungsentwicklung verantwortlich sind.

Vor der eigentlichen Inbetriebnahme der Lösung garantiert ein Security Signoff, dass die vom Auftraggeber und/oder den SI-Spezialisten eingebrachten Spezifikationen auch tatsächlich richtig implementiert worden sind.

Betreiben von Informationssystemen

Sicherheit für den Betrieb von Informationssystemen umfasst insbesondere die zwei Elemente:

- Verfügbarkeit der Systeme und
- Gewährleistung von Vertraulichkeit und Integrität der Informationen durch geeignete Zugriffsschutzmechanismen.

Die Verfügbarkeit der Systeme ist sehr früh im Design der Lösung festzulegen, denn sie ist wesentlich für die Betriebskosten verantwortlich. Es ist ein großer Unterschied, ob ein Informationssystem rund um die Uhr, 365 Tage pro Jahr mit höchster Verfügbarkeit und in Echtzeit zu betreiben ist und Informationen bereitzustellen hat oder ob ein Auswertungssystem mit Tagesenddaten mit Zeitverzug auch akzeptabel wäre.

Unabhängig von solchen Einzelüberlegungen verlangt die Systemverfügbarkeit im Betriebsumfeld und Systemdesign nach Vorkehrungen, die hier nicht weiter vertieft werden sollen, für das Informationssicherheitsmanagement aber vital und auch sehr kostenintensiv sind.

Weniger kostenintensiv, aber für die SI ebenso relevant sind die Maßnahmen zum Schutz der Produktionsdaten vor unerlaubten Zugriffen, sei es durch eigene Mitarbeiter und Prozesse oder durch Zugriffe von außen über Telekommunikationsinfrastrukturen. Dazu kommen nicht nur dedizierte Sicherheitssysteme wie Access-Control-Systeme, Firewalls und Verschlüsselungseinrichtungen zum Einsatz; es sind auch entsprechende Überwachungsvorkehrungen erforderlich. Stichworte hierzu sind Logging, Monitoring, Intrusion Detection Systems sowie Audits und Reviews.

Nutzen von Informationssystemen

Die Informationssysteme einer Unternehmung haben in der Regel immer einen »Besitzer« bzw. Auftraggeber, einen klaren Verwendungszweck und damit auch eine klar definierte Benutzergruppe.

Ein Prinzip der Sicherheit lautet »need to know/to do«. Um dieses Prinzip konsequent umzusetzen, ist Folgendes erforderlich:

- Der Informationsbesitzer muss die Daten klassifizieren.
- Der Informationsbesitzer muss festlegen, wer auf die Informationen in welcher Art zugreifen darf.
- Der Zugriff auf Informationssysteme durch Benutzer ist durch Zugriffsschutz und Rechteverwaltungssysteme abzusichern.
- Die erteilten Zugriffsrechte und Zugriffe sind kontinuierlich zu überwachen.

SI-Spezialisten

All diese Elemente für die Sicherheit von Informationssystemen sind nur dann Garanten eines insgesamt angestrebten Sicherheitsniveaus, wenn sie in einen konsistenten Rahmen der Informations- und IT-Sicherheit passen. Für diesen Rahmen, die dazugehörigen Standards, Methoden und Prozesse sind Spezialisten für die SI gefragt, die für folgende Aufgaben zuständig sind:

- Architektur, Designvorgaben und Standards der SI
- Analyse der Sicherheitstechnologien und Methoden
- Bereitstellung von ausgewählten Sicherheitsfunktionen und -services
- Beratung in Sicherheitsfragen
- Identifikation und Bewertung neuer Sicherheitsrisiken
- Sicherheitsmarketing und die Sicherheitsausbildung

Gelingt es nicht, diese Aufgaben effektiv und in Zusammenarbeit mit den jeweiligen Umsetzungsverantwortlichen wahrzunehmen, sind folgende Entwicklungen zu erwarten:

- Wenn die Vorgaben unzureichend kommuniziert oder durchgesetzt werden, entsteht Spielraum für Methodenstreite – in der Informatik ist bekanntlich jeder ein Spezialist – oder die Marschrichtung ist unklar, was zu Fehlinvestitionen führt.
- Wenn die Aufgaben der Spezialisten nicht wirkungsvoll in den Prozessen eingebaut sind, besteht die Gefahr, dass Sicherheit zum Flaschenhals und damit umgangen wird. Die Folge sind inkompatible und potenziell unsichere Lösungen.

17.2.3 Die Qual der Wahl: Risiken aufgrund komplexer Heterogenität oder »Klumpenrisiken von Monokulturen«

Natürlich sind die im Titel suggerierten Optionen in der Praxis keine Wahlmöglichkeiten, beide Situationen sind Realität:

- Eine Vielfalt von Infrastrukturelementen, die den Informationssystemen zugrunde liegen, ist durch deren Entwicklung über die Zeit hinweg gegeben. Zudem ist es unmöglich, die Vielfalt unterschiedlichster Anforderungen synchron in ein konsistentes Rahmenwerk zu integrieren.
- Monokulturen bzw. (Industrie-)Standardlösungen für große Funktionsbereiche sind in ausgewählten Bereichen erstrebenswert. Sie können mit tieferen Kosten verbunden sein oder setzen unternehmenseigene Ressourcen frei und sind relativ rasch verfügbar.

Es ist also mit beiden Situationen umzugehen.

Heterogene Systemumgebung

Eine Vielfalt von Systemen, Plattformen und Produkten prägen die Informationsinfrastrukturlandschaft. Trotzdem wird erwartet, dass für einzelne Informationssysteme die so genannte End-to-End-Sicherheit gewährleistet werden kann. Ein Geschäftsfall, durch einen dafür berechtigten Kunden via E-Banking oder durch Mitarbeiter initialisiert, muss demnach über alle involvierten Systeme hinweg sicher transportiert und abgewickelt sowie auch nachvollziehbar dokumentiert werden. Dies hört sich einfach und einleuchtend an. Die Umsetzung dieser Forderung ist jedoch bei einer gegebenen, historisch gewachsenen Systemumgebung eine große Herausforderung.

Die Sicherheit einer Transaktion über verschiedenste Kommunikationskanäle und Informationssysteme hängt vom abgestimmten Zusammenwirken folgender Sicherheitsfunktionen ab:

- Einwandfreie Identifikation und Authentisierung des Kunden oder Mitarbeiters durch Authentisierungsmechanismen wie beispielsweise Smartcard-basierte Challenge/Response-Funktionen oder Zertifikatslösungen (Userid und Passwort ergeben keinen ausreichenden Schutz der Benutzeridentifikation über öffentliche Netze und im per Default unsicheren Umfeld der Kunden).
- Schutz vor unerlaubter Einsichtnahme in Informationspakete oder deren Modifikation bei der Übermittlung vom Kunden zu den Informationssystemen der Bank (durch Verschlüsselung).
- Schutz der bankinternen Informationssysteme vor unerlaubten Zugriffen von außen (demilitarisierte Zone, Firewalls, Proxy-Server etc.).
- Autorisierungs- und Access-Control-Funktionen zur Freigabe der Kundentransaktion gegenüber den vielen involvierten Applikationssystemen, die wie-

derum durch weitere Sicherheitssysteme vor unerlaubtem Zugriff, zum Beispiel durch nicht autorisierte Programme oder Mitarbeiter, zu schützen sind.
- Administrationsprozesse für die Verwaltung der Zugriffsautorisierungen.

Die Sicherheit ist bekanntlich nur so gut wie das schwächste Glied in dieser langen Kette, und Schwachstellen sind in einer solchen Kette nicht auszuschließen. Letztlich sind all diese Komponenten häufigen Modifikationen unterworfen, die nicht alle automatisierbar und damit fehleranfällig sind. Um solche Schwachstellen zu identifizieren, sind periodische Sicherheitsüberprüfungen (Scans, Penetration-Tests, Reviews etc.) durch spezialisierte, unabhängige Fachleute erforderlich.

Situation beim Einsatz von Industrie-Standardlösungen

Es ist kein Geheimnis, dass die Software kaum je fehlerfrei sein kann, da es mit vertretbarem Aufwand nicht möglich ist, sie vollständig auszutesten. Mit dieser Tatsache lebt die Informatik seit Jahren.

Beim Einsatz von Industrie-Standardlösungen hat diese Tatsache in den letzten Jahren immer wieder für Schlagzeilen gesorgt. Was ist der Grund dafür?

Softwarepakete dieser Art haben eine enorme Verbreitung, und das Knowhow bezüglich ihrer Innereien ist nur einer relativ kleinen Gruppe von Ingenieuren bekannt – den Herstellern nämlich. Hingegen ist durch die große Verbreitung eine gewaltige Population von »Testern«, eben Nutzer solcher Software, am Werk. Diese Tester bzw. Nutzer stellen sehr wohl Fehler oder Schwachstellen in der Lösung fest und machen diese auch umgehend den Herstellern und restlichen Nutzern bekannt. Da es aber unmöglich ist, solche erkannte Schwachstellen sofort zu korrigieren und neue Softwareversionen bei allen Nutzern zu verbreiten, ist Angreifern Tür und Tor geöffnet, diese Verletzlichkeiten für ihre bösartigen oder spielerischen Neigungen auszunutzen (Virenattacken, Hacker etc.).

Abb. 17-1 veranschaulicht, wie häufig die UBS AG im Jahr 2001 Virenattacken ausgesetzt war und welche Viren die größte Anzahl Attacken verursachten. Erfolgreiche Attacken dieser Art sind wegen der großen Verbreitung der Standardlösungen aus Sicht des Täters entsprechend wirkungsvoll bzw. mit entsprechend großen Schäden bei den Nutzern verbunden.

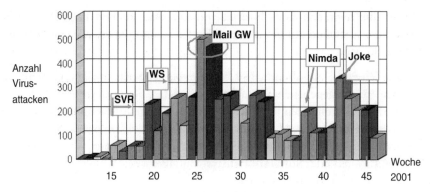

Abb. 17-1: Virusattacken bei UBS: Workstation- und Serverstatistik

Abb. 17-2 bringt zum Ausdruck, dass sich sowohl die Qualität der Sicherheitsmethoden als auch die der Angriffsversuche kontinuierlich weiterentwickelt. Stillstand bzw. Rückschritt bei den eingesetzten Sicherheitsmethoden führt daher zu großen SI-Risiken. Die Maßnahmen zum wirksamen Schutz gegen bösartige Attacken müssen laufend verbessert werden, um den immer ausgeklügelteren Angriffen auf die Informationssysteme standzuhalten. Nicht immer gelingt es, Attacken erfolgreich abzuwehren. Entscheidend in diesen Fällen ist eine professionelle, rasche Reaktion der Spezialisten.

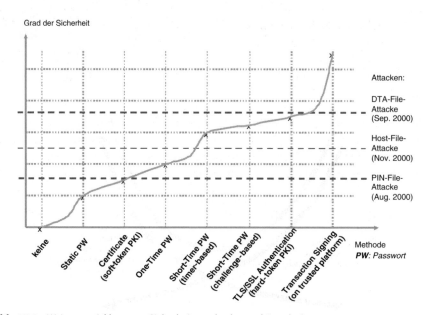

Abb. 17-2: Weiterentwicklung von Sicherheitsmethoden und Attacken

Die Erfahrung zeigt, dass auch Informationssicherheitsrisiken dieser Art sich mit vernünftigem Aufwand auf ein akzeptables Restrisiko reduzieren lassen. Was es dazu braucht, sind

- sichere Zugänge ins öffentliche Netz (Firewallsysteme mit unterschiedlichen Methoden und gegebenenfalls von verschiedenen Herstellern),
- laufendes, weitgehend automatisiertes Monitoring der Netzaktivitäten,
- aktuelle Virenscanner auf den Mailservern und Workstations,
- laufende Beobachtung der potenziellen neuen Bedrohungen,
- gut funktionierendes Software-Release-Management,
- Ausbildung und Awareness sowie
- vorbereitete und getestete Prozesse für den Krisenfall und gute Zusammenarbeit aller beteiligten Fachleute.

17.2.4 Hohe Kosten – mit und ohne Sicherheit

Dienstleistungen einer Bank sind ohne Sicherheit undenkbar. Eine Bank, die das Vertrauen in die Sicherheit ihrer Dienstleistungen einbüßt, ist über kurz oder lang in ihrer Existenz gefährdet. Sichere Informationssysteme bilden also die Grundvoraussetzung für Kundenvertrauen und damit für den Geschäftserfolg eines Finanzdienstleistungsunternehmens. Die Kosten fehlender Sicherheit sind für die Bank enorm hoch einzustufen (Existenzbedrohung!); andererseits ist der Grenznutzen zusätzlicher Sicherheit ab einem bestimmten Punkt null oder gar negativ – zum Beispiel wenn Sicherheit zur Geschäftsverhinderung wird.

Die wichtigste Aufgabe des Informationssicherheitsmanagements besteht folglich in der Bestimmung der wirtschaftlich optimalen Lösung für die Balance zwischen Risikoakzeptanz und Risikoreduktion durch geeignete Schutzmaßnahmen (siehe Abb. 17-3).

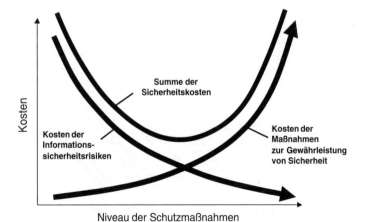

Abb. 17-3: Hohe Kosten – mit und ohne Sicherheit

Allerdings ist es auch Aufgabe des Informationssicherheitsmanagements, die existenziellen Bedrohungen eines Finanzdienstleisters zu kennen und wo notwendig entsprechend aufwendige Schutzvorkehrungen stufengerecht entscheiden zu lassen. Informationssicherheitsrisiken dieser Dimension haben im Nachgang zum 11. September 2001 in vielen Finanzinstitutionen zu entsprechenden Diskussionen und Maßnahmen geführt.

Für die tägliche Auseinandersetzung mit Informationssicherheitsrisiken sind die obigen modellhaften Aussagen natürlich nur von beschränktem Nutzen. Trotzdem ist dieses Grundprinzip des Risikomanagements immer im Auge zu behalten und bei allen anstehenden Sachentscheiden zu beachten. Im Einzelfall ist es angesagt, die Informationssicherheitsrisiken von Produkten oder neuen Lösungen genau zu analysieren, das heißt die Bedrohungen zu verstehen, die Bedeutung der in Frage kommenden Informationssysteme für die Dienstleistung des Unternehmens einzustufen, die Verletzlichkeit zu untersuchen und mögliche Schutzmaßnahmen zu evaluieren. Auf dieser Ebene sind Nutzen und Kosten von SI recht gut abschätzbar, und der optimale Einsatz von Mitteln zur Risikoeingrenzung lässt sich in etwa bestimmen. Diese Einschätzung hat immer durch den Verantwortlichen für das Produkt oder die Dienstleistung zu erfolgen, er – und nicht die SI-Spezialisten – hat das Restrisiko zu tragen.

18 Prozessorientiertes IT-Qualitätsmanagement

Björn Wolle, Case Consult
Volker Müller, DaimlerChrysler

18.1 Ausgangslage und Problemstellung

Vor dem Hintergrund der wachsenden Bedeutung der Informationstechnologie im Zuge von E-Commerce, Globalisierung und Outsourcing steigt für viele Unternehmen die Bedeutung von bereichsübergreifenden IT-Dienstleistungen und IT-Projekten. Bei einer kosten- und terminorientierten Abwicklung solcher Aufgaben sind Zusammenarbeit, Kommunikation und eine sachgerechte Übergabe der Informationen und Ergebnisse von entscheidender Bedeutung. In der Praxis fehlt es oft an einer durchgängigen Anwendung von Qualitäts- (QM-) und Projektmanagementmethoden, was zu Problemen und Reibungsverlusten in den Planungs- und/oder Umsetzungsphasen führen kann. Es erscheint daher sinnvoll, das IT-Qualitätsmanagement in wesentlichen Aspekten an den Geschäftsprozessen eines Unternehmens auszurichten.

Aufgrund der zentralen Annahme, dass sich eine prozessorientierte Gestaltung der Softwareentwicklung nachhaltig und positiv auf den wirtschaftlichen Erfolg von Unternehmen der IT-Branche auswirkt (siehe z. B. [Wallmüller 2001]), fand der Ansatz des prozessorientierten Qualitätsmanagements zunächst große Beachtung und breite Zustimmung. Gestützt von dieser Akzeptanz wurden daher in der Vergangenheit verschiedene Modelle entworfen, die konkrete Richtlinien zur Definition von Prozessen beinhalten. Hierzu zählen unter anderem die ISO-9001:2000-Norm, das Capability Maturity Model für Software (CMM) [Paulk et al. 1995], Bootstrap [Kuvaja 1994] und der als SPICE-Modell bekannte Standard ISO 15504 [Thaller 1998], aber auch Managementkonzepte wie EFQM und TQM [Malorny 1996] oder Lean Thinking [Womack/Jones 1996]. Einen Überblick vermittelt Tab. 18-1.

Managementkonzept	Jahr	Ziele / Inhalte
ISO 9001	1987/ 2000	Modelle zur Qualitätssicherung in Design, Entwicklung, Lieferung, Wartung und Kundendienst
TQM (Total Quality Management)	Ende der 1970er	Auf der Mitwirkung aller Mitarbeiter basierende Führungsmethode einer Organisation, die Qualität in den Mittelpunkt stellt und durch Kundenzufriedenheit auf langfristigen Geschäftserfolg sowie auf Nutzen für die Mitarbeiter und die Gesellschaft zielt
CMM (Capability Maturity Model)	1991	Bewertung der Qualität des Softwareentwicklungsprozesses eines Unternehmens mittels aufeinander aufbauender Qualitätsstufen und zugehörender Reifegrade
SPICE (Software Process Improvement and Capability Determination)	1993	Umfassender, ordnender Rahmen zur Bewertung und Verbesserung von Softwareprozessen unter Einbeziehung vorhandener Ansätze wie ISO 9001 und CMM
GQM (Goal Question Metric)	1984	Dynamisches, systematisches Vorgehensmodell zur Erstellung eines entwicklungsspezifischen Qualitätsmodells für Softwareprozesse, wobei in sechs Schritten Auswertungsziele, abgeleitete Fragestellungen und primitive Maße festgelegt werden
Bootstrap	1994	Weiterentwicklung des CMM unter Berücksichtigung von Ansätzen der ISO 9001, wobei nur externe Audits zugelassen sind und viertelstufige Reifegrade ermittelt werden
Business (Process) Reengineering	1993	Ansatz für fundamentales Überdenken und radikales Redesign von Unternehmen oder Unternehmensprozessen mit dem Ziel, in messbaren Leistungsgrößen der Bereiche Kosten, Qualität, Service und Zeit Verbesserungen um Größenordnungen zu erreichen
Lean Thinking	1996	Umfassender Managementansatz für fundamentales Umdenken innerhalb von Unternehmen und Neuausrichtung von Produktprozessen über die Unternehmensgrenzen hinaus, der auf den fünf schlanken Prinzipien Wert, Wertschöpfungsstrom, Flow, Pull und Perfektion basiert

Tab. 18-1: Zusammenstellung einiger Modelle und Managementansätze zur Verbesserung und Optimierung von Prozessen und Prozessqualität

Inzwischen haben weltweit viele Unternehmen zum Teil beträchtliche Anstrengungen unternommen, um ihre Prozesse in den Bereichen Softwareentwicklung und IT entsprechend der aufgeführten oder anderer, vergleichbarer Modelle auszurichten. Nach einer vom Bundesministerium für Bildung und Forschung (BMBF) in Auftrag gegebenen Studie zur Lage der Softwareentwicklung in Deutschland sind über die Hälfte der Unternehmen nach ISO 9001 zertifiziert [BMFB 2000]. Allerdings weist diese Studie auch darauf hin, dass die Zertifizierung nach ISO 9001 mittlerweile zugunsten anderer Modelle und Verfahren stark an Bedeutung verloren hat. Im Rahmen von Experteninterviews stellte sich heraus, dass eine Zertifizierung nach ISO 9001 für die meisten Unternehmen keine nachhaltige Verbesserung der Produkte mit sich bringt. Stattdessen hat sich bei vielen Unternehmen inzwischen die Erkenntnis durchgesetzt, dass die gezielte Erfassung von rein internen Motivationsfaktoren und Verbesserungsvorschlägen im Rahmen von speziellen Verbesserungsprogrammen eher geeignet ist, qualitativ hochwertigere Software- und IT-Produkte herstellen zu können.

Tatsächlich belegen auch andere Studien, dass erfolgreiche Unternehmen nicht häufiger nach ISO 9001 zertifiziert sind als weniger erfolgreiche [Mellis/Stelzer 1999]. Aus diesen Untersuchungsergebnissen können daher Rückschlüsse auf tatsächlich relevante Erfolgsfaktoren gezogen werden. So ist vor allem aufgrund der großen Homogenität des Marktes eine Differenzierung von konkurrierenden Unternehmen über die Qualität der Produkte und Dienstleistungen nur noch sehr eingeschränkt möglich. Die »klassische« Produktqualität ist damit für den Unternehmenserfolg kein ausschlaggebender Hauptfaktor mehr. Stattdessen steht heute Mitarbeiterorientierung, gefolgt von Führungskompetenz und Unternehmensstrategie im Vordergrund. Es gilt, diese Erkenntnisse in modernen QM-Systemen zu berücksichtigen. Notwendigerweise führt dies aber zu teilweise weitreichenden Modifikationen bei den derzeit eingesetzten Konzepten und Modellen des Qualitätsmanagements, die durchaus kontrovers diskutiert werden.

18.2 Der Qualitätsbegriff aus Unternehmenssicht

Nach DIN 55350/ISO 8402 ist Qualität definiert als »die Gesamtheit der Merkmale und Merkmalswerte eines Produktes oder einer Dienstleistung bezüglich ihrer Eignung, festgelegte und vorausgesetzte Erfordernisse zu erfüllen«. Dies ist eine bewusst allgemein gehaltene Definition. Allerdings führt sie zu einem grundlegenden Problem bei der praktischen Anwendung des Qualitätsbegriffs, denn die geforderten Qualitätsmerkmale eines Produkts oder einer Dienstleistung sind in der Regel je nach Betrachtungsweise, Funktion, Branche oder Zielrichtung sehr unterschiedlich. Der Qualitätsbegriff erhält dadurch mehrere Dimensionen bzw. Aspekte, die oft genug widersprüchlich sein können und daher nicht gleichzeitig erfüllbar sind.

Dieses Verhalten trifft insbesondere für Softwareprodukte zu und wird in der Norm DIN 66272/ISO 9126 berücksichtigt. Dadurch ist diese Norm keine Anwendungsnorm in dem Sinne, dass die in ihr festgelegten Qualitätseigenschaften

- Funktionalität,
- Zuverlässigkeit,
- Benutzbarkeit,
- Effizienz,

- Wartbarkeit und
- Portabilität

erfüllt werden müssen. Vielmehr wird die Qualität eines Softwareproduktes als gut bezeichnet, wenn die beschriebenen Eigenschaften mindestens insoweit vorhanden sind, dass sie den Anwendungsanforderungen genügen. Die Beurteilung und Bewertung einzelner Eigenschaften muss dabei nicht unbedingt auf quantitativen Methoden beruhen, sie kann auch anhand qualitativer Beschreibungen erfolgen. Des Weiteren unterscheidet die Norm zwischen den drei Interessengruppen Anwendern, Entwicklern und Managern, wobei der Fokus darauf liegt, Qualität unter vorgegebenen Grenzen bezüglich Arbeitsaufwand, Kosten und Zeit zu optimieren.

Dies macht deutlich, dass rein auf Produktqualität ausgerichtete Qualitätsziele in der Praxis nicht präzise genug für verschiedene Funktionsbereiche einer Organisation oder eines Unternehmens festgelegt werden können. Einen Ausweg aus diesem Dilemma bietet die prozessorientierte Sicht auf den Qualitätsbegriff. Eine prozessorientierte Qualitätssicht fordert, dass alle Anforderungen, die an die betrachteten Prozesse einer Organisation gestellt werden, erfüllt sein müssen. Diesem Gedanken liegt die Annahme zugrunde, dass ein Endprodukt den gestellten Anforderungen auf jeden Fall entsprechen muss, wenn alle an seiner Entstehung beteiligten Prozesse korrekt ausgeführt wurden.

Allerdings ist auch dieser pauschale Ansatz für die praktische Verwertbarkeit problematisch. Ungeachtet dessen wurde diese These vielfach meist vorbehaltlos akzeptiert, da sich hieraus unmittelbar Modelle wie z. B. die ISO 9001 zur Definition bzw. Beschreibung von Prozessen ableiten lassen, die systematisiert und auf Abweichungen hin überprüft werden können und somit den Aufbau formaler QM-Systeme in einfacher Weise unterstützen. Allerdings können die gängigen Modelle und Normen nur rudimentäre Antworten auf die Frage liefern, wie eine prozessorientierte Qualitätssicht unter Berücksichtigung ökonomischer Kriterien abzuleiten und umzusetzen ist. Die oft geübte Praxis, aus den Qualitätsmodellen Prozesse abzuleiten oder etwa die in der ISO 12207 aufgeführten Lebenszyklusprozesse entsprechend den eigenen Bedürfnissen normgerecht oder modellkonform umzusetzen, kann einer real gewünschten bzw. erwarteten Wertschöpfungs- oder Geschäftsprozessorientierung im Grunde nicht gerecht werden. Betrachtet man beispielsweise die ISO 9001, die den Begriff Prozess als einen »Satz von in Wechselbeziehung oder Wechselwirkung stehenden Tätigkeiten, der Eingaben in Ergebnisse umwandelt« definiert, wird deutlich, dass die zu erfassende Anzahl derart definierbarer Prozesse in praktisch jedem Unternehmen die Grenze des Machbaren in Bezug auf Dokumentation und Überprüfbarkeit übersteigt. In der Praxis muss daher stets eine sinnvolle Auswahl bzw. Beschränkung vorgenommen werden.

18.3 IT-Qualitätsmanagement – Erfolgsfaktoren und Strategien

18.3.1 Anforderungen in der IT

Um wettbewerbsfähig zu bleiben, müssen sich die Unternehmen auf die sich ändernden Faktoren einstellen können. Ein praxisgerechtes QM-System mit hoher Nutzenwirkung sollte daher an den Erfordernissen der Unternehmen ausgerichtet sein und dabei gleichzeitig das Umfeld der Märkte berücksichtigen.

Aufgrund der Erfahrungen aus der Praxis und vorliegenden Untersuchungsergebnissen können die folgenden Problembereiche und Anforderungskriterien für den Aufbau praxisgerechter QM-Systeme in der IT identifiziert werden:

- **Berücksichtigung des Unternehmensumfelds:** Einerseits erfordern turbulente Marktbedingungen, dass wirtschaftlich effiziente Lösungen immer wieder neu bereitgestellt werden müssen und auf sich ändernde technologische Rahmenbedingungen möglichst schnell und innovativ reagiert werden muss. Andererseits erfordert ein stabiles Umfeld oder der wachsende Anteil eingebetteter oder produktionsbegleitender Software gut geplante, wohldefinierte steuerbare und kontrollierbare Prozesse.
- **Einfluss der Unternehmensgröße:** Die verwendeten Modelle und Methoden müssen skalierbar sein, um mit der Größe der Organisation, der IT-Systeme und der Projekte mitwachsen zu können.
- **Umgang mit verteilten Standorten:** Zur Vermeidung von Schwierigkeiten oder Missverständnissen, bedingt durch verteilte Standorte des Entwicklungsteams oder Kunden aus anderen Kulturkreisen, müssen kulturelle und kommunikative Aspekte ausreichend berücksichtigt werden.
- **Integrationsfähigkeit in bestehende Geschäftsprozesse:** Die Integration in bestehende Geschäftsprozesse senkt die schnittstellenbezogene Fehlerquote. Die sich ergebende Gruppierung von Aufgaben und Aktivitäten wirkt kostensenkend und führt durch eine resultierende Förderung der Kompetenz und Arbeitsmotivation der Mitarbeiter gleichzeitig zu Verbesserungen bei internen Arbeitsprozessen.
- **Wirtschaftlichkeit der Konzepte und Modelle:** Damit die eingesetzten Modelle und Konzepte möglichst wenig Ressourcen binden und der Aufwand für die Pflege wirtschaftlich vertretbar bleibt, müssen QM-Modelle hinsichtlich der Unternehmensgröße angemessen interpretiert werden und sollten sich nicht detailgetreu an der Gliederung einer bestimmten Norm orientieren.

In diesen Punkten spiegelt sich die gewandelte Rolle wider, welche die IT heute im betriebswirtschaftlichen Gefüge eines Unternehmens spielt.

18.3.2 Aktuelle Ansätze und Konzepte

In Bezug auf die praktische Gestaltung der Softwareentwicklung werden beim Einsatz traditioneller prozessorientierter QM-Modelle im Wesentlichen klassische Vorgehensmodelle wie das V-Modell oder der Rational Unified Process (RUP) verwendet. Bei genauerer Betrachtung weisen allerdings viele der verwendeten klassischen Modelle unternehmenseigene Zusätze auf, beispielsweise um besser in umfassendere Geschäftsprozesse integriert werden zu können. Dabei sind vor allem iterative Modelle verbreitet, die auf der Annahme basieren, dass Kosten- und Termintreue durch inkrementelle Entwicklungsprozesse erreicht werden können [BMFB 2000]. Verfahrensanweisungen, d. h. QM-Dokumente, welche die Art und Weise der Ausführung einer Tätigkeit oder eines Prozesses festlegen, existieren im Allgemeinen nicht. Die technische Softwareentwicklung wird dadurch weitgehend der Kreativität der Entwickler überlassen.

Es scheinen auf der technischen Ebene also eher geregelte Verfahren statt gesteuerter Prozesse implementiert zu werden. Teams werden damit nicht mehr als hierarchisch steuerbare Organisationseinheiten interpretiert, deren Arbeitsabläufe durch detaillierte Prozessbeschreibungen gesteuert werden, sondern als organisatorische Systeme, in denen die Teammitglieder die Softwareprojekte kooperativ durchführen. Insgesamt weisen also die tatsächlich gelebten Prozesse in der IT häufig die wesentlichsten Merkmale agiler Verfahren auf. Es scheint sich also ein Trend hin zu agilen Verfahren herauszubilden, die teilweise im Rahmen bestehender QM-Systeme implementiert sind. Ähnlich wie die QM-Systeme und Managementkonzepte unterscheiden sich auch die agilen Verfahren im Detaillierungsgrad der aufgestellten Regeln sowie bezüglich der Ebene, der diese Regeln zuzuordnen sind (siehe Tab. 18-2).

Agiles Verfahren	Beschreibungs-ebene	Anmerkung
Scrum	organisatorisch-deskriptive Metaprozesse	Sehr hohe Flexibilität durch iteratives Umsetzen priorisierter Anforderungen in kurzen Zyklen; Beschreibungen weisen sehr niedrigen Detaillierungsgrad auf
Adaptive Software Development	organisatorisch-deskriptive Metaprozesse	Sehr hohe Flexibilität durch iteratives Durchlaufen der Schrittfolge »Speculate, Collaborate, and Learn«; Software wird im Timebox-Verfahren fertig gestellt; Beschreibungen sind wenig detailliert
Chrystal	organisatorisch-optimierte Prozessregeln	Hohe Flexibilität durch Rahmenwerk, bestehend aus Forderungen bezüglich Prozessprüfung und Lieferzeit sowie sieben Projektprinzipien; geringer Detaillierungsgrad
Extreme Programming	randwert-geregelte Prozessverfahren	Ausreichende Flexibilität durch Startvorschläge; Projektzyklus, Entwicklungszyklus und unterstützende Maßnahmen werden durch 13 Praktiken abgedeckt

Tab. 18-2: Zusammenstellung einiger agiler Verfahren

Zur obersten Beschreibungsebene gehören Verfahren, die detaillierte Angaben zu den Grenzbedingungen eines Prozesses (d. h. zu Start und/oder Ende) machen und damit eine gewisse Ähnlichkeit zu den traditionellen Methoden aufweisen, aber wesentlich flexibler sind. Stellvertretend sei hier das Extreme Programming (XP) genannt [Beck 2000], das auf den fünf Grundprinzipien

- direkte Rückkopplung,
- Streben nach Einfachheit,
- inkrementelle Entwicklung,
- Änderungen willkommen heißen und
- Qualitätsarbeit leisten

basiert. Aus diesen Grundprinzipien werden 13 Praktiken abgeleitet, die verschiedene Bereiche der Entwicklung abdecken. Wichtig ist, dass dieses Verfahren nicht aufgrund einzelner isolierter Praktiken funktioniert, sondern durch das Zusammenwirken verschiedener Mechanismen wie »Planning Game«, »Simple Design« oder »Common Ownership«. Je nach Aufgabe und Teamzusammensetzung können die Praktiken unterschiedlich priorisiert sein. Im Vergleich zu den traditionellen Verfahren räumt XP dem Team gewisse Freiräume beim Dokumentationszeitpunkt ein. Geschickt eingesetzt, lassen sich die teils beträchtlichen Aufwände für Änderungen und Überarbeitungen gegenüber traditionellen Verfahren stark reduzieren.

Der mittleren Beschreibungsebene können Verfahren zugeordnet werden, die Hinweise liefern, wie die Prozesse effizient organisiert werden können. Es geht dabei nicht darum, organisationsweite Prozesse zu definieren oder umzugestalten, sondern es soll vielmehr ein Rahmenwerk für Methoden geschaffen werden, wodurch Teams projektspezifische Prozesse definieren können. Der Ausgangspunkt ist hierbei, dass Prozesse im Wesentlichen von den Rahmenbedingungen eines Projekts bestimmt werden [Cockburn 2002]. Hauptansatzpunkte hierbei sind unter anderem direkte Kommunikation, Feedback, skalierbare Regeln zur Koordination und Stabilität beigesteuerter Resultate für kritische Aufgaben. Mit Hilfe dieser und einiger weiterer Prinzipien kann ein erfahrenes Team Prozesse festlegen, die einen Kompromiss zwischen Formalismus und Dokumentation auf der einen Seite und Termintreue und Qualität auf der anderen Seite bieten. Allerdings ist die Methodenfamilie nicht für räumlich verteilte Teams geeignet [Cockburn 2002, S. 200], was wohl vor allem auf den recht hohen, direkten Kommunikations- und Feedback-Anteil zurückzuführen ist.

Auf der untersten Beschreibungsstufe stehen schließlich solche Verfahren, die lediglich organisatorisch-deskriptiv die Voraussetzungen schaffen, um ein sich selbst organisierendes Team einsetzen zu können. Hierzu zählen z. B. Scrum und Adaptive Software Development. Diese Verfahren sind vor allem für professionelle Teams mit umfangreicher Erfahrung geeignet, bieten aber ein Maximum an Flexibilität.

Agile Verfahren basieren auf Erkenntnissen über lernende Organisationen und der Komplexitätstheorie und gehen damit weit über den Umfang und die Ansätze herkömmlicher Verfahren hinaus. Auf der Verfahrensebene kommt ihnen damit eine ähnliche Bedeutung zu wie z. B. den umfassenderen Konzepten des TQM bei der unternehmensweiten Anwendung von QM-Konzepten.

18.4 Praxisbeispiele

18.4.1 IT-Mittelstandserfahrung mit einer Software-Factory

Wie viele andere Unternehmen der Softwarebranche hat sich auch die Wiesbadener CC GmbH [CC 2003] für die Einführung eines normgerechten QM-Systems nach ISO 9001 entschieden. Die Zertifizierung erfolgte für den Unternehmensbereich »Beratung und Projekte«. Die Aufgaben dieses Leistungsbereichs mit zum Teil unternehmensweiten, kritischen Geschäftsprozessen umfassen vor allem Software-Reengineering-Projekte betriebswirtschaftlicher Kernsoftware im Host- und Client/Server-Umfeld [Borchers 1997]. Das Besondere an diesem Unternehmen ist, dass es bereits 1995 eine eigene als Software-Factory fungierende Niederlassung in Indien aufgebaut hat. Das Tochterunternehmen in Indien wird von speziell geschulten und international erfahrenen indischen Führungskräften geleitet und ist ebenfalls nach ISO 9001 zertifiziert. Teile großer Reengineering- und Entwicklungsprojekte werden nach Indien ausgelagert und dort von lokalen Projektteams bearbeitet. Die indischen Projektteams sind dabei direkt mit der Rechnerinfrastruktur in der deutschen Niederlassung verbunden, so dass die eigentliche Bearbeitung der Software auf Rechnern in Deutschland stattfinden kann. Die Kundenkommunikation, die strategische Projektplanung und die Projektüberwachung werden von einem deutschen, ebenfalls dezentralen Projektteam vorgenommen. Die interne Projektsprache ist grundsätzlich Englisch.

Der für ein KMU durchaus beträchtliche ISO-konforme Dokumentationsaufwand kann hier geschickt genutzt werden, um wertvolle Zeit und Ressourcen zu sparen. Durch die ISO-Zertifizierung beider Unternehmen können die englischsprachigen Projektdokumente direkt an definierten Schnittstellen ausgetauscht und unmittelbar weiterverwendet werden. Des Weiteren können bei Reengineering-Projekten meist parallelisierbare Aufgabenpakete definiert werden, deren Bearbeitung im Rahmen von wiederholbaren Prozessen durchgeführt werden können. Ein ISO-konformes QM-System ist in diesem Fall nicht nur ein geeignetes Instrument, sondern wirkt sich nachhaltig positiv auf den wirtschaftlichen Erfolg aus. Gleichzeitig ist das QM-System an den Geschäftsprozessen im Kernbereich Software Engineering ausgerichtet. Einer der wesentlichen Erfolgsfaktoren für diesen Geschäftsbereich ist eine zeitnahe Modellierung und Steuerung von Projektdokumenten an die jeweils zuständigen Projektmitarbeiter über kulturelle Grenzen und Unternehmensgrenzen hinweg. Dies kann ein ISO-konformes QM-

System nur bedingt erfüllen. Derzeit existieren aber auch keine gängigen Werkzeuge, die eine Softwareentwicklung oder Softwareprojekte mit verteilten Standorten ausreichend unterstützen. Die CC GmbH hat daher ein eigenes CSCW-System (Computer Supported Cooperative Work) entwickelt, welches durch ein Workflow-Management-System Koordinationsunterstützung für typische Projektphasen und Teilaufgaben wie Testen, Konfigurationsmanagement oder Problemmanagement sowie ausreichende Kommunikationsunterstützung durch asynchronen Austausch von Nachrichten und Mitteilungen bietet.

Der andere große Geschäftsbereich – die Produktentwicklung im Bereich Testwerkzeuge und Qualitätssicherungswerkzeuge für Software – arbeitet nach einem hybriden Modell. Bestimmte Entwicklungsaufgaben und Weiterentwicklungen der Produkte werden ebenfalls in der indischen Niederlassung nach ISO-zertifizierten Prozessen vorgenommen. Die Steuerung dieser Prozesse erfolgt genauso wie für den Bereich »Beratung und Projekte« durch den Austausch englischsprachiger QM-Dokumente über die gemeinsame Kommunikationsschnittstelle. Allerdings ist der deutsche Geschäftsbereich nicht nach ISO 9001 zertifiziert, sondern arbeitet nach einem eigenen an ISO 9001 angelehnten QM-Rahmenwerk. Die Dokumentenpyramide für dieses Rahmenwerk enthält (siehe Abb. 18-1)

- Verfahrensanweisungen für ISO-konforme Prozesse zur Bearbeitung von gemeldeten Kundenproblemen, Wartungsaufgaben an im Einsatz befindlichen Produktversionen sowie für individuelle Softwareanpassungen im Kundenauftrag,
- Verfahrens- und Arbeitsanweisungen zu agilen Verfahren und Methoden für die Entwicklung neuer Produkte oder Teilprodukte hoher Qualität und kurzen Time-to-Market-Zeiten.

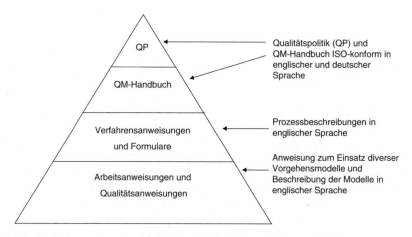

Abb. 18-1: Die Dokumentenpyramide des Bereichs Produktentwicklung und Support

Bei den agilen Methoden handelt es sich im Wesentlichen um Konzepte, die an Scrum und XP angelehnt sind. Wichtig ist, dass praktisch die gesamte Kommunikation direkt über E-Mail erfolgt und allen Teammitarbeitern als Informations- und Dokumentationsquelle zugänglich ist. Die Arbeitsanweisungen für die agilen Methoden sowie die Ergebnisse direkter Absprachen werden ebenfalls kurz in E-Mails dokumentiert. Ein in Verfahrensanweisungen festgelegter Aufbau der Betreffzeile kennzeichnet diese E-Mails als Arbeitsanweisung im Sinne des QM-Systems. Der Austausch sonstiger Projektdokumentation erfolgt zu Beginn eines Projekts sowie zu vereinbarten Zielzeitpunkten (Quality Gates). Deutsche und indische Projektteams organisieren sich innerhalb des Gesamtrahmens weitgehend selbst.

18.4.2 Rahmenwerk für Qualitätssicherung im Großkonzern

Bei der DaimlerChrysler AG ist das IT-Qualitätsmanagement für die unternehmensweite Bereitstellung von Verfahren, Methoden und Konzepten zur Qualitätssicherung zuständig. In der Praxis ist das IT-Qualitätsmanagement daher eng mit dem Projektmanagement verbunden und basiert auf Methoden und Verfahren des Vorgehensmodells von DaimlerChrysler Stuttgart.

Die Qualitätssicherung dient dazu, die Qualität der Prozesse und Dokumentationen – und damit auch der entwickelten IT-Systeme – positiv zu beeinflussen. Die Technologie, mit der die Ergebnisse realisiert werden, ist dabei zunächst sekundär. Allerdings muss gewährleistet sein, dass alle verfügbaren Instrumentarien der Qualitätssicherung für die verschiedenen Projekte und Standorte effektiv genutzt werden können. Es ist also sicherzustellen, dass projekt- und betriebsrelevante IT-Tätigkeiten durchgängig geplant, gesteuert und überwacht werden, um die Qualitätsanforderungen, die der Konzern an eine funktionierende, effiziente Informationsverarbeitung stellt, zu erfüllen. Genau hier setzt die Informationstechnologie der DaimlerChrysler AG an. Sie ist damit von fundamentaler Unternehmensbedeutung, denn sie unterstützt dabei fast alle Prozesse der unterschiedlichen Geschäftsbereiche und Standorte und ist ein wachsender, integraler Bestandteil der DaimlerChrysler-Produkte. Folglich hat sie den gleichen Qualitätsansprüchen zu genügen.

Insgesamt ist die Qualitätssicherung in großen IT-Projekten bei DaimlerChrysler seit langem zur Selbstverständlichkeit geworden. Wichtige große IT-Projekte – so genannte Key-Projekte – haben frühzeitig die Notwendigkeit einer systematischen und geplanten Qualitätssicherung zur Absicherung des Projekterfolgs erkannt und die Funktion der Qualitätssicherung fest in der Projektorganisation eingerichtet. Dies zeigt sich einerseits an den Anforderungen zur konkreten QS-Unterstützung für IT-Projekte und andererseits an den Benennungen von Quality Information Officers (QIOs) innerhalb der jeweiligen Zuständigkeitsbereiche.

Eine besondere Herausforderung ergibt sich allerdings im Zuge der Integration der weltweit verteilt arbeitenden IT-Center. Dabei sind bereichsbezogene und praktikable Umsetzungen zu etablieren. Hierzu werden detaillierte Verfahrensvorschriften und Regelkreise definiert, die einerseits Hilfestellung liefern, andererseits aber auch eine organisatorisch verankerte Überprüfung der Prozessqualität von IT-Projekten ermöglichen.

Um dies sowohl aus organisatorischer als auch aus IT-Sicht zu unterstützen, wurde ein Rahmenwerk für das Projektmanagement etabliert, welches auf Methoden, Prozessen und Tools basiert, die sich am Projektlebenszyklus orientieren.

Im Vordergrund steht hierbei die Wiederverwendung erfolgreicher Lösungen der verschiedenen IT-Bereiche des Konzerns bezüglich Projektplanung, Finanzplanung und Reporting. Das Rahmenwerk für Projektmanagement ist in Abb. 18-2 dargestellt und besteht aus den Ebenen

- **Governance**, das die Organisationsstrukturen, Rollen, Verantwortungsbereiche und Führungsprinzipien festlegt,
- **Planung und Berichtswesen** mit den Teilen Projektinitiierung, Finanzplanung, Risikomanagement und Projektdokumentation sowie
- **Methoden und Werkzeuge** wie z. B. CMM, Quality Gates, Best Practices, Projektmanagement-Werkzeuge und Datenbanken.

Vertikal werden die Ebenen durch Training und Coaching verbunden. Das Rahmenwerk nutzt integrierte und unternehmensweit eingesetzte Lotus Notes-Datenbanken. Einfache und übersichtliche Methoden und Verfahren gewährleisten einen geringen Pflegeaufwand für die zentralen Plan- und Ist-Daten.

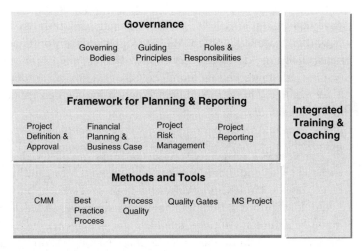

Abb. 18-2: Das DaimlerChrysler-Rahmenwerk für Projektmanagement

Aus diesem Rahmenwerk können standortbezogene Qualitätsmanagementsysteme abgeleitet werden. Dabei ist zu beachten, dass das QM-Handbuch der unteren Ebene »Methoden und Werkzeuge« des Rahmenwerks zugeordnet wird. Dadurch lassen sich die diversen nationalen und internationalen Normungskriterien erfüllen und auch kulturelle Aspekte können ausreichend berücksichtigt werden.

Das für Deutschland gültige QM-Handbuch beschreibt das Qualitätsmanagementsystem der Informationsverarbeitung von DaimlerChrysler Stuttgart. Es sichert die Umsetzung der Qualitätspolitik des Unternehmens in diesem Bereich und ist so konzipiert, dass es sich für eine spätere Zertifizierung, z. B. nach ISO 9001, eignet. Als Basis für die Vorgehensweise in der Systementwicklung und des Systembetriebs dient das Handbuch der Systemgestaltung und des Systembetriebs. Dies umfasst

- das **Projekthandbuch** als Leitlinie für die Projektabwicklung,
- das **Verfahrenshandbuch**, welches das Vorgehensmodell für die zu erstellenden Endprodukte definiert,
- das **Methodenhandbuch**, das die einzusetzenden Methoden und Werkzeuge beschreibt,
- die **Einzelrichtlinien**, die spezifische Regelungen enthalten, sowie
- die **Beschreibung der wesentlichen Prozesse** der Systemgestaltung und des Systembetriebs sowie deren Zusammenhänge.

Zwischen den Handbüchern bestehen gewisse Abhängigkeiten und Verzahnungen. Zu beachten ist insbesondere, dass das Verfahrenshandbuch die zu erstellenden Endprodukte definiert und das QM-Handbuch sich mit der Qualitätssicherung dieser Endprodukte sowie der Prozesse in den Projekten und im Systembetrieb beschäftigt. Der besondere Ansatz ist hierbei: Die projektindividuelle Qualitätssicherung muss sich als elementarer Bestandteil in das Projektmanagement einordnen und besondere Akzente für die Qualität der Projektprozesse und der Projektergebnisse setzen.

18.5 Fazit

Sowohl bei transnationalen Großkonzernen als auch bei mittelständigen Unternehmen mit international verteilten Standorten muss das IT-Qualitätsmanagement unternehmensweit und damit international ausgerichtet sein. In der Praxis zeigt sich, dass einzelne Modelle und Verfahren in dieser Hinsicht teils erhebliche Schwächen und Lücken aufweisen. Tatsächlich besitzt jedes Modell und jedes Verfahren einen bestimmten Gültigkeitsbereich, der bei einem erfolgreichen Einsatz bekannt sein muss. So konnte bei der DaimlerChrysler AG durch die Einführung des Rahmenwerks für Qualitätssicherung und die integrierten Werkzeuge sowie die Best-Practices-Datenbanken eine objektive Auswahl geeigneter Verfahren getroffen werden. Die schnittstellenbezogenen Qualitätsverluste konnten dadurch reduziert und die Gesamtproduktivität in den Referenzprojekten gesteigert werden.

Ähnliche Erfahrungen wurden bei der CC GmbH bei zeitkritischen Entwicklungsprojekten mit deutsch-indischen Projektteams gemacht. Hier stellt ein geeignetes Rahmenwerk ebenfalls praktikable Projektwerkzeuge und Vorgehensmodelle zur Verfügung. Dadurch konnte insbesondere der Dokumentationsaufwand reduziert und damit ebenfalls die Gesamtproduktivität erhöht werden.

Die Erfahrungen aus der Praxis machen deutlich, dass eine Kombination von Modellen und Verfahren in einem Rahmenwerk für Qualitätsmanagement flexibel und skalierbar implementiert werden kann. Bewährt haben sich einfache Drei-Schichten-Modelle. Die vorgestellten Modelle haben gemeinsam, dass ein methodisches Vorgehen und klar definierte Schnittstellenbeschreibungen die Grundlage für ein bedarfsgerechtes QM-System mit hoher Nutzenwirkung bilden. Die Prozessorientierung kann somit aus Unternehmenssicht beibehalten werden, auch wenn im Projektumfeld unter Umständen hiervon abgewichen werden muss. Die Vorteile derartiger Systeme zeigen sich vor allem bei räumlich und kulturell verteilten Projekten sowie Joint Ventures im europäischen und asiatischen Wirtschaftsraum.

Glossar

Chief Information Officer (CIO)
Der Begriff des Chief Information Officer (CIO) wird je nach Verantwortungsbereich und Aufgabengebiet unterschiedlich definiert. Zu den Hauptaufgaben des CIO gehören die Ausrichtung der IT auf die Unternehmensstrategie, der Aufbau und Betrieb geeigneter System- und Kommunikationsarchitekturen sowie die Weiterentwicklung der Informationssysteme. In vielen Unternehmen ist der CIO direkt dem Chief Executive Officer (CEO) unterstellt, seltener ist er Mitglied der Geschäftsleitung.

CobiT
CobiT (Control Objectives for Information and Related Topics) ist ein Referenzmodell für die IT-Governance, das eine Menge von Kontrollzielen für IT-Prozesse definiert. In seiner aktuellen dritten Version identifiziert das Modell 34 IT-Prozesse, die anhand von 318 Kontroll- und Überwachungsrichtlinien bewertet werden. Über Critical Success Factors, Key Performance Indicators und andere Kennzahlen wird dem Bedarf des Managements nach Kontrolle und Messbarkeit der IT Rechnung getragen. Hierdurch kann die IT-Umgebung den von CobiT identifizierten IT-Prozessen gegenübergestellt und beurteilt werden.

Informationsmanagement (IM)
Das Informationsmanagement (IM) ist Teil der Unternehmensführung und für das Erkennen und Umsetzen von IT-Potenzialen verantwortlich. Der Aufgabenbereich beinhaltet insbesondere, betriebliche Zielsetzungen zu erkennen, diese mit den Möglichkeiten der Informationstechnik zu kombinieren und computergestützte Anwendungen sowie organisatorische Lösungen zu entwickeln und zu betreiben. Management im Informationszeitalter impliziert, dass jede Führungskraft IT-Know-how besitzt, um sich mit den Auswirkungen der Informationstechnik auseinander setzen zu können. Während technische Belange in den Hintergrund rücken, stehen der Einsatz und der wirtschaftlich messbare Nutzen der IT im Vordergrund.

Informationssicherheit

Gemäß ISO-IEC-Standard 17799-1 versteht man unter Informationssicherheit drei Aspekte: Der Zugriff auf Informationen erfolgt nur durch autorisierte Personen (Vertraulichkeit). Es wird die Richtigkeit und Vollständigkeit der Informationen und des Verarbeitungsprozesses gewährleistet (Integrität). Die autorisierten Benutzer müssen jederzeit in der Lage sein, auf die Informationen zugreifen zu können (Verfügbarkeit).

IT-Alignment

Unter IT-Alignment wird die Ausrichtung der IT an den Geschäftsaktivitäten verstanden. Der Hauptfokus liegt auf der Implementierung von IT-Lösungen, die bestmöglich die jeweiligen Geschäftsziele und -strategien einer Unternehmung unterstützen. Daneben interessieren auch die unternehmensinternen Stärken und Schwächen sowie die sich ständig wandelnden Umweltbedingungen. In diesem Kontext gilt es, die IT kontinuierlich anzupassen und den Rahmenbedingungen entsprechend auszurichten.

IT-Architektur

Architekturen liefern für alle relevanten Planungsbereiche der IT konkrete, gegenseitig abgestimmte Konzepte bzw. »Bebauungspläne« fachlicher und technischer Art, die zeigen, wie die Strategie realisiert werden soll. Die Organisationsarchitektur beschreibt das organisatorische Konzept und den Ressourcenbedarf für die Nutzung von IT-Ressourcen im gesamten Unternehmen. Die Applikationsarchitektur stellt die Konzeption der fachlichen Lösungen aus Anwendersicht und aus technischer Sicht dar. Die Technologiearchitektur zeigt die Elemente der technischen Basissysteme, die technischen Konzepte, Standards und Produktevorgaben. Die Sicherheitsarchitektur beschreibt die Sicherheitskonzepte über alle Ebenen des IT-Einsatzes hinweg.

IT-Balanced Scorecard

Die IT-Balanced Scorecard ist ein Kennzahlen- und Managementsystem, bei dem eine rein finanzielle Betrachtung der IT im Unternehmen um die Berücksichtigung immaterieller Werte erweitert wird. Dadurch kann die Strategieumsetzung langfristig verfolgt und durch Feedback-Prozesse eine kontinuierliche Verfeinerung und Anpassung der Strategie ermöglicht werden.

IT-Entwicklung

Die IT-Entwicklung konzentriert sich auf den Entwurf und die Entwicklung des Informationssystems. Auf Basis der Ergebnisse und Vorgaben aus der IT-Planung werden Informationssysteme neu entwickelt oder bestehende verändert. Die Umsetzung erfolgt in der Regel in Form eines Projektes. Die IT-Entwicklung umfasst sämtliche Aufgaben von der Erhebung der Anforderungen über die

Kodierung bis zum Test und der Übergabe in den Betrieb. Zur praktischen Umsetzung stehen eine Vielzahl von Prozess- und Vorgehensmodellen zur Verfügung.

IT-Governance
Unter IT-Governance werden Grundsätze, Verfahren und Maßnahmen zusammengefasst, welche möglichst effizient zur Unterstützung und Durchsetzung der Unternehmensstrategien und -ziele beitragen sollen. Als integraler Teil der Unternehmensführung strebt IT-Governance nach einem Alignment zwischen IT und Geschäft, einem verantwortungsvollen Umgang mit IT-Ressourcen und den damit verbundenen Risiken sowie dem Erkennen und Nutzen von IT-inhärenten Wettbewerbsvorteilen für die Unternehmung. Insbesondere das IT Governance Institute beschäftigt sich mit der (Weiter-)Entwicklung von Prinzipien und Standards zur IT-Governance und ist entscheidend an der Entstehung der aktuellen Version des CobiT-Referenzmodells beteiligt.

ITIL
ITIL (Information Technology Infrastructure Library) ist eine herstellerunabhängige Sammlung von Best-Practices für das IT-Servicemanagement. Ausgehend von einer Initiative der britischen Regierung Ende der 80er Jahre wurde das Konzept kontinuierlich durch Vertreter der Praxis weiterentwickelt. Als generisches Referenzmodell für die Planung, Überwachung und Steuerung von IT-Leistungen ist ITIL mittlerweile zum internationalen De-facto-Standard für das IT-Servicemanagement geworden. Dem ITIL-Framework liegen insgesamt 5 Prozessbereiche zugrunde. Ziel ist es, in strategischen, taktischen und operativen Bereichen eine verbesserte Kunden- und Serviceorientierung beim IT-Dienstleister zu gewährleisten.

IT-Planung
Die IT-Planung umfasst den gesamthaften, geschäftsorientierten Blick auf den IT-Einsatz im Unternehmen. Sie entscheidet über Art und Ausmaß der IT-Leistungen in Form bestimmter Softwarelösungen. Konkrete Aufgaben innerhalb der IT-Planung sind beispielsweise die Festlegung der Ziele des Informationsmanagements, die Strategieentwicklung, die Gestaltung der Architektur, die Anwendungs- und Infrastrukturplanung, die Budgetplanung und die Organisationsplanung.

IT-Portfoliomanagement
Das IT-Portfoliomanagement umfasst die Sammlung, vergleichende Bewertung und Entscheidung bezüglich der Durchführung von geplanten IT-Vorhaben, laufenden IT-Projekten sowie bestehenden IT-Anwendungen. Das Ziel besteht darin, das Nutzen-Kosten-Verhältnis der IT im Hinblick auf den Gesamtwert des Unternehmens zu optimieren. Es existiert eine Vielzahl von IT-Portfoliomanagement-Ansätzen, die sich insbesondere durch die verwendeten Bewertungskriterien

sowie die betrachteten Bewertungsobjekte (IT-Vorhaben, IT-Projekte und/oder IT-Anwendungen) unterscheiden.

IT-Produkt
IT-Produkte bilden die Grundlage der Zusammenarbeit zwischen Leistungserbringern und Leistungsabnehmern. Leistungsabnehmer kaufen die von ihnen benötigten IT-Leistungen in Form von IT-Produkten von Leistungserbringern ein. IT-Produkte können auf verschiedenen Stufen definiert werden, die sich vor allem im Grad der Geschäftsorientierung des Produktes voneinander unterscheiden. Vier typische Stufen von IT-Produkten sind ressourcenorientierte Produkte, lösungsorientierte Produkte, prozessorientierte Produkte und geschäftsproduktorientierte Produkte.

IT-Produktion
Zentrale Aufgabe der IT-Produktion ist es, durch Planung, Steuerung und Kontrolle der Produktionsinfrastruktur den reibungslosen Ablauf des Informationssystems zu gewährleisten. Sie ist somit für den eigentlichen Betrieb der Infrastruktur, aber auch für deren Wartung verantwortlich. Die Infrastruktur umfasst Anlagen in Rechenzentren ebenso wie die dezentrale Infrastruktur. Der Benutzersupport, z. B. in Form eines Help Desk, ist ebenfalls Teil der IT-Produktion.

IT-Qualitätsmanagement
Ziel des IT-Qualitätsmanagements ist es, die Qualität der informationstechnologischen Leistungen zu überwachen und zu steuern. Dabei werden konventionelle Qualitätsmanagementkonzepte und -methoden, bekannt aus traditionellen Bereichen der Betriebswirtschaft, auf die IT übertragen.

IT-Servicemanagement
Das IT-Servicemanagement umfasst jene Prinzipien und Verfahren, die der Erstellung und Erbringung von zuverlässigen, kundengerechten IT-Dienstleistungen dienen. Neben der Kundenorientierung zielt das IT-Servicemanagement-Konzept auch auf eine Qualitätsverbesserung und Kostensenkung ab. Diese Ziele ziehen einen Paradigmenwechsel – vom IT-Anwender zum IT-Service-Kunden – nach sich und setzen einen kulturellen Wandel in der Organisation voraus. Es existiert diesbezüglich eine Vielzahl von Ansätzen und Konzepten, von denen insbesondere das Referenzmodell ITIL eine hohe Praxisrelevanz besitzt.

IT-Strategie
Die IT-Strategie definiert die strategische Stoßrichtung der IT-Organisation und stellt somit den Handlungsrahmen für IT-Entscheidungen dar. Dabei findet eine mehr oder weniger starke Orientierung an der Geschäftsstrategie statt (IT-Alignment).

Kostenmanagement

Die Zielsetzung des Kostenmanagements liegt darin, mittels konkreter Maßnahmen die Kosten von Produkten, Ressourcen und Prozessen zu beeinflussen, um eine nachhaltige Verbesserung der Wettbewerbsfähigkeit des Unternehmens zu gewährleisten. Man unterscheidet das operative Kostenmanagement, das auf gegebenen Kapazitäten und Strukturen aufbaut, sowie das strategische Kostenmanagement, das eben diese Kapazitäten und Strukturen zu verändern versucht.

Leistungsabnehmer (LA)

Ein Leistungsabnehmer (LA) kauft IT-Leistungen von Leistungserbringern ein. Innerhalb einer Kunden-Lieferanten-Beziehung nimmt er die Rolle des Kunden ein. Im geschäftlichen Umfeld sind die Leistungsabnehmer typischerweise die Geschäftsbereiche. Diese kaufen IT-Leistungen in Form von IT-Produkten von internen und/oder externen Leistungserbringern ein.

Leistungserbringer (LE)

Ein Leistungserbringer (LE) verkauft und liefert IT-Leistungen an Leistungsabnehmer. Innerhalb einer Kunden-Lieferanten-Beziehung nimmt er die Rolle des Lieferanten ein. Interne Leistungserbringer liefern innerhalb eines Unternehmens IT-Leistungen an interne Leistungsabnehmer. Externe Leistungserbringer bieten ihre Leistungen auf dem freien Markt an. Leistungserbringer können somit beispielsweise IT-Abteilungen, aber auch unabhängige IT-Dienstleister sein. Die IT-Leistungen werden üblicherweise in Form von IT-Produkten verkauft.

Leistungsverrechnung

Bei der Leistungsverrechnung geht es darum, die von der IT gelieferten Leistungen möglichst verursachungsgerecht an die Kunden zu verrechnen. Je nach Inanspruchnahme von Leistungen sollten die Kosten zur Erbringung der Leistungen an die Leistungsabnehmer verrechnet werden.

Outsourcing

Beschaffung einer Leistung oder einer Teilleistung von einem oder mehreren rechtlich selbstständigen, finanziell ab- oder unabhängigen Unternehmen über einen internen oder externen Markt nach Durchlaufen eines formalisierten Ausschreibungsprozesses mit externen und fakultativ internen Anbietern.

Service Level Agreement (SLA)

Service Level Agreements (SLAs) sind Serviceverträge, die zwischen dem IT-Dienstleister und dem Leistungsabnehmer auf der Fachseite geschlossen werden. Inhalte der Service Level Agreements sind neben der zu liefernden IT-Funktionalität auch die zu erfüllenden Leistungsgrade, vereinbarte Strafen und variable Preise in Abhängigkeit vom Mengengerüst. Im Idealfall bestehen für jeden IT-Service umfangreiche SLAs, deren Einhaltung durch Operative Level Agreements (OLA) und Absicherungsverträge innerhalb der IT-Organisation gesichert werden.

Software Performance Engineering (SPE)
Software Performance Engineering (SPE) stellt eine Methode zur Berücksichtigung von zeit- und ressourcenbezogenen Qualitätszielen während der Softwareentwicklung dar. Das Ziel des SPE liegt darin, die Leistung eines Informationssystems im Sinne von Antwortzeit, Durchsatz und fachlichen Prozessdurchlaufzeiten bereits während der Entwicklung einzubeziehen.

Literatur

[Balzert 1998] *Balzert, H.:* Lehrbuch der Software-Technik, Bd. 2: Software-Management, Software-Qualitätssicherung, Unternehmensmodellierung. Spektrum Akademischer Verlag, Heidelberg, Berlin, 1998.

[Balzert 2000] *Balzert, H.:* Lehrbuch der Software-Technik, Bd. 1. 2. Aufl., Spektrum Akademischer Verlag, Heidelberg, 2000.

[Baschin 2001] *Baschin, Anja:* Die Balanced Scorecard für Ihren IT-Bereich: Ein Leitfaden für Aufbau und Einführung. Campus, Frankfurt/Main, 2001.

[Baumöl 1999] *Baumöl, U.:* Target Costing bei der Softwareentwicklung. Eine Controlling-Konzeption und instrumentelle Umsetzung für die Anwendungssoftware. Franz Vahlen, München, 1999.

[Beck 2000] *Beck, K.:* Extreme Programming Explained – Embrace Changes. Addison-Wesley, Reading, 2000.

[Becker et al. 2002] *Becker, J.; Kugeler, M. K.; Rosemann, M.:* Prozessmanagement. 3. Aufl., Springer-Verlag, Berlin, Heidelberg, 2002.

[Benko/McFarlan 2003] *Benko, C. A.; McFarlan, W.:* Connecting the Dots. Aligning Your Project Portfolio With Corporate Objectives. McGraw-Hill, New York, USA, 2003.

[Bernhard 2002] *Bernhard, M. G.:* Wie man ein Balanced-Scorecard-Tableau entwickelt – und in die Management-Prozesse integriert. In: Blomer, R.; Bernhard, M. G. (Hrsg.): Report. Balanced Scorecard in der IT. Praxisbeispiele – Methoden – Umsetzung. Symposion, Düsseldorf, 2002, S. 237–278.

[Bertleff 2001] *Bertleff, C.:* Einführung einer IT-Leistungsverrechnung zur Unterstützung des strategischen IT-Controllings. In: HMD – Praxis der Wirtschaftsinformatik, Heft 217, 2001, S. 57–66.

[Bieger 1998] *Bieger, Th.:* Dienstleistungsmanagement. Paul Haupt Verlag, Bern, 1998.

[Biethahn et al. 2000] *Biethahn, J.; Muksch, W.; Ruf, W.:* Ganzheitliches Informationsmanagement. Oldenbourg, München, 2000.

[Blomer 2002] *Blomer, R.:* Der ganzheitliche IT-Management-Prozess. In: Blomer, R., Bernhard, M. G. (Hrsg.): Report Balanced Scorecard in der IT: Praxisbeispiele – Methoden – Umsetzung. Symposion, Düsseldorf, 2002, S. 21-35.

[BMFB 2000] *BMFB-Studie:* Analyse und Evaluation der Software-Entwicklung in Deutschland. BMFB, Dezember 2000, *http://www.dlr.de/IT/IV/Studien/evasoft_abschlussbericht.pdf*.

[Bode 1993] *Bode, J.:* Betriebliche Produktion von Informationen. Deutscher Universitäts-Verlag, Wiesbaden, 1993.

[Böh 2003] *Böh, Andreas:* Der Einsatz der Balanced Scorecard im Informationsmanagement – Gestaltungsmöglichkeiten bei der Beschreibung der IT-Strategie. Unveröffentlichte Diplomarbeit an der Ludwig-Maximilians-Universität München, München, 2003.

[Boehm et al. 1998] *Boehm, B.; Abts, C.; Chulani, S.:* Software Development Cost Estimation Approaches – A Survey. In: Annals of Software Engineering, Nr. 10 (1998), S. 177–205.

[Borchers 1997] *Borchers, J.:* Erfahrungen mit dem Einsatz einer Reengineering Factory in einem großen Umstellungsprojekt. In: HMD – Theorie und Praxis der Wirtschaftsinformatik, Heft 194, 1997, S. 77–94.

[Bordewisch et al. 2001a] *Bordewisch, R.; Flues, C.; Grabau, R.; Hintelmann, J.; Hirsch, K.; Stewing, F.-J.:* Kapazitätsmanagement gestern & heute. In: Müller-Clostermann, B. (Hrsg.): Kursbuch Kapazitätsmanagement. Institut für Wirtschaftsinformatik, Universität Essen, 2001, S. I-3-I-15.

[Bordewisch et al. 2001b] *Bordewisch, R.; Flues, C.; Grabau, R.; Hintelmann, J.; Hirsch, K.; Stewing, F.-J.:* Werkzeuge. In: Müller-Clostermann, B. (Hrsg.): Kursbuch Kapazitätsmanagement. Institut für Wirtschaftsinformatik, Universität Essen, 2001, S. I-62-I-92.

[Bower/Christensen 1995] *Bower, J. L.; Christensen, C. M.:* Disruption Technologies – Catching the Wave. Harvard Business Review, Jan-Feb. 1995.

[Brenner 1994] *Brenner, W.:* Grundzüge des Informationsmanagement. Springer-Verlag, Berlin, 1994.

[Brenner et al. 2003] *Brenner, W.; Zarnekow, R.; Pörtig, F.:* Entwicklungstendenzen im Informationsmanagement. In: Österle H.; Winter, R. (Hrsg.): Business Engineering. 2. Aufl., Springer-Verlag, Berlin, 2003.

[Britzelmaier 1995] *Britzelmaier, B. J.:* Eine Grundrechnung für einen Profit-Center-Ansatz in der Informationsverarbeitung. In: Herget, J. (Hrsg.): Informationscontrolling. Konstanz, UVK, Schriften zur Informationswissenschaft, 19, 1995, S. 48–73.

[Britzelmaier 1999] *Britzelmaier, B. J.:* Informationsverarbeitungs-Controlling. Teubner, Stuttgart, 1999.

[Brogli 1996] *Brogli, M.:* Steigerung der Performance von Informatikprozessen: Führungsgrößen, Leistungsmessung und Effizienz im IT-Bereich. Vieweg, Braunschweig, Wiesbaden, 1996.

[Broy et al. 2000] *Broy, M.; Ehler, H.; Paech, B.; Rumpe, B.; Thurner, V.:* Software Engineering. Schlüssel zu Prozeßbeherrschung und Informationsmanagement. TCW Report Nr. 24, München, Transfer-Centrum GmbH, 2000.

[Bruckner 2000] *Bruckner, J.:* Innovationsmanagement konsumtiver Dienstleistungen im tertiären Sektor. Diss. Universität St. Gallen, 2000.

[BS 15000-1] BS 15000-1 Specification, British Standard Institute, London, 2003.

[BS 15000-2] BS 15000-2 Code of Practice, British Standard Institute, London, 2003.

[Buss 1983] *Buss, M. D. J.:* How to rank computer projects. In: Harvard Business Review 61(1983)1, S. 118 ff.

[CC 2003] CC GmbH, 2003, http://www.opaira.de.

[CGEY 2003] *Cap Gemini Ernst & Young:* Studie IT-Trends 2003: Wohin geht die Reise. Berlin, 2003.

[Christo/Licht 1974] *Christo, A. F.; Licht, R.:* Rechenzentrum – Produktionsstätte für Informationen. adl-Nachrichten 84/74, S. 32.

[Cockburn 2002] *Cockburn, A.:* Agile Software Development. Addison-Wesley, Reading, 2002.
[Compass 2002] *http://www.compassmc.de* (Abruf am 31.8.2002) und *http://www.informatik-kooperation.de/page/award_d* (Abruf am 31.8.2002).
[Computerzeitung 2003] Outsourcing stößt im Mittelstand sauer auf. In: Computerzeitung, Ausgabe 38 (2003), S. 1.
[Corsten 1994] *Corsten, H.:* Produktionswirtschaft: Einführung in das industrielle Produktionsmanagement. 4. Aufl., Oldenbourg, München, Wien, 1994.
[COSMIC 2001] *COSMIC:* COSMIC FFP Measurement Manual, version 2.1, Université du Québec à Montreal, 2001.
[David et al. 2002] *David, J. S.; Schuff, D.; St. Louis, R.:* Managing your IT Total Cost of Ownership. In: Communications of the ACM, Vol. 45, Nr. 1, S. 101–106.
[Devaraj/Kohli 2002] *Devaraj, S.; Kohli, R.:* The IT Payoff. Financial Times/Prentice Hall, Englewood Cliffs, USA, 2002.
[Dibbern/Heinzl 2002] *Dibbern, J.; Heinzl, A.:* Outsourcing of Information Systems in Small and Medium Sized Enterprises: A Test of a Multi-Theoretical Causal Model. In: Hirschheim, R.; Heinzl, A.; Dibbern, J. (Hrsg.): Information Systems Outsourcing. Enduring Themes, Emergent Patterns and Future Directions. Springer-Verlag, Berlin, Heidelberg, 2002.
[Dibbern et al. 2001] *Dibbern, J.; Güttler, W.; Heinzl, A.:* Die Theorie der Unternehmung als Erklärungsansatz für das selektive Outsourcing der Informationsverarbeitung. Entwicklung eines theoretischen Bezugsrahmens. In: ZfB – Zeitschrift für Betriebswirtschaft, 71. Jg. (2001), H. 6, S. 675–700.
[Dietrich 2004] *Dietrich, J.:* Entwicklung kundenunterstützender industrieller Dienstleistungen. Diss. Universität St. Gallen, 2004.
[Dirlewanger 1992] *Dirlewanger, W.:* RZ-Automation in der zentralen und in der dezentralen DV. In: DV-Management, Heft 3, 1992, S. 108–115.
[Dobschütz 2000] *von Dobschütz, L.:* Wirtschaftlicher IV-Einsatz durch Leistungsabrechnung in: von Dobschütz, L.; Barth, M.; Jöger-Goy, H.; Kütz, M.; Möller, H.-P. (Hrsg.): IV-Controlling. Gabler, Wiesbaden, 2000, S. 539–549.
[Dumke 2003] *Dumke, R.:* Softwarequalitätsmanagement. Otto-von-Guericke-Universität Magdeburg, Fakultät für Informatik, IVS, AG Softwaretechnik, *http://ivs.cs.uni-magdeburg.de/~dumke/ST2/ST2Prozess.html*, Oktober 2003.
[Dumke et al. 1998] *Dumke, R.; Foltin, E.; Schmietendorf, A.:* Kausalitätsprobleme bei der Aufwandsschätzung in der Softwareentwicklung und -wartung. Preprint 13/1998 der Fakultät Informatik, Otto-von-Guericke-Universität Magdeburg, 1998.
[Dunst 1979] *Dunst, Klaus H.:* Portfolio Management: Konzeption für die strategische Unternehmensplanung. de Gruyter, Berlin et al., 1979.
[Ebert 1999] *Ebert, C.:* Technical Controlling and Software Process Improvement. Journal of Systems and Software, Vol. 46, 1999, S. 25–39.
[Ebert/DeNeve 2001] *Ebert, C.; DeNeve, P.:* Surviving Global Software Development. IEEE Software, Vol. 18, No. 2, Apr. 2001, S. 62–69.
[Ebert et al. 2003] *Ebert, C.; DeMan, J.; Schelenz, F.:* e-R&D: Effectively Managing and Using R&D Knowledge. In: Aurum, A. et al. (Hrsg.): Managing Software Engineering Knowledge. Springer-Verlag, Berlin, 2003, S. 339–359.

[Edvinsson/Malone 1997] *Edvinsson, L.; Malone, M.:* Intelligence Capital – Realizing your company's true value by finding its hidden brainpower. Harper Business, 1997.

[Eversheim 1990] *Eversheim, W.:* Organisation in der Produktionstechnik. Vol. 1, 2. Aufl., VDI-Verlag, Düsseldorf, 1990.

[Eversheim/Schuh 1996] *Eversheim, W.; Schuh, G.:* Betriebshütte: Produktion und Management. Teil 2, 7. Aufl., Springer-Verlag, Berlin et al., 1996.

[Fischer 1999] *Fischer, Claus-Dieter:* Informationsmanagement im Wandel: Praxisorientierte Lösungsansätze und Managementmodelle zur Bewältigung von Veränderungen im Informationsmanagement. Lang, Frankfurt/Main, Berlin, Bern, New York, Paris, Wien, 1999.

[Frank 1996] *Frank, L.:* Planung und Betrieb von Rechensystemen: Quantitative Methoden des System-Managements. VDE-Verlag, Berlin, Offenbach, 1996.

[Friedag/Schmidt 2002] *Friedag, H. R.; Schmidt, W.:* Balanced scorecard: mehr als ein Kennzahlensystem. 4. Aufl., Haufe, Freiburg i. Br. et al., 2002.

[Fürer 1994] *Fürer, P.:* Prozesse und EDV-Kostenverrechnung – Die prozessbasierte Verrechnungskonzeption für Bankrechenzentren. Dissertation, Universität St. Gallen, 1994.

[Gartner 2002] *Gartner Research:* Enterprise Architecture and IT 'City Planning'. London, 2002.

[Gartner Group 1990] *Gartner Group:* The Software Engineering Strategies Scenario. CA, USA, 1990.

[Gerlinger et al. 2000] *Gerlinger, A.; Buresch, A.; Krcmar, H.:* Prozessorientierte IV-Leistungsverrechnung – Der Weg zur totalen Transparenz? In: Krcmar, H.; Buresch, A.; Reb, M. (Hrsg.): IV-Controlling auf dem Prüfstand. Gabler, Wiesbaden, 2000, S. 105–134.

[Gilles 2002] *Gilles, Michael:* Balanced Scorecard als Konzept zur strategischen Steuerung von Unternehmen. Europäischer Verlag der Wissenschaften, Frankfurt/Main u.a., 2002.

[Gold 2002] *Gold, R.:* Enabling the Strategy-Focused IT Organization with the Balanced Scorecard. In: BSC Collaborative – Online Net Conference, 2002, http://www.bscol.com/bsc_online/netconferences/archive/index.cfm?id=95FA10AD-5849-4D54-B0 4C4F20939ADBB2 (Abruf am 02.09.2003)

[Goles 2003] *Goles, T.:* Vendor capabilities and outsourcing success: A resource-based view. In: Wirtschaftsinformatik 45 (2003) 2, S. 199–206.

[Görtz/Stolp 1999] *Görtz, H.; Stolp, J.:* Informationssicherheit in Unternehmen – Sicherheitskonzepte und -lösungen in der Praxis. Addison-Wesley, München, 1999.

[Gora/Krampert 2002] *Gora, W.; Krampert, T.:* Handbuch IT-Sicherheit – Strategien, Grundlagen und Projekte. Addison-Wesley, München, 2002.

[Graef/Greiller 1975] *Graef, M.; Greiller, R.:* Organisation und Betrieb eines Rechenzentrums. 1. Aufl., Forkel-Verlag, Stuttgart, Wiesbaden, 1975.

[Graeser et al. 1998] *Graeser, V.; Willcocks, L.; Pisanias, N.:* Developing the IT scorecard. Business Intelligence, London, 1998.

[Grembergen/Bruggen 1997] *Grembergen, W. V.; Bruggen, R. V.:* Measuring and improving corporate information technology through the balanced scorecard technique. In: Proceedings of the 4th European Conference on the Evaluation of Information technology. Delft, 1997, S. 163-171.

[Guptill et al. 1998] *Guptill, B.; Stewart, B.; Marcoccio, L.; Potter, K.; Claps, C.*: 1998 IT spending and staffing survey results. Strategic Analysis Report, 01 April 1999, Gartner Group.

[Hammer/Champy 1993] *Hammer, M.; Champy, J.*: Reengineering the Corporation: A Manifest for Business Revolution. Harper Business, New York, 1993.

[Heinrich 2002] *Heinrich, L. J.*: Informationsmanagement. Planung, Überwachung und Steuerung der Informationsinfrastruktur, 7. Aufl., Oldenbourg, München, Wien, 2002.

[Herrmann 1990] *Herrmann, O.*: Verfahren der Aufwandsschätzung bei der Entwicklung von Anwendungssystemen. In: Kurbel, K.; Strunz, H. (Hrsg.): Handbuch der Wirtschaftsinformatik. Poeschel, Stuttgart, 1990.

[Herzwurm et al. 1997] *Herzwurm, G.; Schockert, S.; Mellis, W.*: Qualitätssoftware durch Kundenorientierung: Die Methode Quality Function Deployment (QFD): Grundlagen, Praxis und SAP R/3 Fallbeispiel. Vieweg, Braunschweig, 1997.

[Hirschheim 2003] Interview mit Hirschheim, R.: Perceptions on information systems outsourcing. In: Wirtschaftsinformatik 45 (2003) 2, S. 111–114.

[Hirschheim/Dibbern 2002] *Hirschheim, R.; Dibbern, J.*: Information Systems Outsourcing in the New Economy – An Introduction. In: Hirschheim, R.; Heinzl, A.; Dibbern, J. (Hrsg.): Information Systems Outsourcing. Enduring Themes, Emergent Patterns and Future Directions. Springer-Verlag, Berlin, Heidelberg, 2002.

[Hirschheim/Lacity 2000] *Hirschheim, R.; Lacity, M.*: The Myths and Realities of Information Technology Insourcing. In: Communications of the ACM, 43. Jg., H. 2 (Februar 2000), S. 99–107.

[Hitt/Brynjolfsson 1995] *Hitt, L.; Brynjolfsson, E.*: Productivity, Business Profitability, and Consumer Surplus: Three Different Measures of Information Technology Value. MIS Quarterly, Vol. 20, 1995, S. 121–142.

[Hofmann 1996] *Hofmann, O. M.*: Gestaltung der Bankproduktion nach industriellen Erkenntnissen: Eine Untersuchung unter besonderer Berücksichtigung des Effektenbereichs. Diss. Universität St. Gallen, 1996.

[Holst/Holst 1998] *Holst, H.; Holst, J.*: IT-Produkt- und Klientenmanagement. In: Information Management, Nr. 2, 1998, S. 56–65.

[Hopfer/Schmietendorf 2001] *Hopfer, R.; Schmietendorf, A.*: Übersicht zu Benchmarks und deren Möglichkeiten im Umfeld des Software Performance Engineering. In: Proc. zum 2. Workshop Performance Engineering in der Softwareentwicklung (PE2001), Universität der Bundeswehr, München, 26. April, 2001, S. 71–84.

[HP 2000] *Hewlett-Packard*: The HP IT Service Management Reference Model, HP, 2000, *http://www.hp.com/hps/itsm/index.htm* (Abruf am 06.03.2003).

[IBM 1988] *IBM Corp.*: Information Systems Management – Management der Informationsverarbeitung, 1988.

[IBM 2000] *IBM Corp.*: IBM IT Process Model White Paper, Managing information technology in a new age, IBM, 2000, *http://www.ibm.com/services/whitepapers/* (Abruf am 06.03.2003).

[ISACA 2001] *Information Systems Audit and Control Association*: Control Objectives for Information and Related Technology (CobiT), 3rd ed., *http://www.isaca.org/cobit.htm* (Abruf am 06.03.2003).

[ISO/IEC 14143 1997] *ISO/IEC 14143:* Software Engineering – Software Measurement – Functional Size Measurement – Part I: Definition of Concepts, 1997.

[ISO/IEC 2000] *ISO/IEC (Hrsg.):* Information Technology – Code of practice for information security management. Genf, 2000.

[Jahn et al. 2002] *Jahn, H. C.; Meyer, T. D.; al-Ani, A.; Ackermann, W.; Bechmann, T.; El Hage, B.:* Informationstechnologie als Wettbewerbsfaktor. Studie Accenture und Universität St. Gallen, 2002.

[Jaschinski 1998] *Jaschinski, Ch.:* Qualitätsorientiertes Redesign von Dienstleistungen. Shaker, Aachen, 1998.

[Johnson/Kaplan 1987] *Johnson, Th. H.; Kaplan, R. S.:* Relevance lost: the rise and fall of management accounting. Harvard Business School Press, Boston, 1987.

[Kaplan 2001] *Kaplan, R. S.:* Die strategiefokussierte Organisation: Führen mit der Balanced Scorecard. Schäffer-Poeschel, Stuttgart, 2001.

[Kaplan/Norton 1993] *Kaplan, R. S.; Norton, D.:* Putting the Balanced Scorecard to Work. Harvard Business Review. Sep/Oct 1993.

[Kaplan/Norton 1998] *Kaplan, R. S.; Norton, D. P.:* Balanced scorecard: Strategien erfolgreich umsetzen. Schäffer-Poeschel, Stuttgart, 1998.

[Karolak 1996] *Karolak, D. W.:* Software engineering risk management. IEEE Computer Society Press, Los Alamitos, California, et al., 1996.

[Kern 1992] *Kern, W.:* Industrielle Produktionswirtschaft. 5. Aufl., Schäffer-Poeschel, Stuttgart, 1992.

[Klein 2002] *Klein, H. K.:* On the Theoretical Foundations of Current Outsourcing Research. In: Hirschheim, R.; Heinzl, A.; Dibbern, J. (Hrsg.): Information Systems Outsourcing. Enduring Themes, Emergent Patterns and Future Directions. Springer-Verlag, Berlin, Heidelberg, 2002.

[Klingebiel 1999] *Klingebiel, N.:* Performance measurement: Grundlagen, Ansätze, Fallstudien. Gabler, Wiesbaden, 1999.

[Knolmayer et al. 2003] *Knolmayer, G.; Heinzl, A.; Hirschheim, R.:* Outsourcing der Informationsverarbeitung. Aktuelle Entwicklungen, neue Ergebnisse. In: Wirtschaftsinformatik 45 (2003) 2, S. 105–106.

[Kotler 2002] *Kotler, Ph.:* Marketing Management. 11. Aufl., Prentice Hall, 2002.

[Krcmar 1996] *Krcmar, H.:* Informationsproduktion. In: Kern, W.; Schröder, H.-H.; Weber, J. (Hrsg.): Handwörterbuch der Produktionswirtschaft. 2. Aufl., Schäffer-Poeschel, Stuttgart, 1996, Sp. 717–728.

[Krcmar 2002] *Krcmar, H.:* Informationsmanagement. 3. Aufl., Springer-Verlag, Berlin, 2002.

[Kurzweil 1999] *Kurzweil, R.:* Brave New World: the evolution of mind in the twenty-first century. Article for WIRED Magazine discussion group, 2. October 1999.

[Kütz 2003] *Kütz, Martin:* Kennzahlen in der IT. Werkzeuge für Controlling und Management. 1. Aufl., dpunkt.verlag, Heidelberg, 2003.

[Kuvaja 1994] *Kuvaja, P.:* Software process assessment and improvement: the BOOTSTRAP approach. Blackwell Business, Oxford, 1994.

[Lacity/Willocks 2001] *Lacity, M.; Willocks, L.:* Global Information Technology Outsourcing. In: Search of Business Advantage (2001).

[Lacity/Willocks 2003] *Lacity, M.; Willocks, L.:* IT sourcing reflections. Lessons for customers and suppliers. In: Wirtschaftsinformatik 45 (2003) 2, S. 115–125.
[Lamberti 2002] *Lamberti, H.-J.:* Herausforderungen an die IT in einem globalen Finanzdienstleister. Gastvortrag an der Universität St. Gallen, 5. November 2002.
[Lawes 2003] *Lawes, A.:* IT Service Management Tagung. Swiss ICT & itSMF, Zürich, 2003.
[Lebrecht 1991] *Lebrecht, A.:* Die Anwendung des CIM-Konzeptes auf den DV-Betrieb, dargestellt am Beispiel der Produktionsplanung und -steuerung. In: Schwichtenberg, G. (Hrsg.): Organisation und Betrieb von Informationssystemen. Springer-Verlag, Berlin, Heidelberg, 1991, S. 167–189.
[Lother/Dumke 2001] *Lother, M.; Dumke, R.:* Points Metrics –Comparison and Analysis. In: Dumke, R.; Abran, A: Current Trends in Software Measurement. Proc. IWSM01, Shaker, Aachen, 2001.
[Mai 1996] *Mai, J.:* Konzeption einer controllinggerechten Kosten- und Leistungsrechnung für Rechenzentren. Lang, Frankfurt/Main, 1996.
[Malorny 1996] *Malorny, C.:* TQM umsetzen: Der Weg zur Business Excelence. Schäffer-Poeschel, Stuttgart, 1996.
[Martin 1990] *Martin, J.:* Information engineering, Book I-III. Prentice Hall, Englewood Cliffs, NJ, 1989–1990.
[Martinsons et al. 1999] *Martinsons, M.; Davison, R.; Tse, D.:* The balanced scorecard: a foundation for the strategic management of information systems. In: Decision Support Systems 25 (1999) 1, S. 71–88.
[Matiaske/Mellewigt 2002] *Matiaske, W.; Mellewigt, T.:* Motive, Erfolge und Risiken des Outsourcings – Befunde und Defizite der empirischen Outsourcing-Forschung. In: ZfB – Zeitschrift für Betriebswirtschaft, 72. Jg. (2002), H. 6, S. 641–659.
[Mayer 1998] *Mayer, R.:* Kapazitätskostenrechnung: Neukonzeption einer kapazitäts- und prozessorientierten Kostenrechnung. Franz Vahlen, München, 1998.
[McIvor 2003] *McIvor, R.:* Outsourcing. In: Campus Management (2003), Sektion Best Practice, S. 290–293.
[McKeen/Smith 2003] *McKeen, J. D.; Smith, H. A.:* IT-sourcing: Build, Buy, or Market. In: McKeen, J. D.; Smith, H. A.: Making IT Happen. Critical Issues in IT Management. Wiley Series in Information Systems (2003), S. 215–231.
[McKinsey 2003] *McKinsey:* What CEOs really think about IT. McKinsey und Le Club informatique des grandes entreprises françaises (Cigref). Befragung von CEOs und CIOs von über 70 führenden französischen Firmen. McKinsey Quarterly, Paris, 2003.
[Mellis/Stelzer 1999] *Mellis, W.; Stelzer, D.:* Das Rätsel des prozessorientierten Softwarequalitätsmanagement. In: Wirtschaftsinformatik 41 (1999) 1, S. 31–39.
[Menasce/Almeida 1998] *Menasce, D. A.; Almeida, V. A. F.:* Capacity Planning For Web Performance. Prentice Hall, Upper Saddle River, NJ, 1998.
[Meta Group 2002a] *Meta Group:* The Business of IT Portfolio-Management: Balancing Risk, Innovation and ROI, White Paper. Jan. 2002.
[Meta Group 2002b] *Meta Group:* Worldwide IT Trends & Benchmark Report 2002. Detailed IT spending summary, 2002.

[Microsoft 2001] *Microsoft Corporation:* Microsoft Operations Framework (MOF) Boosts Cox Communication Inc.'s Efficiency, *http://www.microsoft.com/resources/ casestudies/ShowFile.asp?FileResourceID=462* (Abruf am 30.04.2003).

[Miller/Ebert 2002] *Miller, A.; Ebert, C.:* Software Engineering as a Business. Guest Editor Introduction for Special Issue. IEEE Software, Vol. 19, No. 6, Nov. 2002, S. 18–20.

[Moll 1994] *Moll, K.-R.:* Informatik-Management – Aufgabengebiete, Lösungswege, Controlling. Springer-Verlag, Berlin, 1994.

[Müller-Clostermann/Vilents 2001] *Müller-Clostermann, B.; Vilents, M.:* Modellexperimente mit VITO. In: Müller-Clostermann, B. (Hrsg.): Kursbuch Kapazitätsmanagement. Institut für Wirtschaftsinformatik, Universität Essen, 2001.

[Nagel 1990] *Nagel, K.:* Nutzen der Informationsverarbeitung: Methoden zur Bewertung von strategischen Wettbewerbsvorteilen, Produktivitätsverbesserungen und Kosteneinsparungen. Oldenbourg, München et al., 1990.

[Österle 1987] *Österle, H.:* Erfolgsfaktor Informatik – Umsetzung der Informationstechnik in Unternehmensführung. In: Information Management, 2 (1987) 3, S. 24 ff.

[Österle et al. 1991] *Österle, H.; Brenner, W.; Hilbers, K.:* Unternehmensführung und Informationssystem: Der Ansatz des St. Galler Informationssystem-Managements. Teubner, Stuttgart, 1991.

[Österle et al. 1992] *Österle, H.; Brenner, W.; Hilbers, K.:* Unternehmensführung und Informationssystem: Der Ansatz des St. Galler Informationssystem-Managements. Teubner, Stuttgart, 1992.

[Österle et al. 1995] *Österle, H.; Brenner, C.; Gassner, C.; Gutzwiller, T.; Hess, T.:* Business Engineering: Prozess- und Systementwicklung. 1. Aufl., Springer-Verlag, Berlin et al., 1995.

[OGC 2000-2003] *Office of Government Commerce:* IT Infrastructure Library. The Stationary Office, London.

[PAC 2002] *o.V.:* Software and IT Services Industry. Studie zu Software und IT Services Deutschland 2002, Pierre Audoin Conseil (PAC), 2002.

[Parker et al. 1989] *Parker, M.; Trainor, E.; Benson, R.:* Information Strategy and Economics – Linking Information Systems Strategy to Business Performance. Prentice Hall, Englewood Cliffs, 1989.

[Paulk et al. 1995] *Paulk, M. C. et al.:* The Capability Maturity Model: Guidelines for Improving the Software Process. Addison-Wesley, Reading, MA, 1995.

[PD 0005] *PD 0005:* IT Service Management: A Managers Guide. 3rd ed., British Standard Institute, London, 2003.

[Pira 1999] *Pira, A.:* Total Quality Management im Spitalbereich auf der Basis des EFQM-Modells. Diss. ETH Zürich, 1999.

[Porter 1992] *Porter, M. E.:* Wettbewerbsvorteile (Competitive Advantage). Spitzenleistungen erreichen und behaupten. Campus, Frankfurt/Main, 1992.

[Puchan 1991] *Puchan, J.:* The Information System Portfolio. In: Actes du 3ème Congrés International. Le Génie Industriel, Tours (F), hrsg. von D. Pourcel, Tours, 1991, S. 1285–1295.

[Reifer 2002] *Reifer, D. J.:* Making the Software Business Case. Addison Wesley Longman, Reading, USA, 2002.

[Remenyi et al. 2000] *Remenyi, D.; Money, A.; Sherwood-Smith, M.:* The Effective Measurement and Management of IT Costs and Benefits. 2nd ed., Butterworth Heinemann, London, UK, August 2000.

[Reo 2003] *Reo, D. A.:* The Balanced IT Scorecard – Quality of Strategy Vs. Strategy Execution. In: 2003, *http://www.aqa.es/doc/Cuadro%20de%20Mandos/Articulo%20de%20Estrategia.pdf* (Abruf am 08.09.2003).

[Röder 2001] *Röder, A.:* Rechenzentren optimieren Best Optimizer. In: IT Management, Heft 6, 2001, S. 76–79.

[Rosemann 2001] *Rosemann, M.:* Evaluating the Management of Enterprise Systems with the Balanced Scorecard. In: Van Grembergen, W. (Hrsg.): Information Technology Evaluation Methods and Management. Hershey, PA, 2001, S.171–184.

[Rossbach/Locarek-Junge 2002] *Rossbach, P.; Locarek-Junge, H. (Hrsg.):* IT-Sicherheitsmanagement in Banken. Bankakademie-Verlag, Frankfurt/Main, 2002.

[SCC 2003] *Supply-Chain Council:* Supply-Chain Operations Reference-model: Overview Version 6.0. Supply-Chain Council Inc., Pittsburgh, 2003.

[Scheer 1989] *Scheer, A.-W.:* CIM Computer Integrated Manufacturing. Der computergesteuerte Industriebetrieb. Springer-Verlag, Berlin-Heidelberg, 1989.

[Schmietendorf 1998] *Schmietendorf, A.:* Verwendung von Schätzverfahren zur Systemdimensionierung. MMB – Mitteilungen 33/1998 der GI-Fachgruppe 3.2.1, 1998.

[Schmietendorf/Dumke 2003] *Schmietendorf, A.; Dumke, R. (Hrsg.):* Tagungsband zum 4. Workshop Performance Engineering in der Softwareentwicklung (PE 2003), Otto-von-Guericke-Universität Magdeburg, Juni 2003.

[Schönsleben 2001] Schönsleben, P.: Integrales Informationsmanagement. Informationssysteme für Geschäftsprozesse; Management, Modellierung, Lebenszyklus und Technologie. 2. überarb. und erw. Aufl., Springer-Verlag, Berlin, Heidelberg, New York et al., 2001.

[Schönwälder 1997] *Schönwälder, S.:* Portfoliomanagement für betriebliche Informationssysteme: Ein computergestützter Ansatz zur partizipativen Einführung und Gestaltung. DUV, Wiesbaden, 1997.

[Schütte 1998] *Schütte, R.:* Grundsätze ordnungsmäßiger Referenzmodellierung. Gabler, Wiesbaden, 1998.

[Schumann 1992] *Schumann, M.:* Betriebliche Nutzeffekte und Strategiebeiträge der großintegrierten Informationsverarbeitung. Springer-Verlag, Berlin, 1992.

[Schwarz/Axer 2003] *Schwarz, G.; Axer, D.:* Praxis-Studie zum Thema »Kostenmanagement & Controlling«. Deloitte & Touche (September 2003), Quelle: *http://www.deloitte.com/dtt/cda/doc/content/Kostenmanagement-Studie(2).pdf* (Abruf am 10. 10. 03).

[Schweitzer 1994] *Schweitzer, M.:* Industriebetriebslehre. 2. Aufl., Franz Vahlen, München, 1994.

[Seibt 1990] *Seibt, D.:* Informationsmanagement und Controlling. In: Wirtschaftsinformatik 32(1990)2, S. 116 – 126.

[Shaw 2001] *Shaw, M.:* IT best practices. Network World Management Strategies Newsletter, 11/07/01.

[SIP-Bund 2003] SIP-Methodik Bund – Übersicht über die Methodik der strategischen Informatikplanung, *http://www.nove-it.admin.ch/d/vorgaben/informatikstrategie.php* (Abruf am 16.06.2003).

[Teubner/Klein 2002] Teubner, A.; Klein, S.: Informationsmanagement – Vergleichende Buchbesprechung. In: Wirtschaftsinformatik 44 (2002) 3, S. 285–299.

[Thaller 1998] *Thaller, G. E.*: SPICE – ISO 9001 und Software der Zukunft. BHV, Kaarst, 1998.

[The CIO newsletter] The CIO newsletter, *www.cio.com/research/itvalue/cases.html*.

[The International Quality & Productivity Center] *http://www.iqpc.com/*.

[Thiel 2002] *Thiel, W.*: IT-Strategien zur aktuellen Marktlage. The Boston Consulting Group, 8. Handelsblatt-Tagung Strategisches IT-Management, Bonn, 29. Januar 2002.

[Toivonen 2002] *Toivonen, H.*: Defining Measures for Memory Efficiency of the Software in Mobile Terminals. Proc. of the 12th International Workshop on Software Measurement, Oct 7–9, 2002, Shaker, Magdeburg, Aachen, 2002

[Treacy/Wiersema 1995] *Treacy, M.; Wiersema, F.*: The discipline of market leaders: choose your customers, narrow your focus, dominate your market. Reading, Mass., et al., 1995.

[van Bon 2002] *van Bon, J.*: The guide to IT Service Management. Volume 1, Addison-Wesley, Great Britain, 2002.

[Vossbein 2003] *Vossbein, R.*: Aspekte des IT-Sicherheitsmanagements in Banken – Strategieentwicklung, Notfallmanagement, Auditierung, *http://www.secure2003.de/artikel/Vossbein.pdf* (Abruf am 05.06.2003).

[Wallmüller 1996] *Wallmüller, E.*: Qualitätsmanagement in der Informationsverarbeitung. In: Wirtschaftsinformatik 38 (1996) 2, S. 137–146.

[Wallmüller 2001] *Wallmüller, E.*: Software-Qualitätsmanagement in der Praxis. Carl Hanser, München, 2001.

[Wanner 2003] *Wanner, C.*: Deutsche Bank gibt Einkauf an Accenture. In: Financial Times Deutschland (28. Oktober 2003), S. 19.

[Ward/Peppard 2002] *Ward, J.; Peppard, J.*: Strategic Planning for Information Systems. 3. Aufl., 2002, Wiley Series in Information Systems, S. 563–576.

[Weill/Broadbent 1998] *Weill, P.; Broadbent, M.*: Leveraging the new infrastructure. Harvad Business School Press, Boston, 1998.

[Weill/Woodham 2002] *Weill, P.; Woodham, R.*: Don't just lead, govern: Implementing effective IT governance. CISR Working Paper No. 236, Sloan School of Management, Cambridge, 2002.

[Wollnik 1988] *Wollnik, M.*: Ein Referenzmodell des Informations-Managements. In: Information Management, Nr. 3, Vol. 3 (1988), S. 34–43.

[Womack/Jones 1996] *Womack, J. P.; Jones, D. T.*: Lean Thinking. Simon and Schuster, New York, 1996.

[Womack et al. 1992] *Womack, J. P.; Jones, D. R.; Roos, D.*: Die zweite Revolution in der Autoindustrie. Konsequenzen aus der weltweiten Studie aus dem Massachusetts Institute of Technology, Dt. Übers. von Wilfried Hof., Hrsg. von E. C. Stotko, 5. Aufl., Campus Verlag, Frankfurt/Main, New York, 1992.

[Yoshikawa et al. 1990] *Yoshikawa, T.; Innes, J.; Mitchell, F.: Cost tables:* A foundation of Japanese Cost Management, in: Journal of Cost Management, Vol. 4, Fall, 1990, S. 30–36

[Zäpfel 1978] *Zäpfel, G.:* Überlegungen zum Inhalt des Fachs »Produktionswirtschaftslehre« gezeigt an einem punktuellen Vergleich Industrie- und Krankenhausbetrieb. In: DBW, 38 (3), 1978, S. 403–420.

[Zäpfel 1982] *Zäpfel, G.:* Produktionswirtschaft: Operatives Produktions-Management. de Gruyter, Berlin, New York, 1982.

[Zäpfel 1996] *Zäpfel, G.:* Grundzüge des Produktions- und Logistikmanagement. de Gruyter, Berlin, New York, 1996.

[Zarnekow/Brenner 2003] *Zarnekow, R.; Brenner, W.:* Konzepte für ein produktorientiertes Informationsmanagement. In: Proc. 6. Internationale Tagung Wirtschaftsinformatik in Dresden (WI2003), Physica-Verlag, Heidelberg, 2003.

[Zarnekow et al. 2003] *Zarnekow, R.; Brenner, W.; Scheeg, J.:* Untersuchung der Lebenszykluskosten von IT-Anwendungen. Arbeitsbericht, Competence Center Integrated Information Management, Institut für Wirtschaftsinformatik, Universität St. Gallen, 2003.

[Zee 1996] *Zee, H. T. M. van der:* In search of the value of information technology. 1996.

[Zerbst 2000] *Zerbst, M.:* Total Productive Maintenance: Strategische Instandhaltung mobiler Anlagen. Deutscher Universitäts-Verlag, Wiesbaden, 2000.

[Zilahi-Szabó 1988] *Zilahi-Szabó, M.:* Leistungs- und Kostenrechnung für Rechenzentren. Forkel-Verlag, Wiesbaden, 1988.

Autoren

Andreas Böh, andreas.boeh@onlinehome.de

Prof. Dr. Walter Brenner, Universität St. Gallen, Institut für Wirtschaftsinformatik, Geschäftsführender Direktor, walter.brenner@unisg.ch

Hans Brunner, Eidgenössisches Justiz- und Polizeidepartement (EJPD), CIO, hans.brunner@gs-ejpd.admin.ch

Beat Bütikofer, Swisscom IT Services, Leiter Division Data Center Services, beat.buetikofer@swisscom.com

Dieter Buller, T-Systems CDS, Teamleiter, dieter.buller@t-systems.de

Prof. Dr. Reiner Dumke, Universität Magdeburg, Fakultät Informatik, Institut für verteilte Systeme, dumke@ivs.cs.uni-magdeburg.de

Christof Ebert, Alcatel, CTO, Director Software Coordination and Process Improvement, christof.ebert@alcatel.com

Lars Erdmann, ESPRiT Unternehmensberatung, lars.erdmann@esprit-consulting.ch

Prof. Dr. Elgar Fleisch, Universität St. Gallen, Institut für Technologiemanagement, Direktor, elgar.fleisch@unisg.ch

Dr. Thomas Friedli, Universität St. Gallen, Institut für Technologiemanagement, Projektleiter, thomas.friedli@unisg.ch

Karl Gasser, Eidgenössisches Justiz- und Polizeidepartement (EJPD), Integrationsmanager, karl.gasser@gs-ejpd.admin.ch

Helmut H. Grohmann, Deutsche Bahn, Konzern CIO, helmut.h.grohmann @bku.db.de

Axel Hochstein, Universität St. Gallen, Institut für Wirtschaftsinformatik, Wissenschaftlicher Mitarbeiter, axel.hochstein@unisg.ch

Jaroslav Hulvej, Universität St. Gallen, Institut für Technologiemanagement, Wissenschaftlicher Mitarbeiter, jaroslav.hulvej@unisg.ch

Autoren

Dr. Andreas Hunziker, Information Management Group, Senior Vice President, andreas@hunziker-online.ch

Thorsten Krause, T-Systems CDS, Servicemanager, thorsten.krause@t-systems.com

Wilhelm Külzer, Deutsche Telekom, T-Com, wilhelm.kuelzer@telekom.de

Dr. Matthias Meyer, Ludwig-Maximilians-Universität München, Institut für Unternehmensentwicklung und Organisation, matthias.meyer@bwl.uni-muenchen.de

Volker Müller, DaimlerChrysler, volker.mueller@daimlerchrysler.com

Dr. Hans-Peter Nägeli, UBS, IT Architecture & Business Support, hans-peter.naegeli@ubs.com

Uwe Pilgram, T-Systems CDS, Leiter Business Development, uwe.pilgram@t-systems.com

Fritz Pörtig, ITMC, Geschäftsführender Partner, poertig@itmc.ch

Jochen Scheeg, Deutsche Telekom, Billing Services, Leiter Business Development, jochen.scheeg@telekom.de

Dr. Andreas Schmietendorf, T-Systems, Entwicklungszentrum Berlin, Competence Manager, andreas.schmietendorf@t-systems.com

Holger von Jouanne-Diedrich, Deutsche Bahn Reise & Touristik, holger.von-jouanne-diedr@bahn.de

Dr. Martin Waters, KfW-Bankengruppe, ID01 IT-Steuerung, Planung, Strategie, martin.waters@kfw.de

Dr. Björn Wolle, Case Consult, Leiter Produktentwicklung und Marketing, bjoern.wolle@caseconsult.com

Dr. Rüdiger Zarnekow, Universität St. Gallen, Institut für Wirtschaftsinformatik, Projektleiter, ruediger.zarnekow@unisg.ch

Index

A

Access-Control-Funktion 246
Access-Control-System 244
Adaptive Software Development 256
Alignment 113
Allianz 119
Analogie 180
Analogiemethode 192
Anfügung von Informationen 181
Angebots-Produktportfolio 53
Antwortzeitverhalten 171
Anwender 96
Anwendung 100
Anwendungssystem 188
Application Outsourcing 130
Application Scorecard (ASC) 76, 79
Application Service Provider (ASP) 130
Applikation 77
Applikationsarchitektur 62
Architektur bzw. Architekturdesign 231
Asset-Management 12
Audit 244
Aufwandsschätzung 201
Aufwandsschätzverfahren 194

B

Backsourcing 128
Balanced Scorecard (BSC) 104
Basel II 154
Best Practices (OGC / ITSMF) 146
Best-(of-breed) Sourcing 128
Betriebsmittel 181
Betriebsstoff 182
Bewertungsphase 27
Bootstrap 251, 252
Breakeven-Analyse 210
British Standard Institute (BSI) 147
Build 6, 74
Business (Process) Reengineering 252
Business Engineer 221
Business Process Outsourcing (BPO) 130

C

CASE-Tools (Computer Aided Software Engineering) 30
Challenge/Response-Funktion 246
Change-Management 157
Chief Change Officer (CCO) 94
Chief Executive Officer (CEO) 73
Chief Information Officer (CIO) 94
Chief Technology Officer (CTO) 94
Chrystal 256
CIM-Konzept (Computer Integrated Manufactering) 31
CMM (Capability Maturity Model) 206, 251, 252
CobiT (Control Objectives for Information and Related Technology) 141
COCOMO-Verfahren 192, 193
Commodities 220
Configuration-Management 12, 157
Corporate Contribution 114
Corporate-Contribution-Perspektive 116
Co-Sourcing 129
CPU-Zeit 228
CSCW-System (Computer Supported Cooperative Work) 259
Customer Intimacy 77
Customer-Relationship-Management (CRM) 130

D

datenorientiert 29
Deliver 18
Deliver-Prozess 17
Design for Manufacture and Assembly (DFMA) 15
Diagnostische Kennzahlen 107
Dialogbetrieb 185
DIN 55350/ISO 8402   253
DIN 66272/ISO 9126   253

E

E-Business 95
E-Commerce 95
EDV 96
Effektivität 3, 41, 103
Effizienz 3, 41, 103
E-Mail 98
Empfindlichkeitsanalyse 211
Enable-Prozess 18
End-to-End-Betrachtung 136
End-to-End-Sicherheit 246
Enterprise Architecture 88
Enterprise-Resource-Planning (ERP) 130
Entscheidungsphase 27
Entwicklung 6
Entwicklungs- und Produktionssteuerung 20
Entwicklungsalternative 231
Entwicklungsmanagement 19
Entwicklungsplanung 20
Entwicklungsstrategie 20
Eskalationsmechanismus und -weg 172
European Examination Institute for Information Science (EXIN) 148
Evaluationskriterium 27
Externe Information 185
Externes versus internes Outsourcing 128
Extreme Programming 256

F

Fakturierung 226
Financial Management 157
Finanzperspektive 106
Firewall 244
First-Cut-Risikoanalyse 244
Fixkostenproblematik 229
Framework 105
Function-Point-Verfahren 192
funktionsorientiert 29

G

Generierungsphase 26
Geschäftsorientierung 44
Geschäftsproduktorientiertes IT-Produkt 48, 131
Geschäftsprozess 251
Geschäftsprozessunterstützungsleistung (GPUL) 230
Geschäftsprozessverantwortlicher 99
Geschäftsstrategie 3, 76
Gewichtungsmethode 192
Governance 94
GQM (Goal Question Metric) 252

H

Haftung 171
HP IT Service Management Reference Model (HP ITSM) 144
Humankapital 105

I

IBM IT Process Model (ITPM) 142
Immaterialität 181
Incident-Management 157
Industrielle Fertigung 179
industriellen Kosten- und Leistungsrechnung (KLR) 15
Industrielles Managementkonzept 15
Ineffektivität 225
Ineffizienz 225
Informatik 5
Informatikstrategie 61
Information Engineering 30
Information System Examination Board (ISEB) 148
Informationsinfrastruktur 6, 104
Informationsmanagement 42, 93
Informationssicherheit 239
Informationstechnologie (IT) 3
Information-Systems-Management- (ISM-)Modell 7
Innovations-Kennzahlen 95
Input der IT-Produktion 181
Input/Output(I/O)-Schema 136
Insourcing 128
Integrierte Entscheidungsmatrix 233
International Accounting Standards (IAS) 154
Interne Prozessperspektive 106
Interner Prozess 114
Intrusion Detection System 244
Investitionsbewertung 210
ISMA (Information System Management Architecture) 142
IS-Management 94
ISO 12207 254
ISO 9001 252
Ist-Architektur 86

IT 73, 103
IT Infrastructure Library (ITIL) 7, 138, 153
IT-Abteilung 8, 41
IT-Anarchie 90
IT-Architekturteam 88
IT-Balanced Scorecard (IT-BSC) 111
IT-Budget 133
IT-Controlling 111
IT-Dialogverarbeitung 185
IT-Dienstleister 41, 96
IT-Dienstleistung 98
IT-Entwicklung 77
IT-Governance 8, 54, 93, 132
ITIL-Prozess 158
IT-Infrastruktur 8, 74
IT-Kennzahlen 95
IT-Kosten 74, 98, 170
IT-Leistung 3, 100, 226
IT-Leistungserbringer 226
IT-Leistungserstellung 13
IT-Management 94
IT-Portfolio 100
IT-Portfoliomanagement 53
IT-Portfoliomanagement-Prozess 100
IT-Produkt 10, 41, 181
IT-Produktion 77, 181
IT-Produktlebenszyklus 11
IT-Produktmanagement 88
IT-Produktportfolio 88
IT-Projekt 8, 96
IT-Qualitätsmanagement 251
IT-Ressource 8, 225
IT-Revision (ISACA) 147
IT-Service-Continuity-Management 157
IT-Strategie 75, 97
IT-System 99, 116, 169
IT-Verantwortlicher 74
IT-Vorhaben 10, 26, 74
IT-Wertschöpfungskette 74

K

Kennzahlen 95
Kennzahlensystem 105
Kern- und Supportprozess 78
Kommunikationssystem 105
Komplexität 44
Kostentransparenz 37
Kostenträger 228
Kritischer Erfolgsfaktor (KEF) 136

Kunde 114
Kundenperspektive 106

L

Lean Thinking 252
Lebenszykluskosten 11, 100
Lebenszyklusmanagement 10
Lebenszyklusprozess 254
Legacy-System 80
Leistungsabnehmer 10, 225
Leistungserbringer 9
Leistungsverrechnung 43
Lern- und Entwicklungsperspektive 106
Lieferkette (Supply Chain) 16
Logging 244
Lösungsorientiertes IT-Produkt 45
– (Business) Application Outsourcing 131

M

Make 18
Make or Buy 125
Make-Prozess 17
Management by exception 107
Managementprozess 105
Maschinen- und Personalleistung 228
Materialität 181
Mess- bzw. Bezugsgröße 226
Microsoft Operations Framework (MOF) 151
Million Instructions per Second (MIPS) 225
Monitoring 96, 244
Monokultur 246
Multiplikatormethode 192
Multi-Sourcing 128
Muss-Projekt 100

N

Nachfrage-Produktportfolio 53
Non-Public-Domain-Modell 137
NOVE-IT 64
Nutzenrealisierungskennzahlen 95

O

Objektfaktor 182
Objektinformation 183
Offshore versus Nearshore Sourcing 129
Operational Excellency 77
Operationale Exzellenz 119

Output der IT-Produktion 180
Outsourcing 97, 113, 125

P

Performance 114, 171
Performance-Measurement-System 105
Performance-Perspektive 117
Plan 6, 74
Plan-Prozess 18
Planung 6
Portfoliomanagement 37, 203
Portfoliomodell 27
Portfolioplanung 20
Portfoliosteuerung 20
Portfoliostrategie 19
Potenzial 114
Preisbasierte Verrechnung 226
Preiskorridor 172
Preismodell 171
Priorisierungsmodell 27
Problem-Management 157
Product Leadership 77
Produktdatenmanagement (PDM) 12
Produktion 6
Produktionsalternative 231
Produktionsfaktor 181
Produktionsmanagement 19
Produktionsplanung 20
Produktionsplanung und steuerung 15
Produktionsprozess 181
Produktionsstrategie 20
Produktionssystem 180
Produktlebenszyklus 213
Produkt-Lebenszykluskosten 11
Produktlebenszyklus-Management (PLM) 212
Produktmanagement 81
Produktorientierung 9
Produktportfolio 43
Produktstrategie 204
Programmiersprache 231
Programmmanagement 19
Projektmanagement 204
Prozentsatzmethode 192
Prozessebene 153
Prozessorientiertes IT-Produkt 46
– Business Process Outsourcing (BPO) 131
Prozessstandardisierung 13
Prozesstyp A 50
Prozesstyp B 50

Prozesstyp C 50
Prüfung von Informationen 181
Public-Domain-Framework 137
Pull-Prinzip 186
Push-Prinzip 185

Q

Qualitätsmanagements 16
Qualitätssicherung 260
Quality Gates 260
Quality Information Officer (QIO) 260

R

Rahmenbedingungen 19
Rational Unified Process (RUP) 256
Referenzmodell 135
Relationenmethode 192
Ressourcenorientiertes IT-Produkt 45
– Utility-Outsourcing 131
Return on Investment (ROI) 191
Review 244
Right Sourcing 128
Risiko- und Erfolgsbeteiligung 176
Risk Sharing 171
Run 6, 74

S

SCOR (Supply Chain Operations Reference) 16
Scrum 256
Security Sign-off 244
Security-Management 157
Selektion von Informationen 181
Selektives Sourcing versus totales Out- bzw. Insourcing 128
Service Level Agreement 55
Service Level Agreement (SLA) 80
Service-Delivery 7
Service-Level-Management 157
Servicemanagement 153
Service-Support 7
Servicevereinbarungen 225
Shared-Service-Einheit 109
Sicherheitsarchitektur 62
Sicherheitsbewusstsein 240
Sicherheitsmarketing 241
Sicherheitsmaßnahme 241
Sicherheitsstandard 241
Simultaneous Engineering 15
Single-Sourcing 128
Situationsanalyse 60

Index

Six Sigma 16
Sizing-Tool 228
Smart Sourcing 128
Software Engineering 258
Software Performance Engineering (SPE) 195, 237
Softwareentwicklung 204, 251
Softwareentwicklungs-Lebenszyklus 11
Software-Factory 258
Software-Release-Management 249
Soll-Architektur 86
Source 18
Source-Prozess 17
Sourcing 127
Speicherplatz 225
Speicherung 181
SPICE 252
SPICE-Modell 251
Standard 84
Standard ISO 15504 251
Standard Performance Evaluation Cooperation (SPEC) 198
Standardprozess 13
Standardsoftware 84
Stapelbetrieb 184
Stapelverarbeitung 184
Stichprobenmethode 192
Strategieebene 153
Strategische Informatikplanung 59
Strategische Kennzahlen 107
Strategische Planung 73
Stückkostenpreis 172
SWOT-Analyse 61
Systemebene 153
Systemkonzept 195
Systemnahe Software 231

T

Technische Plattform 231
Technologiearchitektur 62
Technologie-Lebenszyklus 82
Time-to-Market 210
Time-to-Profit 210
Top-down-Prozess 110
Total Cost of Ownership 11
Total Cost of Ownership (TCO) 191
Total Productive Maintenance 15
Total Quality Management (TQM) 16, 252
Trägermedium 180

Transaction Processing Council (TPC) 198
Transformation 181
Transformationsprozess 180, 181
Transitional Outsourcing 129
Translation 181
Transmission 181
Transparenz 225
Transport 181
Trendanalyse 211

U

Überdimensionierung 233
Umfeldanalyse 61
Umsetzung 19
Unterdimensionierung 233
Unternehmensinterne Information 185
Unternehmensstrategie 103, 204
Ursache-Wirkungs-Beziehung 110
Ursache-Wirkungs-Zusammenhang 106
User-Help-Desk 98
User-Interface-Design 231
Utility-Outsourcing 129

V

Value-added Outsourcing 129
Verfügbarkeit 171
Verschlüsselungseinrichtung 244
Vertauschung von Informationen 181
Verursachungsgerechte Erfassung 226
Virenscanner 249
V-Modell 256
Vorhabenbewertung 62
Vorhaben-Mittelfristplan 63
Vorhabenplanung 62
Vorhabenportfolio 62

W

Wandlung von Informationen 181
Wertanalyse 211
Wertschöpfungskette 16
Wireless LAN (WLAN) 84

Y

Y-Modell 31

Z

Zertifikatslösung 246
Zielfeld User 117
Zielsetzungen 19